아리스토텔레스
형이상학 ②

나남
nanam

한국연구재단 학술명저번역총서
서양편 334

형이상학 ②

2012년 4월 5일 발행
2012년 4월 5일 1쇄

지은이_ 아리스토텔레스
옮긴이_ 조대호
발행자_ 趙相浩
발행처_ (주) 나남
주소_ 413-756 경기도 파주시 교하읍
　　　출판도시 518-4
전화_ (031) 955-4600 (代), FAX : (031) 955-4555
등록_ 제 1-71호(1979.5.12)
홈페이지_ http://www.nanam.net
전자우편_ post@nanam.net

ISBN 978-89-300-8583-0
ISBN 978-89-300-8215-0 (세트)
책값은 뒤표지에 있습니다.

아리스토텔레스
형이상학 ②

차 례

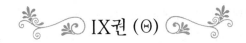

IX권 (Θ)

1. '가능태'와 '현실태'의 측면에서 본 있음. 가장 주도적인 뜻의 '가능태'는 능동적 작용의 능력과 수동적 작용의 능력이다

그러면 첫 번째 뜻에서 있으며, 있는 것의 다른 모든 범주들이 준거점으로서 관계하고 있는 것, 즉 실체에 대해서는 지금까지 이야기했다.[1] 이렇게 말하는 이유는 다른 것들, 즉 양이나 성질을 비롯해서 그런 방식으로 불리는 다른 것들은 실체에 대한 정식에 따라서 '있다'고 일컬어지기 때문이다. 왜냐하면 이 논의의 첫머리에[2] 우리가 이야기했듯이, 모든 것은 실체에 대한 정식을 포함할 것이기 때문이다.[3] 그런데 '있는 것'은 어떤 뜻에서는 '무엇'이나 성질이나 양이라는 이유에서 그렇게 불리지만, 또 어떤 뜻에서는 '가능태'와 '완전한 상태'에 따라서, 그리고 기능에 따라서 불리기 때문에, 우리는 '가능태'와 '완전한 상태'에 대해서도 규정하되, 먼저 가장 주도적인 뜻에서의 '가능태'에 대해서 규정하기로 하자. 물론 이런 뜻의 '가능태'가 우리가 지금 의도하는 것과 관련해서 가장 유용한 것은 아니

30

35

1046a

---

1) 위의 VII권과 VIII권에서는 실체에 대한 이론적 고찰이 이루어졌다.
2) 위의 VII 1을 가리킨다.
3) VII 1, 1028a35 아래와 그에 대한 각주를 참고.

다. 왜냐하면 '가능태'와 '현실태'는 단순히 운동과 관련된 용법
들을 넘어서 더 광범위하게 쓰이기 때문이다. 4) 하지만 우리는
그 첫 번째 뜻의 '가능태'에 대해서 다룬 뒤, '현실태'를 설명하
면서5) 다른 뜻에 대해서도 다루게 될 것이다.

---

4) 아래에서 소개되는 '현실태'(*energeia*)와 '완전한 상태'(*entelecheia*)에 대해서는
다음과 같은 사실을 염두에 두어야 한다. 1047a30-1에서 아리스토텔레스는
"'에네르게이아'(*energeia*)라는 말은 '엔텔레케이아'(*entelecheia*)와 연관되
어 있지만, 주로 운동들로부터 다른 것들로 그 뜻이 확대되었다"고 말한
다(1021a20-1을 함께 참고). 또한 1050a21-3에서는 "그러니까 기능(*ergon*)
은 목적(*telos*)이요, 현실태(*energeia*)는 그 기능이니, 그런 까닭에 '에네르게
이아'라는 말은 '에르곤'에서 파생해서 '엔텔레케이아'를 가리키게 되었다"고 말
한다. 이 두 진술을 종합해 보면 'energeia'와 'entelecheia'는 다음과 같이 이
해할 수 있다. 어원적으로 풀이하면 'energeia'는 '활동 또는 기능(*ergon*) 안
에(*en*) 있는 것' 또는 '활동 또는 기능을 안에 가지고 있는 것'을 가리킨다. 그
런데 어떤 것이 활동하거나 기능을 수행한다는 것은 곧 그 대상이 본연의 목
적이나 완전한 상태에 도달해 있음을 뜻한다. 그런 뜻에서 아리스토텔레스는
"'에네르게이아'라는 말은 '에르곤'에서 파생해서 완전한 상태(*entelecheia*)를
가리키게 되었다"고 말한다. 로스는 'entelecheia'가 'to enteles echon'(완전
성을 가진)이나 'entelōs echon'(완전한 상태에 있는)으로부터 만들어낸 추상
명사라고 추측한다(Ross, *Metaphysics* II, 245). 이런 맥락에서 'energeia'와
그 동사형인 'energein'은 각각 'dynamis'와 그 동사형인 'dynasthai'의 상대개
념이 된다. 즉, 'dynamis'와 'dynasthai'가 각각 '능력'과 '능력이 있다', '할 수
있다'는 뜻이라면, 'energeia'는 각각 어떤 능력을 현실적으로 실현하는 '운
동', '활동', '기능', '작용'을 뜻하고, 'energein'은 '현실적으로 활동하다', '기
능을 수행하다' 또는 '작용하다'를 뜻한다. 이런 뜻에서 'energeia'는 '현실태',
'현실적인 것', '현실적인 활동' 등으로 옮길 수 있다. 반면 'entelecheia'는 '완
전한 것', '완전한 상태' 등으로 번역이 가능하다. 한편, 《형이상학》 IX에서만
이 아니라 아리스토텔레스의 저술 전체에 걸쳐 빈번히 쓰이는 부사적인 형태
인 'energeiai'는 '현실적으로', '현실적인', '현실적인 상태에'로, 'entelechieai'
는 '완전한 상태에', '완전한' 등으로 옮길 수 있다. 'dynamis'가 '능력'과 '가능
성'의 두 가지 뜻을 갖는 만큼, 그것의 부사형 'dynamei'는 '가능적으로', '가
능적인', '가능적인 상태에' 등으로 옮긴다. V 12, 1029a6에 대한 각주를 참고.
5) IX 6, 1048a27-b6을 가리킨다.

그런데 '뒤나미스'(가능태)와 '할 수 있다'가 여러 가지 뜻으
로 쓰인다는 것은 우리가 이미 다른 곳에서 설명한 바 있다. 6)   5
하지만 그 가운데 동음이의적인 뜻에서 '뒤나미스'라고 불리는
것들은 제쳐두기로 하자. 왜냐하면 어떤 것들은 어떤 유사성
때문에 그렇게 불리는데, 우리가 기하학에서 어떤 것이 일정
한 방식으로 있는지 그렇지 않은지에 따라 '거듭제곱'과 그렇지
않은 것을 나누는 경우가 그렇다. 7) 하지만 같은 종에 속하는
것들은 모두 일종의 원리들이며 첫째가는 것 하나와의 관계 속
에서 그렇게 불리는데, 8) 이에 해당하는 것은 다른 것 안에 또   10
는 다른 것인 한에서의 자기 안에 있는 변화의 원리이다. 9) 그
이유는 이렇다. 어떤 것은 수동적 작용의 능력인데, 10) 이것은
수동적인 주체 자체 안에 있는, 다른 것에 의해서나 다른 것인
한에서의 자기 자신에 의해서 일어나는 수동적 변화의 원리이

---

6) V 12를 참고.
7) V 12, 1019b33을 참고. 영어의 'power'가 '능력'이라는 뜻과 '거듭제곱'이라는
   뜻을 함께 갖듯이, 그리스어 'dynamis도 마찬가지다.
8) 여기서 말하는 같은 종에 속하는 '뒤나미스'란 모두 '능력'이라는 뜻의 '뒤나미
   스'를 가리킨다. '하나와의 관계'(*pros prōtēn mian*)에 대해서는 IV 2,
   1003a33 아래와 VII 4, 1030b1 아래를 참고.
9) V 12, 1020a5에서 내려진 '첫째 뒤나미스에 대한 가장 주도적인 뜻의 정의'
   '다른 것 안에 또는 다른 것인 한에서의 자기 안에 있는 변화의 원리'를 참고.
10) 여기서 '수동적 작용〔受用〕의 능력'이라고 옮긴 1046a11-2의 'hē tou paschein
    dynamis'는 말 그대로 옮기면 '작용받음의 능력'이 될 것이다. 마찬가지로
    1046a20의 'hē tou poiein dynamis'은 '작용함의 능력' 또는 '만듦의 능력'이 될
    것이다. 하지만 여기서는 두 능력을 분명히 대비시키기 위해서 각각 '수동적
    작용의 능력'과 '능동적 작용의 능력'이라고 옮겼다. 'to paschon'과 'to poioun'
    도 '작용을 받는 것'과 '작용하는 것'이라고 옮길 수 있지만, 여기서는 뜻을 더
    욱 분명히 하기 위해 '수동적 작용의 주체'와 '능동적 작용의 주체'로 풀어 옮겼
    다. 'to poiētikon'과 'to pathētikon'은 '능동적으로 작용할 수 있는 것'과 '수동
    적으로 작용할 수 있는 것'으로 옮긴다. 아래의 X 5, 1048a6을 참고.

14

다. 11) 또 어떤 것은 악화(惡化)나 소멸을 향한 수동적 변화를
겪지 않음의 상태인데, 이런 것은 다른 것 또는 다른 것인 한
에서의 자기 자신에 의해서, 즉 (그 안에 있는) 변화의 원리에 의
해서 일어난다. 이 모든 정의 안에는 첫 번째 능력에 대한 정
15 식12)이 포함되어 있다. 또한 이런 뜻에서 능력이라고 불리는
것에는 단순한 능동적 작용이나 수동적 작용의 능력이 있고,
그런 작용이 잘 이루어지는 경우의 능력이 있으니, 13) 결과적
으로 이런 것들에 대한 정식 안에는 어떤 방식으로든 그것들에
앞서는 여러 능력에 대한 개념들이 포함되어 있다.

20   그렇다면 분명, 어떤 뜻에서 능동적 작용과 수동적 작용의
능력은 하나이지만(왜냐하면 어떤 것이 '능력이 있다'고 불리는 것
은 그것 자체가 수동적 작용의 능력을 가진다는 이유에서 그렇기도
하고, 그것 자체에 의해서 다른 것이 수동적 작용의 능력을 가진다
는 이유에서 그렇기도 하기 때문이다), 어떤 뜻에서는 (능동적 작용
과 수동적 작용의 능력은) 다르다. 그 이유는 이렇다. 그 하나는 수
동적인 주체 안에 있다. 왜냐하면 이 주체는 어떤 원리를 가지
고 있으며, 질료도 일종의 원리이기 때문인데, 그런 수동적인
주체는 변화를 겪고, 이는 저마다 다른 것의 작용에 의해서 일
25 어난다. 왜냐하면 기름진 것은 연소할 수 있고, 타격을 받을
수 있는 것은 깨질 수 있으며, 다른 것들의 경우에도 이와 같
기 때문이다. 다른 능력은 능동적인 주체 안에 있으니, 예컨대
열기와 건축술이 그런데, 앞의 것은 열을 낳는 것 안에 있고,
뒤의 것은 건축가 안에 있다. 이런 이유 때문에 유기적 통일성

---

11) V 12, 1019a20 아래를 참고.
12) V 12, 1020a5와 IX 1, 1046a10-1에서 제시된 'dynamis'에 대한 정의, '다른
    것 안에 또는 다른 것인 한에서의 자기 안에 있는 변화의 원리'를 가리킨다.
13) V 12, 1019a23 아래를 참고.

을 갖는 한, 동일한 것이 자기 자신에 의해서 작용을 받을 수
는 없는데, 그것은 하나이지 다른 것이 아니기 때문이다. 그리
고 '무능력'과 '능력이 없다'는 그런 능력에 반대되는 결여이므   30
로, 결국 모든 경우 동일한 것에 속하면서 동일한 것과 관련된
능력과 그에 상응하는 무능력이 있다. 14) 하지만 결여는 여러
가지 뜻으로 쓰인다. 15) 왜냐하면 ⑴ 어떤 것을 갖지 않은 것
뿐만 아니라, ⑵ 어떤 것을 본성적으로 가질 수 있음에도 불
구하고 갖지 못하는 것도 그렇게 불리기 때문인데, 뒤의 것과
관련해서는, ⒜ 일반적으로 그런 경우와, ⒝ 본성적으로 가
질 만한 때 그런 경우가 있고, 16) 또한 (α) 어떤 특정한 방식
으로, 예컨대 완전히 그런 경우가 있고, (β) 방식의 차이와 무
관하게 그런 경우가 있다. 하지만 어떤 경우 본성적으로 가질   35
수 있지만 강제에 의해 갖지 못한 경우가 있는데, 이를 두고
우리는 '박탈되었다'고 말한다. 17)

2. 비이성적 능력의 단순성과 이성적 능력의 양면성

그런 원리들은 어떤 경우 생명이 없는 것들 안에 내재하고
어떤 경우 생명이 있는 것들, 즉 영혼이나 영혼의 이성적인 부   1046b
분 안에 있기 때문에, 분명 능력들 중 어떤 것들은 비이성적이
고, 어떤 것들은 이성을 동반할 것이다. 18) 이런 이유에서 모

---

14) V 12, 1019b15 아래와 XI 10, 1058b27-8을 참고.

15) V 22, 1022b22 아래를 참고.

16) V 22, 1022b27-8을 참고.

17) 물론 '결여'(*sterēsis*)는 이런 박탈(*esterēsthai*)의 결과이다.

18) 1046b에서 능력들(*dynameis*)을 두 종류로, 즉 'hai alogoi'와 'hai meta
logou'로 나누는데, 이에 대한 번역은 어렵다. 여기서는 이 둘을 각각 '비이성
적 능력들'과 '이성을 동반하는 능력들'로 옮긴다. 이하에서는 'logos'를 '이성'

16

든 기술과 제작적인 학문들은 능력들이다. 왜냐하면 그것들은 다른 것 안에 또는 다른 것인 한에서의 자기 안에 있는 변화의 원리들이기 때문이다.

5 　그리고 이성을 동반하는 모든 능력은 동일한 것이 반대결과를 낳을 수 있는 반면, 비이성적인 것들은 단 하나의 결과를 낳는데, 예컨대 뜨거운 것은 뜨겁게 할 뿐이지만 의술은 질병과 건강을 만들어낼 수 있다. 그 이유는 이렇다. 학문은 이성능력인데, 19) 동일한 이성능력이 — 비록 똑같은 방식으로 그렇게 하는 것은 아니지만 — 어떤 대상과 그것의 결여를 밝혀내고, 20)
10 어떤 뜻에서는 그 둘 모두에, 또 어떤 뜻에서는 (결여보다는) 주어져 있는 사태에 보다 많이 관계한다. 그 결과 그런 학문들은 반대되는 것들을 다루는데, 그 하나는 그것들 자체의 본성에 따라서, 다른 하나는 그것들 자체의 본성과 직접적인 관계없이 다룬다. 왜냐하면 이성능력은 어떤 것은 그 자체의 본성에 따라서 다루고, 어떤 것은 어떤 부수적인 뜻에서 다루기 때문인데, 이성능력이 부정과 배제를 통해 반대되는 것
15 을 밝힌다는 이유에서 그렇다. 첫째 결여는 반대되는 것인데, 그것은 다른 것의 배제이기 때문이다. 하지만 반대되는 것들은 동일한 주체 안에 생겨나지 않고, 21) 학문은 이성능력을 가진 능력이며, 영혼은 운동의 원리를 소유하기 때문에, 건강한 것22)은 건강을 만들어내고 뜨거운 것은 뜨거움을 만들어내며

혹은 '이성능력'으로 옮긴다.

19) 1046b7-8: "aition de hoti logos estin hē epistēmē". 참고로 말하면, 로스는 'logos'를 'rational formular'로, 보니츠는 'Begriff'로 옮겼다.
20) 예컨대 의술은 건강과 그것의 결여인 질병을 밝혀낸다.
21) V 10, 1018a25 아래를 참고.
22) '건강한 것'(to hygiainon)은 건강에 좋은 음식이나 약초 정도로 이해하면 될 것이다.

차가운 것은 차가움을 만들어낼 뿐이지만, 학문을 아는 사람　　20
은 둘을 함께 만들어낸다. 왜냐하면 이성능력은—그 방식이
똑같지는 않아도—둘을 함께 다루며 운동의 원리를 갖는 영
혼 안에 있기 때문이다. 그러므로 이성능력은 동일한 원리에
서 출발해서, 동일한 것에 그 둘을 결부시킴으로써 이들을 운
동하게 할 것이다.[23] 이런 이유 때문에 이성적으로 무언가를
할 수 있는 것들은, 이성능력이 없이 그런 것들에 반대되는 것
들을 만들어내는데, 왜냐하면 반대되는 것들은 하나의 원리,
즉 이성능력에 포섭되기 때문이다.[24]

　그리고 분명히 단순한 능동적 작용이나 수동적 작용의 능력　　25
은 그런 일을 잘 수행하는 능력을 따르는 반면, 뒤의 것이 항
상 앞의 것을 따르는 것은 아니다. 왜냐하면 어떤 일을 잘하는
사람은 반드시 그 일을 하지만, 어떤 일을 단순히 하는 데 불
과한 사람이 반드시 그것을 잘하는 것은 아니기 때문이다.

---

23)　예컨대 의사의 영혼 안에 있는 의술이 건강과 질병을 모두 건강에 대한 의학
　　적 지식과 결부시킴으로써 그 둘에 영향을 미친다는 뜻으로 이해하면 된다.

24)　1046b24의 miai gar archēi periechetai, tōi logōi의 주어는 분명치 않다. 로
　　스처럼 이성능력이 낳는 결과물들(*the products of the former*)이라고 볼 수도
　　있고, 보니츠처럼 반대되는 것들(*das Entgegengesetzte*)이라고 볼 수도 있는
　　데, 그 함축된 의미는 다르지 않다. 의술의 예를 다시 들자면, 의술이라는 이
　　성적인 능력(*logos*)은 질병과 건강을 낳는데, 이 두 가지 결과는 모두 의술의
　　로고스 혹은 의학적 지식과 관계를 맺고 있다는 말이다.

3. 가능태 혹은 능력을 부정하는 메가라학파에 대한 비판

30   예컨대 메가라학파[25]처럼 현실적인 활동[26]을 할 때만 능력이 있는 것이고 현실적인 활동을 하지 않을 때는 능력이 없는 것이라고 말하는 사람들이 있다. 예컨대 집을 짓고 있지 않은 사람은 집을 지을 능력이 없는 것이고 집을 짓고 있을 때 집을 짓는 것이며, 다른 경우에도 이와 같다고 그들은 말한다. 이들의 주장에서 따라 나오는 불합리한 결과들은 간파하기는 어렵지 않다.

그 이유는 이렇다. (그들의 주장이 옳다면) 분명 어떤 사람이 집을 짓고 있지 않을 때는 건축가가 아닐 것이고(왜냐하면 건축가
35   임[27]은 집을 지을 수 있음을 뜻하기 때문이다), 다른 기술의 경우에도 이와 마찬가지다. 그런데 어떤 시점에서 그것들을 배
1047a   워 획득하지 않고서는 그런 종류의 기술들을 가질 수 없고, 언젠가 그것들을 잃어버리지 않고서는 — 망각이나 (수동적으로 겪은) 양태나 시간에 의해서 상실하는 경우가 있다. 하지만 그 기술 자체가 소멸하는 일은 없는데, 그것은 언제나 있기 때문이다. — 그것들을 갖지 않을 수 없다면, 일을 그치는 경우 그

---

25) 'dynamis'에 대한 메가라학파(*hoi Megarikoi*)의 견해에 대해서는 아리스토텔레스의 발언을 제외하고는 크로노스의 디오도로스(Diodoros, 기원전 307년 사망)의 기록이 최초의 것이다. 이에 따르면 메가라학파에서는 — 파르메니데스의 논리를 계승해서 —"참으로 있지 않은 것은 어떤 것도 가능하지 않다"고 주장했다. 아리스토텔레스는 가능성의 존재를 부정하는 이런 주장의 불합리한 결과들을 통해 메가라학파의 주장을 반박한다. Ross, *Metaphysics* II, 244를 참고.

26) IX 3, 1047a30에 대한 각주를 참고.

27) '건축가임'은 'to oikodomōi einai'를 옮긴 것이며, 건축가의 본질을 가리킨다. "'건축가이다'는 말은 '집을 지을 수 있다'를 뜻하기 때문이다"라고 이해하면 뜻이 더 분명해 질 것이다.

기술을 가지지 않고, 어떤 방식으로든 그 기술을 획득하면 즉
시 다시 집을 짓는다는 말인가? 그리고 생명이 없는 것들의 경
우도 이와 같은데, 왜냐하면 (현실적으로) 감각되고 있지 않다   5
면, 어떤 것도 차갑거나 뜨겁거나 달콤하지 않을 것이고 일반
적으로 어떤 감각가능한 것도 되지 못할 것이기 때문이다. 28)
결국 그 사람들은 프로타고라스의 주장을 내세우게 되는 결과
에 이를 것이다. 29) 하지만 (이런 주장에 따를 경우) 감각을 하지 않
는다면, 즉 현실적인 감각활동을 하지 않는다면, 어떤 것도 감
각을 갖지 못할 것이다. 그런데 만일 본성적으로 능력을 가지
고 있고 그런 능력을 갖추게 된 때에 이르러 여전히 그런 상태
에 있음에도 불구하고, (현실적으로) 시각을 갖지 않는 것을 일
컬어 눈이 멀었다고 한다면, 똑같은 사람들이 하루에도 수십   10
번 장님이 될 것이고, 또 귀머거리가 될 것이다.

  또한 만일 능력을 박탈당한 것을 일컬어 능력이 없다고 한다
면, (현실적으로 아직) 생겨나지 않은 것은 생겨날 수 있는 능력이
없을 것이다. 하지만 생겨날 수 있는 능력이 없는 것을 두고
그것이 지금 있거나 앞으로 있을 거라고 말하는 사람은 거짓을
말하는 셈일 것이므로('능력이 없다'는 그런 뜻을 갖기 때문이
다30)), 결국 이런 주장들은 운동과 생성을 부정하는 결과에 이
른다. 그 이유는 이렇다. (그 주장들이 옳다면) 서 있는 사람은 항   15
상 서 있을 것이고 앉아 있는 사람은 항상 앉아 있을 것이다.

---

28) 《영혼론》 II 7, 418a29 아래와 419a9 아래를 참고. 아리스토텔레스에 따르면
    색깔이나 맛과 같은 감각성질은 감각기관의 감각활동이 있을 때 현실적으로
    존재하지만, 그런 감각을 낳을 수 있는 능력은 대상 자체 안에 가능적으로 혹
    은 잠재적으로 주어져 있다.
29) 프로타고라스의 감각이론과 상대주의에 대해서는 IV권 5장과 6장을 참고.
30) '생겨날 수 있는 능력이 없는 것'(to adynaton genesthai, 1047a12)은 지금도
    있지 않고 앞으로도 있을 수 없는 것을 뜻하기 때문이다.

왜냐하면 어떤 사람이 앉아 있다면 그는 일어서지 못할 터인데, 일어설 수 있는 능력이 없는 사람은 다시 일어서는 것이 불가능할 것이기 때문이다. 그런데 만일 이렇게 말할 수 없다면, 분명 능력과 현실적 활동은 다르다(앞서 소개한 주장들은

20 능력과 현실적 활동을 똑같은 것으로 만들어버리며, 그런 이유에서 볼 때 그것들이 부정하려고 하는 것은 사소한 것이 아니다). 그 결과 있을 수 있는 능력은 있지만 (현실적으로) 있지 않을 수 있고[31] 있지 않을 수 있는 능력은 있지만 (현실적으로) 있을 수 있으며 다른 범주들의 경우도 이와 같아서, 걸을 수 있는 능력은 있지만 걷고 있지 않을 수 있고 걷지 않을 수 있는 능력은 있어도 걷고 있을 수 있다. 어떤 것이 능력이 있다고 함은, 그것

25 이 능력을 가지고 있으며 그에 해당하는 현실적 활동이 그것에 속하는 데 아무런 불가능한 점이 없음을 뜻한다. 내 말은, 예컨대 어떤 것이 앉을 수 있는 능력이 있고 앉을 수 있다면,[32] 그것에 앉는 활동이 속하는 데 아무 불가능한 점이 없다는 뜻이다. 그리고 (다른 것에 의해) 운동하게 됨이나 (다른 것을) 운동하게 함, 일어섬이나 일어서게 함, 있음이나 생겨남, 있지 않음이나 생겨나지 않음, 이런 것들에 대해 그렇게 할 수 있는 능력이 있다고 말할 때도 마찬가지다.

30 ‘에네르게이아’라는 말은 ‘엔텔레케이아’와 연관되어 있지만, 주로 운동들로부터 다른 것들로 그 뜻이 확대되었다.[33] 왜냐하면 일반적 의견에 따르면 ‘에네르게이아’는 대다수의 경우 운

---

31) 1047a20-1: “endechetai dynaton men ti einai mē einai de”. 로스는 “it is possible that a thing may be capable of being and not be”라고 옮겼다. ‘endechesthai’와 ‘dynaton’은 모두 ‘가능하다’, ‘~일 수 있다’를 뜻하지만, 여기서는 앞의 것은 사실적 혹은 논리적 가능성을, 뒤의 것은 능력을 뜻한다.

32) 여기서도 ‘dynaton’과 ‘endechetai’가 함께 쓰였다.

33) 아래의 X 8, 1050a21-2를 참고.

동이기 때문이다. 이런 이유 때문에 사람들은 있지 않은 것들
에게 운동은 부여하지 않아도 다른 술어들을 부여하는데, 예
컨대 있지 않은 것은 사유될 수 있고 욕구될 수 있어도, 34) 운   35
동하지는 않는다. 이는 (있지 않은 것들은) 현실적으로는 있지 않
지만 언젠가 현실적으로 있을 것이기 때문이다. 왜냐하면 있   1047b
지 않은 것들 가운데 어떤 것들은 가능적으로 있기 때문이
다. 35) 하지만 그것들은 있지 않은데, 그 이유는 그것들이 완
전한 상태에 있지 않기 때문이다.

4. 가능성이라는 뜻의 가능태

앞서 말했듯이 (현실적 활동이) 그것에 따르는 한에서 어떤 것
이 '가능하다'고 일컬어진다면, "이것은 이런저런 가능성이 있
지만 그렇게 되는 일은 없을 것이다"라는 말은 분명 참일 수
없으니, 이런 식으로 말한다면 있을 수 없는 것들은 사라져버   5
릴 것이다. 36) 내가 뜻하는 것은, 예컨대 어떤 사람이 — 있을
수 없는 것을 고려하지 않은 채 — "사각형의 대각선은 측정이
가능하지만 측정되는 일은 없을 것이다"라고 말하는 경우인데,

---

34) '있지 않은 것들'(*ta mē onta*)에 대한 사유가능성을 마련하는 점에서 아리스토
  텔레스는, 있지 않은 것의 사유가능성을 부정한 파르메니데스와 다르다
  (D-K, 28 B 3).
35) 이 문장이나 앞 문장에서 '현실적으로 있다'와 '가능적으로 있다'는 물론 '현실
  적 활동을 하고 있다', '능력을 가지고 있다'의 뜻이다. 두 경우 모두 아리스
  토텔레스는 'energeia'와 'dynamis'를 부사적으로 사용하는데, 이하에서는 이
  둘을 각각 '현실적으로', '가능적으로'라고 옮긴다.
36) 이 장에서는 '능력'(*potency*)보다는 '가능성'(*possibility*)의 의미에서의 'dynamis'
  가 논의된다. 가능성과 현실성을 구분하지 않으면, '있을 수 없는 것들'(*ta
  adynata einai*)은 사라져버리고 '불가능성'(*adynaton*)의 개념이 들어설 자리
  가 없다는 것이 아리스토텔레스의 논변의 요지다.

그 이유는 (그것이 참이라면) 어떤 것이 있거나 생겨날 수 있는 가능성은 가지고 있으면서 지금 있지 않을 뿐만 아니라 앞으로 있지 않아도 문제될 것이 전혀 없겠기 때문이다. 37) 하지만 앞

10 에서 이루어진 논의들로부터 필연적으로 다음과 같은 결론이 따라 나온다. 즉, 어떤 것이 (현실적으로는 어떤 상태에) 있지 않지만 그런 상태에 있거나 있게 되는 것이 가능하다고 전제해도, 불가능할 것이 전혀 없다. 하지만 (위의 사례의 경우) 그런 일이 불가능하다는 결론이 따라 나올 것인데, 왜냐하면 대각선의 측정은 불가능하기 때문이다. 그 이유는 거짓과 불가능한 것은 동일하지 않기 때문이다. 말하자면 (네가 현실적으로 앉아 있는데) 네가 지금 서 있다고 말하는 것은 거짓이지만, 불가능하지는 않다.

15 하지만 그와 동시에 분명한 점은, 만일 A가 있을 때 필연적으로 B가 있다면, A가 있을 가능성이 있을 때 필연적으로 B가 있을 가능성도 있다는 사실이다. 그 이유는 이렇다. 38) B가 있을 가능성이 필연적이 아니라면, 그것이 있을 가능성이 없어도 아무 문제가 없다. 이제 A가 가능하다고 해보자. A가 있는 것이 가능할 경우, A가 실제로 있다고 가정한다면, 아무 불가능

---

37) "사각형의 대각선은 측정가능하지만 측정되는 일은 없을 것이다"(*dynaton tēn diametron metrēthēnai ou mentoi metrēthēsesthai*) 라고 말하는 것은 옳지 않다. 이런 말은 현실화될 수 없는 가능성 또는 능력이 있음을 가정하는 셈이기 때문이다. 하지만 현실화될 수 없는 능력 또는 가능성을 가정하는 일이 허용된다면, 가능성과 불가능성 또는 능력과 무능력은 더 이상 구분할 수 없게 된다.

38) "A가 있을 때 필연적으로 B가 있다면, A가 있을 가능성이 있다면 B가 있을 가능성도 필연적이다"(*ei tou A ontos anankē to B einai, kai dynatou ontos einai tou A kai to B anankē einai dynaton*) 는 진술을 증명하려는 아리스토텔레스의 논증은 귀류법적이다. 즉, 이 논증은 "A가 있을 때 필연적으로 B가 있지만, A가 있을 가능성이 있다고 해서 필연적으로 B가 있을 가능성이 있는 것은 아니다"는 가정을 세우고 이를 반박하는 데서 시작한다.

한 결과가 따라 나오지 않는다. 그리고 그 경우 B는 필연적으   20
로 있다. 하지만 B는 불가능했다.[39] B가 불가능하다고 해보
자. 만일 B가 불가능하다면, A 역시 필연적으로 그럴 수밖에
없다. 그런데 앞의 것은 불가능한 것이었고, 따라서 뒤의 것 역
시 불가능하다. 따라서 만일 A가 있다면 필연적으로 B도 있는
관계 속에 두 항이 놓여 있다면, A가 가능하면 B도 가능할 것
이다. 만일 A와 B가 이런 관계 속에 있는데 그런 조건에서[40]   25
B가 가능하지 않다면, A와 B는 이미 가정한 것과 같은 관계에
놓여 있지 않은 셈이 될 것이다. 그리고 만일 A가 있을 가능성
이 있을 때 필연적으로 B가 있을 가능성도 있다면, 만일 A가
실제로 있다면, 이때 B가 실제로 있는 것 역시 필연적이다. 왜
냐하면 A가 있는 것이 가능할 때 필연적으로 B가 있을 가능성
이 있다는 말은, 만일 A가 일정한 때 일정한 방식으로, 즉 그렇
게 있을 가능성이 있다고 가정된 방식으로 있다면, B 역시 필   30
연적으로, 그때 그런 방식으로 있을 수밖에 없음을 뜻하기 때
문이다.

5. 능력을 얻는 방식과 능력의 실현조건들

모든 능력 가운데 어떤 것들은 감각처럼 타고난 것이고 어떤
것들은 피리 연주능력처럼 습관에 의해 생겨나며 또 어떤 것들
은 다양한 기술능력처럼 배움을 통해 생겨나기 때문에, 그 중
일부, 즉 습관과 이성능력에 의해 생겨나는 것들은 선행(先行)

---

[39] 위에서 "B가 있을 가능성이 필연적이 아니라면, 그것이 있을 가능성이 없다
고 해도 아무 문제가 없다"(*ei gar mē anankē dynaton einai, outhen kōlyei mē
einai dynaton einai*)고 가정했기 때문이다.
[40] A가 가능하다고 전제할 때를 뜻한다.

24

35   활동을 통해 생겨날 수밖에 없지만, 그렇지 않고 수동적 작용
        과 관련된 능력들은 그런 일이 필요하지 않다. 41)

1048a   그런데 '능력이 있다'는 어떤 것을 할 수 있는 능력이 있음을
        뜻하고, 이는 일정한 때 일정한 방식으로, 그리고 그것에 대한
        규정에 부가되어 있어야 하는 다른 모든 측면과 관계해서 이루
        어지기 때문에, 어떤 것들은 이성능력에 따라 운동을 낳을 수
        있고 그런 것들에 속하는 능력들은 이성능력을 동반하는 반면,
        어떤 것들은 비이성적이고 그것들에 속하는 능력들도 비이성
        적이다. 42) 앞의 것들은 반드시 생명이 있는 것에 속해 있을
5   수밖에 없지만, 뒤의 것들은 (생명체와 무생물) 둘 다에 속하며,
        그 중 한 쪽의 능력들은43) 작용할 수 있는 것과 작용을 받을
        수 있는 것44)이 ― 가능한 방식으로 ― 만날 때 필연적으로 그
        중 하나는 작용을 하고 다른 하나는 작용을 받지만, 다른 쪽의
        능력들은 그럴 필연성이 없다. 그 이유는 이렇다. 비이성적 능
        력들은 모두 단 하나의 결과를 만들어내지만, 이성적 능력들은
        반대결과들을 만들어낼 수 있고, 따라서 반대되는 것들을 함께
10   만들어낼 것이다. 하지만 이는45) 불가능하다. 따라서 불가불
        다른 주도적인 것이 있어야 하는데, 욕망이나 선택이 그에 해
        당한다. 46) 왜냐하면 행위자가 주도적인 것에 이끌려 (반대되는

---

41) 다양한 능력을 얻는 방식에 대해서는 《니코마코스 윤리학》 II 1, 1103a26 아
    래를 참고.
42) 위의 1046b1 아래에서 이루어진 이성적 능력들과 비이성적 능력들 사이의 구
    분을 참고.
43) 비이성적인 것들(ta aloga)에 속하는 비이성적 능력들(dynameis alogoi)을 가
    리킨다.
44) 1048a6의 'to poiētikon'과 'to pathētikon'에 대해서는 IX 1, 1046a12에 대한
    각주를 함께 참고.
45) 동시에 반대자(enantia)를 결과로 낳는 것을 가리킨다.

것들) 둘 중 어느 하나에 대한 욕망을 가지면, 그는 능력에 알
맞은 조건이 마련된 상태에서 (수동적으로) 작용할 수 있는 것과
만날 때 자신이 욕망하는 것을 행할 것이기 때문이다. 그러므
로 이성능력에 따라 무언가를 할 수 있는 능력이 있는 행위자
는 어떤 경우든, 자신이 할 수 있는 능력의 범위 안에서 주어
진 조건에 따라 자신이 욕망하는 것을 행할 수밖에 없는데, 그   15
는 작용받을 수 있는 것이 앞에 있고 일정한 조건이 마련된 상
태에서47) 그런 능력을 갖는다. 그렇지 않다면, 행위자는 행동
을 할 수 없을 것이다('외부의 방해요인이 아무것도 없다면'이라는
규정을 덧붙이는 것은 더 이상 필요하지 않다. 왜냐하면 행위자가
(행동) 능력을 갖는 것은 행동을 행할 수 있는 능력의 존재방식에 상
응하는데, 이 능력은 모든 조건이 아니라 일정한 조건에서 존재하
며 외적 방해요인들은 그 조건에서 배제되기 때문이다. (그 능력에 대   20
한) 규정에 포함된 몇몇 내용들이 그것들을 배제한다). 그러므로
설령 어떤 사람이 두 가지 일이나 반대되는 것들을 동시에 행
하려는 의지나 욕구를 갖는다고 해도, 그렇게 하지 못할 터인
데, 그는 이런 방식으로 그것들을 행할 능력이 없고, 함께 행
할 수 있는 능력도 없기 때문이다. 그는 자신의 능력의 범위
안에 있는 것들을 지금까지 말한 방식으로 행할 것이다. 48)

---

46) '욕망'(orexis)이나 '선택'(proairesis)이 '주도적인 것'(to kyrion)이라는 말
    은, 동물적 욕구(epithymia)와 같은 직접적인 욕망이나 숙고를 거친 욕
    망(bouletikē orexis)인 선택이 행동을 결정하는 원리라는 뜻이다. 《니코
    마코스 윤리학》 III 2-3을 참고.

47) 1048a16의 'poiein'은 빼고 읽었다.

48) 1048a23의 독해와 번역은 보니츠(Metaphysica, 392)의 분석을 따른다.

6. 가능태와 현실태의 구분. 특별한 뜻의 가능태.
   현실적 활동과 운동의 구분

25   운동과 관련된 능력에 대해서는 이미 이야기했으니, [49] 현실
태에 대해서 현실태가 무엇이고 그 본성이 어떤지 규정해 보
자. 왜냐하면 (이런 설명을 하는 가운데) 우리는 능력이 있는 것과
관련해서도, 그것이 ― 무제한적인 뜻에서건 특정한 뜻에서건
― 본성상 다른 것을 운동하게 할 수 있는 것이나 다른 것에 의
30   해 운동할 수 있는 것을 뜻할 뿐만 아니라 다른 뜻으로도 쓰인
다는 사실을 분명하게 알게 될 터이니, 이런 이유 때문에 우리
는 탐구를 진행하면서 그것들에 대해 두루 살펴보았던 것이다.
        우리가 '가능적'이라고 부르는 것과 같지 않은 방식으로 어떤
대상이 주어져 있을 때, 그것이 바로 현실태이다. 우리는 예컨
대 나무 안에 헤르메스가 가능적으로 있고 전체 선 안에는 절
반의 선이 가능적으로 있으며 (그것이 떨어져 나올 수 있기 때문
이다) 학문을 알고 있지만 이론적인 고찰활동을 하지 않는 사
람을 일컬어 가능적으로 있다고 말하는데, [50] 그는 이론적인
35   활동을 할 수 있는 능력이 있기 때문이다. 그와 대비되는 것이
현실적으로 있는 것이다. 개별적인 것들의 경우 우리가 말하
려는 점은 귀납[51]에 의해 분명해지는데, 모든 것에 대해 정의
1048b 를 찾아서는 안 되고 유비적 대응관계에 의해서[52] 전체를 개

---

49) IX 1-5의 논의주제는 '운동과 관련된 능력', 즉 운동의 능력이라는 뜻에서의
   뒤나미스, 즉 가능태였다.
50) 이를테면 기하학 지식을 습득해서 가지고는 있지만, 지금 이 순간 기하학 연
   구활동을 하지 않는 경우가 이에 해당한다. 《영혼론》 II 1, 412a22 아래와
   《동물발생론》 II 1, 735a9 아래를 참고.
51) '귀납'(*epagōgē*)이란 '개별적인 것들로부터 출발해서 보편적인 것에 이르는 방
   법'(《토피카》 I 12, 105a13-4)이다.

관해야 한다. 집을 지을 수 있는 자에 대해 집을 짓고 있는
자, 잠자는 자에 대해 깨어있는 자, 눈을 감았지만 시력이 있
는 자에 대해 보고 있는 자, 질료에 대해 질료를 깎아낸 것,   5
그리고 제작될 수 있는 것에 대해 제작된 것은 서로 유비적 대
응관계에 있다. 이런 비교항들 가운데 한쪽은 현실태로, 다른
한쪽은 가능태로 분류된다고 해보자. 모든 것은 똑같은 방식
에 따라서가 아니라 유비관계에 의해서, 즉 갑이 을 안에 있거
나 을에 대해 갖는 관계는 병이 정 안에 있거나 정에 대해 갖
는 관계와 같다는 이유에서 현실적으로 있다고 불린다. 왜냐
하면 어떤 때는 능력에 대한 운동이, 어떤 때는 어떤 질료에
대한 실체가 현실적인 것이라고 일컬어지기 때문이다.

　무한한 것과 공허한 것이나 그런 종류의 다른 것들이 가능적   10
으로 있다거나 현실적으로 있다고 말할 때, 이는 다른 많은 것
들, 예컨대 보는 것과 걷는 것과 보이는 것에 대해 그런 말을
할 때와 그 뜻이 다르다. [53] 그 이유는 이렇다. 뒤의 것들은
특정한 시점에 아무 제한 없이 참이 될 수 있는데, 왜냐하면
보이는 것은 (지금) 보이기 때문에 그렇게 불리기도 하지만, 보
일 수 있는 능력이 있기 때문에 그렇게 불리기도 한다. 하지만
무한한 것이 가능적으로 있다면, 이는 그것이 장차 현실적으   15
로 분리가능한 것이 될 수 있다는 뜻에서가 아니라 지식의 대
상으로서 분리가능하다는 뜻에서 그렇기 때문이다. 왜냐하면
분할이 끝나지 않는다는 사실은 이러한 (분할의) 현실적 활동이

---

52) 'analogon'을 문맥에 따라 '유비적 대응관계' 혹은 '유비적 대응자'(1043a5)로
　　옮긴다. '유비'(*analogia*)는 — 아리스토텔레스의 정의에 따르면 — '비율들의
　　균등성'(*isotēs logōn*)이며 '적어도 4개의 항으로 이루어진다.'《니코마코스 윤
　　리학》V 3, 1131a31-2를 참고.

53) 1048b10-1은 로스를 따라 "legetai dynamei kai energeiai 〈ē〉 pollois tōn
　　ontōn (…)"로 읽었다.

가능적으로 존재한다는 사실을 보여줄 뿐, 그 무한한 것이 분리되어 존재한다는 것을 보여주지는 않기 때문이다.

〔〔한계를 갖는 행동들 가운데 그 어떤 것도 목적은 아니고 목적과 관계를 맺고 있으니, 예컨대 살을 빼는 일이나 살빼기가[54] 그렇다. 어떤 사람이 살을 뺄 때 신체의 부분들 자체는 운동하고 있어도, 그 운동이 지향하는 목적이 아직 주어져 있지 않은데, 이런 운동은 행동, 적어도 완전한 행동은 아니다(왜냐하면 그런 운동은 목적이 아니기 때문이다).[55] 반면 어떤 운동 안에 목적이 내재한다면, 그것은 행동이다. 예컨대 사람은 보면서 〈보았고〉 이해하면서 〈이해했고〉 사유하면서 사유했지만,[56] 배우면서 이미 배웠거나 건강해지면서 건강을 얻은 것은 아니다. 우리는 잘 살면서 잘 살았고, 행복하면서 행복했다. 그렇지 않다면, 살을 빼는 과정 중에 있을 때 그렇듯이, 지금은 그렇지 않아도 언젠가 그런 일이 끝나겠지만, 우리는 살고 있고 이미 살았다. 분명 이것들 중 어떤 것들은 운동이라고 부르고, 어떤 것들은 현실적 활동이라고 불러야 한다.[57]

---

54) 1048b19는 로스에 따라 'ischnasia'(살빼기)를 넣어서 읽었다.

55) 살을 빼는 과정 자체가 살빼기의 목적(telos)은 아니라는 뜻이다.

56) 1048b23-4에서 아리스토텔레스는 현실적 활동의 완전성 또는 무시간성을 동사의 현재시제와 완료시제를 사용해서 표현한다. "hoion horai hama 〈kai heōrake,〉 kai phronei 〈kai pephronēke,〉 kai noei kai nenoēken (⋯)." 이에 대한 로스의 번역을 참고하라. "E. g. at the same time we are seeing and have seen, are understanding and have understood, are thinking and have thought ⋯." 실천적 지혜(phronēsis)와 지성(nous)의 차이에 대해서는 《니코마코스 윤리학》 VI 5-6을 참고. 그에 따르면 실천적 지혜는 '인간에게 좋은 것들이나 나쁜 것들과 관련해서 이성(logos)을 가지고 행동할 수 있는 참된 상태(hexis)'(1140b20-1)이고, 지성, 즉 직관 또는 직관적 사유는 학문적 인식(epistēmē)의 '원리들'(archai)에 대한 앎(1141a7-8)이다. 이런 뜻의 지성에 대해서는 《분석론 후서》 II 19, 100b15 아래도 함께 참고.

57) 《니코마코스 윤리학》 X 4에서 아리스토텔레스는 목적(telos)을 향한 과정인 불완전한 운동(atelēs kinēsis, 1174a22)과 목적을 이미 자기 안에 가지고 있는 완전한 현실적 활동(teleia energeia, 1174b16)을 구분한다. 이런 뜻에서

왜냐하면 모든 운동은 불완전하기 때문인데, 살빼기, 배움, 걷기,
집짓기가 그렇다. 이것들은 운동들이고 분명히 불완전하다. 왜냐하
면 우리가 걸으면서 동시에 이미 걸은 것은 아니고, 집을 지으면서
이미 집을 지은 것은 아니며, 생겨나면서 동시에 이미 생겨난 것은
아니기 때문이다. 운동을 하면서 이미 운동을 완료한 것은 아니고,
그 둘은 다른데, 운동과 운동의 완료는 다르다.[58] 반면 동일한 주
체가 동시에 이미 보았고 보고 있으며, 사유하면서 이미 사유를 완
료했다. 그러므로 이런 것을 나는 현실적인 활동이라고 부르고, 앞
의 것을 운동이라고 부른다.]] 현실태가 무엇이고 어떤 본성을
갖는지는 지금까지의 논의나 그런 종류의 논의들에 의해 우리
에게 분명해진 것으로 해두자.

30

35

7. 언제 어떤 것은 가능적으로 있는가?
질료와 부수적인 것으로부터 파생된 명칭의 사용방식

그러나 각 대상이 언제 가능적으로 있고 언제 그렇지 않은지
를 규정해야 한다. 왜냐하면 아무 때나 그렇지는 않기 때문이
다. 예컨대 흙은 가능적으로 사람인가? 아마 그렇지 않고,
씨[59]가 이미 생겼을 때 그렇거나, 아마 그때도 그렇지 않을
것이다. 따라서 이는 다음과 같은 경우와 마찬가지다. 의술에
의해서나 우연에 의해서나 모든 것이 건강하게 되는 것은 아니

1049a

운동은 '가능적인 한에서 가능적인 것의 현실태'(*energeia tou dynamei hēi
toiouton*, XI 9, 1065b16)이나 '가능적인 것인 한에서 가능적인 것의 완전한
상태'(*energeia tou dynamei, hē tou dynamei ontos entelecheia, hēi toiouton*,
《자연학》 III 1, 201a10)로 정의된다.

58) 1048b33은 로스를 따라 "all' heteron, kai kinei kai kekinēken"을 넣어 읽었다.

59) '씨'로 옮긴 'sperma'는 식물의 경우에는 씨를, 동물의 경우에는 수컷이 내주
는 정액을 가리킨다. 'gonē'라고도 불린다. 《동물발생론》 I 18, 724b12 아래
를 참고.

고 그럴 수 있는 능력이 있는 어떤 것이 있는데, 이것이 가능
적으로 건강한 것이다. (1) 사고에서 시작해서 가능적으로 있
는 것으로부터 완전한 상태에 있는 것이 생겨난다고 할 때, 그
런 생성에 대한 정의는, (사고의 주체가) 그것을 바라고 외부의
방해가 전혀 없을 때 그런 일이 생긴다는 데 있다. 반면 다른
경우, 즉 건강해지는 것 안에서 (우연히) 그런 일이 일어날 때,
그에 대한 정의는, 그것 안에 있는 것들 가운데 어떤 것의 방
해도 없을 때 그런 일이 생긴다는 데 있다.[60] 집이 가능적으
로 있다고 말할 때도 마찬가지다. 만일 그것, 즉 질료 안에 있
는 것들 가운데 집이 생기는 것을 방해하는 것이 아무것도 없
고 부가해서 생겨나거나 떨어져 나가거나 변화되어야 할 것이
아무것도 없다면, 그것은 가능적인 집이다. 그리고 이는 생성
의 원리가 밖에 있는 다른 것들의 경우에도 마찬가지다. (2)
(생성의 원리가) 생성하는 것 자체 안에 있는 것들의 경우, 그런
것들은 외부의 방해가 아무것도 없을 때 자신의 힘으로 어떤
것이 될 것이다. 예컨대 씨는 아직 가능적인 사람이 아닌데,
왜냐하면 그것은 다른 것 안에서 변화를 거쳐야 하기 때문이
다. 하지만 어떤 것이 자기 자신에게 속한 원리에 의해서 그렇
게 될 수 있는 성질을 가진다면, 그것은 이미 가능적인 사람이
다.[61] 반면 앞의 것은 다른 원리를 필요로 하는데, 이는 흙이

---

60) 앞에서 나눈 두 가지 경우, 즉 의술에 의해서 건강하게 되는 경우와 우연히
    건강해 지는 경우를 나누어 논의하면서 그 각각의 경우를 어떻게 규정해야 할
    것인지를 논의하고 있다. VII 7, 1032a27 아래를 참고.
61) 예컨대 사람의 씨(정액)는 아직 가능적인 사람이 아니다. 왜냐하면 그것은
    그 자체의 힘으로는 사람이 될 수 없고, 사람이 되려면 씨가 모태에 들어가
    어미의 피에 작용해서 배아가 생겨나야 하는데, 이 배아가 비로소 가능적인
    사람이다. 그것은 이미 생성의 원리(archē tēs geneseōs)를 자기 안에 갖고 있
    기 때문이다. 《동물발생론》 I 20, 728b32 아래를 참고.

아직 가능적인 조각상이 아닌 것과 마찬가지다(왜냐하면 그것
은 변화를 거친 뒤에야 청동이 될 것이기 때문이다).

생각건대 우리가 어떤 이름으로 부르는 대상은 '이것'이 아니
라 '어떤 것으로 된' 것이다. 62) 예컨대 상자는 나무가 아니라
나무로 된 것이고, 나무는 흙이 아니라 흙으로 된 것이며, 흙   20
은 다시 — 만일 이런 식으로 나간다면 — 다른 '어떤 것'이 아
니라 '어떤 것으로 된' 것이다. 언제나 그 어떤 것은 가능적으
로 무제한적인 뜻에서 그 다음에 오는 것이다. 63) 예컨대 상자
는 흙으로 된 것도 흙도 아니고 나무로 된 것이다. 왜냐하면
나무는 가능적인 상자이며 상자의 질료는 바로 그것인데, 무
제한적인 뜻에서의 나무는 무제한적인 뜻에서 상자의 질료이
고, 이 나무는 이 상자의 질료이다. 그런데 만일 더 이상 다른
어떤 것에 의거해서 '어떤 것으로 된'이라고 불리는 첫째가는   25
것이 있다면, 이것은 첫째 질료인데, 예컨대 흙은 공기로 된
것이지만, 공기는 불이 아니라 불로 된 것이라면, 불은 첫째
질료이고 '이것'이 아니다. 64) 왜냐하면 주체65)와 기체는 바로

---

62) 1049a18-9의 "eoike de ho legomen einai ou tode all' ekeinon"에 대한 로스
의 번역을 참고하라. "It seems that when we call a thing not something
else but 'thaten'." VII 7, 1033a6-7도 함께 참고.

63) 예컨대 어떤 질료에서 흙이 생기고, 흙에서 나무가 생기고, 나무에서 상자가
생기는 일련의 과정을 생각한다면, 나무는 가능적으로 그 뒤에 오는 것, 즉
상자이고, 흙은 가능적으로 그 뒤에 오는 것, 즉 나무이다. 물론 이때 어떤
특정한 나무가 가능적인 상자라거나 어떤 특정한 흙이 가능적인 나무라고 말
하지는 않기 때문에, 아리스토텔레스는 "언제나 그 어떤 것(=다른 것의 질료)
은 가능적으로 무제한적인 뜻에서 그 다음에 오는 것(= 그 질료에서 생겨난
것)이다"라고 덧붙인다.

64) 질료적인 측면에서 사물을 분석할 때 그 최종 지점에 오는 첫째 질료($prōt\bar{e}$
$hyl\bar{e}$)는 '이것'($tode\ ti$)이라고 지칭되는 데 필요한 어떤 개별성도 갖지 않는
다. VII 3, 1029a20 아래의 질료 개념을 참고.

65) 1049a28의 '주체'($to\ kath'\ hou$)는 '다른 것들의 주어가 되는 것', 또는 '다른

32

이 점에서, 즉 '이것'인가 그렇지 않은가에 의해 구별되기 때문이다. 예컨대 양태들의 기체는 사람, 즉 육체와 영혼이고, 양

30 태에 해당하는 것은 음악적 교양과 하양이다(어떤 사람에게 음악적 교양이 생겨날 경우 그 사람은 '음악'이라고 불리는 것이 아니라 '음악적'이라고 불리고 사람은 '하양'이 아니라 '하얀 것'이라고 불리며, '걸음'이나 '운동'이 아니라 '걷는 것'이나 '운동하는 것'이라고 불리는데, 이는 '어떤 것으로 된'[66] 이라는 표현과 같다). 이렇게 불리는 것들의 경우 그 최종적인 것은 실체이지만, 이렇게 불

35 리지 않고 어떤 형상과 '이것'이 술어일 경우 그 최종적인 것은 질료와 질료적 실체이다.[67] 그리고 '어떤 것으로 된'이라는 명

1049b 칭이 질료와 상태들과 관련해서 쓰이는 것은 결과적으로 옳다. 왜냐하면 그 둘은 불확정적이기 때문이다.[68]

것들을 술어로 갖는 것'이라고 옮길 수도 있겠지만, 여기서는 간단히 '주체'라고 옮겼다. 그 어구의 보다 완전한 형태에 대해서는 VII 3, 1028b36(⟨to⟩ kath' hou ta alla legetai)을 참고. V 8, 1017b13-4의 실체에 대한 정의도 함께 참고.

66) VII 7, 1033a7을 참고.

67) 아리스토텔레스의 철학에서는 주어-술어의 형식으로 이루어진 진술들을 크게 두 종류로 분류할 수 있다. 첫째는 "소크라테스는 음악적이다"와 같은 형태의 진술이다. 이 진술은 음악적 교양이 소크라테스에게 속한다는 사실을 표현한다. 이 경우 음악적 교양의 최종적 기체(eschaton hypokeimenon)는 물론 소크라테스이다. 둘째는 "이 나무는 책상이다"와 같은 형태의 진술인데, 이 진술은 나무라는 질료에 책상의 형상(eidos)이 속한다는 사실을 표현한다. 이 경우에는 나무가 기체이고, 책상의 형상은 그 기체에 속한다. 이런 점을 염두에 두고 아리스토텔레스는 형상이 술어(to katēgoroumenon)의 자리에 온다고 말한다. 물론 여기서 술어의 자리에 온다고 아리스토텔레스가 말하는 책상의 형상은 '책상'이라고 불리는 보편자가 아니다. 엄밀하게 말해서 나무라는 질료에 책상의 형태 또는 책상의 형상이 속하고, 그럼으로써 "이 나무는 책상이다"는 진술이 가능해진다.

68) 아리스토텔레스가 되풀이해서 강조하듯이 두 종류의 파생적 술어가 있다. 그 하나는 기체의 질료에서 파생된 것인데, 예컨대 '나무로 된' 것이 그에 해당하

지금까지 우리는 어떤 대상이 언제 가능적으로 있다고 말해
야 하고 언제 그렇다고 말할 수 없는지에 대해 이야기했다.

8. 정식과 시간과 실체의 측면에서 볼 때 현실태는 가능태에 대
해 앞선다. 영원하거나 필연적인 것은 가능태를 갖지 않는다

'앞서다'는 여러 가지 뜻으로 쓰이기 때문에,[69] 현실태가 가
능태(능력)에 앞선다는 것은 분명하다. 나는 여기서 다른 것   5
안에 또는 다른 것인 한에서의 자기 안에 있는 변화의 원리라
는 뜻의 가능태(능력)뿐만 아니라 모든 종류의 운동과 정지의
원리를 가리켜 말하는 것이다. 왜냐하면 본성은 능력이 속하
는 것과 동일한 유에 속하는데,[70] 그것은 운동의 원리이지만,
다른 것 안에 있지 않고, 자기 자신 안에 있기 때문이다.   10
   (1) 현실태는 그런 종류의 모든 가능태에, 정식에서뿐만 아
니라 실체에서도 앞서지만, 시간에서 보면 어떤 뜻에서는 앞
서고 어떤 뜻에서는 그렇지 않다. 정식에서 현실태가 가능태

고, 다른 하나는 기체에 부수적인 것들에서 파생된 것인데, 예컨대 '음악적'이
그에 해당한다. 질료와 부수적인 것들은 불확정적(aoriston)이라는 데 공통점
이 있다. 질료는 — 상대적으로 — 아무 특성도 갖지 않고 부수적인 것들은 본
질적인 술어들처럼 어떤 고유한 기체에 국한되어 있지 않다는 점에서 그렇다.
이와 동시에 아리스토텔레스는 두 종류의 기체가 있다고 말하는데, 하나는 형
상이나 본질의 밑바탕에 놓인 순수한 질료이고, 다른 하나는 부수적인 것들의
밑바탕에 놓인 완전한 개체이다. VII 13, 1038b4 아래를 참고.
69) V 11, 1018b9 아래를 참고.
70) 1049b8-9의 "gignetai en tautōi gar"는 Jaeger를 따라 빼고 읽었다. 자연물은
자기 안에 운동과 변화의 원리를 갖는데, 이 원리를 일컬어 '본성'(physis)이
라고 한다. 이런 본성을 갖는 자연물은 자기 자신을 변화시키는 능력을 자기
자신 안에 가지고 있다. 'physis'의 여러 가지 의미에 대해서는 V 4, 1014b16
아래와《자연학》II 1, 192b13 아래를 참고.

34

에 앞선다는 것은 분명하다. 왜냐하면 첫 번째 뜻에서 능력을 가진 것은 어떤 현실적 활동을 행할 수 있다는 이유에서 가능적이기 때문인데, 예컨대 집을 지을 수 있는 능력이 있는 자를 일컬어 '집을 지을 수 있다'고 하고, 볼 수 있는 능력이 있는 것을 일컬어 '볼 수 있다'고 하며, 보일 수 있는 능력이 있는 것을 일컬어 '보일 수 있다'고 한다. 동일한 설명이 다른 것들에도 적용되는데, 결과적으로 어느 하나에 대한 정식과 지식은 다른 하나에 대한 정식과 지식에 앞설 수밖에 없다.

(2) 시간에서는 다음과 같은 뜻에서 현실태가 앞선다. 즉, 종이 동일하면서 현실적으로 있는 것은 ─ 수적으로는 그렇지 않다고 하더라도 ─ (가능태에) 앞선다. 내 말은 이런 뜻이다. 이미 현실적으로 있는 개별적인 사람이나 곡식이나 보는 자보다는 질료71)나 씨나 보는 능력을 가진 것이 시간적으로 앞서는데, 이런 것들은 가능적으로 사람이고 곡식이며 보는 자이지만, 현실적으로는 아직 그렇지 않다. 하지만 그것들에 시간적으로 앞서서 다른 것들이 현실적으로 있으니, 이것들로부터 앞에서 말한 것들이 생겨났다. 왜냐하면 현실적으로 있는 것은 언제나 현실적으로 있는 것의 작용에 의해 가능적으로 있는 것으로부터 생겨나기 때문인데, 예컨대 사람은 사람으로부터, 음악적인 사람은 음악적인 사람에 의해 생겨나는 바, 항상 운동을 낳는 첫 번째 것이 있으니, 이 원동자는 이미 현실적으로 있다. 실체에 대한 논의에서 말했듯이, 생겨나는 것은 모두 어떤 것으로부터 어떤 것의 작용에 의해 어떤 것이 되는데, 작용을 하는 어떤 것은 생겨난 것과 종적으로 동일하다.72) 이 때

---

71) 사람의 질료는 어미가 제공하는 피(경혈, katamēnia)이다. VIII 4, 1044a34-5와 《동물발생론》 I 20, 729a21 아래와 II 4, 738b20 아래를 참고.
72) VII 7, 1032a13-4와 24-5를 참고.

문에 집을 지어본 적이 없이 집을 지을 수 있거나 키타라를 연
주해본 적이 없이 키타라를 연주할 수 있는 경우는 있을 수 없
으니, 왜냐하면 키타라 연주를 배우는 사람은 키타라를 연주
하면서 키타라 연주를 배우며, 다른 경우도 마찬가지이기 때
문이다. 이로부터 소피스테스식 반박, 즉 어떤 사람이 학문적
인식을 갖지 못한 채 그 학문적 인식이 다루는 일을 행할 것이
라는 반박이 생겼는데,[73] 왜냐하면 배움의 과정에 있는 사람
은 아직 학문적 인식을 갖고 있지 않기 때문이다. 하지만 생겨   35
나는 것의 어떤 부분은 이미 생겨난 상태에 있고 일반적으로
볼 때 운동하는 것의 어떤 부분은 이미 운동을 마친 상태에 있
으며(이는 운동에 대한 저술[74]에서 분명히 밝혀졌다), 배우는 자   1050a
또한 학문적 인식의 일부를 반드시 가지고 있어야 한다.[75] 그
렇다면 이런 뜻에서도 역시, 현실태가 생성 및 시간에서 가능
태에 앞선다는 사실이 분명히 드러난다.

(3) 하지만 실체에서도 그렇다.[76] 첫째로, (a) 생성에서 뒤   5

---

73) 이에 대한 자세한 논의는 《분석론 후서》 I 1, 71a26 아래와 Platon, 《메논》
    80D를 참고.

74) 《자연학》 VI 6을 가리킨다.

75) 예컨대 수학적 능력이 아직 수학적 인식을 갖지 않은 사람의 계산활동에 의해
    생겨날 수 있다는 말은, 아직 수학적 인식을 갖지 않은 사람이 계산활동을 한
    다는 말이기 때문에 모순적이라는 것이 소피스테스식 반박(*sophistikos elenkos*)
    의 내용이다(Bonitz, *Metaphysica*, 402를 참고). 이에 대해 아리스토텔레스
    는 수학을 배우는 사람은 어떤 뜻에서 이미 수학적 인식을 가지고 있다고 대
    응한다. 그에 따르면 사람은 타고난 계산능력이 있으며, 수학을 배우는 과정
    의 계산활동은 이 능력을 현실화시켜 완전한 수학적 인식을 지닌 상태로 만드
    는 일이다. 다시 말해서 사람에게는 타고난 계산능력이 있고, 이를 바탕으로
    계산활동을 통해 현실적으로 실현된 계산능력을 습득한다. 그런 뜻에서 이 두
    번째 의미에서의 계산능력(*dynamis*)은 배우는 과정의 계산활동(*energeia*)으
    로부터 생겨난다.

76) 현실태가 실체에서 가능태에 앞선다는 말은, 현실적인 것은 가능적인 것보다

서는 것은 형상과 실체에서 앞선다는 이유에서 그렇고(예를 들면 어른이 아이보다 앞서고 사람이 씨보다 앞서는데, 그 중 하나는 이미 형상을 가지고 있지만, 다른 것은 그렇지 않기 때문이다[77]), 또한 생겨나는 것은 모두 원리이자 목적을 향해 나아간다는 이유에서도 그런데(왜냐하면 지향대상은 원리이며, 생성은 목적을 위해서 있기 때문이다[78]), 현실태는 목적이요 이것을 위해서 가
10 능태가 획득된다. 왜냐하면 동물들이 보는 것은 시각을 갖기 위해서가 아니라 거꾸로 그들은 보기 위해서 시각을 갖는 것이고, 마찬가지로 집 짓는 기술은 집을 짓기 위해서 있으며 이론적 지식은 이론적 고찰활동을 위해서 있는 것이지, 이론적 지식을 갖기 위해서 이론적 활동을 하는 것은 아니기 때문이다. 연습을 하는 사람들의 경우는 그렇지 않겠지만, 이들은 실제로 이론적 고찰활동을 하는 것이 아니고 어떤 제한된 뜻에서
15 그렇게 할 뿐이다. [79] 또한 질료가 가능적으로 있는 것은 그것

더욱 실재적이고 완전한 실체임을 뜻한다.

77) 식물의 씨나 사람의 씨(정액, *sperma*)는 어떤 의미에서는 형상을 갖추고 있다. 하지만 가능적으로 그럴 뿐이다. VII 9, 1034a33 아래와 《동물발생론》II 1, 735a5 아래를 참고. 조대호, "《동물의 생성에 대하여》를 통해 본 아리스토텔레스의 생성이론", 〈서양고전학연구〉 18집, 2002, 115쪽 아래도 함께 참고.
78) 이 구절을 올바로 이해하려면 'archē'는 '시작'과 '원리'라는 뜻을, telos는 '끝'과 '목적'이라는 뜻을 갖는다는 사실에 주목해야 한다. 생성은 끝에 오는 것에 도달하기 '위해서'(*heneka*) 진행된다. 그런 뜻에서 생성과정의 끝은 생성과정의 목적이다. 이를테면 아이가 자라나 어른이 되는 성장과정의 경우 어른은 성장과정의 끝이자 동시에 그 과정의 목적인데, 그 까닭은 성장과정은 어른이 되기 '위해서' 있기 때문이다. 한편, 이런 뜻의 목적은 성장과정이 시작될 때부터 이미 그 과정의 지향점으로 놓여 있었던 것이다. 그래서 성장과정의 끝혹은 목적은 동시에 그 과정의 시작 혹은 원리이기도 하다. VII 7의 기술적 제작의 예와 《동물부분론》I 1, 640a18 아래를 참고.
79) 1050a14의 'hē oti ouden deontai theōrein'은 빼고 읽었다. 이 말의 뜻은 분명하지 않다. 이 구절에 대한 해석의 어려움에 대해서는 Ross, *Metaphysics*

이 형상에 도달할 수 있기 때문이며, 질료가 현실적으로 있다면 그때 그것은 형상 안에 있다. 운동이 최종목적인 다른 경우에도 이와 같아서, 가르치는 사람들은 학생이 이론적 활동을 하는 것을 눈앞에 보여주고 나서야 끝을 보여주었다고 생각하는데, 자연도 이와 마찬가지이다. 왜냐하면 만일 그렇지 않다면, 이는 파우손의 헤르메스와 사정이 같게 될 터인데, 그 이유는 학문적 인식은, 그 조각상이 그렇듯이, 안에 있는지 밖에 있는지 분명치 않겠기 때문이다. 80) 그러니까 기능(ergon)은 목적(telos)이요, 현실태(energeia)는 그 기능이니, 그런 까닭에 '에네르게이아'라는 말은 '에르곤'에서 파생해서 '엔텔레케이아'를 가리키게 되었다. 81)

    어떤 경우에는 활용이 최종적인 것이고(예컨대 시각의 경우에는 보는 활동이 그에 해당하는데, 시각작용으로부터는 그것 자체와 다른 어떤 것도 생겨나지 않는다), 어떤 경우에는 어떤 결과가 생겨나지만(이를테면 건축술로부터는 건축활동과 떨어져서 집이 생겨난다), 어쨌건 앞의 경우에는 활용이 목적이고, 뒤의 경우에는 활용이 능력보다 목적에 더 가까운데, 왜냐하면 건축활동은 건축되는 것 안에 있고 집과 동시에 생겨나고 집과 동시에 있기 때문이다. 82)

20

25

II, 264를 참고.

80) 조각가 파우손은 돌을 쪼아서 헤르메스를 조각해 넣었는데, 겉보기에는 마치 돌에서 솟아나온 부조(浮彫)처럼 보였다. 마찬가지로 어떤 사람이 학문적 활동을 하고 있지 않다면, 그가 학문적 지식을 실제로 가지고 있는지 그렇지 않은지를 분간할 수 없을 것이라는 말이다.

81) 엄밀하게 말해서 'energeia'는 능력의 현실적 활동(activity) 또는 능력의 현실화(actualization)를 뜻하는 반면, 'entelecheia'는 현실화의 목적(telos)이 되는 활동의 상태(actuality)나 완전한 상태(perfection)를 가리킨다. IX 1, 1046a4에 대한 각주를 참고.

82) 운동이 운동하는 물체 안에 있듯이, 집짓기는 짓는 과정 중에 있는 집 안에

그렇다면 활용과 떨어져서 생겨나는 다른 어떤 것이 있는 경

30   우, 현실적 활동은 만들어지는 것 안에 있으니, 예컨대 건축활
동은 건축되는 것 안에 있고 직조(織造)는 직조되는 것 안에
있으며, 다른 모든 것들의 경우도 이와 같아서 일반적으로 말
하자면 운동은 운동하는 것 안에 있다. 반면 현실적 활동과 떨
어져서 다른 어떤 제작물이 없는 경우, 현실적 활동은 행위자

35   안에 있으니, 예컨대 보는 활동은 보는 사람 안에 있고 이론적
고찰은 이론적으로 고찰하는 사람 안에 있고 삶은 영혼 안에

1050b 있고 따라서 행복도 그런데, 왜냐하면 행복은 특정한 성질의
삶이기 때문이다. 83)

따라서 분명히 실체와 형상은 현실태이다. 이런 근거에서
분명 현실태가 실체의 측면에서 가능태에 앞서며, 앞서 말했

5   듯이84) 현실태가 있으면 항상 다른 현실태가 그것에 시간적으
로 앞서고, 이는 영원한 첫째 원동자의 현실적 활동으로까지
이어진다. 85)

그러나 (b) 현실태는 보다 주도적인 뜻에서도 앞서는데, 왜
냐하면 영원한 것들은 실체의 측면에서 가멸적인 것들에 앞서
고, 영원한 것은 결코 가능적으로 있지 않기 때문이다. 그에
대한 설명은 이렇다. 모든 능력은 동시에 대립적이다. 왜냐하

10   면 어떤 것에 속할 능력이 없는 것은 어떤 것에도 (현실적으로)
속할 수 없겠지만, 가능적인 것은 모두 현실적으로 있지 않을

있다. 집을 짓는 활동은 아직 그 목적인 집을 만들어내는 데까지는 이르지 못
했지만, 그럼에도 불구하고 집을 지을 수 있는 능력에 비하면 그 활동의 최종
목적에 더 가까이 있다.

83) 《니코마코스 윤리학》 I 8, 1098b12-22를 참고.

84) IX 8, 1049b17-29를 참고.

85) '영원한 첫째 원동자의 현실적 활동'(he energeia tou aei kinountos prō tōs)에
대해서는 신에 대한 XII 7, 1072b27 아래의 진술을 참고.

수 있기 때문이다. 86) 그래서 있을 수 있는 가능성을 가진 것
은 있을 수도 있고 있지 않을 수도 있는데, 왜냐하면 동일한
것이 있음과 있지 않음의 가능성을 갖고 있기 때문이다. 한편,
있지 않을 수 있는 가능성을 가진 것은 있지 않을 수 있으며,
있지 않을 수 있는 것은 소멸할 수 있으니, 무제한적인 뜻에서
그럴 수도 있고, 어떤 것이 있지 않을 수 있다고 말할 때 우리   15
가 고려하는 어떤 제한된 측면에서, 즉 장소나 양이나 성질에
서 그럴 수도 있는데, '무제한적인 뜻에서'라는 말은 '실체에서'
를 뜻한다. 그러므로 무제한적인 뜻에서 소멸하지 않는 것들
중 어떤 것도 무제한적인 뜻에서 가능적으로 있지 않은데87)
(그렇다고 해도 특정한 측면에서는, 예컨대 양이나 장소에서는 변
화를 겪을 수 있다), 따라서 그것들은 모두 현실적으로 있다.
필연적으로 있는 것들도 모두 그렇다88) (하지만 이런 것들은 첫
째가는 것들인데, 왜냐하면 그것들이 없다면, 아무것도 없을 것이   20
기 때문이다). 운동도, 만일 그것이 영원한 것이라면, 가능적
으로 있을 수 없으며, 만일 영원히 운동하는 것이 있다면, 그
것도 마찬가지일 것인데, 그것은 어디에서 와서 어디로 간다
는 뜻을 제외하고는 (그것이 그런 질료89)를 갖는 것을 가로막는

---

86) 1050b10-1: "to dynaton de pan endechetai mē energein". 애당초 불가능한
   일은 어떤 경우에도 현실적이 될 수 없지만, 가능적인 것은 어떤 경우에는 현
   실적인 상태에, 어떤 경우에는 현실적이 아닌 상태에 있을 수 있다.

87) 다시 말해서 영원한 것들(ta aidia, 1050b6-7), 즉 실체의 측면에서 생성하거
   나 소멸하지 않은 것은 실체의 측면에서는 있거나 있지 않을 수 있는 가능성
   을 갖지 않는다는 뜻이다. 물론 그런 것들은 실체와는 다른 측면, 즉 양적인
   면이나 질적인 면에서는 변화의 가능성을 가진다.

88) 예컨대 XII 7, 1072b7-8에 따르면 "운동을 낳지만 그 자신은 운동하지 않고
   현실적인 활동 가운데 있는 것이 있다면, 그것은 어떤 방식으로도 달리 있을
   수 없다."

89) VIII 1, 1042b6에서는 이렇게 이동(phora)에 적합한 질료를 일컬어 '장소적

점은 없다) 다른 운동의 능력을 갖지 않는다. 그런 이유 때문
에 해와 별들과 천계 전체는 영원히 현실적인 활동 가운데 있
는데, 자연학자들이 염려하듯, 90) 그것들이 멈춰 서지 않을까
걱정할 필요는 없다. 그것들은 지칠 줄 모르고 움직이는데, 왜
25 냐하면 그것들의 운동은 가멸적인 것들의 운동처럼 대립의 가
능성에 매어 있어 연속적인 운동이 힘겹지 않기 때문이니, 이
런 사태의 원인은 (해당 대상의) 실체가 현실적인 활동이 아니라
질료와 가능성이라는 데 있다. 91)

변화 속에 있는 것들, 예컨대 흙이나 불과 같은 것들도 불멸
하는 것들을 모방한다. 왜냐하면 그것들도 언제나 현실적으로
30 활동하고 있기 때문인데, 그것들은 그 자체의 본성에 따라서
자기 안에 운동을 지니고 있다. 반면 위에서 규정한 다른 능력
은 모두 대립의 능력인데, 왜냐하면 어떤 방식으로 다른 것을
움직일 수 있는 능력을 가진 것은 그렇지 않은 방식으로 그것
을 움직일 수도 있기 때문이다. 이성적인 능력들이 그렇다. 반
면 비이성적인 능력들은 똑같은 것들이 옆에 있느냐 그렇지 않
35 느냐에 따라 대립적인 결과를 낳을 수 있다. 그러므로 만일 변
증론자들92)이 이데아들이라고 부르는 것과 같은 종류의 자연
적인 것들이나 실체들이 있다면, 학문 자체보다도 훨씬 더 학
1051a 문적인 것이 있을 것이고 운동 자체보다도 훨씬 더 운동하는

질료'(hylē topikē)라고 부른다. VIII 4, 1044b7-8도 함께 참고.

90) 엠페도클레스를 두고 하는 말이다. 《천체론》 II 1, 284a24를 참고.

91) 동물, 식물, 사람과 같은 가멸적인 감각적 실체들은 본질적으로 질료를 포함
하며, 그에 따라 있음과 있지 않음의 가능성을 함께 가지고 있다. VII 7,
1032a20 아래를 보라.

92) 형상들을 내세운 플라톤주의자들은 정의, 즉 logos 안에서 있는 것들을 탐구
하려고 했기 때문에 '변증론자들'(hoi en tois logois)이라고 불린다. I 6,
987b31을 참고.

것이 있을 것이니, 왜냐하면 이것들은 더 높은 수준의 현실태
들일 것이며, 학문 자체나 운동 자체는 그런 것들의 가능태들
일 것이기 때문이다.

　그렇다면 분명 현실태가 가능태 및 모든 변화의 원리에 앞선다.

9. 좋은 현실적인 활동이 능력보다 더 좋고, 나쁜 현실적인 활동은 능력보다 더 나쁘다. 그러므로 자연세계 안에는 어떤 분리된 나쁨의 원리도 없다. 현실적 활동을 통해 찾아내는 기하학의 진리들

　현실적인 활동이 훌륭한 능력보다 더 좋고 더 고귀하다는 사　　5
실은 다음과 같은 사실을 통해 볼 때 분명하다. 어떤 것을 할
수 있는 능력에 따라서 이름이 불리는 것들은 똑같은 것이 그
반대되는 것을 할 수 있는 능력이 있는데, 예컨대 건강해질 수
있다고 불리는 것은 똑같이 병이 들 수 있으며, 동일한 것이
그 두 능력을 동시에 가진다. 왜냐하면 건강해지는 것과 병이
드는 것, 정지와 운동, 집을 짓는 것과 집을 허무는 것, 집이　　10
되는 것과 허물어지는 것에는 동일한 능력이 속하기 때문이
다. 93) 그렇다면 반대되는 것을 할 수 있는 능력은 동시에 주
어져 있지만, 반대되는 것들이 동시에 있는 것은 불가능하며,
현실태들, 예컨대 건강함과 병듦이 동시에 있는 것은 불가능
한 까닭에, 그것들 가운데 어느 하나는 필연적으로 좋은 것일
수밖에 없지만 무엇인가를 할 수 있는 능력은 양면적이거나 아
니면 중립적이다. 그러므로 현실태가 더 좋다. 하지만 나쁜 것　　15
들의 경우에도 그 끝과 현실태는 능력보다 반드시 더 나쁠 수

---

93) 예컨대 건축가는 집을 지을 수도 있고 집을 허물 수도 있으며, 건축자재들은
　　집이 될 수도 있고 허물어질 수도 있다.

밖에 없다. 왜냐하면 할 수 있는 능력이 있는 것은 똑같은 상태에서 반대되는 것을 둘 다 할 수 있기 때문이다. 그러므로 분명 나쁜 것은 대상들과 떨어져 있는 것이 아닌데, 왜냐하면 20 나쁜 것은 본성상 능력보다 뒤에 오기 때문이다. 그러므로 처음부터 있고 영원한 것들 가운데는 나쁜 것도 없고 잘못도 없으며 파멸되는 일도 없다(왜냐하면 파멸은 나쁜 것들에 속하기 때문이다).

기하학의 명제들[94]도 현실적인 활동에 의해서 발견되는데, 왜냐하면 우리는 나누는 활동을 통해 그것들을 발견하기 때문이다.[95] 만일 그것들이 이미 나뉜 상태에 있었다면, 그것들은

---

94) '기하학의 명제들'(*diagrammata*)에 대해서는 V 3, 1014a36에 대한 각주를 참고.

95) 여기서 아리스토텔레스는 에우클레이데스(Eukleides)의 이른바 《기하학원론》(*Stoicheia*) 1, 32와 3, 31의 명제에 대한 증명을 소개한다. 그 가운데 삼각형의 내각의 합이 두 직각과 같다는 명제(1, 32)는 아래의 첫째 그림을 통해 다음과 같이 증명된다. 선분 BC를 D까지 그리고, BA의 평행선 CE를 위쪽으로 그린다. 그렇다면 각 CAB = ACE이고 ABC = ECD이다(1, 29). 따라서 BCA + CAB + ABC = BCA + ACE + ECD이다. 그리고 이것은 BCA + ACD와 같은데, 이 각의 합계는 두 직각과 같다(1, 13). 그러므로 삼각형의 내각의 합은 두 직각과 같다. 반원 안에 있는 각이 직각이라는 두 번째 명제 (3, 31)에 대한 증명에 관해서는 Ross, *Metaphysics* II, 270을 참고.

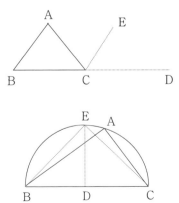

분명히 드러나 있겠지만, 현재는 가능적인 상태에 있다. 무엇
때문에 삼각형의 내각의 합은 두 직각과 같은가? 그 이유는 한   25
점 주위의 각들의 총합이 2개의 직각과 같기 때문이다. 그래서
만일 빗변에 대해 평행선이 그어져 있었다면, 그것을 본 사람
에게는 그런 정리가 즉시 분명했을 것이다. 무엇 때문에 반원
안에 있는 각은 모든 경우에 직각인가? 그 이유는, 만일 세 변
의 길이, 즉 두 밑변과 그 중심으로부터 세운 수직선의 길이가
같다면, 앞의 명제를 이미 아는 상태에서 그것을 보는 사람에
게는 그런 사실이 분명할 것이다. 그렇다면 분명 가능적으로   30
있는 것들은 현실적인 활동으로 이끌려감으로써 발견된다. 그
이유는 (기하학자의) 사유는 현실적인 활동이기 때문이다. 그러
므로 능력은 현실적인 활동에서 나오고, 이런 이유 때문에 우
리는 작도를 행함으로써 그에 대해 알게 된다(물론 수적으로 동
일한 현실적 활동은 생성에서 (능력보다) 뒤에 온다).

10. 참이라는 뜻에서의 있음. 합성된 것들과 합성되지 않은 것 들의 경우 참의 의미

'있는 것'과 '있지 않은 것'은 어떤 때는 범주들의 형태에 따
라서 쓰이고, 어떤 때는 그것들의 가능태 및 현실태나 그와 반   1051b
대되는 것들에 따라서 쓰이며, 마지막으로는 참과 거짓의 뜻
으로 쓰인다.[96] 그런데 이 마지막 것은 대상들의 측면에서 그
것들의 결합과 분할에 의존하기 때문에, 분할된 것을 분할되
었다고 생각하고 결합된 것을 결합되었다고 생각하는 사람은
참을 말하고 있지만, 대상들과 반대되는 생각을 가진 사람은   5
잘못을 범하고 있다. 그렇다면 언제 참이나 거짓이라고 불리

---

96) IV 7, 1011b25 아래와 V 7, 1017a31 아래를 참고.

44

는 것이 있고 또 언제 있지 않을까? 이 말의 뜻이 무엇인지 살
펴보아야 한다. 네가 하얗다는 것이 참이라고 우리가 생각하
기 때문에 네가 하얀 것이 아니라, 네가 하얗기 때문에 우리가
그렇게 말하면 참이다. 그런데 어떤 것들은 언제나 결합되어
있어서 분할이 불가능하고, 어떤 것들은 언제나 분할되어 있
어서 결합이 불가능한 반면, 또 어떤 것들은 반대되는 것들을
받아들일 수 있는데,[97] 왜냐하면 '~이다'('있다')는 결합되어
하나임을 뜻하는 반면, '~이 아니다'('있지 않다')는 결합되지
않은 채 여럿임을 뜻하기 때문이다. 그렇다면 (결합과 분할을) 받
아들일 수 있는 것들에 대해서는 동일한 의견과 주장이 거짓이
되기도 하고 참이 되기도 하데, 그것들은 어떤 때는 참일 수
있고 어떤 때는 거짓일 수 있다. 반면 달리 있을 수 없는 것들
에 대해서는 어떤 때는 참이 되고 어떤 때는 거짓이 되는 일은
없고, 동일한 것들이[98] 언제나 참이거나 거짓이다.

합성되지 않은 것들의 경우[99] '~이다'와 '~이 아니다', 참
과 거짓은 무엇을 뜻하는가? 왜냐하면 그것들은, 이를테면 "나
무는 하얗다"거나 "대각선은 측정불가능하다"처럼, 결합될 때
는 있고(~이고) 분할되어 있을 때는 있지 않다(~이지 않다)는
식의 합성물이 아니기 때문이다. 참과 거짓 역시 지금 예로 든
것들의 경우와 같지 않다. 아마도 그런 것들의 경우[100] 참이

---

97) 결합(*synkeisthai*)되기도 하고 분할(*dieresthai*)되기도 한다는 뜻이다.

98) 1051b17은 보니츠를 따라 'tauta'로 읽었다.

99) '합성되지 않은 것들'이라고 옮긴 1051b17의 'asyntheta'가 무엇을 가리키는지
는 분명치 않다. XII권에 등장하는 순수 형상, 즉 신을 비롯한 부동의 원동자
들을 가리키는 것일 수도 있고, 로스(*Metaphysics* II, 276)의 추측대로, "소
크라테스는 사람이다"나 "대각선은 두 변과 동일한 단위에 의해 측정가능하다"
와 같은 진술을 이루는 낱말들, 즉 '소크라테스', '사람', '대각선', '측정가능
하다'와 같은 것들을 가리킬 수도 있다.

(합성적인 것들의 경우에 성립하는 것과) 똑같지 않듯이, 있음(~임)도
똑같은 것이 아닐 것이다. 그 경우 참이나 거짓이 있는데, 접
촉과 발언은 참이고101) (발언과 긍정은 같은 것이 아니기 때문이
다102)), 무지란 접촉하지 않음일 것이다. 왜냐하면 '무엇'에 대
해서는— 부수적인 뜻에서 그런 경우를 제외한다면 — 착오에
빠지는 것이 불가능하기 때문이다. 103) 합성되지 않은 실체들
의 경우에도 이와 마찬가지인데, 그 이유는 그런 것들의 경우
에는 잘못이 있을 수 없기 때문이다. 그것들은 모두 가능적이
아니라 현실적으로 있으니, 그 이유는 이렇다. (만일 그것들이 가
능적으로 있다면) 생겨나거나 소멸하겠지만, 있는 것 자체는 생겨
나지도 않고 소멸하지도 않는데, (만일 그것이 생겨나거나 소멸한다면)
어떤 것으로부터 생겨날 것이기 때문이다. 어떤 것의 '무엇'에
해당하는 것이며104) 현실적으로 있는 것들, 이런 것들의 경우

25

30

---

100) 합성되지 않은 것들(*asyntheta*)을 가리킨다.
101) '접촉(*thigein*)과 발언(*phanai*)은 참'이라고 할 때 '접촉'은 직접적인 파악에
    대한 비유적인 표현이다. XII 7, 1072b21에서는 지성과 사유대상의 직접적
    인 접촉을 일컬어 그 낱말을 사용한다. 이런 접촉은 오류의 가능성이 없고,
    어떤 매개도 필요로 하지 않는다. 이런 지적 활동은 오류의 가능성이 없다는
    점에서는 고유한 감각대상에 대한 감각과 비슷하고(《영혼론》, III 6,
    430b29) 매개를 필요로 하지 않는다는 점에서는 촉각과 비슷하다(《영혼
    론》, II 11).
102) '긍정' 혹은 '긍정진술'(*kataphasis*)과 '발언'(*phasis*)의 차이에 대해서는《명제
    론》3, 16b27과 17a17을 참고. 예컨대 '사람'이라고 말하면 이 말은 '발언'이
    지만 '긍정'은 아니다. 왜냐하면 진술은 어떤 것에 대해(*kata*) 어떤 것을 말
    하는 것(*phasis*)이기 때문이다. '사람은 이성적이다'는 긍정진술이다.
103) "소크라테스는 아고라에 앉아 있다"는 참일 수도 있고 거짓일 수도 있다. 하
    지만 "사람은 두 발 가진 동물이다"는 언제나 참이다.
104) 1051b30의 'hoper einai ti'에서 'einai'는 'to ti en einai'의 축약어로 볼 수 있
    다. 그리고 'hoper einai ti'라는 표현 전체는 이를테면 "갑은 무엇인가?"라고
    물을 때 그 '무엇'에 대한 대답으로 제시되는 것을 가리킨다.

46

에는 잘못이란 불가능하며 그것들을 사유하거나 그렇지 않거나 둘 중의 하나이다. 하지만 그것들에 대해서 그것들이 '무엇'인지, 즉 그것들이 이러저러한 본성을 갖는지 그렇지 않는지는 탐구대상이다.

(b) 참이라는 뜻에서의 '~이다'와 거짓이라는 뜻에서의 '~이 아니다'를 두고 말하자면, 한 경우에는 (주체와 그에 속하는 것이) 결합되어 있으면 참이고 결합되어 있지 않으면 거짓이며, 다른 한 경우에는 어떤 것이 있다면 일정한 방식으로 있고, 그런 방식으로 있지 않다면 있지 않다.[105] 이 경우 참은 그것들에 대한 사유에 있다.[106] 그것들에 대해서는 거짓도 착오도 없고 무지가 있을 뿐인데, 이것은 눈이 먼 상태와 같은 상태가 아니다. 왜냐하면 눈이 먼 상태는 어떤 사람이 사유능력을 전혀 갖지 않은 것과 같기 때문이다.

그렇다면 분명 운동하지 않는 것들의 경우, 만일 누군가가 그것들을 운동하지 않는 것이라고 판단한다면, 시점(時點)에 따라 잘못이 빚어지는 일은 있을 수 없다. 예컨대 삼각형이 변화하지 않는다고 생각한다면, 어떤 때는 삼각형의 내각의 합이 두 직각과 같고 어떤 때는 그렇지 않을 것이라고 생각할 수 없을 것이다(왜냐하면 만일 그렇다면, 삼각형은 변화하는 셈일 것이기 때문이다). 하지만 (삼각형과 같은 대상들을 두고) 어떤 것은 이러저러하고 어떤 것은 그렇지 않다고 생각할 수는 있는데, 예

35
1052a

5

---

105) 참과 거짓이라는 뜻의 '이다'와 '아니다'는 합성된 것들의 경우와 단순한 것들의 경우에 각각 달리 정의된다. 예컨대 "소크라테스는 아고라에 앉아 있다"는 소크라테스와 아고라에 앉아 있음이 결합되어 하나를 이루면 참이지만, 그렇지 않으면 거짓이다. 반면 "사람은 두 발을 가진 동물이다"는 언제나 참이다. 사람은 언제나 두 발 가진 동물이기 때문이다. 두 발 가진 동물이 아닌 사람은 없다.

106) 위의 1051b31-2를 참고.

컨대 어떤 짝수도 소수(素數)가 아니라고 생각할 수 있고 혹은
어떤 수들은 소수이고 어떤 수들은 그렇지 않다고 생각할 수
있다. 하지만 수가 하나인 것들107)에 대해서는 이런 생각도   10
할 수 없다. 왜냐하면 그런 경우 어떤 것들은 이러저러하고 어
떤 것들은 그렇지 않다고 우리는 생각할 수 없고, 우리의 믿음
은 참이거나 거짓일 것인데, 그 이유는 그것들은 언제나 일정
한 방식으로 존재하기 때문이다.

---

107) '수가 하나인 것들'(*arithmōi hena*)은 태양이나 달과 같은 천체들을 가리킨
다. 이런 것들에 대한 인식이 사람이나 동물들에 대한 인식과 어떻게 다른
지에 대해서는 VII 15를 참고.

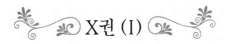

X권 (I)

1. '하나'의 네 종류. 양이나 질의 척도라는 데 하나의 본질이 있다. 다양한 종류의 척도

'하나'가 여러 가지 뜻으로 쓰인다는 사실은 낱말의 여러 가지 뜻을 구분한 글에서 먼저 이야기했다.[1] 그런데 그 말은 더 많은 뜻으로 쓰이지만, 부수적인 뜻에서가 아니라 첫 번째 뜻에서 그 자체로서 그렇게 불리는 것들을 주요 항목에 따라 함께 묶어 분류해 보면 그 수는 넷이다. (1) 무제한적인 뜻이나 가장 높은 수준에서 연속적인 것, 즉 접촉이나 끈에 의해서가 아니라 본성에 의해서 연속적인 것이 하나인데, 그 가운데 더 분할불가능하고 더 단순한 운동을 갖는 것은 더 높은 수준에서 하나이고 다른 것들에 앞선다.[2] 또한 (2) 전체를 이루면서 어떤 형태나 형상을 가진 것은 더 높은 수준에서 하나인데, 특히 어떤 것이 본성에 의해서 그런 성질을 갖고, 접착제나 못이나 끈에 의해서 그럴 때처럼 어떤 강제력에 의해서 그런 것이 아니라 자기 자신 안에 연속적인 존재의 원인을 가진다면 그것은

15

20

25

---

1) V 6을 참고.
2) '본성'(*physis*)에 대한 V 4, 1015a13의 정의를 참고.

50

가장 높은 수준에서 하나이다. 그런 것은 단일하면서 장소에서
나 시간에서 분할불가능한 운동을 갖기 때문에 하나인데, 따라
서 분명히 어떤 것이 본성적으로 첫째 운동의 첫째 원리를—
예컨대 이동의 경우 원환운동이 그런 것에 해당한다[3]— 가진
다면 그것이 그런 성질을 갖는데, 그 까닭은 그런 것은 첫 번
째 뜻에서 하나의 연장물이기 때문이다. 그렇다면 어떤 것들은
이런 방식으로, 즉 그것이 연속적이거나 전체인 한에서 하나이
지만, 다른 것들은 하나의 정식을 갖는 한에서 하나인데,[4] 단
일한 사유의 대상이 되는 것들, 즉 분할불가능한 사유의 대상
이 되는 것들이 뒤의 경우에 해당하며, 종이나 수에서 분할불
가능한 것에 대한 사유는 분할불가능하다. (3) 개별자는 수에
서 분할불가능하고, (4) 앎이나 학문적 인식의 측면에서 분할
불가능한 것은 종에서 분할불가능한데, 따라서 실체들의 경우
그것들을 (각각) 하나이게 하는 원인[5]은 첫 번째 뜻에서 하나일
것이다. 그렇다면 '하나'는 이렇게 여러 가지 뜻으로 쓰여서,
본성에 따라 연속적인 것과 전체인 것, 개별자와 보편자가 하
나라고 불리지만, 이것들은 모두 두 가지 이유에서, 즉 그것들
이 분할불가능한 운동을 갖거나 분할불가능한 사유나 정식을
갖는다는 이유에서 하나이다.

　하지만 어떤 종류의 대상들이 '하나'라고 불리고 '하나임'은
무엇이며[6] 그것에 대한 정식이 어떤 것인지에 대한 논의를 똑
같은 뜻으로 받아들여서는 안 된다는 사실을 우리는 고려해야

---

3) XII 7, 1072b8을 참고.
4) V 6, 1016b9를 참고.
5) VII 17, 1041b11 아래를 참고.
6) "ti esti to heni einai"의 물음은 곧 "X가 하나이다"라고 할 때 술어의 자리에
　오는 '하나이다'가 무엇을 뜻하는지를 묻는다. 그리고 이 물음에 대한 대답의
　내용이 바로 '하나임'(to heni einai), 즉 하나의 본질을 이룬다.

한다. 그 이유는 이렇다. '하나'는 이렇게 여러 가지 뜻으로 쓰
이고, 이런 여러 가지 용법 중 어떤 것이 속하는 것은 각각 하   5
나이겠지만, '하나이다'는 어떤 때는 그런 것들 가운데 어떤 것
에 대해서 쓰이지만, 또 어떤 때는 그와 달리 '하나'라는 낱말
에 더 가까운 것에 대해서 쓰일 텐데, 이는 어떤 능력 때문에
다른 것들이 그렇게 불리는 것과 대비된다. 이는 '요소'나 '원
인'에 대해서 그에 해당하는 것들을 규정하고 그 낱말에 대한
정의를 제시하면서 논의를 해야 하는 경우와 사정이 같다. 그
이유는 이렇다. 어떤 뜻에서 보면 불은 요소이다(하지만 그와   10
똑같이 무한자나 그런 종류의 다른 어떤 것도 그 자체의 본성상 요
소이다). 하지만 그것은 어떤 뜻에서는 그렇지 않다. 왜냐하면
불임과 요소임[7]은 동일한 것이 아니고, 불은 특정한 대상이자
자연물이라는 뜻에서 요소이지만, '요소'라는 낱말은 이런 사
실, 즉 그것을 첫 번째 내재적인 구성부분으로 삼아 다른 어떤
것이 있다는 사실이 불에 부수적으로 속한다는 것을 가리키기   15
때문이다. 원인이나 하나를 비롯해서 그런 종류의 모든 것의
경우도 이와 같고, 그런 까닭에 '하나이다'는 '분할불가능하다',
즉 '"이것"이자 고유한 것으로서 장소에서나 종에서나 사유에
서 분리가능하다', '전체이고 분할불가능하다', 무엇보다도 '각
유, 주로 양의 첫째 척도이다'를 뜻한다.[8] 왜냐하면 '하나이다'

---

7) 두 진술 "X는 불이다"와 "X는 요소이다"를 보자. 이 경우에도 술어의 자리에
   오는 '불이다' 또는 '요소이다'에 대해 그것들이 각각 무엇인지, 즉 '불이다'와
   '요소이다'가 무엇을 뜻하는지 물을 수 있다. 이에 대한 대답이 각각 '불임'(*to
   pyri einai*)과 '요소임'(*to stoicheiōi einai*)을 이룬다. 물론, 이때 어떤 대상 X
   는 불이면서 요소일 수 있지만, 그렇다고 해서 '불임'과 '요소임'이 같은 것은
   아니다.

8) "X가 하나이다"라고 할 때 그 말은 "X는 분할불가능하다(*adihaireton*)", "X는
   '이것'으로서 장소나 종이나 사유에서 분리가능하다(*chōriston*)", "X는 전체이
   고 분할불가능하다(*holon kai adihaireton*)", "X는 양의 첫째 척도(*metron*)이

20 는 이것으로부터 다른 것들로 그 쓰임이 전이되었기 때문이다. 그 이유는 척도는 양을 인식하는 수단이고, 양적인 것은 — 그 것이 양적인 것인 한에서 — 하나나 수에 의해서 인식되지만 모든 수는 하나에 의해서 인식되기에, 결국 양을 갖는 것은 모 두, 그것이 양적인 것인 한에서, 하나에 의해서 인식되는데, 양적인 것들이 인식되는 데 쓰이는 첫째 수단은 바로 하나 자 체이기 때문이다. 그러므로 하나는 수인 한에서 수의 원리이

25 다. 하지만 여기서부터 시작해서 다른 것들의 경우에도 '척도' 라는 말이 쓰이는데, 이것은 각 대상을 인식하는 첫째 수단이 며 각각의 경우 척도는 하나, 즉 길이나 넓이나 깊이나 무게나 속도에서 하나이다('무게'와 '속도'라는 말은 반대되는 것들에 대해 공통적으로 쓰인다. 왜냐하면 그것들은 각각 두 가지 뜻을 갖기 때 문인데, 예컨대 '무게'는 임의의 중량을 가진 것과 초과하는 중량을

30 가진 것에 대해 함께 쓰이고 '속도' 역시 임의의 운동을 가진 것과 초과하는 운동을 가진 것에 대해 함께 쓰이기 때문이다. 그 이유는 느린 것에도 일정한 속도가 있고, 가벼운 것에도 일정한 무게가 있 기 때문이다).

이 모든 것에서 척도와 원리는 하나이자 분할불가능한 어떤 것인데, 심지어 선들의 경우에도 보폭(步幅)을 불가분적인 척 도로 사용한다. 왜냐하면 사람들은 어디서나 하나이면서 분할

35 불가능한 어떤 것을 척도로서 찾기 때문인데, 성질이나 양에 서 단순한 것이 그에 해당한다. 그렇다면 빼기나 더하기가 가 능해 보이지 않는 경우, 그런 경우에 통용되는 척도는 엄밀하

1053a 다(그런 까닭에 수의 척도가 가장 엄밀한데, 사람들은 모나스를 모 든 측면에서 분할불가능한 것으로 내세우기 때문이다).[9] 하지만

───────────

다" 등의 뜻을 가진다.

9) '모나스'(monas) 개념에 대해서는 V 6, 1016b24-5를 참고.

다른 경우 우리는 그런 성격의 척도를 모방한다. 스타디온이
나 탈란톤[10]의 경우를 비롯해서, 상대적으로 더 작은 것보다
는 항상 더 큰 것에서 눈에 띄지 않고 어떤 부분을 빼거나 거
기에 어떤 부분을 더할 수 있을 것이기 때문이다. 그러므로 감   5
각을 통해 볼 때 그것으로부터 어떤 부분을 뺄 수 없는 첫째가
는 것이 있다면, 그것을 모든 사람이 척도로 삼는데, 이는 액
체에서나 고체에서나, 무게에서나 크기에서나 마찬가지다. 그
리고 사람들은 그런 척도를 통해서 그 양을 알았을 때 그것을
알고 있다고 생각한다. 그리고 사실 그들은 운동마저도 단순
하고 가장 빠른 운동에 의해서 안다고 생각하는데, 이런 운동
은 가장 짧은 시간을 점유하기 때문이다. 그런 까닭에 천문학   10
에서는 그런 종류의 하나[11]가 원리요 척도이며 (왜냐하면 사람
들은 천계의 운동을 균질적이고 가장 빠른 운동이라고 전제하고 그
것에 의거해서 다른 운동들을 판별하기 때문이다) 음악에서는 4분
음[12]이 최소 단위이기 때문에 척도이며 목소리에서는 철자가
척도이다. 이런 것들은 모두 이런 뜻에서 일종의 하나이지만,
이는 '하나'가 모든 것에 공통된 어떤 것이라고 할 때와 같은
뜻에서 그렇지는 않고 지금까지 이야기한 것과 같은 뜻에서 그
렇다.

　하지만 언제나 척도가 수적으로 하나가 아니라 둘일 때도 있   15
는데, 예컨대 4분음은 (귀로 듣기에는 그렇지 않아도 비율에 따
르면) 둘이고[13] 우리가 척도로 삼는 목소리들은 여럿이며 (사각

---

10) 1 스타디온(*stadion*)은 약 185m이고 1 탈란톤(*talanton*)은 26.6kg이다.
11) 다른 운동을 측정하는 척도로서 가장 짧은 시간을 점유하는 '단순하고 가장
　　빠른 운동'(*haplē kai tachista kinēsis*)을 가리킨다.
12) V 6, 1016b22에 대한 각주를 참고.
13) 4분음(*diesis*)은 1/4의 분수로 표현되기 때문이다. V 6, 1016b22에 대한 각
　　주를 참고.

형의) 대각선과 빗변은 두 가지 단위에 의해 측정되고 연장물들이 모두 그렇다. 이와 같이 하나는 모든 것의 척도인데, 왜냐하면 우리는 실체를 양의 측면이나 형상의 측면에서 분할함으로써 그 실체의 구성부분들을 인식하기 때문이다. 그리고 이런 이유 때문에 하나는 분할불가능한데, 각 유에 속하는 것들 중에서 첫째가는 것은 분할불가능하기 때문이다. 하지만 예컨대 발(足)이나 모나스의 경우에 그렇듯이 모든 것이 똑같은 방식으로 분할불가능한 것은 아니고, 뒤의 것은 모든 측면에서 그렇지만, 앞의 것은 감각을 통해 볼 때 분할불가능한 것들에 속하는 것으로 분류해야 하는데, 이는 이미 위에서 말한 바와 같다. 왜냐하면 연속적인 것은 모두 분할가능할 것이기 때문이다.

20

25

  하지만 척도는 언제나 측정되는 것과 같은 부류이다. 왜냐하면 크기를 가진 것들의 척도는 크기이며, 특히 길이의 척도는 길이이고, 넓이의 척도는 넓이이며, 목소리의 척도는 목소리이고, 무게의 척도는 무게이며, 모나스들의 척도는 모나스이기 때문이다(왜냐하면 우리는 문제를 이런 방식으로 파악해야지, 수들의 척도가 수라고 말해서는 안 되기 때문이다. 실상 우리가 각각의 상황에 알맞은 낱말들을 사용한다면, 그렇게 말해야 할 것이다. 하지만 그런 요구는 사실 합당치 않고, 마치 모나스들의 척도가 모나스가 아니라 모나스들이기를 요구하는 것과 마찬가지다. 하지만 수는 다수의 모나스이다).

30

  우리는 인식뿐만 아니라 감각을 사물들의 척도라고 부르는데, 이는 똑같은 이유에서이다. 즉, 우리는 그것들을 통해서 어떤 것을 아는데, 실제로 그것들은 다른 것들을 측정하기보다는 측정된다. 이때 우리는, 다른 사람이 우리를 측정하고 우리는 그가 우리의 이런저런 신체 부위에 완척[14]이라는 단위를

갖다 대는 것을 봄으로써 우리 자신의 크기가 얼마인지를 알 35
때와 같은 상황에 있다. 하지만 프로타고라스는 "사람이 모든
것의 척도다"[15]라고 말하는데, 이는 '인식하는 사람'이나 '감각 1053b
하는 사람'이 그렇다는 말과 다를 바가 없으며, 이들을 두고
그렇게 말을 할 수 있는 까닭은 한 사람은 감각을, 다른 사람
은 인식을 가지며, 이것들을 일컬어 우리는 그것들이 관계하는
대상들[16]의 척도라고 부르기 때문이다. 그래서 그들은 무언가
뛰어난 것을 말하는 것처럼 보이지만 실제로는 말하는 것이 아
무것도 없다.

　그렇다면 분명 가장 높은 수준에서 '하나임'은 — 우리가 낱
말의 뜻에 따라서 그것을 규정한다면 — 일종의 척도이며, 가 5
장 주도적인 뜻에서는 양의 척도이고 그 다음으로는 성질의 척
도이다. 그리고 어떤 것이 양적인 측면에서 분할불가능하다면
그런 성질을 가질 것이고, 또 어떤 것이 질적인 측면에서 그렇
다면 그런 성질을 가질 것이다. 그로부터 무제한적인 뜻에서나
또는 하나인 한에서 하나는 분할불가능하다는 결론이 나온다.

2. 하나는 실체가 아니라 보편적 술어이다.
　'하나'의 외연은 '있는 것'의 외연과 같다

　우리는 하나의 실체 및 본성과 관련해서 그것들이 다음의 두
방식 가운데 어떤 방식으로 있는지 탐구해야 한다. 의문들을 10
다루는 곳에서[17] 우리가 돌이켜 보았듯이, 하나가 무엇이고

---

14) '완척'(腕尺)이라고 옮긴 'pēchys'는 가운데손가락 끝에서 팔꿈치까지의 길이
　를 가리킨다.

15) D-K, 80 B 1을 참고.

16) 'ta hypokeimena'를 풀어 옮겼다. 이 말은 인식(epistēmē)이나 감각(aisthēsis)
　의 영역에 속하는 대상들을 가리킨다.

그것에 대해 어떻게 파악해야 하는지, 즉 먼저 피타고라스학파가 그렇게 말했고 나중에는 플라톤이 그랬듯이 하나 자체가 일종의 실체인지, 아니면 자연학자들이 생각했던 대로 어떤 자연적인 것이 기체로서 밑에 놓여 있고 하나는 더 알기 쉽고 자연철학자들이 생각했던 방식에 더 가깝게 설명되어야 하는지 탐구해야 한다. 왜냐하면 자연철학자들 가운데 어떤 사람
15 은 하나가 사랑이라고 말하고, 어떤 사람은 공기라고 말하며, 또 어떤 사람은 무한자라고 말하기 때문이다. [18]

그런데 실체와 있는 것에 대한 논변들에서 말했듯이, [19] 보편자들 가운데 어떤 것도 실체일 수 없으며, 있는 것 자체도 여럿과 떨어져 있는 하나로서 실체가 될 수 없고 (왜냐하면 그
20 것은 공통적이기 때문이다) 단지 술어에 지나지 않는다면, 하나 역시 실체일 수 없음이 분명하다. 왜냐하면 있는 것과 하나는 가장 보편적으로 모든 것에 대해 술어가 되기 때문이다. 따라서 한편에서 보면 유(類)들도 자연물들이 아니고 다른 것들과 분리가능한 실체들이 아니며, 다른 한편에서 보면 하나는 유일 수도 없으니, 이는 있는 것과 실체가 그럴 수 없는 것과 같은 이유에서이다. [20]

또한 이런 사정은 모든 종류의 하나에 대해 똑같을 수밖에
25 없다. '있는 것'과 '하나'는 똑같이 여러 가지 뜻으로 쓰이며, 따라서 성질에 해당하는 것들 가운데 하나이고 자연적인 어떤 것이 있고 양에 해당하는 것들의 경우에도 이와 마찬가지라면, 분명히 그 모든 범주에 걸쳐서 하나가 무엇인지를 탐구해야 하

---

17) III 4, 1001a4-b25를 참고.
18) 엠페도클레스, 아낙시메네스, 아낙시만드로스를 염두에 두고 하는 말이다.
19) VII 13을 참고.
20) III 3, 998b22 아래를 보라.

고, 이는 있는 것이 무엇인지를 탐구하는 경우와 다르지 않은
데, 있는 것의 본성이 바로 그렇다고 말하는 것으로는 충분하
지 않기 때문이다. 색깔들 가운데 있는 하나는 색깔, 예컨대
하양이고, 다른 것들은 이것과 검정으로부터 생겨남이 분명하   30
며, 마치 어둠이 빛의 결여이듯이, 검정은 하양의 결여이
다. 21) 따라서 만일 있는 것들 모두가 색깔이라면, 있는 것들
은 어떤 수일 것이다. 그렇지만 어떤 것들의 수인가? 분명 색
깔들의 수일 것이고, 그 하나는 어떤 특정한 종류의 하나, 즉   35
하양일 것이다. 이와 마찬가지로 만일 있는 것들이 모두 소리
(音)라면, 그것들은 모두 수, 즉 4분음들의 수일 테지만, 그
것들의 실체는 수가 아닐 것이다. 그리고 그 경우의 하나는   1054a
(보편자로서의) 하나가 아니라 4분음을 실체로 갖는 어떤 것일 것
이다. 22) 하지만 이는 목소리들의 경우에도 마찬가지여서, 만
일 있는 것들이 모두 목소리들이라면, 이것들은 철자들의 수
일 것이고, 그 경우 하나는 음소(音素) 23) 일 것이다. 그리고
만일 있는 것들이 모두 직선으로 이루어진 도형이라면, 그것
들은 도형들의 수일 것이고, 그 경우 하나는 삼각형일 것이   5
다. 24) 이와 똑같은 논변이 다른 유들에도 적용되며, 따라서
만일 양태나 성질이나 양이나 운동에 수들과 하나가 있고 그
모든 경우 수가 어떤 것들의 수이며 하나가 어떤 종류의 하나
일 뿐 이것 자체가 실체가 아니라면, 실체들의 경우에도 사정

---

21) 1053b31의 "touto d' esti sterēsis phōtos"는 예거를 따라 빼고 읽었다.
22) 색깔(chrōmata)이나 소리(melē) 등 모든 것에 공통된 하나가 있는 것이 아니
라 각각의 부류에 대해 하나는 특정한 종류의 색깔이거나 소리라는 것이 논변
의 요지다.
23) 원어는 'phthongōn stoicheia'이다.
24) 예컨대 플라톤에 따르면 모든 다면체는 2개의 요소 삼각형, 즉 직각 이등변삼
각형과 직각 부등변삼각형으로 환원된다. 《티마이오스》 53C 아래를 참고.

58

은 마찬가지일 수밖에 없다. 왜냐하면 모든 종류의 하나에서
사정은 똑같기 때문이다.

10   그렇다면 모든 유에서 하나가 특정한 자연물이라면, 바로
그것, 즉 하나는 분명히 어떤 것의 본성도 아니다. 그와 달리
색깔들의 경우 하나 자체에 해당하는 것으로서 하나의 색깔을
찾아야 하는 것과 마찬가지로, 실체의 경우에도 하나 자체에
해당하는 것으로서 하나의 실체를 찾아야 한다. 하지만 어떤
점에서 '있는 것'과 '하나'가 동일한 것을 가리킨다는 것은 다음
과 같은 사실들에 의거해 볼 때 분명하다. 즉, 그 둘은 여러
15   범주들에 대해 똑같이 적용되고 어떤 범주 안에도 있지 않다
(예컨대 그것은 '무엇'의 범주 안에도 성질의 범주 안에도 있지 않
고, '있는 것'과 똑같은 방식으로 범주들과 관계한다). 또한 '한 사
람'은 '사람'과 다른 어떤 것을 부가해서 진술하지 않으며 (이는
'무엇'이나 성질이나 양과 떨어져서 '있음'이 존재하지 않는 것과 마
찬가지다) '하나이다'는 '어떤 것이다'와 다른 것이 아니다.25)

3. 하나와 여럿. 동일, 질의 동일, 다름, 차이

20   '하나'와 '여럿'은 여러 가지 방식으로 서로 대립하는데, 그
중 한 방식에 따르면 하나와 다수는 분할불가능한 것과 분할가
능한 것으로서 서로 대립한다.26) 왜냐하면 나뉘어져 있거나
나뉠 수 있는 것은 다수라고 불리고 나뉠 수 없거나 나뉘지 않
는 것은 하나라고 불리기 때문이다. 그런데 그런 대립에는 네

---

25) '한 사람'(*eis anthrōpos*)과 '사람'(*ho anthrōpos*)이 가리키는 것이 다르지 않듯
이, '하나이다'(*to heni einai*)와 '어떤 것이다'(*to hekastōi einai*)가 가리키는
것은 다르지 않다. 로스의 번역 "to be one is just to be a particular thing"
을 참고.
26) 'ta polla'와 'to plēthos'을 구분해서 '여럿'과 '다수'로 옮긴다.

가지 방식이 있기 때문에, (하나와 여럿의 관계는) 어느 하나가 결
여라는 뜻에서의 대립도 아니고, 모순도, 관계도 아니며 〈반   25
대일 것이다〉.[27] 그리고 하나는 그 반대자로부터 이름을 얻고
그 내용이 밝혀지는 바, 분할가능한 것으로부터 분할불가능한
것이 이름을 얻는데, 그 이유는 다수와 분할가능한 것은 분할
불가능한 것보다 더 쉽게 감각에 드러나고, 따라서 그런 감각
으로 인해 다수가 정식의 측면에서 볼 때 분할불가능한 것보다
앞서기 때문이다.

　　하지만 반대자들을 나누면서 도식화했듯이,[28] 동일과 질의   30
동일과 양의 동일은 하나에 속하고, 다름과 질의 비동일과 양
의 비동일은 다수에 속한다.[29] '동일하다'는 여러 가지 뜻으로
쓰여서,[30] (1) '수가 동일하다'고 말할 때가 있고, (2) 정식이
나 수가 하나일 때 '동일하다'고 말하기도 하는데, 예컨대 너는   35
형상과 질료에서 너 자신과 하나라고 말할 때 그렇다. 또한   1054b
(3) 첫째 실체에 대한 정식이 하나일 때 '동일하다'고 말하는

---

27) 예거는 보니츠의 추정에 따라 이 구절을 읽었다. 그 뜻은 하나와 여럿의 관계
　　가 결여(sterēsis)나 모순(antiphasis)이나 관계(pros ti)라는 뜻에서의 대립관
　　계가 아니라 반대(enantia)라는 뜻에서의 대립관계를 이룬다는 데 있다. 대립
　　의 네 종류에 대해서는 X 4, 1055a38 아래를 보라. Bonitz, *Metaphysica*, 423
　　을 참고.

28) IV 2, 1004a2에 대한 각주를 참고.

29) '동일', '질의 동일', '양의 동일'은 각각 'tauto'(*same*), 'homoion'(*like*), 'ison'
　　(*eqaul*)을, '다름', '질의 비동일', '양의 비동일'은 각각 'heteron'(*other*),
　　'anomoion'(*unlike*), 'anison'(*unequal*)을 옮긴 것이다. 아리스토텔레스는
　　'heteron'과 'diaphron'(*different*)을 구별하는데, 이 둘은 각각 '다르다'와 '차이
　　가 있다' 혹은 '차이가 난다'로 옮겼다. 이 번역에서는 '양적 동일성'(等量性,
　　isotēs), '양적 비동일성'(不等性, *anisotēs*), '질적 동일성'(同質性, *homoiotēs*),
　　'질적 비동일성'(異質性, *anhomoitēs*) 등의 표현도 함께 사용한다. 1055b19
　　아래를 참고.

30) V 9를 참고.

데, 예컨대 길이가 같은 직선들은 서로 동일하고, 길이와 각도
가 같은 정사각형들도 그렇다. 물론 그 수는 여럿이지만, 이것
들 안에 있는 양적 동일성은 단일성을 이룬다.

　어떤 것들이 무제한적인 뜻에서도 동일하지 않고 결합된 실
체에서도 차이가 없지 않지만 종이 동일하다면, 그것들을 일
5　컬어 '질이 동일하다'고 말하는데, 이런 뜻에서 큰 사각형과 작
은 사각형이 질이 동일하고 길이가 다른 직선들은 질이 동일하
다. 왜냐하면 이것들은 성질이 동일하기 때문인데, 그렇다고
해서 무제한적인 뜻에서 동일한 것은 아니다. 또 어떤 것들은
동일한 형상을 가지면서 많고 적음의 차이를 보이는데, 그런
것들 중 많고 적음의 차이를 보이지 않는 것들은 질이 동일하
다. 또 어떤 것들은 예컨대 하양처럼 동일한 속성을 갖고 종이
10　하나이지만 강약의 정도 차이를 보이는데, 이것들도 질이 동
일하다. 그 이유는 그것들이 가진 형상이 하나이기 때문이다.
또 어떤 것들은 무제한적으로 보거나 직접적으로 드러나는 측
면에서 볼 때 다른 점보다는 동일한 점이 많은데, 그런 것들을
일컬어 질이 동일하다고 한다. 예컨대 주석은 〈하얗다는 측면
에서〉 은과 질이 동일하고 금은 노랗고 붉다는 측면에서 불과
질이 동일하다.

　그렇다면 분명 '다르다'와 '질이 동일하지 않다'는 여러 가지
15　뜻으로 쓰인다. 그리고 아님[31]은 동일함과 대립하는데, 그 이
유는 모든 것은 서로 동일하거나 (다른 것이) 아니기 때문이다.
또 어떤 뜻에서 보면 질료와 정식이 하나가 아닌 것들은 다른
데, 그런 이유에서 너와 너의 이웃은 다르다. 세 번째 뜻에서

---

31) '아님'은 'to allo'를 옮긴 것인데, 'to heteron'과 특별한 의미상의 차이는 없
다. 로스와 보니츠도 둘을 구별하지 않고, 각각 'other'와 'das Andere'로 옮
겼다.

의 다름은 수학적인 것들 가운데 있다. [32] 이런 이유 때문에
모든 것은 서로 '동일하다'거나 '다르다'라고 불리는데, '하나'나
'있는 것'이라고 불리는 것들은 모두 그렇다. 왜냐하면 '다르다' 20
는 '동일하다'의 모순항이 아니기 때문이다. 그런 이유 때문에
그런 말은 있지 않은 것에 대해서는 쓰이지 않지만 (하지만 '동
일하지 않다'는 말은 쓰인다) 있는 것들 모두에 대해서 쓰인다.
왜냐하면 있으면서 하나인 것은 본성상 (다른 것과) 하나이거나
하나가 아니기 때문이다.

그런데 '다르다'와 '동일하다'는 이렇게 서로 대립하는 반면,
'차이'와 '다름'은 서로 다르다. [33] 그 이유는 이렇다. 갑과 을
이 서로 다르다면, 그것들이 반드시 어떤 특정한 측면에서 달
라야 할 필요는 없다(왜냐하면 모든 것은―그것이 있는 한―다 25
르거나 동일하기 때문이다). 하지만 갑과 을이 서로 차이가 있
다면, 그것들은 반드시 어떤 특정한 측면에서 차이가 있어야
하며, 따라서 그것들이 차이가 있다고 할 때 그 준거가 되는
어떤 동일한 것이 반드시 있어야 한다. 바로 이 동일한 것은
유나 종인데, 왜냐하면 차이가 있는 것은 유나 종에서 차이가
있기 때문이다. 질료를 공통으로 갖지 않고 서로간의 생성이
불가능한 것들은 유에서 차이가 있는데, 예컨대 다른 형태의
범주에 속하는 것들이 그렇다. 반면 동일한 유를 갖는 것들은 30
종에서 차이가 있다('유'는 서로 차이가 있는 둘에 대해 실체의 측
면에서 동일하게 술어가 되는 것을 일컫는다). [34]

---

32) 위의 X 1의 1053a35-b3을 참고.
33) V 9, 1018a12 아래를 참고.
34) 예컨대 '사람'과 '말'은 서로 차이가 나는(*diapheron*) 2개의 종(*eidos*)인데, 그
   둘은 똑같이 '동물' 또는 '생명체'라고 불린다. 이때 '생명체'는 사람과 말에 대
   해 술어가 되는 유(*genos*)이다. 그런 뜻에서 '유'는 '서로 차이가 있는 둘에 대
   해 실체의 측면에서 동일하게 술어가 되는 것'이라고 불릴 수 있다.

62

반대자들은 서로 차이가 있으며, 반대는 일종의 차이이다.
우리의 이런 전제가 옳다는 것은 귀납을 통해 볼 때 분명하
다. 35) 왜냐하면 반대자들 역시 분명히 서로 차이가 있기 때문
35   인데, 단순히 다른 것이 아니라 어떤 것들은 유가 다르고, 또
1055a 어떤 것들은 동일한 축의 술어 안에서 다르며, 36) 따라서 동일
한 유 안에 있고 유가 동일하다. 어떤 것들이 유가 동일한지
또는 다른지에 대해서는 다른 곳37)에서 이미 규정한 바 있다.

4. 반대는 마지막 차이이다. 결여 및 모순과의 관계

5   차이가 있는 것들은 많고 적음의 정도를 보이면서 차이가 있
을 수 있기 때문에, 가장 큰 차이도 있는데, 이것을 일컬어 나
는 '반대'라고 부른다. 이것이 가장 큰 차이라는 사실은 귀납을
통해 볼 때 분명하다. 그 이유는 이렇다. 유에서 차이가 있는
것들은 상대방에 이르는 길을 갖지 못하고 너무 멀리 떨어져
있어서 함께 합산될 수 없다. 38) 그에 반해 종에서 차이가 있
는 것들은 반대자들이 극단을 이루고 그것들로부터 생성들이
10   유래하며, 그 극단에 있는 것들 사이의 간격은 가장 크고, 따
라서 반대자들 사이의 간격이 가장 크다.

---

35) 예컨대 하양과 검정은 반대자들(enantia)인데, 이것들은 모두 '색깔'이라는 유
에 속한다.
36) I 5, 986a23 아래를 참고.
37) V 9를 참고.
38) '함께 합산될 수 없다'라고 옮긴 'asymblēta'는 문맥상 '비교가 불가능하다'는
뜻으로 이해해야 할 것이다. '유에서 차이가 있는 것들은 상대방에 이르는 길
을 갖지 못한다'(ta genei diapheronta ouk echei hodon eis allēla)는 사실을 일
컬어 아리스토텔레스는 《분석론 후서》 I 9, 76a22에서 "논증은 다른 유에 적
용되지 않는다"(hē d' apodeixis ouk epharmottei ep' allo genos)고 말한다. 아
래의 X 7, 1057a26-7도 참고.

그러나 각 유 안에서 가장 큰 것은 마지막에 온다.[39] 왜냐
하면 더 큰 것이 없는 것이 가장 큰 것이고, 그것 밖에서 다른
어떤 것도 취할 수 없는 것이 마지막이기 때문이다. 왜냐하면
마지막 차이[40]는 (다른 모든 것들도 끝을 가진다는 이유에서 마
지막이라고 불리듯이) 끝을 가지며, 끝 밖에는 아무것도 없기
때문이다. 왜냐하면 그것은 모든 것에서 극단이고 다른 것들   15
을 포함하며, 그 때문에 끝 밖에는 아무것도 없고 마지막에 오
는 것은 다른 어떤 것도 추가적으로 필요로 하지 않는다. 그렇
다면 반대가 마지막 차이라는 사실은 이로부터 분명하다. 그
리고 '반대자들'은 여러 가지 뜻으로 쓰이기 때문에,[41] 그것들
이 '마지막'이라고 불리는 방식은 그것들이 반대자들이라고 불
리는 방식에 따라 여러 가지 뜻이 있다.

사실이 이러하다면, 분명 여럿은 하나에 반대되는 것일 수   20
없다(왜냐하면 극단보다 더 극단에 있는 것은 있을 수 없고, 하나의
간격에 대해 둘 이상의 극단도 있을 수 없기 때문이다). 일반적으
로 말해서 반대는 차이이며 차이는 둘 사이에 있고 따라서 마지
막 차이도 그렇다는 사실을 놓고 보아도 그 점은 분명하다.

그리고 (일반적으로 인정되는) 반대자들에 대한 다른 정의들 역
시 필연적으로 참이다. 그 이유는 이렇다. (1) 마지막 차이는
가장 큰 차이다(유와 종에 차이가 있는 것들의 경우 그 영역 밖에   25
서는 어떤 차이도 취할 수 없으니, 이미 위에서 밝혀졌듯이 특정한
유 밖에 있는 것들 사이에는 어떤 차이도 없으며,[42] 종에서 서로

---

39) 원어 'teleion'는 '완전하다'는 뜻도 함께 가진다. V 16을 참고.
40) 원어 'teleia diaphora' 역시 '완전한 차이'라는 뜻에서 '마지막 차이'를 가리킨다.
41) V 10, 1018a31 아래를 참고.
42) 예컨대 하양과 소가 '다르다'(*hetera*)고는 말할 수 있지만 그것들이 '차이가 난
다'(*diaphora*)고는 말할 수 없다. 반면 하양과 검정은 다르면서 차이가 나고,
소와 말도 다르면서 차이가 난다. 하양과 검정, 소와 말은 각각 '색깔'과 '네

차이가 있는 것들 사이에서는 마지막 차이가 가장 큰 차이이기 때문이다). 또한 (2) 동일한 유에 속하면서 가장 큰 차이가 있는 것들은 반대자들이다(왜냐하면 마지막 차이는 그것들 사이의 가장 큰 차이이기 때문이다). 또한 (3) 동일한 수용자 안에 있으면서 가장 큰 차이가 있는 것들이 반대자들이다(왜냐하면 반대자들에 대해서는 동일한 질료가 있기 때문이다). 그리고 (4) 동일한 능력에 귀속하는 것들 가운데 가장 큰 차이가 나는 것들이 반대자들이다43) (왜냐하면 하나의 유에 대한 학문은 하나이기 때문이다). 이런 것들에서는 마지막 차이가 가장 크다.

　　첫째 반대를 이루는 것은 소유상태와 결여이지만, 모든 결여를 두고 그렇게 말하는 것은 아니고 ('결여'는 여러 가지 뜻으로 쓰이기 때문이다)44) 마지막 결여를 두고 그렇게 말하는 것이다.45) 그리고 다른 반대자들은 바로 그런 것들에 의거해서 그렇게 불리는데, 어떤 것들은 그런 것들을 갖기 때문에, 어떤 것들은 그런 것들을 만들어 내거나 그렇게 할 수 있는 능력이 있기 때문에, 또 어떤 것들은 그런 반대자들이나 다른 반대자들을 획득하거나 상실하기 때문에 그렇게 불린다.46) 그런데 만일 대립적인 것에 모순, 결여, 반대, 관계가 있고47) 이것들 가운데 첫째가는 것은 모순이고 모순의 중간에는 아무것도 없지만 반대자들 사이에는 그런 것이 있을 수 있다면, 분명 모순

발 짐승'이라고 불리는 유(genos)에 속하기 때문에 비교가 가능하다.

43) 예컨대 건강과 질병은 몸의 상태라는 점에서 하나의 유에 속하지만, 서로 반대되는 것들이다. 그리고 의술은 그 둘 모두에 관계한다.

44) V 22를 참고.

45) 소유상태(hexis)와 마지막 결여(완전한 결여, teleia sterēsis) 사이의 대립이 바로 '첫째 반대'(prōtē enantiōsis)이다.

46) 이런 뜻의 이른바 'pros-hen analogy'에 대해서는 IV 2, 1003a33 아래를 참고.

47) 위의 X 3, 1054a23 아래를 보라.

과 반대는 같지 않다. 하지만 결여는 일종의 모순인데, 다음과
같은 이유 때문이다. 어떤 것을 전혀 가질 수 없거나 본성적으
로 가질 수는 있지만 실제로는 갖고 있지 않은 것을 일컬어 —   5
모든 측면에서나 또는 어떤 특정한 측면에서 — 결여상태에 있
다고 말하며(다른 곳에서 우리가 논의했듯이, 48) 이렇게 말하는 데
는 여러 가지 뜻이 있다), 따라서 결여는 일종의 모순이거나 아
니면, 이미 규정되어 있거나 수용자와 결합된 무능력이다. 그
런 까닭에 모순에는 중간이 없지만, 결여에는 경우에 따라서
중간이 있다. 49) 왜냐하면 모든 것은 양이 같거나 같지 않지
만, 그렇다고 해서 모든 것이 양이 같거나 다른 것은 아니고,   10
만일 그것이 가능하다면, 이는 문제의 대상이 양적 동일성을
수용하는 것의 영역 안에 있다는 조건에서만 그렇다. 50) 그런
데 만일 생성들이 반대자들을 출발점으로 삼아 질료 안에서 일
어나고 이때 형상과 형상을 가진 상태가 출발점이 되거나 형상
과 형태의 결여가 출발점이 된다면, 분명 모든 반대는 결여이
겠지만, 그렇다고 해서 모든 결여가 반대는 아닐 텐데(그 이유
는 결여상태에 있는 것은 여러 가지 뜻에서 그런 상태에 있을 수 있   15
기 때문이다), 변화는 극단에 있는 것들을 출발점으로 삼아 진
행되며, 반대자들이 바로 그렇게 극단에 있는 것들이기 때문

---

48) V 22를 참고.
49) 예컨대 모든 것은 양이 동일하거나(ison) 동일하지 않다(anison). 즉, 모든
   것은 양적 동일성을 소유하고 있거나 그것을 결여하고 있다. 이런 경우 양적
   동일성과 양적 비동일성은 서로 모순적이다. 반면 모든 것이 좋거나 나쁜 것
   은 아니다. 좋지도 않고 나쁘지도 않은 중간(metaxy)이 있기 때문이다. 이
   경우 좋음과 그것의 결여인 나쁨은 모순관계에 있지 않다. 아래의 이어지는
   설명과 V 22, 1022b32 아래를 참고.
50) 양적으로 비교될 수 있는 것들에 대해서만 양적 동일성과 비동일성을 이야기
   할 수 있다는 뜻이다.

이다.

　이는 귀납에 의해서도 분명한데, 그 이유는 이렇다. 모든
반대의 경우 반대자들 가운데 어느 한쪽은 결여이다. 하지만
모든 경우에 사정이 똑같지는 않다. 왜냐하면 양적 비동일성
20　은 양적 동일성의 결여이고, 질적 비동일성은 질적 동일성의
결여이며, 나쁨은 좋음의 결여이지만, 앞서 말했듯이51) 경우
마다 차이가 있기 때문이다. 왜냐하면 단순한 결여상태가 있
을 수 있고, 일정한 때 혹은 일정한 부분에서 결여상태가 있을
수 있으며(예컨대 일정한 나이에서나 중추적인 부분에서 결여상태
가 있을 수 있다), 또는 모든 측면에서 결여상태가 있을 수 있
기 때문이다. 그런 까닭에 어떤 경우에는 중간이 있지만(예컨
대 좋지도 나쁘지도 않은 사람이 있다), 어떤 경우에는 그렇지
25　않다(수는 홀수이거나 짝수이어야 한다). 또한 어떤 반대자들은
일정한 기체를 갖는 반면, 어떤 것들은 그렇지 않다. 그러므로
분명 반대자들 가운데 하나는 항상 결여라는 뜻에서 그렇게 불
리지만, 반대자들 가운데 첫째가는 것, 즉 유적인 반대자들,
예컨대 하나와 여럿이 그렇게 불리는 것으로 충분한데, 다른
것들은 그런 것들로 환원되기 때문이다.

5. 양적 동일성과 큼과 작음의 대립관계

30　　하나는 다른 하나에 반대되기 때문에, 하나와 여럿은 어떻
게 대립하고 양의 동일성은 큼과 작음에 또 어떻게 대립하는지
의문을 갖는 사람이 있을 수 있다. 그 이유는 이렇다. "그것은
하양인가 혹은 검정인가?" 혹은 "그것은 하양인가 혹은 하양이
아닌가?"라는 물음이 그렇듯이, 우리는 '~인가 혹은 ~인가'라

51) 위의 1055b4-6을 보라.

는 의문사52)를 언제나 대립관계 속에서 사용한다("그것은 사람
인가 혹은 하양인가?"라고는 묻지 않는다. 어떤 전제에서 출발해서
"다가오는 사람이 클레온인가 혹은 소크라테스인가"와 같은 질문을   35
던지는 경우는 예외이다 — 하지만 모든 유 안에 그런 종류의 선택
지가 있어야 할 필연성은 없다. 그러나 이것조차도 대립으로부터
파생된 것인데, 왜냐하면 오로지 대립자들만이 동시에 성립할 수
없으며, "다가오는 사람이 클레온인가 혹은 소크라테스인가"라는 물
음에서 역시 그런 양립불가능성이 활용되기 때문이다. 만일 그들이
둘 다 다가올 수 있다면, 그 물음은 우스운 질문이 될 것이다. 하지
만 만일 그들이 둘 다 다가왔다면, 그때도 역시 그 물음은 대립관계   1056a
에 부합하는데, 거기서 문제되는 것은 하나와 여럿의 대립, 즉 "그
들이 둘 다 왔는가 혹은 둘 중 하나만 왔는가?"의 대립이기 때문이
다). 그런데 '~인가 혹은 ~인가'라는 물음에 대한 탐구는 언
제나 대립자들 사이에서 이루어지지만, 우리가 어떤 것에 대해
"그것은 더 큰가 혹은 더 작은가 혹은 크기가 같은가?"라고 말
한다면, 크기의 동일성이 다른 것들에 대해 갖는 대립은 어떤
것인가? 왜냐하면 그것은 다른 둘 가운데 오직 어느 하나에 반   5
대되는 것도 둘 다에 반대되는 것도 아니기 때문이다. 크기의
동일이 더 작음보다 더 큼에 반대되는 것이어야 할 이유가 무
엇인가? 또한 양적 동일은 양적 비동일에 반대된다. 그 결과
그것은 하나보다는 여럿에 반대될 것이다. 53) 그러나 만일 양
적 비동일이 그 둘54)에 대해 똑같은 뜻으로 쓰인다면, 양적

---

52) 원어 'poteron'은 선언적(選言的) 물음을 이끄는 의문사이며 영어의 'whether'
   에 해당한다.
53) 더 큼(to meizon), 더 작음(to ellaton), 양적 동일성(to ison)이 있을 때, 양
   적 동일성은 더 큼이나 더 작음 중 어느 하나가 아니라 그 둘 모두에 반대된
   다는 뜻이다.
54) 더 큼과 더 작음을 가리킨다.

동일은 그 둘 모두와 대립할 것이다(그리고 이런 의문은 양적 비
10 동일성이 '둘'이라고 말하는 사람들[55]을 지지해준다). 하지만 그로
부터 하나가 다른 둘에 반대된다는 결과가 따라 나오는데, 이
는 불가능한 일이다. 또한 양적 동일은 큼과 작음의 중간에 있
음이 분명한데, 분명히 어떤 반대도 중간에 있을 수 없고 또
반대에 대한 정의에 비추어 보아도 그것은 가능한 일이 아니
다. 왜냐하면 반대가 어떤 것들 중간에 있다면 그것은 마지막
15 에 오는 것일 수 없겠기 때문이다.[56] 반대는 (다른 것들 중간에 있
는 것이 아니라) 언제나 자기 자신 사이에 어떤 중간을 갖는다.

남는 것은 그것이 부정이나 결여라는 뜻에서 대립해 있을 가
능성이다.[57] 그런데 그것은 둘 중 어느 하나의 부정이나 결여
일 수 없다. 양의 동일이 작음이나 큼에 대해 그럴 이유가 어
디 있는가? 그렇다면 그것은 그 둘 모두의 결여적 부정이며,
이런 이유 때문에 '~인가 혹은 ~인가'라는 말은 그 둘 모두와
관련해서 쓰이는 것이지 그 중 어느 하나와 관련해서 쓰이는
것이 아니다(예컨대 우리는 "그것은 더 큰가 혹은 동일한가" 또는
20 "그것은 동일한가 혹은 더 작은가"라고 묻는다). 언제나 세 가지
경우가 있다. 하지만 그 결여는 필연적이 아니다. 왜냐하면 더
크거나 더 작지 않은 것이 모두 양적으로 동일한 것은 아니고,
단지 본성상 이런 성질들을 가진 것들만이 그렇기 때문이다.

양이 동일한 것은 본성상 크거나 작지만,[58] 크지도 않고 작
지도 않다. 그것은 결여적 부정으로서 그 둘과 대립하지만, 그

---

55) 이것은 플라톤의 이론이다. 이에 대해서는 I 6, 988a13-4와 XIII 1, 1087b7
을 보라.
56) 위의 1055a16을 보라.
57) 1055b30에서 제기한 물음에 대한 논의가 계속된다.
58) '양이 동일하다'(ison)는 술어는 '크다'(mega)나 '작다'(mikron)를 술어로 가질
수 있는 것, 즉 양적 크기에 대해서 쓰인다.

런 이유에서 중간이기도 하다. 그리고 좋지도 않고 나쁘지도 25
않은 것은 그 둘[59]과 대립해 있지만, 그것을 가리키는 이름이
없다. 이들은 각각 여러 가지 뜻으로 쓰이고 그것들을 받아들
이는 수용자는 하나가 아니지만,[60] 하얗지도 않고 검지도 않
은 것은 그보다 더 높은 수준의 단일성을 가진다. 하지만 이것
역시 하나의 이름을 갖지는 않지만, 결여의 방식으로 부정을
술어로 갖는 색깔들[61]은 어느 정도 제한되어 있다. 왜냐하면
회색이나 노랑이나 그런 종류의 다른 것이 반드시 있기 때문이 30
다. 그러므로 모든 것이 똑같은 방식으로 쓰이고, 따라서 모든
경우에 중간적인 어떤 것이 있을 것이라고 믿고서, 좋은 것도
아니고 나쁜 것도 아닌 것이 좋은 것과 나쁜 것 중간에 있기
때문에 신발도 아니고 손도 아닌 것이 신발과 손 중간에 있다
고 생각하는 사람들의 판단은 옳지 않다. 그런 결론은 필연성
이 없다. 왜냐하면 대립자들을 동시에 부정하는 표현은 본성
상 자신들 사이에 중간과 일정한 간격을 포함하는 것들에 대해
적용되는 반면, 어떤 것들은 차이를 갖지 않기 때문이다. 그 1056b
이유는 (뒤의 경우 대립자들을) 함께 부정하는 표현들이 관계하는
것들은 다른 유에 속하고, 따라서 그것들의 기체는 하나가 아
니기 때문이다.[62]

---

59) 좋은 것(*agathon*)과 나쁜 것(*kakon*)을 가리킨다.
60) '좋다'거나 '나쁘다'라고 불리는 것들에는 여러 가지가 있기 때문이다. 《니코마
    코스 윤리학》 I 6, 1096a19 아래를 참고.
61) "노랑은 하얗지도 않고 검지도 않다"에서는 결여의 방식으로(*sterētikōs*) 부정
    (*apophasis*)을 표현하는 술어가 노랑에 대해 쓰인다.
62) '대립자들을 함께 부정하는 표현'(*synapophasis*)은 이중부정을 담은 표현, 즉
    '좋은 것도 아니고 나쁜 것도 아닌 것'을 가리킨다. 1056a35-b2의 요지는 다
    음과 같이 풀이할 수 있을 것이다. 좋은 것과 나쁜 것은 반대자들이며 그것들
    사이에는 좋지도 않고 나쁘지도 않은 것이 있다. 따라서 '좋지도 않고 나쁘지

6. 하나와 여럿(많음)의 대립관계

어떤 사람은 하나와 여럿[63]에 대해서도 똑같은 의문을 가질
수 있을 것이다. 왜냐하면 만일 여럿이 무제한적인 뜻에서 하
5　나에 대립적이라면, 몇 가지 불가능한 결과가 따라 나오기 때
문이다. 그 이유는 이렇다. 그런 경우 하나는 수가 적은 것[64]
이 될 것이다. 왜냐하면 수가 많은 것들은 수가 적은 것들에
대립적이기 때문이다. 또한 둘은 수가 많은 것이 될 터인데,
왜냐하면 두 배는 여러 배에 해당하고 '둘'이라는 말에서 파생
된 것이기 때문이다. 따라서 하나는 수가 적은 것이 될 것이
10　다. 왜냐하면 그것보다 더 수가 적은 것은 없기 때문이다. 또

도 않은 것'이라는 이중부정은 의미가 있다. 하지만 신발과 손은 같은 유에
속하는 것이 아니고 따라서 그것들 사이에는 아무런 '차이'(diaphora)도 없다.
따라서 '신발도 아니고 손도 아닌 것'이라는 이중부정은 성립하지 않는다.

63) 'hen'(하나)과 'ta polla'(여럿, 수가 많은 것들) 사이의 대립은 이미 3장에서
논의되었다. 그런데 'ta polla'가 '수량의 많음'을 뜻한다면, 그것은 '하나'뿐만
아니라 'ta oliga'(수량의 적음, 수가 적은 것들)에도 대립되는 셈이다. 이 장
의 논의주제는 바로 이러한 수량이 많은 것과 수량이 적은 것의 대립이다.

64) 1056b5: "to gar hen oligon hē oliga estai". 여기서 단수형 'oligon'(little)과
그것의 복수형 'oliga'(few)가 함께 술어로 쓰였는데, 이를 문자 그대로 옮기
면 각각 '양이 적은 것'(little)과 '수가 적은 것'(few)으로 옮길 수 있을 것이
다. 하지만 아리스토텔레스는 그런 의미의 차이를 염두에 두었다기보다는 문
법적 관계를 고려해서 두 표현을 함께 사용하는 듯하다. 즉, 문법적으로 본다
면, 복수형 'oliga'는 'hen'에 대한 술어가 될 수 없다. 그런데 아래에서 논의
하려는 것은 'polla'(many)와 'hen'의 대립이 함축하는 'polla'와 'oliga'(few)의
대립 또는 'poly'(much)와 'oligon'(little)의 대립관계이다. 따라서 'hen'에 대
해서 아리스토텔레스는 단수형 'oligon'과 복수형 'oliga'를 함께 썼고, 그런 뒤
이 둘에 상응해서 각각 단수형인 'poly'와 복수형인 'polla'를 사용한다. 따라서
여기서 쓰이는 'poly', 'oligon', 'oliga', 'polla'는 각각 '양이 많은 것'(much),
'수가 적은 것'(few) 또는 '양이 적은 것'(little), '수가 적은 것들', '수가 많은
것들'(= 여럿)을 뜻한다.

한 만일 깊과 짧음이 길이 안에 있듯이 많음과 적음65)이 다수
안에 있고 양이 많은 것은 수가 많은 것이기도 하고 수가 많은
것은 양이 많은 것이기도 하다면(쉽게 제한할 수 있는 연속체66)
의 경우에는 그 둘 사이에 차이가 있다는 사실은 논의에서 제외한
다), 양이나 수가 적은 것은 일종의 다수가 될 것이다. 따라서
만일 양이나 수가 적은 것도 일종의 다수라면, 하나는 일종의
다수일 것이다. 67) 이는, 둘이 수가 많은 것이라면, 필연적으
로 따라 나오는 결론이다. 68) 하지만 수가 많은 것들은 어떤   15
뜻에서는 양이 많은 것이라고 불릴 수도 있겠지만, 거기에는
차이가 있으니, 예컨대 물은 양이 많아도 수는 많지 않다. 하
지만 분할가능한 것들에 대해서는 그런 말이 쓰이는데, 69) 그
것은 어떤 뜻에서는 무제한적인 뜻에서나 상대적인 뜻에서의
초과를 가진 다수를 뜻하기도 하고('수가 적은 것' 역시 이와 같
은 뜻에서 부족을 가진 다수를 뜻한다), 또 어떤 뜻에서는 수를
뜻하기도 하는데, 오로지 이런 뜻에서만 그것은 하나와 대립   20
적이다. 왜냐하면 우리가 '하나'와 '많음'이라는 말을 사용하는
방식은, 어떤 사람이 '하나와 하나들'이나 '하얀 것과 하얀 것
들'이라는 말에서 그렇듯이 척도에 따라 측정된 것들을 〔측정가

---

65) 원어는 'to poly kai oligon'이다. 로스는 이를 'much and little'이라고 옮겼지
만, 맥락을 통해 볼 때 양의 많음과 적음뿐만 아니라 수량의 많음과 적음도
함께 함축하는 듯하다.
66) 예컨대 그릇에 담을 수 있는 액체의 경우가 그렇다.
67) 수가 적은 것(oligon)과 수가 많은 것(polla)은 모두 '다수'(plēthos)라고 불릴
수 있다. 그런데 하나(hen)는 수가 적은 것이다. 따라서 하나도 '다수'라고 불
릴 수 있다.
68) 둘이 하나, 즉 수가 적은 것과 비교해서 수가 많은 것(polla)이라고 불리지 않
는다면, 다른 어떤 것에 비해서도 그렇게 불릴 수 없을 것이다.
69) 분할가능한(dihaireta) 것들에 대해서는 '수가 많다'(polla)라는 말을 쓴다.

능한 것이냐〕 척도와 관련해서 표현할 때 쓰는 방식과 같기 때문이다. 여러 배(倍)라는 말도 이와 같은 방식으로 쓰인다. 왜냐하면 각각의 수는 많은 것인데, 그것은 여러 하나들로 이루어지고 각각의 수는 하나에 의해 측정될 수 있기 때문이다. 그리고 각각의 수는 수가 적은 것과 대립적이 아니라 하나와 대립한다. 이런 뜻에서 보면 둘도 많은 것인데, 상대적인 뜻이나 무제한적인 뜻에서 초과를 가진 다수를 갖는다는 뜻에서가 아니라 첫째 다수라는 뜻에서 그렇다. 하지만 무제한적인 뜻에서 보면 둘은 수가 적은 것인데, 그 이유는 부족을 가진 첫째 다수이기 때문이다(그런 까닭에 아낙사고라스가 "모든 것은 혼재해 있고 다수성에서도 크기의 작음에서도 무한하다"는 말을 하고서 이야기를 끝낸 것은 옳은 일이 아니다. 그는 '크기의 작음에서도' 대신 '수의 적음에서도'라고 말했어야 하는데, 왜냐하면 그것들은 수의 적음에서 무한할 수 없었을 것이기 때문이다). 70) 왜냐하면 수의 적음은 — 어떤 사람들이 말하듯이 — 하나에 의해서가 아니라 둘에 의해서 있기 때문이다.

하나와 여럿 사이의 대립은 척도와 그 척도에 의해 측정가능한 것 사이의 대립과 같다. 71) 이것들은 관계적인 것들이라는 뜻에서 서로 대립하며, 그것들의 관계성은 그 자체의 본성에

70) 아낙사고라스에 대한 아리스토텔레스의 비판이 정확히 무슨 뜻인지는 분명치 않지만, 대체적으로 다음과 같은 두 가지 점을 염두에 두는 듯하다. 첫째로, 아낙사고라스는 다수성(plēthos)에 반대되는 것으로 크기의 작음(mikrotēs)을 말했는데, 다수성에 반대되는 것은 사실은 크기의 작음이 아니라 수의 적음(oligotēs)이다. 둘째로, 이렇게 바꿔놓고 본다면, '다수성에서도 크기의 작음에서도 무한하다'(apeira kai plēthei kai mikrotēti)는 아낙사고라스의 발언은 옳지 않다. 왜냐하면 수의 적음, 즉 아낙사고라스가 잘못해서 '크기의 작음'이라고 표현한 수의 적음에는 한계가 있기 때문이다. 둘이 그 한계이다. 이에 대해서는 Ross, *Metaphysics* II, 296~7을 참고.
71) X 1, 1052b18 아래를 참고.

서 유래하는 것이 아니다. 우리가 다른 곳에서 이미 다루었듯 35
이72) '관계'는 두 가지 뜻으로 쓰이는데, (1) 하나는 반대를 뜻
하고, (2) 다른 하나는 인식가능한 것에 대한 인식의 관계와
같은 것을 뜻하며, 뒤의 경우 갑은 그 갑에 대해 다른 것 을이
어떤 관계에 있기 때문에 관계 속에 있는 것이라고 불린다. 73) 1057a
하지만 하나가 어떤 것, 예컨대 둘보다 더 적은 것이 되는 것
을 가로막는 점은 전혀 없다. 왜냐하면 그것이 더 적다고 해
서, 적은 것이어야 할 이유는 없기 때문이다. 74) 하지만 다수
는 수가 속하는 유인데, 수는 하나에 의해 측정가능한 다수이
기 때문에 그렇다. 그리고 어떤 뜻에서 보면 하나와 수는 서로
대립하는데, 반대라는 뜻에서 그런 것이 아니라 앞서 말했듯 5
이 관계가 그렇다는 뜻에서 그렇다. 즉, 하나는 척도이고 수는
측정가능한 것이라는 점에서 그것들은 대립하는데, 바로 이런
이유 때문에 어떤 것이 하나라고 해서 그것이 모두 수는 아니
다. 예컨대 그것이 분할불가능하다면 그것은 수가 아니다. 하
지만 인식은 이와 같은 뜻에서 인식가능한 것과의 관계 속에
있다고 말할 수 있지만, 똑같은 양상을 보이지는 않는다. 왜냐
하면 인식이 척도이고 인식가능한 것은 측정되는 것처럼 보일 10
수 있지만, 실제로 따라 나오는 결과는 그렇지 않기 때문이다.
즉, 모든 인식은 인식가능한 것이지만, 인식가능한 것이 모두
인식은 아닌데, 어떤 뜻에서 인식은 인식가능한 것에 의해 측
정되기 때문이다. 75) 다수는 적은 것에 반대되는 것이 아니며

---

72) V 15, 1021a26-30을 참고.
73) V 15, 1020b30-2를 참고.
74) 1057a2: "ou gar, ei elatton, kai oligon". '더 적다'(ellaton, fewer)는 비교
   개념이지만, '적다'(oligon, few)는 그렇지 않다.
75) X 1, 1053a31 아래를 참고.

74

15 (이것에 반대되는 것은 많은 것인데, 이는 초과하는 다수가 초과당하는 다수와 반대되는 것과 마찬가지다), 어떤 측면에서 보건 하나의 반대도 아니다. 하지만 앞서 말했듯이 어떤 뜻에서 보면 그것들은76) 서로 반대되는데, 한쪽은 분할가능하고 다른 한쪽은 분할불가능하기 때문이다. 또 어떤 뜻에서 보면 그것들은 인식과 인식대상이 그렇듯이 서로 관계 속에 놓여 있는데, 다수는 수이고 하나는 척도이기 때문이다.

7. 중간자들과 반대자들은 같은 유에 속하며, 중간자들은 반대자들 사이에 있고 이 반대자들로 이루어진다

반대자들 사이에는 일정한 중간자가 있을 수 있고 어떤 경우에는 실제로 있기 때문에, 중간자는 필연적으로 반대자들로부터 유래해야 한다. 그 이유는 이렇다. (1) 모든 중간자는 그것을 중간으로 갖는 것들과 동일한 유 안에 있다. 왜냐하면 우리는 변화하는 것이 변화의 과정에서 반드시 먼저 거쳐야 하는 것들을 일컬어 중간자라고 하기 때문이다. 예컨대 우리가 작은 간격을 거쳐 가장 높은 현에서 출발해서 가장 낮은 현으로 옮겨간다면, 우리는 먼저 중간소리들로 가야 하고, 색깔의 경우 하양으로부터 출발해서 검정으로 옮겨간다면, 먼저 자주색이나 회색을 거쳐 검정으로 가야 한다. 다른 경우도 이와 같다. 하지만 한 유로부터 다른 유로 변화하는 것은 부수적인 뜻에서 그런 경우를 제외하고는 가능하지 않은데,77) 예컨대 색깔에서 형태로 변화하는 것은 가능하지 않다. 그러므로 중간자들과 그것들을 중간에 갖는 것들은 필연적으로 동일한 유 안

---

76) 하나(hen)와 다수(plēthos)를 가리킨다.
77) X 4, 1055a6-7과 그에 대한 각주를 참고.

에 있어야 한다.

하지만 (2) 모든 중간자는 어떤 종류의 대립자들 사이에 있 30
는데, 왜냐하면 이것들을 출발점으로 해서만 그것들 자체의
본성에 따르는 변화가 일어나기 때문이다(따라서 중간자는 대립
자가 아닌 것들 사이에는 있을 수 없는데, 그런 경우 대립자가 아
닌 것들을 출발점으로 해서도 변화가 일어날 수 있을 것이기 때문
이다). 대립자들 중 모순에는 중간이 있을 수 없는데, 이것이
바로 모순이다. 즉, 서로 대립하는 두 부분 가운데 어느 하나 35
가 반드시 임의의 대상에 속하고 그 관계가 어떤 중간도 갖지
않는다면 바로 그런 대립이 모순이다. 나머지 대립자들 가운
데 어떤 것들은 관계적인 것들이고 어떤 것들은 결여이며, 어
떤 것들은 반대이다. 하지만 관계적인 것들 가운데 반대가 아
닌 것들은 중간을 갖지 않는데, 그 이유는 그것들은 동일한 유
에 속하지 않기 때문이다. 무엇이 인식과 인식대상 사이의 중 1057b
간인가?78) 하지만 큰 것과 작은 것 사이에는 중간이 있다.

(3) 이미 밝혔듯이 중간자들이 동일한 유에 속하고 반대자
들 사이에 있다면, 그것들은 필연적으로 반대자들로 구성되어
야 한다. 그 이유는 이렇다. 반대자들을 갖는 어떤 유가 있거
나 아무것도 없을 것이다. 그리고 만일 (a) 어떤 유가 있어서 5
그 반대자들보다 앞선다면, 그 유에 속하면서 서로 반대되는
종들을 만들어내는 차이들은 그 종에 앞서는 반대자들일 것인
데, 왜냐하면 종들은 유와 차이들로 이루어지기 때문이다79)
(예컨대 하양과 검정이 반대자이고, 그 가운데 하나는 투과하는 색

---

78) 인식의 주체와 인식의 대상은 관계적인 것들(*ta pros ti*)이지만, 이 둘의 중간
에 오는 것은 없다.
79) 예컨대 '사람'이라는 종(*eidos*)은 '동물'이라는 유(*genos*)와 '두 발 가진'이라는
차이(종차, *diaphora*)로 이루어진다. VII 12, 1038a3 아래를 참고. 《토피
카》 VI 6, 143b8 아래를 보라.

10   깔이고 다른 하나는 압박하는 색깔이라면, 80) 바로 이런 차이들, 즉
      '투과'와 '압박'은 (하양과 검정보다) 앞서며, 따라서 서로에 대한 반대
      자들로서 다른 것들에 앞선다). 하지만 서로 반대되면서 차이가
      있는 것들81)은 더 높은 수준의 반대자들이다. 그리고 나머지
      유들, 즉 중간의 유들은 (더 상위의) 유와 차이들을 통해 이루어
15   질 것이다(예컨대 하양과 검정 사이에 있는 색깔들은 모두 중간색
      이며, 이것들은 그것들을 포함하는 유, 즉 색깔과 어떤 차이들로
      이루어져야 한다. 하지만 이런 차이들은 첫째 반대자들이 아닐 것
      인데, 만일 그렇지 않다면, 모든 색이 하양이거나 검정일 것이기
      때문이다. 따라서 그런 차이들82)은 첫째 반대자들과 다르다. 따라
      서 그런 차이들은 첫째 반대자들 사이에 있는 중간자들이며, 첫째
      차이들에 해당하는 것은 '투과'와 '압박'이다).

      그러므로 우리는 (b) 하나의 유에 속하지 않는 이 첫째 반대
20   자들과 관련해서 그것들 사이의 중간자가 어떤 것으로 이루어
      지는지를 탐구해야 한다83)(왜냐하면 동일한 유에 속하는 반대자

---

80) '투과하는 색깔'(diakritikon chrōma)과 '압박하는 색깔'(synkritikon chrōma)에
    대해서는 플라톤의 《티마이오스》(67E)의 색깔론을 참고. 이에 따르면 색깔
    에 대한 지각은 물체에서 나오는 입자들이 시각광선의 입자들에게 미치는 두
    가지 효과, 즉 'diakrisis'와 'synkrisis'를 통해서 일어난다. 즉, 물체에서 나오
    는 입자들이 눈에서 나오는 입자들보다 작으면, 앞의 것이 뒤의 것의 틈새를
    투과해서 들어가서 눈에서 나오는 입자들 사이의 틈을 갈라놓는다. 반면 물체
    에서 나오는 입자들이 시각광선의 입자들보다 크면, 앞의 것이 뒤의 것을 함
    께 모아 그것들을 붙여놓는다. 박종현·김영균 역주, 《티마이오스》, 서광사,
    2000, 190쪽의 각주 507도 함께 참고.
81) '서로 반대되면서 차이가 있는 것들'(ta enantios diapheronta)은 종들을 가리
    킨다. 예컨대 하나의 유(색깔)에 속하는 하양과 검정은 서로 종적인 차이를
    가지면서 서로 반대된다.
82) 하양과 검정 사이에 있는 중간색들을 만들어내는 차이들을 가리킨다.
83) 위의 (a)의 경우에는 하나의 유에 속하는 반대자들, 예컨대 하양과 검정 사이
    의 중간자들이 논의거리였다. 이제 (b)에서는 그런 반대자들을 만들어내는,

들은 반드시 유적으로 합성되지 않은 것들로 이루어지거나 아니면
그것들 자체가 합성되지 않은 것이어야 하기 때문이다).84) 그런데
반대자들은 상대방을 구성부분으로 해서 이루어지는 합성체가
아니며, 따라서 원리들이다. 그에 반해 중간자들은 모두 합성
되지 않은 것이거나 아니면 모두 합성된 것이어야 할 것이다.
그러나 반대자들로부터 무엇인가 생겨나는 것이 있고, 따라서
변화는 한쪽 반대자로부터 다른 쪽 반대자로 진행되기에 앞서
생성과정에 있는 그것에 도달할 것이다. 왜냐하면 그것은 특   25
정한 성질을 한쪽 반대자보다는 더 많이, 다른 쪽 반대자보다
는 더 적게 가지고 있기 때문이다. 따라서 그것 역시 반대자들
사이의 중간일 것이다. 그러므로 다른 모든 반대자도 합성적
이다. 왜냐하면 어떤 성질을 한쪽에 있는 것보다는 더 많이,
다른 쪽에 있는 것보다는 더 적게 가진 것은 어떻게 보면 그것
과 그렇게 비교되는 것들로 이루어진 합성체이기 때문이다.
하지만 반대자들에 비해 더 앞서면서 그것들과 동류의 다른 것
들은 없기 때문에, 모든 중간자는 반대자들로 이루어질 것이   30
고, 따라서 그것들 아래 있는 것들, 즉 반대자들과 중간자들은

서로 반대되는 차이들, 예컨대 '투과'와 '압박' 사이의 중간자들이 논의거리가
된다.

84) 유에 속해 있는 반대자들(예컨대 하양과 검정)은, i) '유적으로 합성되지 않
은 것들'(ta asyntheta tōi genei), 즉 그 자체가 다시 일정한 유와 차이들로 이
루어진 합성체가 아닌 것들(예컨대 '투과'와 '압박')을 차이로 삼아 이루어지거
나 아니면, ii) 그 반대자들 자체가 합성적이 아닌 것이어야 한다. 하지만 여
기서 두 번째 경우는 가능하지 않다. 이 구절의 내용에 대한 로스(Metaphysics
II, 300)의 풀이를 참고하라. "For the contraries which are in the same
genus must be compounded out of (the genus and) the differentiae
which are not themselves compounded with the genus (i.e. in which the
genus is not an element as it is in the species), or—else be
uncompounded (which is incompatible with their nature as species)."

첫째 반대자들로 이루어질 것이다. 그렇다면 분명히 모든 중간자는, (1) 동일한 유에 속하고, (2) 반대자들 사이에 중간자이며, (3) 그것들 모두가 반대자들로 결합된다.

8. 종이 다른 것들은 같은 유에 속하며 서로 반대된다. 그것들의 본성에 대한 자세한 기술

35   종이 다른 것은 어떤 것 안에서 어떤 것과 다르고, 앞의 어떤 것에 해당하는 것은 서로 다른 것 둘 모두에 속해야 한다. 예컨대 종이 서로 다른 동물들이 우리의 논의대상이라면, 그것들은 둘 다 동물이어야 한다. 따라서 종이 서로 다른 것들은 필연적으로 동일한 유 안에 있어야 한다. 왜냐하면 하나의 동일

1058a 한 것으로서 그 둘에 대해 술어가 되고 부수적인 뜻에서 그런 것과 다른 방식으로 차이를 갖는 것을 일컬어 나는 '유'라고 부르기 때문인데,[85] 그것을 질료로 이해하건 다른 방식으로 이해하건 상관없다. 왜냐하면 공통적인 것이 서로 다른 것들에 속해야 할 뿐만 아니라, 예컨대 둘 다 동물이어야 할 뿐만 아니라, 이 동물 자체는 그 둘의 경우에 각각 다르기 때문인데, 예컨대 하나는 말이고 다른 하나는 사람이다. 그런 까닭에 이 공

5   통적인 것은 종이 서로 다르다. 하나는 그 자체의 본성에 따라서 이런저런 동물이고, 다른 하나는 그 자체의 본성에 따라서 이런저런 동물인데, 예컨대 하나는 말이고 다른 하나는 사람이다. 따라서 이런 차이는 필연적으로 그 유에 속한 다름일 수밖에 없다. 왜냐하면 나는 동일한 것을 서로 다른 것으로 만드는 다름을 일컬어 '유에 속하는 차이'라고 부르기 때문이다.[86]

---

85) '유'(genos)에 대한 이런 정의에 대해서는 X 2, 1054b30을 참고.

86) '다름'(heterotēs)과 '유에 속하는 차이'(genous diaphora)에 대해서는 V 9,

그렇다면 그것은 반대[87]일 것이다(이는 귀납을 통해 볼 때 분
명하다). 왜냐하면 모든 것은 대립자들에 의해서 나뉘고, 이미
밝혀졌듯이 반대자들은 동일한 유에 속하기 때문이다.[88] 앞에 　　10
서 말했듯이 반대는 마지막 차이이고,[89] 모든 종적인 차이는
어떤 것 안에서 어떤 것과의 차이이며, 따라서 앞의 어떤 것에
해당하는 것은 동일한 것이며 그 둘에 적용되는 유이다(그런
까닭에 유적인 측면이 아니라 종적인 측면에서 서로 다른 모든 반
대자들은 동일한 술어 축에 속하고,[90] 가장 높은 수준에서 서로 다
르며 — 왜냐하면 그 차이는 마지막 차이이기 때문이다 — 동시에 공　　15
존하게 되는 일이 없다). 그러므로 차이는 반대이다.

어떤 것들이 '종이 다르다'는 것은, 그것들이 동일한 유 안에
있고 불가분적인 것으로서 반대를 갖는다는 사실을 뜻한다(불
가분적이지만 반대를 갖지 않는 것들은 종이 동일한 것들이다).[91]
왜냐하면 분할의 과정에서는 중간단계에서도 반대자들이 출현　　20
하고, 이 과정은 마침내 불가분적인 것들에 도달하기 때문이
다. 따라서 분명히 '유'라고 불리는 것과의 관계에서 보면, 하

1018a12 아래를 참고.

87) 원어는 'enantiōsis'인데, 'enantiotēs'와 구별 없이 쓰였다.

88) X 4, 1055a2 아래를 보라.

89) X 4, 1055a16을 보라.

90) X 3, 1054b35를 보라.

91) A와 B가 동일한 유 안에 있으면서 불가분적(atoma)이며 반대(enantiōsis), 즉
　　종차를 가진다면, 그 둘은 '종이 다르다'(hetera tōi eidei). 즉, 그것들은 서로
　　다른 개별 종이거나 아니면 서로 다른 종에 속하는 개체들이다. 반면 A와 B가
　　같은 유 안에 있는 불가분적인 것이지만 반대를 갖지 않는다면, 그 둘은 '종이
　　동일하다'(tauta tōi eidei). 즉, 그것들은 동일한 종에 속하는 개체들이다. 여
　　기서 '불가분적인 것'(atoma)이라는 개념이 개별 종(infimae species)과 감각적
　　개별자를 함께 가리킨다는 데 주의해야 한다. '반대를 가진다'(enantiōsin echein)
　　는 말은 '차이를 가진다'를 뜻한다.

나의 유에 속하는 종들 가운데 어떤 것도 그 유와 종이 동일하
거나 다르지 않다[92] (그리고 이는 이치에 맞는 일이다. 왜냐하면
질료는 부정을 통해서 드러나고, 유는 그 유를 술어로 갖는 것의
질료이기 때문이다. 하지만 이때의 유는 헤라클레이데스의 종족[93]
이라는 뜻이 아니라 자연 안에 있는 유[94] 라는 뜻이다). 또한 동일
한 유에 속하지 않는 것들과의 관계에서도 마찬가지인데, 그
것은 그것들과 유가 다를 것이고, 동일한 유에 속해 있는 것들
과는 종이 다를 것이다. 왜냐하면 어떤 것이 종적인 측면에서
다른 어떤 것과 차이가 있다면, 그것들의 차이는 필연적으로
반대일 수밖에 없기 때문이다. 그리고 이런 차이는 오직 동일
한 유 안에 있는 것들에만 속한다.

9. 종이 다른 것을 이루는 반대관계에 대하여

어떤 사람은 이런 의문을 제기할 수도 있을 것이다. 암과 수
는 반대자들이고 그것들의 차이가 반대라면, 무엇 때문에 여
자는 남자와 종에서 서로 차이가 나지 않는가? 암컷 동물과 수
컷 동물은 종적으로 다르지 않다. 또한 그 차이는 그 자체로서
동물에 속하는 것이어서 하양이나 검정이 동물에 속한다고 할
때 그 말의 뜻과 달리, 암과 수는 동물인 한에서 동물에 속하
는데, 그럼에도 불구하고 무엇 때문에 암컷 동물과 수컷 동물

---

92) 예컨대 '말'이라는 종이 그 종을 포섭하는 '동물'이라는 유와 종적으로 '동일하
다'거나 '다르다'는 말은 하지 않는다.

93) 'genos'의 이런 여러 가지 뜻에 대해서는 V 28, 1024a32 아래를 보라.

94) 원어 'to 〈genos〉 en tēi physei'를 로스는 'an element in a thing's nature'라
고 옮겼는데, 이런 번역은 오해의 여지가 있다. 'genos'는 내재적 요소로서
한 사물 안에 들어 있을 수 없기 때문이다. 그것은 다양한 종들에 대해 공통
적으로 쓰이는 술어일 뿐이다.

은 종이 다르지 않은가? 이 의문은 다음과 같은 의문과 거의
똑같은 것이다. 어떤 반대는 종이 서로 다른 것들을 만들어내 35
는 데 반해, 어떤 반대는 그렇지 않은 것은 무슨 이유일까? 예
컨대 무엇 때문에 '발을 가진'과 '날개가 달린'은 종이 다른 것
들을 만들어내는데, 하양과 검정은 그렇지 않은?95) 그 이유
는 아마도 하나는 그 유에 고유한 속성들인 데 반해, 다른 것
은 그 수준에 미치지 못한다는 데 있을 것이다. 그리고 그 가 1058b
운데 하나는 정식96)이고 다른 하나는 질료이기 때문에, 정식
에 속하는 반대들은 종적인 차이를 만들어내지만, 질료와 결
합된 것에 속하는 반대들은 그렇지 않다. 그런 까닭에 사람에
속하는 하양이나 검정은 종적인 차이를 만들어내지 않고, 하
얀 사람과 검은 사람 사이에는 종에 따르는 차이가 존재하지도 5
않는데, 이는 그것들 각각에 하나의 이름97)이 붙는다고 해도
마찬가지다. 왜냐하면 그 경우 사람은 질료적인 측면에서 그
렇게 불리는 것인데, 질료는 차이를 만들어내지 않기 때문이
다. 그런 이유에서 사람들은, 비록 이 사람 저 사람을 이루는
살과 뼈가 다르다고 하더라도,98) 사람의 종들이 아니다. 복합
체는 다르지만, 종에서는 다르지 않은데, 그 이유는 (개개인들에 10

---

95) 즉, '발을 가진'(pezon)과 '날개가 달린'(pteron)은 서로 반대관계에 있고, 하
   양과 검정도 그와 마찬가지라면, 왜 앞의 것은 종적인 차이로서 서로 다른 종
   들을 낳는 데 반해, 뒤의 것은 그렇지 않은가? 앞의 것들은 '고유한 속성들'
   (oikeia pathē)이기 때문이다.
96) 로스는 'logos'를 '정의'라고 옮겼는데, 이 맥락에서는 'logos'를 그런 뜻으로
   볼 수도 있다. 하지만 아래 10행의 'ho logos meta tēs hylēs'와 같은 표현에
   서는 'logos'가 형상(eidos)에 대한 다른 이름으로 쓰였다.
97) 예컨대 '흑인'이나 '백인'과 같은 말이 쓰인다고 하더라도, 흑인과 백인이 종적
   으로 다른 것은 아니다.
98) VII 11, 1036b2 아래를 참고.

대한) 정식 안에 반대가 들어 있지 않기 때문이다. 그런 것은 최종적이고 불가분적인 것[99]이다. 하지만 칼리아스는 질료와 함께 있는 정식[100]이며, 하얀 사람이 있는 것은 칼리아스가 하얗기 때문이다. 그렇다면 사람이 하얀 것은 오직 부수적인

15 뜻에서 그럴 뿐이다. 청동 원(圓)과 나무 원도 종은 다르지 않다. 그런가 하면 청동 삼각형과 나무 원이 다르다면, 이는 질료 때문이 아니라 그것들에 대한 정식 안에 반대가 내재하기 때문이다. 하지만 질료는 일정한 방식으로 다른 상태에 있음으로써 종이 다른 것들을 만들어내지 못하는가, 아니면 그것은 어떤 뜻에서 그렇게 할 수 있는가? 여기 있는 이 말이 여기 있는 이 사람과 종이 다른 것은 무엇 때문인가? 그것들에 대한 정식이 질료와 함께 결합되어 있음에도 불구하고 그런 것은 무엇 때문인가? 아마도 그것들에 대한 정식 안에 반대가 내재한

20 다는 데 그 이유가 있을 것이다. 왜냐하면 하얀 사람과 검은 말 사이에도 반대가 있고 이것은 종적인 측면에서의 반대이지만, 그것은 하나가 하얗고 다른 하나가 검다는 데서 오는 것이 아니다. 설령 그 둘 모두 하얗다고 하더라도 그것들은 종이 다를 것이기 때문이다. 하지만 수와 암은 동물에 고유한 속성들이긴 하지만, 실체에 따르는 속성들은 아니고 질료와 육체 안에 있는 것들이니, 그 까닭은 동일한 씨가 어떤 양태를 수용하

25 는가에 따라 암컷이 되고 수컷이 되기 때문이다.[101] 그렇다면

---

99) 전체 문맥에서 볼 때 '최종적이고 불가분적인 것'(to eschaton atomon)은 개별 종(infimae species)이 아니라 감각적 개체를 가리키는 듯하다.

100) '질료와 함께 있는 정식'(logos meta tēs hylēs)에 대해서는 VII 15, 1039b 21 도 함께 참고.

101) 1058b23: "dio to auto sperma thēly ē arren gignetai pathon ti pathos". 성별이 어떻게 나뉘는가는 《동물발생론》 V 3의 중요한 논의대상이다. 아리스토텔레스에 따르면 수컷에게서 오는 씨 또는 정액(sperma 또는 gonē)과 암컷

지금까지는 '종이 다르다'는 것이 무엇이고, 어떤 것들은 종에 차이가 나는데 어떤 것들은 그렇지 않은 것은 무엇 때문인지에 대해 이야기했다.

10. 불멸하는 것과 가멸적인 것은 유가 서로 다르다

반대자들은 종이 서로 다르고 가멸적인 것과 불멸하는 것은 반대자이기 때문에 (왜냐하면 결여는 일정하게 규정된 무능력이기 때문이다)[102] 가멸적인 것과 불멸하는 것은 필연적으로 유가 서로 다를 수밖에 없다.[103]

그런데 우리는 지금까지 보편적인 낱말들 자체에 대해 말했는데, — 하양과 검정이 그렇듯이 — 불멸하는 것과 가멸적인 것은 어떤 것이든 종이 달라야 할 필연성이 없다고 생각할 수도   30

에게서 오는 경혈(*katamenia*)의 상호작용(*pathon ti pathos*)을 통해 생명체가 생겨나는데, 이 상호작용이 이루어지는 방식의 차이에 따라 새로운 생명체의 성별이 결정된다. 이에 대해서는 조대호, "유전이론", 145쪽 아래를 참고.

102) V 12, 1019b15 아래를 참고.

103) 'genos'와 'eidos'는 일반적으로 'genus'(유)와 'species'(종)로 번역되지만, 이 구절에서 볼 수 있듯이, 이 번역이 항상 옳은 것은 아니다. 첫째로, genos는 아리스토텔레스 철학 안에서 여러 수준의 '부류'를 가리킨다. '유', '종', '인종', '종족' 등 다양한 수준의 집단들이 모두 'genos'라고 불릴 수 있다 (V 28을 보라). 둘째로, 'eidos' 역시 '종'이라는 뜻 이외에도 '형상'이라는 뜻을 가지고, 드물기는 하지만 'genos'라고 불리는 집단에 속하는 하위 집단을 가리키는 상대적인 개념으로 쓰일 때도 있다(《범주론》 8, 8b27; 9a4; 《정치학》 IV 4, 1290b33, 36). 'genos'와 'eidos'가 보다 엄밀하게 구분되어서 '유'와 '종'의 의미로 쓰이는 것은 생물학에서이다. 여기서 'eidos'는 'genos'보다 하위의 집단을 가리키는 상대적인 용어가 아니라 절대적인 용어로서 infimae species를 가리킨다. 'genos'는 물론 다양한 수준의 집단을 가리킬 수 있지만, 분류학적 맥락에서는 'eidos'라고 불리는 집단보다 상위에 있는 분류군들을 가리키는 용어로 쓰인다.

있을 것이다. 왜냐하면 동일한 것이 그 두 상태에 있을 수 있고, 그것이 보편자라면 마치 사람이 하야면서 검을 수 있듯이, 심지어 동시에 그럴 수도 있을 것이기 때문이다. 그리고 개별 자들의 경우에도 마찬가지인데, 왜냐하면 동일한 사람이 동시에 그렇지는 않지만 하얗고 검을 수 있을 것이기 때문이다. 하
35 지만 하양은 검정에 반대된다.

하지만 반대자들 가운데 어떤 것들은 부수적인 뜻에서 다른 것들에 속하는 반면(예컨대 방금 언급한 것들과 다른 많은 것들이
1059a 그렇다), 어떤 것들은 그럴 수 없는데, 가멸성과 불멸성은 뒤 의 경우에 속한다. 왜냐하면 부수적인 뜻에서 소멸하는 것은 없기 때문이다. 왜냐하면 부수적인 것은 속하지 않을 수도 있 지만, 가멸성은 그것이 속하는 대상들에 필연적으로 속하는 것 들 가운데 하나이기 때문이다. 그렇지 않고 만일 가멸성이 그 대상에 속하지 않을 수도 있다면, 동일하면서 하나인 것이 가
5 멸적이면서 불멸하는 것이 될 것이다. 따라서 가멸적인 것들 각각에 있어서 가멸성은 각각 그것의 실체이거나 아니면 실체 안에 속해야 한다. 불멸하는 것들에 대해서도 동일한 설명이 적용되는데, 왜냐하면 그 둘 모두 어떤 것에 필연적으로 속하 는 것들에 해당하기 때문이다. 따라서 가멸적인 것과 불멸하는 것을 나눌 때 구별의 수단이자 첫째 준거점이 되는 것이 있다
10 면, 그것은 대립을 포함하고, 따라서 필연적으로 유가 다르다. 그렇다면 분명 어떤 사람들이 주장하는 것과 같은 종류의 형상 들은 있을 수 없다. 만일 그런 주장이 옳다면 어떤 사람은 가 멸적이고 어떤 사람[104]은 불멸할 것이기 때문이다. 하지만 사 람들의 주장에 따르면 형상들은 개별자들과 종이 동일하며, 단

---

104) 여기서는 구체적인 사람과 사람의 이데아 또는 이데아의 사람을 대비시켜 말 하고 있다.

순히 이름만 같은 것들[105] 이 아니다. 하지만 유가 다른 것들
사이의 간격은 종이 다른 것들 사이의 그것보다 더 멀다.

---

105) '이름만 같은 것들'(*homōnyma*) 에 대해서는 VII 4, 1030b3에 대한 각주를
참고.

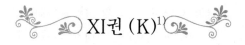

XI권 (K)[1]

1. III 2, 3의 요약

　지혜는 원리들에 대한 어떤 학문이다. 이는 원리들에 대해　20
다른 사람들이 했던 말들을 상대해서 의문을 제기했던 첫 부분
의 논의[2]에 비추어 볼 때 분명하다. 하지만 어떤 사람은 지혜
를 하나의 학문이라고 생각해야 할지 아니면 여러 학문이라고
생각해야 할지 의문을 가질 수도 있다.[3] 만일 지혜가 하나의
학문이라면, 하나의 학문은 항상 반대자들을 다루지만 원리들
은 반대자들이 아니다. 반면 만일 지혜가 하나의 학문이 아니
라면, 그것들을 어떤 종류의 학문으로 간주해야 할까?
　또한 논증의 원리들을 고찰하는 일은 하나의 학문에 속하는

---

1) XI권(K)은 《형이상학》의 III(B), IV(Γ), VI(E)과 《자연학》의 III권과 IV권
　 에서 발췌한 글들을 엮은 편찬서이다. 뒤링(I. Düring)의 추측에 따르면, 이
　 글은 아리스토텔레스가 죽은 뒤 그의 '첫째 철학'에 대한 강의록을 보완하기
　 위한 목적에서 편집된 것이다. 자세한 주석은 관련 출처의 구절에 대한 각주
　 를 참고.
2) I권 3-10장을 참고.
3) 1059a20-3 ≅ III 3, 996a18-b26. 앞의 항은 XI권의 구절을, 뒤의 항은 관련
　 출처를 가리킨다.

일인가 아니면 하나 이상의 학문에 속하는 일인가?4) 만일 그
25 일이 하나의 학문에 속한다면, 다른 어떤 학문이 아니라 우리
가 말하는 학문에 속하는 이유는 무엇일까? 반면 만일 그 일이
하나 이상의 학문들에 속한다면, 그것들을 어떤 종류의 학문
들로 간주해야 할까?

또한 지혜는 모든 실체를 다루는가 아니면 그렇지 않은가?5)
만일 모든 실체를 다루는 것이 아니라면, 어떤 실체들을 다루
는지 제시하기 쉽지 않다. 반면 만일 하나의 학문이 모든 실체
를 다룬다면, 어떻게 동일한 학문이 여럿을 다룰 수 있는지 분
명치 않다.

30 또한 지혜는 실체들만을 다루는가 아니면 부수적인 것들도
다루는가?6) 만일 부수적인 것들에 대해 논증이 있다면, 실체
들에 대해서는 존재하지 않는다. 반면 만일 두 학문7)이 서로
다르다면, 그것들은 각각 무엇이며 어떤 것이 지혜인가? 지혜
가 첫째가는 것들에 대한 학문이라면, 그것은 실체들에 대한
학문일 것이다.

더욱이 탐구되는 학문이 자연학 저술에서 이야기했던 원인
35 들을 대상으로 삼는다고 전제해서는 안 된다. 8) 왜냐하면 그것
은 (A) 지향대상을 다루지 않기 때문이다(지향대상은 좋은 것인
데, 이것은 행동이나 운동하는 것들에 속한다. 그리고 그것은 첫
번째로 운동을 낳지만 — 목적은 그런 성격을 갖기 때문이다 — 운동
하지 않는 것들 가운데는 첫째 원동자가 없다). 그리고 (B) 일반

4) 1059a23-6 ≅ III 4, 996b26-997a15.
5) 1059a26-9 ≅ III 2, 997a15-25.
6) 1059a29-34 ≅ III 2, 997a25-34.
7) 실체들(ousiai)을 다루는 학문과 부수적인 것들(ta symbebēkota)을 다루는 학문을 말한다.
8) 1059a34-8 ≅ III 2, 996a21-b1.

적으로 우리가 찾는 학문이 감각적 실체들을 대상으로 하는지
아니면 그렇지 않고 다른 실체들을 대상으로 하는지는 의문을   1059b
낳는다. 9) 그 이유는 다음과 같다. 만일 다른 실체들을 다룬다
면, 그 학문은 형상들을 다루거나 아니면 수학적 대상들을 다
룰 것이다. 그런데 (a) 형상들이 존재하지 않는다는 것은 분명
하다. 설령 어떤 사람이 그것들이 있다고 전제한다고 하더라
도 의문이 생긴다. 형상들을 갖는 다른 것들이 수학적 대상들
의 경우와 사정이 똑같지 않은 이유는 무엇일까? 내 말의 뜻은   5
이런 것이다. (형상들을 주장하는 사람들은) 수학적 대상들을 형상들
과 감각물들 사이의 중간에 두면서, 그것들을 형상들이나 여
기 있는 것들과 떨어져 있는 제3의 대상으로 전제하지만, 그
자체로 있는 것과 개별적인 것들과 떨어져 있는 제3의 인간이
나 제3의 말(馬)은 없다. 만일 그들의 말이 사실이 아니라면,
수학자는 어떤 종류의 대상에 대해 연구한다고 전제해야 할까?   10
분명 여기 있는 것들에 대해 연구하지는 않는데, 그것들 가운
데 어떤 것도 수학적인 학문들이 탐구하는 것과 같은 성질을
갖고 있지 않기 때문이다. 또한 (b) 지금 탐구되는 학문은 수
학적 대상들을 다루지도 않지만 (왜냐하면 수학적 대상들 중 어
떤 것도 분리가능하지 않기 때문이다) 그렇다고 해서 감각적 실
체들을 다루지도 않는데, 그것들은 가멸적이기 때문이다.

　일반적으로 수학적 대상들이 갖는 질료와 관련된 의문을 다   15
루는 것이 어떤 종류의 학문에 속하는 일인지 의문을 갖는 사
람도 있을 것이다. 왜냐하면 그 일은 자연학에 속하는 것도 아
니고 (그 이유는 자연학자의 모든 연구는 자기 자신 안에 운동과
정지의 원리를 포함하는 것들에 대한 것이기 때문이다) 논증과 학

---

9) 1059a38-b21 ≅ III 2, 997a34-998a19.

문에 대해 고찰하는 학문에도 속하지 않기 때문인데, 이 학문
20 은 바로 그 유10)에 대해서 탐구하기 때문이다. 그렇다면 남는
것은 우리 앞에 놓여 있는 철학이 그것들에 대한 탐색을 수행
한다는 사실이다.

반면 어떤 사람은 탐구되는 학문을 원리들에 대한 것으로,
즉 다른 어떤 사람들이 말하는 이른바 요소들에 대한 것으로
간주해야 하는지 의문을 제기할 수 있을 것이다. 11) 누구나 요
소들을 합성체들 안에 내재하는 것으로 전제하기 때문이다.
25 하지만 탐구되는 학문은 그보다는 오히려 보편자들을 다루어
야 한다고 생각할 수도 있을 것이다. 왜냐하면 모든 정식과 학
문은 최종적인 것들12)이 아니라 보편자들에 대한 것이고, 따
라서 이런 방식으로 첫째 유들을 다룰 것이기 때문이다. 그런
데 있는 것과 하나가 그런 것들일 텐데, 그 이유는 이것들은
가장 광범위하게 있는 것들 전체를 포섭하며 가장 높은 수준의
30 원리들에 해당한다고 생각될 수 있기 때문이다. 그것들은 본
성적으로 첫째가는 것들이기 때문이다. 왜냐하면 그것들이 소
멸하면 나머지 것들은 함께 없어지기 때문인데, 그 이유는 모
든 것은 있는 것이고 하나라는 데 있다. 하지만 어떤 사람이
그것들을 유로 전제한다면, 그것들에는 필연적으로 차이들이
관여해야 하는데, 실제로 그 유에는 어떤 차이도 관여하지 않
는다. 13) 그런 점에서 그것들을 유로 전제해서도 안 되고 원리

---

10) 1059b19의 'auto touto to genos'는 논증(apodeixis)과 학문(epistēmē)을 가리
킨다.

11) 1059b21-1060a1 ≅ III 3, 998a20-999a23.

12) 1059b26의 'ta eschata'는 문맥에서 볼 때 가장 낮은 수준의 보편자인 종
(infimae species)이 아니라 개별자들을 가리키는 듯하다. a35의 'ta eschata'
는 분명히 '마지막 종'(teleutaion eidos, 1061a24)을 가리킨다.

13) 1059b33의 "diaphora d' oudemia tou genous metechei"에 대해서는 998b23

로 전제해서도 안 되는 것처럼 생각될 수 있을 것이다. 또한   35
더 단순한 것이 덜 단순한 것보다 더 높은 수준의 원리이고 유
에서 유래하는 것들 중 최종적인 것들이 그 유들보다 더 단순
하다면(왜냐하면 최종적인 것들은 불가분적인 데 반해 유들은 여러
종들로 나뉘기 때문이다), 종들이 유들보다 더 높은 수준의 원
리라고 생각될 수 있을 것이다. 반면 유들과 함께 종들이 없어
진다면, 유들이 더 원리들과 닮았다. 왜냐하면 (자신이 사라지면   1060a
서) 다른 것들을 함께 없애는 것이 원리이기 때문이다. 그렇다
면 이런 것들과 그런 종류의 다른 것들이 의문을 낳는 문제들
이다.

2. III 4-6의 요약

또한 개별자들과 따로 어떤 것을 전제해야 하는가, 아니면
그렇지 않고 탐구되는 학문은 그런 개별자들을 다루는가?[14]
하지만 개별자들은 무한하다. 개별자들과 떨어져 있는 것들은   5
유들이거나 종들이다. 하지만 지금 탐구되는 학문은 이들 중
어떤 것도 다루지 않는다. 이것이 불가능한 이유에 대해서는
이미 이야기했다.[15] 그리고 일반적으로 여기 있는 감각적인
실체들과 떨어져 있는 분리가능한 실체를 생각해야 하는지,
아니면 바로 그것들이 있는 것들이고 그것들에 대해서 지혜가
성립한다고 생각해야 하는지는 의문을 낳는다. 왜냐하면 우리   10
는 다른 종류의 실체를 찾고 있는 것 같고, 바로 이것, 즉 어
떤 감각물에도 속하지 않고 그 자체로서 분리가능한 어떤 것이

아래를 참고.
14) 1060a3-27 ≅ III 4, 999a24-b24.
15) 1059b24-38을 참고.

있는지를 간파하는 일이 우리 앞에 놓인 과제이기 때문이다.
또한 만일 감각적인 실체들과 떨어져서 다른 어떤 실체가 있다
면, 어떤 종류의 감각적 실체들과 떨어져서 그런 실체가 있다
15 고 전제해야 할까? 다른 동물들이나 일반적으로 생명이 없는
것들보다는 사람들이나 말(馬)들을 염두에 두고 그것들과 떨
어져 있는 실체를 전제하는 이유는 무엇일까? 감각적이고 가
멸적인 실체들과 같은 수(數)의 다른 영원한 실체들을 꾸며내
는 것은 이치에 맞지 않는 일로 생각될 수 있을 것이다. 그러
20 나 지금 우리가 찾는 원리가 물체들과 분리가능하지 않다면,
어느 누가 다른 원리를 전제하면서 그것이 질료보다 더 적합하
다고 말할 수 있을까? 다만 질료는 현실적으로 있는 것이 아니
라 가능적으로 있다는 데 문제가 있다. 그래서 질료보다는 형
상과 형태가 더 높은 수준의 주도적인 원리라는 생각이 들 수
있을 것이다. 하지만 형상과 형태는 가멸적이며, 따라서 분리
가능하고 그 자체로서 있는 영원한 실체는 전혀 존재하지 않는
25 다. 하지만 이는 불합리하다. 왜냐하면 그런 실체가 있는 것
같고, 가장 고상한 사람들[16]은 거의 모두 그런 종류의 원리와
실체가 있다는 생각을 가지고 탐구하기 때문이다. 영원하고
분리가능하며 지속되는 어떤 것이 없다면 어떻게 질서가 존재
할 수 있을까?

또한 만일 지금 우리가 찾고 있는 것과 같은 본성을 가진 실
체와 원리가 있고 이것이 모든 것의 단일한 원리이자 영원한
것들과 가멸적인 것들의 동일한 원리[17]라고 한다면, 이런 의
30 문이 생긴다.[18] 동일한 원리가 있는데 무엇 때문에 그런 원리

---

16) 1060a25의 'hoi chariestatoi'는 본래 교양이나 지식의 측면에서 매우 세련된
   사람들을 가리킨다.

17) 1060a28-9: 'mia pantōn kai hē autē tōn aidiōn te kai phthartōn'.

에 의존해 있는 것들 가운데 어떤 것들은 영원하고 어떤 것들
은 영원하지 않은가? 이는 불합리하다. 반면 가멸적인 것들의
원리와 영원한 것들의 원리가 서로 다르다고 해보자. 이 경우
가멸적인 것들의 원리가 영원하다면, 우리는 똑같은 의문에
직면할 것이다. 원리가 영원한데 무엇 때문에 그 원리에 의존
해 있는 것들은 영원하지 않은가? 그렇지 않고 그 원리가 가멸   35
적이라면, 그것과 다른 어떤 원리가 있을 것이고 또다시 이 원
리와 다른 것이 있게 되어 결국 이런 과정은 무한히 진행된다.

　반면 만일 어떤 사람이 가장 부동적인 원리들로 간주되는
것들, 즉 있는 것과 하나를 전제한다면 이때는 다음과 같은 결
과가 따라 나온다.[19] 첫째로 만일 그 둘이 각각 '이것'과 실체   1060b
를 가리키지 않는다면, 어떻게 그것들은 분리가능하고 그 자
체로서 있을 수 있을까? 하지만 우리가 찾고 있는 영원하고 첫
째가는 원리들은 그런 성격을 갖는다. 그러나 만일 그 둘이 각
각 '이것'과 실체를 지시한다면, 있는 것들은 모두 실체들이다.   5
왜냐하면 '있는 것'은 모든 것에 대해 술어가 되기 때문이다('하
나'도 그 중 일부에 대해 술어가 된다). 그러나 있는 것들이 모두
실체라는 말은 거짓이다. 또한 하나가 첫째 원리이자 실체라
고 말하면서 그 하나와 질료로부터 첫 번째로 수가 생겨나며
이것이 바로 실체라고 주장하는 사람들의 말이 어떻게 참일 수
있을까? 왜냐하면 둘을 비롯해서 나머지 합성된 수들 하나하   10
나를 어떻게 하나라고 생각해야 하는가? 이 점에 대해 그들은
아무 말도 하지 않고, 말하기가 결코 쉽지 않기 때문이다. 그
러나 만일 어떤 사람이 선들이나 그에 이어지는 다른 것들을
(나는 첫째 표면들[20]을 두고 하는 말이다) 원리들로 전제한다면,

---

18) 1060a27-36 ≅ III 4, 1000a5-1001a3.
19) 1060a36-b19 ≅ III 4, 1001a4-1002b11.

15 (다른 것은 몰라도) 그것들은 분리가능한 실체들이 아니라 절단부들이요 분할체들이다. 즉, 그 가운데 어떤 것들은 표면들의, 어떤 것들은 물체들의 분할체들이고, 점들은 선들의 분할체들이며, 이런 분할체들은 그것들로 나뉘는 것들의 한계들이다. 하지만 그 모든 것은 다른 것들 안에 속하며 결코 분리가능하지 않다. 또한 우리는 어떻게 실체가 하나와 점으로 이루어진다고 생각할 수 있을까? 왜냐하면 모든 실체에는 생성이 속하지만, 점에는 속하지 않기 때문이다. 점은 분할체이기 때문이다.

20 하지만 다음과 같은 사실은 의문을 낳는다.[21] 즉, 모든 학문은 보편자들과 '이런저런 것'[22]을 대상으로 삼는 데 반해, 실체는 보편자들에 속하는 것이 아니라 '이것'이요 분리가능한 것이다. 사실이 이렇고 학문이 원리들에 대한 것이라면, 어떻게 원리를 실체라고 생각해야 하는가?

더욱이 복합체와 떨어져서 어떤 것이 있는가 그렇지 않은가?[23] (내가 말하는 복합체란 질료 및 질료와 함께 있는 것을 가리킨다). 이것이 문제되는 이유는, 만일 복합체와 떨어져서 아무 것도 없다면, 질료 안에 있는 것들은 모두 가멸적이고, 만일 복합체와 떨어져서 무언가 있다면, 형상과 형태가 그럴 것이다. 그런데 이것이 어떤 경우에 떨어져 있고 어떤 경우에 그렇지 않은지 그 경계를 정하기는 어려운 일이다. 왜냐하면 어떤 경우 형상이 분리가능하지 않음이 분명한데, 예컨대 집의 경우가 그

---

20) '첫째 표면'(*prōtai epiphaneiai*)은 이데아계의 표면들, 즉 표면의 이데아들을 가리킨다.

21) 1060b19-23 ≅ III 6, 1003a5-17.

22) '이런저런 것'(*to toiondi*)에 대해서는 VII 8, 1033b24에 대한 각주를 참고.

23) 1060b23-8 ≅ III 4, 999a24-b24.

렇다.

또한 원리들은 종에서 동일한가 아니면 수에서 그런가? 왜냐
하면 수가 동일하다면, 모든 것이 동일하게 될 것이기 때문이다.[24]   30

3. IV 1, 2의 요약

철학자의 학문은 부분적인 관점을 떠나서 보편적으로, 있는
것을 있는 것인 한에서 다루지만, '있는 것'은 한 가지 뜻이 아
니라 여러 가지 뜻으로 쓰인다.[25] 그런데 만일 '있는 것'이 어
떤 공통적인 의미에 따라서가 아니라 동음이의적으로 쓰인다
면, 그것은 하나의 학문에 귀속되지 않는다(왜냐하면 그런 동음
이의어들에 대해서는 하나의 유가 존재하지 않기 때문이다). 반면   35
만일 '있는 것'이 어떤 공통적 의미에 따라서 쓰인다면, 하나의
학문에 귀속될 것이다. 그러나 그 말은 사실 우리가 이미 말했
듯이 '의술적'이나 '건강한'과 같은 방식으로 쓰이는 것 같다.
그 이유는 다음과 같다. 우리는 그런 말들을 둘 다 여러 가지
뜻으로 사용한다. 하지만 그것들은 각각 다음과 같은 방식으   1061a
로 어떤 것과의 관계 속에서 쓰이는데, 하나는 일정한 방식으
로 의술적인 학문과의 관계 속에서 쓰이고, 다른 하나는 건강
과의 관계 속에서 쓰이며, 다른 경우에도 저마다 동일한 것과
의 관계 속에서 쓰인다. 왜냐하면 어떤 이론과 칼이 '의술적'이
라고 일컬어진다면, 그 중 하나는 의술적인 학문에서 비롯된
다는 뜻에서 그렇게 불리고, 다른 하나는 의술적인 학문에 유   5
용하다는 뜻에서 그렇게 불리기 때문이다. '건강한'의 경우도
이와 마찬가지인데, 왜냐하면 어떤 것은 건강의 징표라는 뜻

---

24) 1060b23-30 ≅ III 4, 999b24-1000a4.
25) XI 3 ≅ IV 1-2.

96

에서, 어떤 것은 건강을 만들어낸다는 뜻에서 '건강하다'고 불
리기 때문이다. 나머지 경우들에도 동일한 용법이 적용된다.
'있는 것'도 모두 이와 똑같은 방식으로 쓰이는데, 왜냐하면 그
것들은 각각 있는 것인 한에서 있는 것의 속성이거나 상태이거
나 배치이거나 운동이거나 그런 종류의 다른 어떤 것이라는 이
유에서 '있는 것'이라고 불리기 때문이다. 그런데 있는 것은 모
두 하나의 공통적인 어떤 것으로 환원되기 때문에, 있는 것에
속하는 여러 형태의 반대상태들도 그것의 첫째 차이들과 반대
상태들로 환원될 터인데, 있는 것의 첫째 차이들이 다수와 하
나이건 양의 같음과 다름이건 아니면 다른 어떤 것이건 사정은
마찬가지다.[26] 이것들은 이미 살펴본 것으로 해두자. 있는 것
이 있는 것과의 관계로 환원되건 하나와의 관계로 환원되건 아
무 차이도 없다. 왜냐하면 그것들은 똑같지 않고 서로 다르지
만 서로 환위되기[27] 때문인데, 하나인 것은 어떤 뜻에서 있는
것이고, 있는 것은 하나로서 있기 때문이다.

　모든 반대자들을 이론적으로 고찰하는 것은 하나의 동일한
학문에 속하는 일이고, 반대자들 가운데 하나는 다른 하나의
결여라고 불린다. 몇몇의 경우, 예컨대 불의와 정의처럼 중간
에 오는 것이 있는 경우 그것들이 어떻게 결여에 의거해서 불
리는지 의문을 가질 사람도 있겠지만, 그런 모든 경우 결여는
정식 전체에 속하는 것이 아니라 마지막 종에 속하는 것으로
전제해야 한다. 예컨대 정의로운 사람이 어떤 습성에 따라 법
을 준수하는 사람이라면, 불의한 사람은 그런 정식 전체의 내

[26] 이에 대해서는 X권 3장을 참고.
[27] 'antistrephein'은 본래는 '반대쪽으로 되돌리다'는 뜻이지만, 논리적으로는 서
　로 자리를 바꾸어 술어가 될 수 있다는 뜻에서의 환위(換位)를 가리킨다.
　《범주론》 5, 2b21; 12, 14b11 등을 참고.

용을 모든 측면에서 결여하는 사람이 아니라, 법의 준수와 관련해서 어떤 점에 부족함이 있는 사람이며, 이런 점에서 결여가 그에게 속한다. 다른 경우에도 똑같다.

수학자는 추상물들에 대해 이론적 고찰을 한다(왜냐하면 그는 이론적으로 고찰할 때 모든 감각적인 것, 예컨대 무거움과 가벼움, 거칢과 그 반대되는 것은 물론 뜨거움과 차가움을 비롯해서 다른 감각적인 반대상태들을 배제하고 오직 양적이고 연속적인 것만을 남겨두기 때문인데, 그는 어떤 때는 한 차원, 어떤 때는 두 차원, 어떤 때는 세 차원의 연속성만을 남겨두며 그런 것들에 속하는 속성들을 다른 측면은 배제한 채 양적이고 연속적인 한에서 고찰한다. 또한 그가 주목하는 것은 대상들의 상대적 위치들과 그것들에 속하는 것들일 때도 있고, 측정가능성과 측정불가능성일 때도 있으며, 비율들일 때도 있지만, 그럼에도 불구하고 우리는 그 모든 일을 다루는 것이 하나의 동일한 학문, 즉 기하학적인 학문이라고 여긴다). 있는 것에 대한 이론적 고찰도 이와 똑같은 방식으로 이루어진다. 있음의 측면에서[28] 있는 것에 속하는 부수적인 것들을 고찰하는 것과 있는 것인 한에서 그것에 속하는 반대상태들을 고찰하는 것은 다른 학문이 아니라 철학의 과제다. 있는 것인 한에서가 아니라 운동에 관여하는 한에서 있는 것을 고찰하는 일을 사람들은 자연학에 맡길 것이기 때문이다. 반면 변증술이나 소피스테스의 기술은 있는 것들에 속하는 부수적인 것들을 다룰 뿐, 있는 것인 한에서 그것들에 속하는 것들이나 있음의 측면에서 있는 것 자체를 다루지는 않는다. 그러므로 남는 것은, 철학자는 앞에서 말한 것들을 있음의 측면에서 고찰하는 사람이라는 사실이다. 하지만 '있는 것'은 여러 가

30

35

1061b

5

10

---

28) '있음의 측면에서'(kath' hoson estin on)는 '있는 것인 한에서'(hēi on)와 뜻이 같다.

지 뜻으로 일컬어지지만 그것들은 모두 공통적인 어떤 하나에
따라서 쓰이고 반대자들 역시 똑같은 방식으로 쓰이며 (왜냐하
면 그것들은 있는 것에 속하는 첫째 반대상태들과 차이들로 환원되
기 때문이다) 그런 것들은 하나의 학문에 귀속될 수 있기 때문
15 에, 처음에 언급된 의문은 해결될 수 있을 것이다. 나는 유의
측면에서 차이가 있는 것들 여럿에 대해 어떻게 하나의 학문이
있을 수 있는가라는 의문을 두고 하는 말이다.

4. IV 3, 4의 요약

수학자는 공통적인 것들[29]을 고유한 방식으로 사용하기 때
문에, 그런 것들의 원리들을 이론적으로 고찰하는 일 역시 첫
20 째 철학의 과제일 것이다.[30] 그 이유는 이렇다. 양이 같은 것
들에서 같은 양을 빼면 같은 양이 남는다는 사실은 모든 양적
크기에 공통적으로 적용된다. 하지만 수학은 자신의 고유한
질료의 한 부분을 떼어내어 그것에 대해 이론적 고찰을 하는
데, 예컨대 선이나 각도나 수나 그 밖의 양적인 것이 그에 해
당한다. 하지만 수학은 그것들을 있음의 측면에서 다루는 것
25 이 아니라 그것들이 각각 하나의 차원이나 두 차원이나 세 차
원에서 갖는 연속성의 측면에서 다룬다. 반면 철학은 특정한
영역에 속하는 것들을 대상으로 삼아 그것들에 각각 부수적으
로 속하는 것들의 측면에서 그 대상들을 고찰하는 것이 아니
라, 있는 것을 대상으로 삼아, 있음의 측면에서 있는 것들을
하나하나 고찰한다. 자연학적인 학문의 경우도 수학의 경우와
30 사정이 다르지 않은데, 왜냐하면 자연학은 있음의 측면이 아

---

29) '공통적인 것들(*ta koina*)은 공리들을 가리킨다.
30) XI 4 ≅ IV 3, 1005a19-b2.

니라 운동의 측면에서 있는 것들에 속하는 부수적인 것들과 원
리들을 고찰한다(하지만 우리가 이미 말했듯이 첫째 학문은 주어
져 있는 것들31)을 다른 어떤 특정한 측면이 아니라 있음의 측면에
서 다룬다). 이런 이유 때문에 자연학과 수학은 지혜의 분과들
(分科)로 간주되어야 한다.

5. IV 3, 4의 요약(계속)

있는 것들 중에는 우리가 속임을 당하는 것이 불가능하고 언   35
제나 그와 반대되는 것을 행할 수밖에 없는 원리, 즉 우리가
참으로 받아들일 수밖에 없는 원리가 있는데, 이를테면 동일
한 것이 하나의 동일한 시간에 있으면서 있지 않기란 가능하지   1062a
않으며, 그런 방식으로 서로 대립하는 것들을 갖기란 가능하
지 않다는 원리다.32) 그리고 그런 종류의 원리들에 대해서는
무제한적인 뜻의 논증은 있을 수 없지만, 특정한 개인을 상대
로 한 논증은 있다.33) 왜냐하면 바로 이 원리보다 더 믿을 만
한 원리로부터 추론하는 것은 가능하지 않지만, 무제한적인
뜻의 논증이 이루어지려면 그런 일이 가능해야 하기 때문이다.   5
하지만 그 원리와 대립하는 발언들을 하는 사람에 맞서 그의
주장이 거짓인 이유를 밝히려는 사람은, (그가 인정하는) 다음과
같은 종류의 어떤 것, 즉 동일한 것이 동일한 시간에 있으면서
있지 않기란 가능하지 않다는 원리와 한편으로는 동일하면서
도, 다른 한편으로는 그 원리와 동일하지 않게 보이는 어떤 것

---

31) 1061b31의 'ta hypokeimena'는 탐구의 대상으로서 주어져 있는 것들을 가리
    킨다.
32) 1061b34-1062a2 ≅ IV 3, 1005b8-34.
33) 1062a2-5 ≅ IV 4, 1006a5-18.

10 을 취해야 한다. 34) 왜냐하면 대립하는 발언들이 동일한 대상에 대해 참이 될 수 있다고 주장하는 사람에 맞서서 논증하는 데는 그 방법밖에 없기 때문이다. 그렇다면 논증에 참여하려는 사람들은 무언가 함께 이해하는 점이 있어야 한다. 그렇지 않다면, 그들 사이에 어떻게 논변의 공유가 가능하겠는가? 그렇다면 각각의 낱말들은 이해가능하고 어떤 것을 지시해야 한

15 다. 여럿을 지시해서는 안 되고 하나만을 지시해야 한다. 반면 만일 (해당 낱말이) 가리키는 것이 하나 이상이라면, 그 가운데 어떤 뜻으로 그 낱말이 쓰이는지 분명히 밝혀야 한다. 그렇다면 "이것은 갑이면서 갑이 아니다"라고 말하는 사람은 자신이 긍정하는 것을 부정하는 셈이며, 따라서 그는 그 낱말이 어떤 것을 가리킨다는 사실을 부정하는35) 셈이 되는데, 이는 불가능한 일이다. 그러므로 만일 "이것은 갑이다"가 어떤 뜻을 갖는다면, 동일한 대상에 대한 부정이 참이 되는 것은 불가능한 일이다.

20 또한 그 낱말이 어떤 것을 가리키고 그것이 참이라면, 이는 필연적으로 그럴 수밖에 없는데, 필연적인 것은 어떤 경우에도 달리 있을 수 없다. 36) 그러므로 대립하는 발언들이 동일한 것에 대해 참일 수는 없다. 또한 긍정과 부정이 똑같이 참이라면,

25 '사람이다'라고 말하는 사람과 '사람이 아니다'라고 말하는 사람이 똑같이 옳을 것이다. 37) 또한 "사람은 말(馬)이 아니다"라고

---

34) 1062a5-19 ≅ IV 4, 1006a18-1007a20.

35) 1062a17-8의 "ho sēmainei tounoma tout' ou phēsi sēmainein"은 직역하면 "그 낱말이 가리키는 것을, 그 낱말이 가리킨다는 사실을 부정한다"이다. 로스의 다음 번역을 참고: "what the word signifies, he says it does not signify".

36) 1062a19-23 ≅ IV 4, 1006b28-34.

37) 1062a23-30 ≅ IV 4, 1007b18-1008a2.

말하는 사람과 "사람은 사람이 아니다"라고 말하는 사람은 똑같이 옳게 보일 것이고, 따라서 동일한 사람에 대해 "사람은 말이다"라는 말도 참이 될 터인데, 대립하는 발언들이 똑같이 참일수 있다고 앞에서 가정한 바 있기 때문이다. 그렇다면 동일한대상이 사람이면서 말이고 혹은 다른 어떤 동물이라는 결론이따라 나온다.

그렇다면 이런 것들에 대해서는 무제한적인 뜻에서의 논증 30
이란 존재하지 않지만, (모순율에 반대되는) 그런 주장을 내세우는사람을 반박하는 논증은 있을 수 있다. 그리고 우리는 헤라클레이토스 자신에게도 이런 방식의 질문을 던져, 곧바로 그로하여금 동일한 대상들에 대해 대립하는 발언들이 참이 되는 것은 결코 가능치 않다는 데 동의하지 않을 수 없게 만들 수 있을 것이다.[38] 하지만 그는 자신이 무엇을 말하는지 이해하지 35
못한 채 그런 의견을 취했다. 전체적으로 볼 때 그가 한 말이참이라면, 그 주장 자체, 즉 동일한 것이 하나의 동일한 시간 1062b
에 있으면서 있지 않을 수 있다는 말[39]도 참이 아닐 것이다.[40] 왜냐하면 그 진술들을 나누면 긍정과 부정이 똑같이 참일 것이고, 이와 마찬가지로 두 진술을 연결한 긍정진술이 단 5
일한 긍정진술과 같다면, (방금 말한 것과 같은 방식으로) 긍정을 통해 내세운 전체 진술에 못지않게 그것의 부정도 참이 될 것이기 때문이다.[41] 또한 만일 어떤 것도 참으로 긍정할 수 없다

---

[38] 1062a31-5 ≅ IV 3, 1005b23-6.

[39] 1062b1-2: "to endechesthai to auto kath' hena kai ton auton chronon einai te kai mē einai." 모순율을 부정하는 진술 자체도 참이 아니게 된다는 것이 아리스토텔레스의 반박이다.

[40] 1062a36-b7 ≅ IV 4, 1008a4-7.

[41] 이 주장의 내용은 다음과 같이 풀이할 수 있을 것이다. "S는 P이면서 P가 아니다"라고 해보자. 그렇다면 "S는 P이다"와 "S는 P가 아니다"가 똑같이 참일

면, 참인 긍정진술이란 존재하지 않는다는 발언 자체도 거짓
10   이 될 것이다. 42) 반면 참인 긍정진술이 존재한다면, 그것에
반대하면서 대화의 근본토대를 무너뜨리는 사람들의 말은 힘
을 잃을 것이다.

6. IV 5, 6의 요약

프로타고라스의 주장도 위에서 다룬 주장들과 비슷하다. 43)
그 이유는 이렇다. 그는 사람이 모든 것의 척도라고 말했는데,
15   이 말은 곧 각자의 의견이 확고부동한 것이기도 하다는 뜻이
다. 하지만 이것이 사실이라면, 동일한 것이 있으면서 있지 않
고, 나쁜 것이면서 좋은 것이라는 결론이 따라 나오고, 다른
대립하는 발언들도 마찬가지인데, 어떤 특정한 대상이 어떤
사람들에게는 아름답게 나타나고 다른 사람들에게는 그와 반
대로 나타나는 일이 자주 있지만 겉으로 나타나는 현상이 각자
20   에게 척도이기 때문이다. 이 의문은 그런 판단이 어디서 처음
유래했는지를 살펴보면 풀릴 수 있을 것이다. 생각건대 그 의
문은 어떤 측면에서는 자연연구자들의 의견에서 생겨난 것이
고, 또 어떤 측면에서는 동일한 것들에 대해 모든 사람이 똑같
은 내용의 앎을 가지고 있는 것이 아니라 특정한 대상이 어떤
사람들에게는 즐거움을 주는 것처럼 나타나는 반면 다른 사람

것이다. 이 두 판단, 즉 긍정(*kataphasis*)과 부정(*apophasis*)을 연결한 "S는 P
이면서 P가 아니다"는 판단 자체를 하나의 단일한 판단으로 본다면, 이 판단
자체나 그것의 부정("S는 P이면서 P가 아니라는 것은 참이 아니다")이나 둘
다 참일 수 있을 것이다. 이런 뜻에서 "동일한 것이 하나의 동일한 시간에 있
으면서 있지 않을 수 있다"는 진술은 자기모순적이다.
42) 1062b7-9 ≅ IV 8, 1012b13-8.
43) 1062b12-24 ≅ IV 5, 1009a6-16, 22-30.

들에게는 그 반대로 나타난다는 데서 생겨난 것이다. 그 이유
는 이렇다.[44] 있지 않은 것에서는 아무것도 생겨나지 않고 모   25
든 것은 있는 것에서 생겨난다는 것이 거의 모든 자연학자들의
공통적인 교설이었다. 그런데 하얗지 않은 측면이 전혀 없이
완전히 하얀 것에서는 결코 하얀 것이 생겨나지 않기 때문에,
하얗게 되는 것은 하얗지 않은 것에서 생겨날 것이다. 따라서
그들은 주장하기를, 만일 동일한 것이 하야면서 하얗지 않을
수 없다면, 하얀 것은 하얗지 않은 것에서 생겨나게 될 것이라   30
고 한다.[45] 하지만 이 의문은 풀기 어렵지 않다. 왜냐하면 어
떤 뜻에서 생겨나는 것들이 있지 않은 것에서 생겨나고 또 어
떤 뜻에서 있는 것에서 생겨나는지는 자연학 저술에서[46] 이미
이야기한 바 있기 때문이다.

　하지만 서로 상충하는 주장을 하는 사람들의 의견과 상상에
똑같이 관심을 기울이는 것은 순진한 일이다.[47] 왜냐하면 그   35
중 어느 하나는 필연적으로 거짓일 수밖에 없기 때문이다. 이
는 감각의 측면에서 일어나는 일들을 놓고 보면 분명하다. 동   1063a
일한 것이 현상적으로 어떤 사람들에게는 달지만 어떤 사람들
에게는 그 반대로 나타난다면, 그 이유는 어느 한쪽의 경우 논
의대상이 되는 냄새를 지각하고 판별하는 감각기관이 완전히
손상되고 잘못되었기 때문이다. 사정이 이렇다면, 어느 한쪽

---

44) 1062b24-33 ≅ IV 5, 1009a30-6.

45) 이 논변의 요지는 다음과 같다. 완전히 하얀 것으로부터는 하얀 것이 생겨날
　　수 없다. 또 하얗지 않은 것으로부터 하얀 것이 생겨날 수도 없다. 왜냐하면
　　그것은 [하얗게] 있지 않은 것으로부터는 [하얗게] 있는 것이 생겨나지 않는
　　다는 자연철학자들의 교설에 어긋나기 때문이다. 따라서 하얀 것은 하야면서
　　도 하얗지 않은 것에서 생겨날 수밖에 없다.

46) 《자연학》 I 7-9와 《생성·소멸론》 I 3, 317b14-319b5를 참고.

47) 1062b33-1063a10 ≅ IV 5, 1010b1-26; 6, 1011a31-4.

104

5   은 척도로 간주되어야 하지만, 다른 쪽은 그렇지 않다. 좋음과
나쁨, 아름다움과 추함을 비롯해서 그런 종류의 다른 것들에
대해서도 내가 하는 말은 똑같다. (인간이 만물의 척도라는 주장은)
눈 밑을 손가락으로 눌러 하나를 둘로 보이게 하는 사람들에게
는 현상으로 나타나는 것들이 — 겉으로 보기에 그렇다는 이유
10 에서 — 둘이고, 눈을 만지지 않는 사람들에게는 하나가 하나
로 나타나기 때문에 다시 하나라고 주장하는 것과 아무 차이가
없다.

전체적으로 말해서, 현상적으로 볼 때 여기 있는 것들이 변
화를 겪고 결코 동일한 상태에 머물러 있지 않다는 사실을 근
거로 삼아 진리에 대해 판정을 내리는 것은 불합리하다. 48) 왜
냐하면 우리는 언제나 동일한 상태에 있으면서 어떤 변화도 겪
15 지 않는 것들을 출발점으로 삼아 진리를 좇아야 하기 때문이
다. 코스모스를 이루는 천체들49) 이 그런 종류의 대상들인데,
왜냐하면 그것들은 어떤 때는 이런 모습으로, 또 어떤 때는 다
른 모습으로 나타나는 일이 없이 언제나 동일하고 어떤 종류의
변화에도 관여하지 않기 때문이다.

또한 운동이 있다면 운동하는 것이 있고, 모든 운동은 어떤
것으로부터 어떤 것으로 진행된다. 50) 그러므로 운동하는 것은
20 운동의 출발점이 되는 상태에 있다가 (더 이상) 그 상태에 있지
않고 다른 상태로 운동해서 이 새로운 상태에 들어서야 하며,
모순적인 것은 — 그들의 주장과 달리 — 동시에 참이 아니다.

48) 1063a10-7 ≅ IV 5, 1010a25-32.
49) 1063a15의 'ta kata ton kosmon'을 직역하면 '질서를 따르는 것들' 정도로 옮
길 수 있겠지만, 여기서는 코스모스를 이루는 천상의 실체들, 즉 천체들을 가
리킨다.
50) 1063a17-21 ≅ IV 5, 1010a35-b1.

그리고 여기 있는 것들이 양적인 측면에서 연속해서 흘러가는 상태에 있고 운동한다고 해보자. 51) 이것은 참이 아니지만, 그래도 누군가 그런 전제를 내세운다고 해보자. 그렇다고 해서 그것이 질적인 측면에서 지속되지 않을 이유가 어디 있을까? 왜냐하면 모순적인 것들을 동일한 대상에 대해 동시에 진술하는 일은 주로, 물체들의 양이 지속하지 않기 때문에 동일한 것이 4 완척(腕尺) 52) 이면서 4 완척이 아니라고 생각한 데서 유래한 것처럼 보이기 때문이다. 하지만 실체는 성질에 의존하고, 이것은 확정된 본성을 갖는 반면, 양은 불확정적인 본성을 갖는다.

또한 의사가 사람들에게 이런저런 음식을 섭취하라고 처방을 내리면 그것을 섭취하는 이유는 무엇인가?53) 무엇 때문에 "이것은 빵이다"가 "이것은 빵이 아니다"보다 더 참일까? (만일 그 둘 사이에 아무 차이가 없다면) 결과적으로 빵을 먹거나 먹지 않거나 아무 차이가 없을 것이다. 그런데 사람들은 의사들이 음식에 대해 하는 말은 참이고 그것이 의사가 처방한 음식이라고 믿고서 그 음식을 섭취한다. 감각물들의 영역에 확고부동하게 항상 머물러 있는 어떤 자연적인 것도 없고 모든 것이 언제나 운동하고 흘러가는 상태에 있다면, 그럴 필요가 없을 것이다.

또한 우리가 항상 질적으로 변화하면서 한순간도 동일한 모습으로 머물러 있지 않다고 가정해보자. 54) 그 경우 병든 사람들에게 그렇듯이 우리에게 대상들이 동일한 모습으로 나타나

25

30

35

---

51) 1063a22-8 ≅ IV 5, 1010a22-5.
52) '완척'이라고 옮긴 'pēkys'는 가운데손가락 끝에서 팔꿈치까지의 길이로 보통 43~53㎝의 길이를 가리키는 고대 그리스의 척도다.
53) 1063a28-35 ≅ IV 4, 1008b12-27.
54) 1063a35-b7 ≅ IV 5, 1009a38-b33.

지 않는다고 해서, 놀랄 일이 무엇이 있을까? (그 이유는 이렇

1063b 다. 병자들은 건강할 때와 똑같은 상태에 놓여 있지 않기 때문에 그들에게도 감각적인 것들은 동질적으로 나타나지 않는다. 그렇다고 해서 감각물들이 그 자체로서 어떤 변화를 겪는 것은 아니고 병든 사람들에게 (이전과) 똑같지 않고 (이제) 다른 내용의 감각내용들

5 을 만들어 낸 것이다. 앞서 말한 변화가 일어난다면, 건강한 사람들의 사정도 그와 똑같을 수밖에 없다). 하지만 우리가 변화를 겪지 않고 동일하게 지속적으로 있다면, 무언가 지속되는 것이 있을 것이다.

그런데 논변에 의거해서 지금까지 이야기한 의문들을 품은 사람들의 경우, 만일 이들이 더 이상의 논변이 필요 없는 어떤 것을 내세우지 않는 한 그들과 상대해서 그 의문들을 해결하기

10 는 쉬운 일이 아니다. 왜냐하면 모든 논변과 모든 논증은 그런 방식으로[55] 이루어지기 때문인데, 그들은 아무것도 내세우지 않음으로써 대화와 논변 전체의 토대를 무너뜨리기 때문이다. 그러므로 그런 종류의 사람들을 상대해서는 논변이 성립하지 않는다. 하지만 전통적인 의문들로 말미암아 의문에 사로잡힌 사람들의 경우에는 그들을 상대해서, 그들에게 의문을 낳는 것들을 해결하기는 어렵지 않다.[56] 이는 지금까지 했던 이야기를 통해 볼 때 분명하다.

15 따라서 지금까지 했던 이야기를 통해 볼 때 분명히 동일한 대상에 대한 대립하는 발언들은 동시에 참일 수 없다. 반대자들도 마찬가지인데, 모든 반대상태는 결여의 뜻으로 쓰이기 때문이다. 이는 우리가 반대자들에 대한 정식을 그것들의 원

---

55) 더 이상의 논변이 필요 없는 어떤 것을 내세운 상태에서 논변을 펼치는 것을 말한다.

56) 1063b17-9 ≅ IV 6, 1011b17-22.

리에 이를 때까지 분석해 보면 분명해진다.

이와 마찬가지로 (반대자들의) 중간에 있는 것들 가운데 어떤
것도 (반대자들 가운데 하나를 술어로 가진 것과) 동일한 하나의 대상에
대해 술어가 될 수 없다. 57) 어떤 대상58)이 하얗다면, 그것이   20
검지도 않고 하얗지도 않다고 말하는 것은 잘못이다. 그렇지
않다면 그것이 하야면서 하얗지 않다는 결론이 따라 나오기 때
문인데, 함께 연결된 술어들59) 가운데 뒤의 것이 그 대상에 대
해서 참인 술어가 될 것이고, 그것은 하양의 모순항이기 때문
이다.

헤라클레이토스를 따라 주장을 펴는 것뿐만 아니라 아낙사   25
고라스를 따라 주장을 펴는 것도 참이 될 수 없다. 60) 만일 그
렇지 않다면, 반대자들이 동일한 대상에 대해 술어가 되는 결
과가 따라 나온다. 왜냐하면 모든 것 안에 모든 것의 몫이 내
재한다는 아낙사고라스의 말은 단 것과 쓴 것의 차이가 없고
여타의 다른 반대상태들의 경우도 마찬가지라는 말이기 때문
인데, 만일 모든 것 안에 모든 것이 단지 가능적인 것이 아니
라 현실적인 것으로서 서로 분리되어 내재한다면 그렇게 된다.   30
이와 마찬가지로 모든 진술이 거짓일 수도 없고 모든 진술이

---

57) 1063b19-24 ≅ Ⅳ 7, 1011b23-1012a24. 1063b19-20에 대해서는 로스의 번
    역을 참고. "no intermediate between contraries can be predicated of one
    and the same subject, of which one of the contraries is predicated."
58) 1063b20의 'hypokeimenon'은 문맥에 비추어 볼 때 '기체'보다는 진술의 '대상'
    을 뜻한다고 볼 수 있다.
59) 예컨대 "옷이 검지도 않고 하얗지도 않다"는 말이 참이라고 해보자. 이렇게
    함께 연결된 두 술어 (ta sympeplegmena), 즉 '검지 않다'와 '하얗지 않다'는 둘
    다 그 옷에 대해 술어가 될 것이고, 그렇다면 "옷은 하얗지 않다"도 참이 되는
    데, 이 진술은 "옷은 하얗다"와 모순관계에 있다.
60) 1063b24-35 ≅ Ⅳ 7, 1012a24-b18.

108

참일 수도 없는데, 이는 그런 전제로부터 따라 나오는 것으로
끌어 모을 수 있는 많은 다른 어려움들에 비추어 보아도 그렇
지만, 이런 이유에서도, 즉 모든 진술이 거짓이라면 그렇게 말
하는 사람의 진술 자체도 참이 아닐 것이고 모든 진술이 참이라
면 모든 진술이 거짓이라는 진술도 거짓이 아닐 것이라는 이유
에서도 그렇다.

7. Ⅵ 1의 요약

모든 학문은 그에 귀속되는 인식대상들 가운데 각 대상과 관
련해서 어떤 원리들과 원인들을 찾는데, 이를테면 의학과 체
1064a 육학이 그렇고 그 밖의 제작적인 학문들과 수학적인 학문들에
속하는 각각의 학문이 그렇다.[61] 왜냐하면 그런 학문들은 각
각 어떤 유에 국한해서 그것을 주어진 것이자 있는 것으로 간
주하면서 연구하지만, 그렇다고 그것을 있음의 측면에서 다루
지는 않기 때문인데, 그런 학문들 이외에 다른 어떤 학문이 있
5 다. 위에서 말한 학문들은 저마다 일정한 방식으로 각 유에서
'무엇'에 해당하는 것을 취한 다음, 나머지 것들을 — 더 취약하
거나 더 엄밀하게 — (논증을 통해) 제시하려고 노력한다. 어떤
학문들은 '무엇'을 감각을 통해 취하고, 또 어떤 학문들은 전제
된 것으로써 취하는데, 결국 그런 종류의 귀납을 통해 보면 실
체와 '무엇'에 대한 논증이 없다는 것은 분명한 사실이다.
10 자연에 대한 어떤 학문이 있으니, 이것은 분명 실천적인 것
이나 제작적인 것과 다르다. 제작적인 학문의 경우 운동의 원
리가 제작되는 것 안에 있는 것이 아니라 제작자 안에 있기 때

---

61) XI 7 ≅ VI 1.

문인데, 기술이나 다른 어떤 능력이 바로 그런 원리이다. 마찬
가지로 실천적 학문의 경우 운동은 행동 안에 있기보다는 행동   15
하는 사람들 안에 있다. 그러나 자연학자의 학문은 자체 안에
운동의 원리들을 갖고 있는 것들을 대상으로 삼는다. 그러므
로 이런 점들을 놓고 볼 때, 자연학은 분명히 실천적인 것도
제작적인 것도 아니고 이론적인 것일 수밖에 없다(왜냐하면 자
연학은 이 세 부류 가운데 어느 하나에 속해야 하기 때문이다). 그
런데 각각의 학문은 반드시 어떤 방식으로든 '무엇'에 대해 알   20
고 그것을 원리로 사용해야 하기 때문에, 자연학자는 어떻게
정의를 해야 하고 어떻게 실체에 대한 정식을 파악해야 하는
지, 다시 말해서 딱부리를 정의할 때처럼 해야 하는지, 아니면
볼록함을 정의할 때처럼 해야 하는지를 간과해서는 안 된다.
왜냐하면 이 가운데 딱부리에 대한 정식은 대상의 질료와 함께
진술되는 데 반해, 볼록함에 대한 정식은 질료 없이 진술되기
때문이다. 그 까닭은 딱부리 모양은 눈에 생겨나고, 그렇기 때   25
문에 그것에 대한 정식은 눈과 함께 고찰의 대상이 되기 때문인
데, 딱부리는 볼록한 눈이기 때문에 그렇다. 그렇다면 살과 눈
과 나머지 부분들에 대한 정식은 언제나 질료와 함께 제시되어
야 함이 분명하다.

　있는 것을 있고 분리가능한 것인 한에서[62) 다루는 어떤 학

---

62) 'on hēi on kai chōriston'(being qua being and capable of existing apart —
　　Ross)을 다루는 학문을 일컬어 이어지는 부분에서는 '신학'(*theologikē*, 1064b3)
　　이라고 부른다. 따라서 'on hēi on kai chōriston'이 'to chōriston on kai akinēton'
　　(1064a33-4)과 함께 신적 존재(*to theion*, 1064a37)를 가리키는 것으로 볼 수 있
　　다. 하지만 'on hēi on kai chōriston'은 형이상학적 탐구의 양면성, 즉 그것이
　　있는 것을 있음의 측면에서 다루면서 동시에 분리된 신적 존재를 다룬다는 사
　　실을 드러내기 위해 쓰인 것이라고 볼 수도 있다. 실제로 아리스토텔레스는
　　1064b6 아래에서 'on hēi on'을 다루는 학문의 그런 이중적 성격을 분명히 하

110

30 문이 있기 때문에, 그것을 자연학과 동일한 것으로 전제해야
할지 아니면 다른 것으로 내세워야 할지 살펴보아야 한다. 그
런데 자연학은 운동의 원리를 자기 자신 안에 가지고 있는 것
들을 다루는 데 반해, 수학은 이론적 학문이면서 정지해 있지
만 분리가능하지 않은 것들을 대상으로 다룬다. 따라서 분리가
능하고 부동적인 것에 대해서는 이 두 학문과 다른 어떤 학문
35 이 있으니, 그런 종류의 실체, 즉 분리가능하고 부동적인 실체
가 있다면 그럴 텐데, 바로 이것을 밝히기 위해 우리는 노력할
것이다. 그리고 만일 그런 종류의 자연물이 있는 것들 가운데
1064b 속해 있다면, 바로 거기에[63] 신적인 것이 놓여 있을 것이고,
그것은 첫째가는 가장 주도적 원리일 것이다. (b) 그러므로 분
명히 이론적 학문들 가운데는 세 부류, 즉 자연학, 수학, 신학
5 이 있다. 이론적인 학문들의 부류가 가장 뛰어나지만, 이들 가
운데서는 마지막에 언급된 것이 가장 뛰어나다. 왜냐하면 그것
은 있는 것들 가운데 가장 고귀한 것을 다루는데, 각 학문은
그에 고유한 인식대상에 따라 그 우열이 갈리기 때문이다.

　　어떤 사람은 있는 것을 있는 것인 한에서 다루는 학문을 보
편적인 것으로 전제해야 할지 그렇지 않은지에 대해 의문을 가
질 수도 있을 것이다. 왜냐하면 수학적인 학문들에 속하는 각
학문은 어느 한 유를 떼어내어 그것을 대상으로 삼는 반면, 보
10 편적인 수학은 모든 것에 대해 공통적이기 때문이다. 그래서
자연적인 실체들이 있는 것들 가운데 첫째가는 것들이라면,
자연학이 학문들 가운데 첫째가는 것이겠지만, 다른 자연물,
즉 분리가능하고 부동적인 실체가 있다면, 그것을 대상으로

는 데 주력한다.
63) 1064a35의 '분리가능하고 부동적인 실체'(*chōristē kai akinētos ousia*)를 가리
킨다.

삼는 다른 어떤 학문이 있고 그것은 자연학에 앞서며, 앞선다
는 이유에서 보편적일 수밖에 없다.

8. VI 2-4의 요약. 《자연학》에서 발췌한 내용:
   우연적인 것에 대하여(《자연학》 II 5, 6)

무제한적인 뜻에서 있는 것은 여러 가지 뜻으로 쓰이는데[64]
그 중 하나는 우연적인 뜻에서[65] 있는 것이므로, 먼저 이런   15
뜻에서 있는 것을 살펴보아야 한다. 분명히 전통적인 학문들
가운데 어떤 것도 우연적인 것에 대해 연구하지 않는다. 왜냐
하면 건축술은 집을 사용하는 사람들에게 우연적으로 속하게
될 것, 예컨대 그가 그 집에서 고통을 겪으며 살게 될지 그 반
대가 될지에 주목하지 않으며, 직조술이나 제화술이나 제과술   20
도 마찬가지다. 이런 학문들은 각각 자신에게 고유한 것에 주
목하는데, 각자의 고유한 목적이 바로 그것이다.[66] 또한 어떤
학문도 음악적인 사람을 다루지 않는다. 음악적인 사람이 이
전에는 그렇지 않다가 문법을 알게 되면, 그 둘 모두 그에게
동시에 속하겠지만, 항상 그렇지 않고 (지금만) 그런 것은 생겨
난 것이고 그 생성의 결과 그에게 음악적 교양과 문법적 지식   25
이 동시에 속하게 된 것이다. 소피스테스의 기술을 제외하고,
사람들이 일반적으로 인정하는 학문들 가운데 어떤 것도 그런

---

64) 1064b15-1065a26 ≅ V 2-4.

65) 이 장에서 다루어지는 'kata symbebēkos'는 '우연적'이라는 뜻에서 '부수적'인
   것을 가리킨다. 이를 분명히 하기 위해 '부수적'이라고 하지 않고 '우연적'이라
   고 옮겼다. V 30을 참고.

66) 1064b23의 'oude mousikon kai grammatikon'은 빼고 읽었다. '자신에게 고
   유한 것'(to kath' hauten idion), 즉 '고유한 목적'(oikeion telos)은 물론 위에
   서 말한 '우연적인 것'(to symbebēkos)에 반대된다.

것을 탐구하지 않는다. 왜냐하면 오직 소피스테스의 기술만이 우연적인 것에 대해서 연구하기 때문인데, 그런 이유에서 소피스테스의 기술이 있지 않은 것 주변을 맴돈다는 플라톤의 말은 잘못된 것이 아니다. 67)

30   우연적인 것이 도대체 무엇인지 이해하려고 시도해 본 사람들에게는 그것이 학문의 대상이 될 수 없다는 사실이 분명해질 것이다. 모든 것은 항상, 그리고 필연적으로 그런 때도 있고 (여기서 말하는 것은 강제하는 것이라는 뜻의 필연성이 아니라68)

35 논증적 학문들에서 우리가 활용하는 필연성이다) 대다수의 경우에 그런 때도 있으며, 대다수의 경우 그렇지도, 항상 필연적으로 그렇지도 않으며 그때의 우연적 사정에 따라 그런 때도 있다. 예컨대 삼복 때 추위가 닥칠 수 있지만, 이런 일은 항상 일어나는 것도 아니고 필연적으로 그런 것도 아니며 대다수의 경우

1065a 에 그런 것도 아니고, 어떤 때 한번 우연히 일어난다. 그렇다면 우연적인 것은 발생하긴 하지만 항상 그런 것도 아니고 필연적으로 그런 것도 아니며 대다수의 경우에 그런 것도 아니다. 69) 그렇다면 우연적인 것이 무엇인지는 이미 이야기한 바와 같고, 무엇 때문에 그런 것에 대해 학문이 존재하지 않는지

5 는 분명하다. 왜냐하면 모든 학문은 항상 그렇거나 또는 대다수의 경우에 그렇게 있는 것을 대상으로 하는 반면, 우연적인 것은 이 가운데 어떤 것에도 속하지 않기 때문이다. 70)

---

67) 플라톤, 《소피스테스》 254A. 이에 대한 아리스토텔레스의 견해는 XIV 2, 1089a15 아래를 참고.

68) '강제하는 것'(*to biaion*)이라는 뜻의 필연성에 대해서는 V 5, 1015a26 아래를 참고.

69) 1065a1-3: "esti dē to symbebēkos ho gignetai men, ouk aei d' oud' ex anankēs oud' ōs epi to poly."

70) 이런 뜻에서 아리스토텔레스는 모든 학문이 보편자(*katholou*)를 대상으로 삼

우연적인 뜻에서 있는 것에 대해서는 분명 그 자체로서 있는
것71)에 속하는 것과 같은 원인들이나 원리들이 존재하지 않는
다. 왜냐하면 그런 것들이 있다면, 모든 것이 필연적으로 있을
것이기 때문이다. 그 이유는 이렇다. 갑은 을이 있을 때 있고
을은 병이 있을 때 있으며, 병은 우연적인 사정에 따라서가 아
니라 필연적으로 있다면, 을을 원인으로 해서 있는 것도 필연   10
적으로 있을 것이고, 그런 과정은 이른바 마지막 결과72)에 이
를 것이고(위에서는 이것이 우연적이라고 가정했다), 따라서 모
든 것은 필연적으로 있을 것이고, 우연적으로 일어나는 것과
생성할 수도 있고 그렇지 않을 수도 있는 것은 생성하는 것들
의 영역에서 완전히 사라진다. 원인은 있는 것이 아니라 생겨
나는 것이라고 전제한다고 하더라도, 똑같은 결과가 따라 나   15
온다. 왜냐하면 모든 것은 필연적으로 생겨날 것이기 때문이
다. 내일의 월식은 갑이 발생하면 발생할 것이고, 갑은 을이
발생하면 일어날 것이며, 을은 다시 병이 발생하면 생겨날 것
이다. 이런 방식으로 지금부터 내일 사이의 제한된 시간에서
시간을 빼면 어느 순간 현재의 상황에 이르게 될 것이고, 결국   20
이 상황이 주어져 있다면, 그 뒤에 오는 모든 것은 필연적으로
발생해서, 결과적으로 모든 것은 필연적으로 생겨날 것이다.

는다고 말한다. 다음의 구절을 참고하라. III 6, 1003a14-5; XIII 3, 1077
b34-5; 10, 1086b33.

71) 여기서 말하는 '그 자체로서 있는 것'(to kath' hauto on)은 다른 것과 따로 떨
어져 존재하는 실체를 가리키는 것이 아니라 그 자체로서 어떤 것에 속하는
것, 즉 어떤 것에 본성적으로 속하는 것을 가리키는 것으로 보아야 한다. 이
런 것에는 어떤 대상에 본질적인 것과 그런 본질로부터 필연적으로 따라 나오
는 것이 있다. 이런 뜻에서 그 자체로서 있는 것에 대해서는 V 18, 1022a25
아래를 참고.

72) 원어는 'aitiaton'이다.

114

　　참이라는 뜻에서 있는 것과 우연적인 뜻에서 있는 것을 놓고
보면, 앞의 것은 사고를 통한 연합 안에 존재하고 또 사고의
양태이다[73] (이런 이유 때문에 우리는 그런 뜻에서 있는 것에 대해
서는 원리들을 찾지 않고 밖에 있으면서 분리가능한 것에 대해서
25　원리들을 찾는다). 반면 뒤의 것은 필연적이 아니라 불확정적인
데, 이것은 우연적인 뜻에서 있는 것이고, 그런 종류의 사물에
속하는 원인들은 무질서하고 무한하다.

　　본성적으로 생겨나거나 사고에서 시작해서 생겨나는 것들
안에는 지향대상이 있는 반면,[74] 그런 것들 중 어떤 것이 우
연적으로 생겨날 때는 거기에 우연이 있다. 왜냐하면 있는 것
가운데 그 자체로서 있는 것과 우연적인 뜻에서 있는 것이 있
30　다면, 원인도 마찬가지이기 때문이다. 우연은 목적지향적 선
택에 따라 생겨나는 것들 안에 있는 우연적 원인이며, 그런 이
유 때문에 우연과 사고는 똑같은 것들에 관계한다.[75] 왜냐하
면 선택은 사고와 분리되지 않기 때문이다. 우연적인 것들이
생겨날 때 그 출발점을 제공하는 원인들은 불확정적이고, 그
런 이유 때문에 우연은 인간의 추론에 비추어 볼 때 불분명하
고 우연적 원인이지만, 무제한적인 뜻에서 보자면 어떤 것에
도 속하지 않는다. 좋은 우연과 나쁜 우연은 그 결과의 좋고
35　나쁨에 달려 있다.[76] 하지만 그 결과가 중대하면, 행운과 불
1065b　운이 된다. 우연적인 것들은 결코 그 자체로서 있는 것들에 앞
서지 않기 때문에, 그 원인들도 그렇다. 그러므로 우연이나 자

---

73) '참이라는 뜻에서 있는 것'(to hos alēthes on)에 대해서는 VI권 4장과 IX권 10
　장을 참고.
74) 1065a26-30 ≅ 《자연학》 II 5, 196b21-5. '사고에서 시작해서'(apo dianoias)
　생겨나는 것들에 대해서는 VII 7, 1032a28 아래를 함께 참고.
75) 1065a30-5 ≅ 《자연학》 II 5, 197a5-14.
76) 1065a35-b1 ≅ 《자연학》 II 5, 197a25-7.

생성77) 이 우주의 원인이라면, 지성과 본성은 그에 앞서는 원
인이다. 78)

9. 가능태, 현실태, 운동에 대하여(《자연학》 III 1-3)

어떤 것들은 현실적으로 있을 뿐이고, 어떤 것들은 가능적   5
으로 있을 뿐이며, 또 어떤 것들은 가능적이면서 현실적으로
있다. 79) 또 어떤 것은 〈이것〉으로서 있고, 어떤 것은 양으로
서 있으며, 나머지 것들 중 하나로 있다. 하지만 사물들과 떨
어져서는 운동이 존재하지 않는다. 80) 왜냐하면 변화는 항상
있는 것의 범주들에 따라 일어나며, 하나의 범주에 속하지 않
으면서 여러 범주에 공통적인 것은 존재하지 않기 때문이
다. 81) 하지만 각 범주는 두 갈래로 나뉘어 모든 것에 속한다   10
(예컨대 '이것'의 경우 그것의 한쪽은 형태이고 다른 쪽은 결여이
며, 성질의 경우에는 (예컨대) 하양과 검정이 있고, 양의 경우에는
완전한 것과 불완전한 것이 있으며, 이동의 경우에는 상향운동과
하향운동이 있고, 혹은 가벼운 것과 무거운 것이 있다). 그러므로
있는 것의 종들82) 이 있는 만큼 여러 종의 운동과 변화가 있   15

---

77) '우연'(*tychē*) 과 '자생성'(*to automaton*) 에 대해서는 I 3, 984b14와 XII 3,
    1070a6을 참고.
78) 1065b1-4 ≅ 《자연학》 II 6, 198a5-13.
79) 1065b5-7 ≅ 《자연학》 III 1, 200b26-8.
80) 1065b7-20 ≅ 《자연학》 II 9, 200b32-III 1, 201a19.
81) 예컨대 '있는 것'(*on*) 과 '하나'(*hen*) 는 "여러 범주들에 대해 똑같이 적용되고
    어떤 범주 안에도 속하지 않는다"(X 2, 1054a13-5). 그렇지만 그 두 개념은
    모든 범주들에 공통적인(*koinon*) 유가 아니다. 그것들은 여러 범주들에 유비
    적으로 적용되기 때문이다.
82) '있는 것의 종들'(*eidē tou ontos*) 은 범주들을 가리킨다. 보통 범주를 가리킬
    때는 일반적으로 'genos'라는 낱말이 쓰인다. 《자연학》 I 1, 189a14, b24,

다. 그런데 각각의 개별적인 유와 관련해서 가능적인 것과 완전한 것이 나뉘는데, 가능적인 한에서 가능적인 것의 현실태를 일컬어 나는 운동이라고 부른다. 83) 우리가 하는 말이 옳다는 것은 다음과 같은 사실로부터 분명하다. 집이 될 수 있는 것이, 우리가 말하는 그런 가능성을 (여전히) 가지고 있는 한에서 현실적으로 있을 때 건축이 이루어지는데, 이것이 집짓기이다. 배움, 치료, 보행, 도약, 노화, 숙성도 마찬가지다. 완전한 상태 자체가 (현재) 있을 때 운동이 일어나며, 운동은 그에 앞서지도 않고 뒤에 오지도 않는다. 84) 그렇다면 가능적으로 있는 것의 완전한 상태는, 그 가능적인 것이 완전한 상태에 있으면서 현실적으로 활동하고 있지만 그 자체인 한에서가 아니라 운동가능한 것인 한에서 그럴 때, 운동이라고 불린다. 85) '~인 한에서'라는 말은 다음과 같은 것을 뜻한다. 청동은 가능적으로 조각상이다. 하지만 그럼에도 불구하고 청동인 한에서 청동의 완전한 상태는 아직 운동이 아니다. 왜냐하면 청동임

《영혼론》 I 1, 402a23-5를 참고.

83) 1065b16의 "ten tou dynamei hēi toiouton estin energeian legō kinēsin"의 의미는 이렇다. 조각과정에 있는 대리석은 채석장의 대리석과 달리 현실적으로 조각상이 되는 과정에 있지만 아직 조각상이 될 수 있는 가능성이 완전히 실현된 것은 아니다. 그런 뜻에서 대리석의 조각과정은 가능적인 조각상인 대리석에서 진행되는 현실적 과정이지만 이 과정에는 아직 변화의 가능성이 남아 있다. 그런 뜻에서 조각과정을 일컬어 운동(kinēsis)이라고 부를 수 있다.

84) 1065b21-2 ≅ 《자연학》 III 1, 201b6-7.

85) 1065b21-1066a26 ≅ 《자연학》 III 1, 201a27-202a3. '운동'(kinēsis)에 대한 1065b21-3의 정의내용은 다음과 같다. 예컨대 청동은 그 자체로서는 완전한 상태에(entelecheiai) 있다. 하지만 그것은 동시에 가능적인 조각상, 즉 조각상이 될 수 있는 것이다. 이렇게 청동 자체인 한에서가 아니라 조각상이 될 수 있는 것인 한에서(ouch hēi auto all' hēi kinēton, 1065b22-3) 청동에 속하는 완전한 상태(entelecheia)와 현실적 활동(energeia), 즉 조각과정이 바로 운동이다. 위의 b16에 대한 각주를 함께 참고.

과 가능적으로 어떤 것임은 똑같지 않기 때문이다.[86] 만일 그
것들이 정식의 측면에서 무제한적으로 동일하다면, 청동의 완
전한 상태가 일종의 운동일 터인데, 둘은 동일하지 않다(이 점
은 반대자들을 보면 분명하다. '건강해질 수 있다'와 '병이 들 수 있
다'는 동일한 것이 아니다. 만일 그 둘이 동일하다면 '건강하다'와
'병이 있다'는 동일할 것이기 때문이다. 하지만 건강한 상태와 병든
상태의 기체는, 그것이 습기든 피든, 하나의 동일한 것이다). 하지
만 색깔과 가시적인 것이 동일하지 않듯, 그 둘은 동일한 것이
아니기 때문에, 가능적인 한에서 가능적인 것의 완전한 상태
가 운동이다.[87] 그렇다면 이런 완전한 상태가 운동이고 완전
한 상태가 있을 때 그에 부수적으로 운동이 있으며 이것은 (완
전한 상태에) 앞서는 것도 뒤에 오는 것도 아니라는 점이 분명하
다(왜냐하면 각 사물은 어떤 때는 현실적으로 활동하고 어떤 때는
그렇지 않을 수 있다. 예컨대 집이 될 수 있는 것이 그런데, 집이
될 수 있는 한에서 집이 될 수 있는 것의 현실태가 집짓기이다. 왜
냐하면 이것, 즉 집짓기[88]나 집이 현실태이기 때문이다.[89] 그러나
집이 있을 때, 집이 될 수 있는 것은 더 이상 존재하지 않으며, 반
면에 집이 될 수 있는 것은 건축된다. 그러므로 필연적으로 집짓기
는 현실태일 수밖에 없고, 집짓기는 일종의 운동이며, 이런 설명은
다른 운동들에도 해당한다).

30

35

1066a

5

---

86) 어떤 것에 대해서 "이것은 청동이다"라고 말할 때와 "이것은 조각상이 될 수
　　있는 것이다" 또는 "이것은 가능적인 조각상이다"라고 말할 때 그 의미는 서로
　　다르다.

87) 1065b33: "hē tou dynatou hēi dynaton entelecheia kinēsis estin". 이 구절
　　을 로스는 "it is the complete reality of the potential, and *as* potential,
　　that is movement"로 옮겼다.

88) 1066a3은 'he oikodomēsis'를 넣어서 읽었다.

89) 건축과정이나 집이 모두 '현실태' 혹은 '현실적인 것' (*energeia*) 이라고 불린다
　　면, 이는 유비적인 뜻에서 그렇다(IX 6, 1048a30 아래를 참고).

118

이제까지 한 말이 옳다는 것은 다른 사람들이 운동에 대해
하는 말들이나 그것을 달리 규정하기 어렵다는 사실에 의거해
볼 때 분명하다. 그 이유는 이렇다. 우선 그것을 다른 어떤 유
10　에 포함시키는 것은 가능한 일이 아니다. 이는 몇몇 사람들90)
의 말을 들어보면 분명하다. 어떤 사람들은 운동이 다름, 양적
인 비동일성, 있지 않은 것이라고 말하지만, 그 가운데 어떤
것도 운동을 할 필연성이 없고, 변화 역시 그런 것들로 종결되
거나 그런 것들로부터 출발하지 않고 그것과 대립하는 것들로
부터 출발하지도 않는다. 사람들이 운동을 그런 것들 안에 놓
15　는 이유는, 운동이 불확정적인 것처럼 보이고 다른 축에 속하
는 그 원리들은 결여를 포함하는 탓에 불확정적인 것처럼 보이
기 때문이다.91) 그 가운데 어떤 것도 '이것'이나 '이런저런 것'
이 아니고 다른 범주들에 속하는 것도 마찬가지이다. 한편, 운
동이 불확정적인 것처럼 보이는 이유는 그것을 어떤 것들의 가
능태로도, 현실태로도 놓을 수 없기 때문이다. 왜냐하면 가능
20　적으로 일정한 크기를 갖는 것이나 현실적으로 일정한 크기를
갖는 것이나 그 어느 것도 운동할 필연성이 없기 때문이다. 운
동은 일종의 현실태인 것 같지만 불완전하다. 그 이유는 현실
태의 가능성을 지닌 것은 불완전하기 때문이다. 이런 이유 때
문에 운동이 어떤 것인지를 파악하기 어렵다. 그것을 결여나
가능적인 것이나 무제한적인 뜻의 현실태로 분류할 수밖에 없
25　는데, 운동은 분명 그 가운데 어떤 것일 수도 없고, 따라서 남
는 것은 운동이 우리가 말한 것이라는 사실이다. 그에 따르면
운동은, 이미 말했듯이, 현실태이면서 현실태가 아닌 것92)인

---

90) 피타고라스학파와 플라톤을 가리킨다. 《소피스테스》 256D와 《티마이오스》
57E 아래를 참고.
91) I 5, 986a23 아래의 한계(peras)와 무한자(apeiron)의 두 축을 참고.

데, 이를 이해하기는 어렵지만, 실제로 있을 수는 있다.

그리고 운동이 운동할 수 있는 것 안에 있다는 것 또한 분명
하다. [93] 왜냐하면 운동은 운동을 낳을 수 있는 것에 의해 일
어나는, 운동할 수 있는 것의 완전한 상태이기 때문이다. 그리
고 운동을 낳을 수 있는 것의 현실적 활동은 그와 다른 것이
아니다. 왜냐하면 그 현실적 활동은 그 둘 모두의 완전한 상태
이어야 하기 때문이다. [94] 그 이유는 운동을 낳을 수 있는 것
은 그것이 가진 가능성에 의해 존재하고 운동을 낳는 것은 그   30
것이 수행하는 현실적 활동에 의해 존재하기 때문이다. 하지
만 현실적 활동을 낳을 수 있는 것은 운동할 수 있는 것에 속
하는 능력이며, 따라서 운동할 수 있는 것과 운동을 낳을 수
있는 것의 현실적 활동은 하나이다. 이는 마치 하나에서 둘 사
이의 간격과 둘에서 하나 사이의 간격이 똑같고 오르막길과 내
리막길이 똑같지만 그 본질이 하나가 아닌 것과 마찬가지다.
운동을 낳는 것과 운동을 하는 것 사이의 관계도 이와 같다.

10. 무한자에 대하여(《자연학》 III 4, 5, 7)

무한자는, 마치 목소리가 가시적(可視的)이 아니듯이, 본성   35
상 통과될 수 없기 때문에 통과하기 불가능한 것, [95] 통과가
불완전하거나 어려운 것, 본성상 통과할 수는 있지만 완전한
통과나 한계를 갖지 않는 것이다. [96] 또한 더하기, 빼기 또는   1066b

---

92) 1066a25: 'energeia kai mē energeia'.
93) 1066a26-34 ≅ 《자연학》 III 3, 202a13-21.
94) 이에 대해서는 《영혼론》 II 12, 424a25 아래와 III 2, 425b26 아래를 참고.
95) 무한자(apeiron)를 규정하는 'to adynaton dielthein'은 '끝까지 갈 수 없는 것'
    을 뜻한다. 로스도 이런 구체적인 뜻을 살리기 위해 'that which is incapable
    of being traversed'라고 옮겼다.

그 양쪽으로 무한한 것이 있다. 무한자는 〈감각물들〉과 분리
가능한 어떤 것으로서 있을 수 없는데, 그 이유는 다음과 같
다. 만일 그것이 연장물도 아니고 다수도 아니며, 무한자 자체
가 그것의 실체이지 부수적인 것이 아니라면, 그것은 분할불
가능할 것이다(왜냐하면 분할가능한 것은 연장물이거나 다수이기
5   때문이다). 그러나 만일 분할불가능하다면, 그것은 무한하지
않을 것인데, 목소리가 가시적이 아니라고 말할 때와 같은 뜻
에서만 우리는 분할불가능한 것이 무한하다고 말할 수 있을 뿐
이다. 하지만 우리는 무한자에 대해 그런 방식으로 말하지 않
으며, 우리가 찾고 있는 것은 그런 뜻의 무한자도 아니다. 우
리가 찾는 것은 통과가 불가능한 것이라는 뜻의 무한자다. 또
한 만일 무한자가 수도 아니고 연장물도 아니며 그것들의 속성
이라면, 그런 무한자가 어떻게 그 자체로서 있을 수 있을
까?97) 또한 만일 그것이 부수적인 것이라면, 무한자는 — 그것
10   이 무한한 것인 한 — 있는 것들의 요소가 될 수 없을 것인데,
이는 목소리가 가시적이 아니지만 그렇다고 해서 가시적이 아
닌 것이 말(語)의 요소가 되지는 않는 것과 마찬가지다. 98) 무
한자가 현실적으로 있을 수 없다는 것도 분명한데, 그 이유는
다음과 같다. 99) 그것에 속하는 어떤 부분을 취하든 그 부분은
무한할 것이다(왜냐하면 무한자가 실체이고 다른 기체에 대해 술
어가 되는 것이 아니라면, 무한자임과 무한자는 동일할 것이기 때
문이다). 100) 따라서 그것은 분할불가능하거나, 그렇지 않고

96) 1066a35-b7 ≅ 《자연학》 III 4, 204a3-b14.
97) 1066b7-8 ≅ 《자연학》 III 5, 204a17-9. 수나 공간적 크기가 개별자들과 독
    립적으로 존재할 수 없다는 데 대해서는 I 9, 991b9 아래를 참고.
98) 1066b8-11 ≅ 《자연학》 III 5, 204a14-7.
99) 1066b11-21 ≅ 《자연학》 III 5, 204a20-32.
100) VII 6, 1031a28 아래에 따르면 그 자체로 있는 것(ta kath' hauta legomena),

부분을 갖는다면 무한자들로 분할가능할 것이다. 101) 하지만
동일한 것이 다수의 무한자이기는 불가능하다(공기의 부분이 공   15
기이듯이, 무한자의 부분도 무한자일 텐데, 만일 무한자가 실체이
자 원리라면 그렇다는 말이다). 그러므로 무한자는 부분을 갖지
않고 분할불가능하다. 하지만 완전한 상태에 있는 것은 무한
할 수 없다. 그런 것은 필연적으로 일정한 양을 가진 것이어야
하기 때문이다. 그러므로 무한자는 다른 것에 부수적으로 속
한다. 하지만 이것이 사실이라면, 앞서 말했듯이102) 무한자는
원리일 수 없고 오히려 그것이 부수적으로 속하는 것, 즉 공기   20
나 짝수가 원리일 것이다. 103)

이런 탐구는 보편적이다. 104) 하지만 무한자가 감각대상들
가운데 있을 수 없다는 것은 다음의 사실로부터 분명하다. '평
면에 의해 제한된 것'이 물체에 대한 정식이라면, 감각대상이
든 사유대상이든 어떤 물체도 무한할 수 없을 것이다. 또한 수
도 분리된 상태에서 무한한 것으로서 있을 수 없을 텐데, 수나   25
수를 가진 것은 셈이 가능하기 때문이다. 105) 자연학의 관점에
서 보면 무한자에 대한 우리의 주장은 다음과 같은 사실들로부

예컨대 실체는 자신의 본질과 동일하다. 따라서 무한자가 실체라면, 무한자임
혹은 무한자의 본질(*to apeiroi einai*)과 이것을 본질로 갖는 무한자는 동일해
야 한다.

101) 무한자가 분할가능하다(*diaireton*)면, 이런 분할을 통해 출현한 부분들도 무
한할 것이라는 말이다.

102) 위의 b9를 보라.

103) 무한한 공기를 만물의 archē로 내세웠던 아낙시메네스(D-K, 13 B 3)를 염
두에 둔 말이다. 피타고라스학파는 짝수(*artion*)가 무한하다고 생각했다. 이
에 대해서는 I 5, 986a18-9를 참고.

104) 1066b21-6 ≅ 《자연학》 III 5, 204a34-b8.

105) 수나 수를 가진 것을 헤아릴 수 있다는 뜻에서 셈이 가능하다(*arithmēton*)
면, 무한자는 수로써 헤아릴 수 없다.

터 분명하다. 106) 무한자는 합성체일 수도 없고 단순체일 수도 없다. (a) 합성된 물체일 수 없는 이유는 요소들의 다수에 제한이 있기 때문이다. 그 이유는 이렇다. 반대자들은 양적으로 동일해야 하고 그 가운데 어느 하나가 무한해서는 안 된다. 왜

30 냐하면 (서로 반대되는) 물체들 가운데 어느 하나가 다른 하나에 비해 능력이 뒤떨어지면, 유한한 것은 무한자의 작용에 의해 소멸할 것이기 때문이다. 하지만 그것들 하나하나가 무한하기는 불가능하다. 왜냐하면 물체는 모든 측면에서 연장을 가진 것이고 무한자는 무한히 연장된 것이어서, 만일 무한자가 물체라면 그 물체는 모든 측면에서 무한할 것이기 때문이다. (b)

35 무한한 물체는 하나이자 단순한 것일 수 없으며, 또한 몇몇 사람들이 주장하듯이 요소들과 떨어져서 그 요소들의 출처가 될 수도 없다107) (왜냐하면 요소들과 떨어져 있는 그런 물체는 존재하지 않기 때문이다. 108) 왜냐하면 모든 것은 그것이 유래한 것으로 해체되어 되돌아가지만, 그것109)은 단순한 물체들과 떨어져서 현상적으로 나타나지는 않는다). 무한한 물체는 불도 아니고 요소들

1067a 가운데 어느 하나도 아니다. 왜냐하면 그것들 가운데 어느 하나가 무한하다는 주장의 정당성 유무와 독립적으로 모든 것이 ─ 비록 그것이 유한한 것이라고 하더라도 ─ 그 요소들 가운데 어느 하나이거나 그 하나가 되기는 불가능한 일이기 때문이다. 110) 헤라클레이토스는 모든 것은 언젠가 불이 된다고 말하

---

106) 1066b26-36 ≅ 《자연학》 III 5, 204b10-24.

107) 아낙시만드로스의 무한자(apeiron)가 그렇다. D-K, 12 B 1, A 9, A 16을 참고. 1066b36의 'outh' haplos'는 빼고 읽었다.

108) 1066b36-1067a7 ≅ 《자연학》 III 5, 204b32-205a7.

109) 모든 것의 출처(ex hou)이자 귀환처(eis touto)가 되는 것을 말한다.

110) 이런 맥락에서 아리스토텔레스는 Anaximandors를 염두에 두고 이렇게 말한다(《자연학》 III 5, 204b 24 아래 = D-K, 12 A 16): "어떤 사람들은 공기

는데,111) 이는 옳지 않다. 자연학자들이 요소들과 떨어져서   5
있다고 주장하는 하나에도 동일한 논변이 적용된다. 왜냐하면
모든 것은 반대자로부터 변화하는데, 예컨대 뜨거운 것으로부
터 차가운 것으로 변화가 일어나기 때문이다.

또한 감각적인 물체는 어딘가에 놓여 있고 동일한 장소가 그
물체 전체와 부분에 속하는데, 예컨대 땅의 경우에 그렇다.112)
따라서 만일 (a) 무한한 물체가 동종적이라면, 그것은 부동적
이거나 항상 장소를 바꿀 텐데, 이는 불가능하다. 무엇 때문에   10
그것은 다른 곳이 아니고 아래나 위에 머물러 있거나 혹은 그
쪽으로 움직이는 것일까? 예컨대 무한한 물체를 흙덩이라고 해
보자. 그것은 어디서 운동하거나 머물러 있을까? (이런 의문이 생
기는 것은) 그 흙덩이와 동류의 물체에 속하는 장소는 무한하기
때문이다. 그렇다면 그것은 장소 전체를 점유하는 것일까? 어
떻게 그럴 수 있을까? (무한자에게 있어서) 정지와 운동이란 무엇
일까? 혹시 그것은 모든 곳에 두루 걸쳐 머물러 있는 것일까?
그렇다면 그것은 운동하지 않을 것이다. 아니면 그것은 모든
곳에서 운동할까? 그렇다면 그것은 정지하지 않을 것이다. 반   15
면 만일 (b) 무한자가 전부(全部) 이질적이라면, 장소들도 이

나 물이 아닌 무한한 것을 이것(= 요소들과는 다른 것이면서 그 요소들의 시
작이 되는 것)으로 삼는데, 그 이유는 그것들 중 어느 하나가 무한자 노릇을
해서 그것에 의해 나머지 것들이 소멸하는 경우를 생각할 수 없도록 하기 위
함이다. 왜냐하면 그것들은, 이를테면 공기는 차갑고, 물은 축축하며, 불은
뜨겁듯이, 서로 대립된 상태에 있어서 그것들 가운데 어느 하나가 무한한 것
이 되면 나머지 것들은 그때 벌써 소멸했을 것이기 때문이다. 그것들의 시작
이 되는 다른 어떤 것이 있다고 말한다."

111) D-K, 22 B 30, 64, 66, 90을 참고.
112) 1067a7-20 ≅《자연학》III 5, 205a10-25. 즉, 땅이나 땅의 일부인 흙덩이
(bōlos)에는 같은 곳, 즉 우주의 중심부가 본성적인 장소(topos)다.

124

질적일 것이다. 그리고 첫째로 그 몸체 전부113)는 접촉에 의하지 않고서는 하나가 되지 못할 것이고, 그 다음 그 이질적인 부분들은 종(種)의 측면에서 유한하거나 무한할 것이다. 그런데 그것들은 유한할 수 없다. 왜냐하면 그럴 경우114)—전부가 무한하다면—어떤 부분들은 무한하고 다른 부분들은 그렇지 않을 텐데, 예컨대 불이나 물이 그럴 것이다.115) 하지만 그와 같이 무한한 것은 그 반대자들에게 소멸을 안겨줄 것이다.116) 반면 만일 그 이질적인 부분들이 무한하고 단순하다면, 장소들도 무한하고 요소들도 무한할 것이다.117) 그런데 이것이 불가능하고 장소가 유한하다면,118) (있는 것) 모두는 필연적으로 유한할 수밖에 없다.

일반적으로 모든 감각적인 물체가 무거움이나 가벼움을 갖는다면, 물체와 물체들에 속하는 장소는 무한할 수 없다.119) 왜냐하면 그런 물체는 중심이나 위쪽으로 움직이겠지만, 무한자는—그것이 전체이든 절반이든—그 어떤 쪽으로도 움직임을 겪을 수 없을 것이기 때문이다. 당신은 어떻게 그것을 나눌 것인가? 어떻게 무한한 것에 아래와 위가 있으며 극단과 중간이 있을까? 또한 모든 감각적 물체는 장소 안에 있고, 장소에는 여섯 형태가 있는데,120) 이것들은 무한한 물체 안에 속할

---

113) 1067a16: 'to soma tou pantou'.
114) 즉, 무한자의 이질적인(anhomoia) 부분들이 종적으로 유한할 경우를 말한다.
115) 즉, 불이나 물이 각각 유한하거나 무한할 것이라는 말이다.
116) 위의 a4에 대한 각주를 참고.
117) 1067a20-3 ≅ 《자연학》 III 5, 205a29-32.
118) 우주에는 위(anō)와 아래(katō), 앞(emprosthen)과 뒤(opisthen), 오른쪽(dexion)과 왼쪽(aristeron) 밖에 없다(《자연학》 III 5, 205b31 아래를 참고).
119) 1067a23-33 ≅ 《자연학》 III 5, 205b24-206a7. 천구들은 감각물들이 아니기 때문에 가벼움도 무거움도 갖지 않는다.

수 없다. 일반적으로 무한한 장소가 있을 수 없다면, 무한한   30
물체 역시 있을 수 없다. 왜냐하면 장소 안에 있는 것은 어딘
가에 놓여 있는데, 이 장소는 위나 아래나 그 밖의 어떤 곳을
가리키고, 이것들은 각각 일종의 한계이기 때문이다.

　무한한 것은 어떤 단일한 자연물처럼 크기나 운동이나 시간
에서 동일한 것이 아니고, 그 셋 가운데 뒤에 오는 것이 앞서   35
는 것과의 관계에 따라서 무한하다고 일컬어진다.[121] 이를테
면 크기를 갖는 것에서 운동과 변이와 증가가 일어나는 까닭에
운동은 크기와의 관계에서 무한하다고 일컬어지고, 시간은 운
동이 있기 때문에 무한하다고 일컬어진다.

11. 변화와 운동에 대하여(《자연학》 V 1)

　변화하는 것이 변화한다고 할 때 그 뜻은 다음과 같다.[122]   1067b
한편으로는 음악적인 사람이 걷는다고 말할 때처럼 부수적인
뜻에서 어떤 것이 변화한다고 말할 때도 있고, 다른 한편으로
는 변화하는 것의 한 부분이 변화한다는 사실에 의거해서 무제
한적인 뜻에서 어떤 것이 변화한다고 말할 때도 있는데, 부분
들에서 변화를 겪는 것들은 뒤의 경우에 해당한다. 즉, 눈이

---

120) 위와 아래, 앞과 뒤, 오른쪽과 왼쪽이 그에 해당한다.
121) 1067a33-7 ≅ 《자연학》 III 7, 207b21-5. 즉, 크기나 운동이나 시간에서의
　　무한성은 서로 다르다는 말이다. 이 가운데 뒤에 오는 무한성은 '앞서는 것
　　과의 관계에 따라서(kata)', 즉 그것에 의존해서 무한하다고 일컬어진다. 시
　　간의 무한성은 운동의 무한성에, 운동의 무한성은 크기를 갖는 것에 속하는
　　운동과 변화의 무한성에 의존한다.
122) 1067b1-9 ≅ 《자연학》 V 1, 224a21-b1. 11장과 12장은 《자연학》 V 1-3의
　　발췌이다. 변화(metabolē) 혹은 변화하는 것(to metaballon)의 본성과 자연
　　적 관계들에 대한 정의가 논의주제다.

5 건강해지기 때문에, 몸이 건강해진다고 말한다. 그러나 처음
에 그 자체로서 운동하는 어떤 것이 있는데, 이것은 그 자체로
서 운동할 수 있는 것이다. 운동을 낳는 것의 경우도 사정이
같은데, 그 가운데 어떤 것은 부수적인 뜻에서, 어떤 것은 부
분적인 측면에서, 어떤 것은 그 자체로서 운동을 낳기 때문이
다. 첫째 원동자가 있고, 123) 운동하는 것이 있는데, 그것은
특정한 시간에 어떤 것으로부터 어떤 것으로 운동한다. 운동
10 하는 것들이 운동을 할 때 그 종결점이 되는 형상들과 양태들
과 장소는 운동하지 않는데, 예컨대 학문적 인식과 열기가 그
렇다. 124) 하지만 열기는 운동이 아니고 가열이 운동이다. 125)
부수적이 아닌 변화는 모든 것에서 성립하는 것이 아니라 반대
자들과 중간자 사이에서 성립하기도 하고 모순관계에서 성립
하기도 한다. 이런 확신은 귀납을 통해 얻을 수 있다.

15 변화하는 것은 기체로부터 기체로 변화하거나, 기체가 아닌
것으로부터 기체가 아닌 것으로 변화하거나 기체로부터 기체
가 아닌 것으로 변화하거나 기체가 아닌 것으로부터 기체로 변
화한다126) (내가 말하는 기체란 긍정진술 속에서 드러나는 것을 뜻
한다127)). 그러므로 필연적으로 세 종류의 변화가 있을 수밖에

---

123) '그 자체로서 운동할 수 있는 것'(to kath' hauto kineton) 과 '첫째 원동자'(to
kinoun prōton), 즉 최초로 운동을 낳는 것의 구별에 대해서는 XII 4, 1070b22
아래를 참고.

124) 1067b9-12 ≅ 《자연학》 V 1, 224b11-6. 학문적 인식(epistēmē)은 배움의
종결점이고, 뜨거움은 가열(thermansis)의 종결점이다.

125) 1067b12-4 ≅ 《자연학》 V 1, 224b28-30.

126) 1067b14-1068b15 ≅ 《자연학》 V 1, 225a3-226a16.

127) 여기서 '기체'(hypokeimenon)는 '질료'보다 넓은 뜻에서 쓰였다. 아리스토텔
레스 자신이 정의하고 있듯이, 이 문맥에서 기체는 긍정진술(kataphasis) 속
에서 드러나는 것, 즉 '~인 것'을 가리킨다. "변화하는 것은 기체로부터 기
체로 변화하거나, 기체가 아닌 것으로부터 기체가 아닌 것으로 변화하거나

없는데, 왜냐하면 기체가 아닌 것으로부터 기체가 아닌 것으로   20
의 변화는 존재하지 않기 때문이다. 그 경우에는 반대이든 모
순이든 대립이 존재하지 않기 때문이다. 그런데 기체가 아닌
것으로부터 그것과 모순적인 기체로의 변화는 생성이고, 이 가
운데 무제한적인 뜻의 변화는 무제한적인 뜻의 생성이며, 그에
반해 특정한 측면에서의 변화는 특정한 측면에서의 생성이
다. 128) 반면 기체로부터 기체가 아닌 것으로의 변화는 소멸인
데, 이 가운데 무제한적인 뜻의 변화는 무제한적인 뜻의 소멸
이고, 특정한 측면에서의 변화는 특정한 측면에서의 소멸이   25
다. 있지 않은 것(~이 아닌 것)은 여러 가지 뜻으로 쓰이고,
합성이나 분할에 의해 있지 않은 것129)도 운동할 수 없고 무제
한적인 뜻에서 있는 것과 대립하는 가능적인 것도 운동할 수
없다면 (물론 하얗지 않은 것이나 좋지 않은 것은 부수적인 뜻에서
운동할 수 있는데, 왜냐하면 하얗지 않은 것이 사람일 수 있겠기 때
문이다. 하지만 어떤 뜻에서도 '이것'이 아닌 것은 운동할 수 없다),   30
있지 않은 것은 운동할 수 없다(이것이 사실이라면, 생성 역시

기체로부터 기체가 아닌 것으로 변화하거나 기체가 아닌 것으로부터 기체로
변화한다"는 말은 "변화하는 것은 ~인 것에서 ~인 것으로 변화하거나, ~
이 아닌 것으로부터 ~이 아닌 것으로 변화하거나 ~인 것으로부터 ~이 아
닌 것으로 변화하거나 ~이 아닌 것으로부터 ~인 것으로 변화한다"는 뜻이
다. 그래서 로스는 이 구절을 다음과 같이 옮겼다. "That which changes
changes either from positive into positive, or from negative into
negative, or from positive into negative, or from negative into positive".
128) 예컨대 식물이 아닌 것, 즉 씨에서 식물인 것이 되는 과정은 '무제한적인 뜻
의 생성'(haplē genesis)이고, 식물이 녹색이 아닌 상태에서 녹색의 상태로
바뀌는 과정은 '특정한 측면에서의 생성'(genesis tis)이다.
129) '합성이나 분할에 의해 있지 않은 것'(to mē on kata synthesis ē dihairesin)은
거짓이라는 뜻에서 있지 않은 것을 가리킨다. 다음의 구절을 참고하라: V
7, 1017a31; VI 2, 1026a35; IX 10, 1051b1.

128

운동일 수 없으니, 130) 있지 않은 것은 생성하기 때문이다. 있지 않은 것의 생성이 아무리 부수적인 뜻에서 이루어지는 일이라고 하더라도, '있지 않은 것'이 무제한적인 뜻에서 생성하는 것에 술어가 된다는 말은 참이기 때문이다). 이와 마찬가지로 있지 않은 것은

35　정지할 수도 없다. 이런 것들이 어려운 점들로 따라 나오며, 더욱이 운동하는 것은 모두 장소 안에 있는 반면, 있지 않은 것은 장소 안에 있지 않은데, 만일 그것이 장소 안에 있다면 어딘가에 있을 것이기 때문이다. 소멸도 운동이 아니다. 왜냐

1068a　하면 운동이나 정지는 운동에 반대되지만 소멸은 생성에 반대되기 때문이다. 하지만 모든 운동은 일종의 변화이고 변화에는 이미 말한 바와 같이131) 세 종류가 있으며 이 가운데 생성과 소멸이라는 뜻의 변화는 운동이 아니라 모순적인 것들 사이에

5　서 일어나기 때문에, 필연적으로 기체로부터 기체로의 변화만이 운동이다. 기체들은 ― 결여도 반대되는 것이라고 치자 ― 서로 반대관계에 있거나 (양쪽 극의) 중간에 있으며 '벌거벗은', '이가 없는', '검정'과 같은 긍정적 표현을 통해 밝혀진다. 132)

---

130) 아래의 XI 12, 1068a10을 참고.

131) 위의 b19에서 말한 세 가지 변화, 즉 i) 기체로부터 기체로의 변화(~인 것에서 ~인 것으로의 변화), ii) 기체로부터 기체가 아닌 것으로의 변화(~인 것에서 ~이 아닌 것으로의 변화), iii) 기체가 아닌 것으로부터 기체로의 변화(~이 아닌 것으로부터 ~인 것으로의 변화)를 말한다.

132) 그리스어의 'gymnon'(벌거벗은), 'nōdon'(이가 없는), 'melan'(검정)은 결여상태를 가리키는 낱말들이지만, 'atomon'(불가분적인), 'adynamia'(무능력)과 같은 부정어 'a'를 포함하지 않는 긍정적 표현(*kataphasis*)이다.

12. 세 가지 운동에 대하여(《자연학》 V 2)

'장소에 함께 있다'(*hama kata topon*), '분리되어 있다'(*chōris*),
'접촉하다'(*haptesthai*), '중간자'(*metaxy*), '계속적'(*hexēs*), '연접적'
(*echomenon*), '연속적'(*syneches*)에 대한 정의들(《자연학》, V 3).

범주들이 실체, 성질, 장소, 능동과 수동, 관계, 양으로 나   10
뉜다면, 133) 운동에는 세 가지가 있을 수밖에 없으니, 운동은
성질과 양과 장소에서 일어난다. 실체적인 측면에서의 운동은
존재하지 않는데, 실체에 반대되는 것은 없기 때문이다. 134)
관계의 측면에서의 운동도 없다(관계를 맺고 있는 두 항 가운데
하나는 변화한 반면 다른 하나는 전혀 변화하지 않았다면, 뒤의 것
의 변화에 대한 진술은 참이 아닐 수 있다. 따라서 관계를 맺고 있
는 그 둘에 운동이 속하는 것은 부수적인 뜻에서이다135)). 능동적
인 주체와 수동적인 주체 또는 운동을 낳는 것과 운동하는 것   15
의 경우에도 운동이 존재하지 않는데, 운동의 운동도 없고 생
성의 생성도 없으며, 일반적으로 변화의 변화는 존재하지 않
기 때문이다. 136) 그 이유는 다음과 같다. 우리는 운동의 운동

---

133) 《범주론》 4, 1b26-7이나 《토피카》 I 9, 103b21-3과 비교해 보면 이 범주의
　　 목록에는 '언제'(*pote*), '놓인 상태'(*keisthai*), '소유'(*echein*)가 빠져 있다. V
　　 7, 1017a24 아래를 함께 참고.

134) 《범주론》 5, 3b24 아래를 참고. 실체에서의 변화는 반대자들 사이에서 이루
　　 어지는 운동이 아니라, 서로 모순되는 것들 사이에서 일어나는 생성과 소멸
　　 이다(1067b21 아래와 1068a24 아래를 참고).

135) A와 B가 서로 관계를 맺고 있는 경우 A는 아무 변화가 없고 오직 B만이 변
　　 화한다면, 이 관계 속에서 A의 운동은 B의 변화에 부수적이다. 예컨대 양적
　　 인 측면에서 A와 B의 크기가 똑같다가 B가 커진다면, 그런 B의 변화에 따
　　 라 A는 상대적으로 작아진다.

136) 1068a14-6: "ouk esti kinēseōs kinēsis oude geneseōs genesis, oud' holōs
　　 metabolēs metabolē."

을 두 가지 뜻으로 생각해 볼 수 있다. (1) 운동이 (운동의) 기체라는 뜻에서137) 그럴 수 있다. 예컨대 사람이 운동한다면, 이는 사람이 하얀 것에서 검은 것으로 변화하기 때문이다. 따라서 이런 방식으로 운동도 뜨거워지거나 차가워지거나 장소를 바꾸거나 증가할 수 있다. 하지만 이는 불가능한 일이다. 왜냐하면 변화는 기체들 가운데 어느 하나가 아니기 때문이다. 또 (2) 기체 구실을 하는 다른 어떤 것이 변화로부터 다른 어떤 형상으로 변화한다는 뜻에서 운동의 운동을 말할 수도 있을 것인데, 예컨대 사람이 병든 상태에서 건강한 상태로 변화하는 경우가 그렇다. 하지만 그것 역시 부수적인 뜻에서가 아니라면 가능치 않은 일이다. 왜냐하면 모든 운동은 어떤 것으로부터 다른 것으로의 변화이기 때문이다. 이는 생성과 소멸의 경우도 마찬가지이다. 이것들이 반대되는 것들로의 변화로서 취하는 방식과 다른 것, 즉 운동이 그런 변화로서 취하는 방식은 다르다.138) 그렇다면 어떤 것은 건강한 상태로부터 병든 상태로 변화하며 (그와 동시에) 바로 이 변화로부터 다른 것이 생겨난다. 만일 어떤 것이 이미 병이 들었다면, 그것은 이미 다른 어떤 상태로 변화를 겪은 셈이다. 왜냐하면 정지가 있을 수 있기 때문이다. 그리고 이런 변화는 언제나 되는대로 아무 상태로나 진행되는 것이 아니고, 그 변화는 어떤 것으로부터 다른 어떤 것으로의 이행일 것이다. 따라서 대립적인 상태, 즉 건강회복이 이루어지겠지만, 이는 부수적인 뜻에서 일어나는

---

137) 예컨대 불이 운동하듯이, 운동이 운동한다는 뜻에서 그렇다는 말이다.

138) 이 구절에 대한 여러 가지 독해방식에 대해서는 Ross, *Metaphysics* II, 341 을 참고. 생성(*genesis*)과 소멸(*phthora*), 예컨대 사람이 아닌 것에서 사람이 되는 것이나 그 반대의 과정은 모순적인 것들 사이에서 일어나는 변화인데 반해, 작은 것이 크게 되거나 하얀 것이 검게 되는 것과 같은 운동은 반대자들 사이에서 일어나는 변화다.

일이다. 예컨대 상기로부터 망각으로 변화가 일어나는 것은
상기의 과정이 속하는 주체가 변화하기 때문인데, 어떤 때는
인식의 상태로, 또 어떤 때는 무지의 상태로 변화한다.

또한 변화의 변화가 있고 생성의 생성이 있다면, 무한한 진   35
행이 일어난다. 분명 뒤의 것이 일어난다면, 필연적으로 앞의
것도 일어나야 한다.[139] 예컨대 언젠가 무제한적인 뜻의 생성   1068b
이 생겨났다면, 생성하는 것[140] 역시 생겨났다. 따라서 무제
한적인 뜻에서 생겨나는 것은 아직 존재하지 않았지만, (그 무
제한적인 것을 생겨나게 하는) 생성을 통해 생겨나는 어떤 것은 이미
있어야 한다. 그리고 이것은 언젠가 생겨났고, 따라서 그때는
아직 생겨나는 것이 없었다.[141] 그런데 무한한 계열에서는 첫   5
째가는 것이 없기 때문에, 첫째가는 것은 없을 것이고 따라서
그 뒤에 오는 것도 없을 것이다. 그렇다면 어떤 것도 생성하거
나 운동하거나 변화할 수 없을 것이다. 또한 운동과 그것의 반
대자인 정지, 생성과 소멸은 동일한 것에서 발생하며,[142] 따
라서 생겨나는 것은, 그것이 생겨나는 것으로 생겨나는 과정
에 있을 때, 소멸의 과정을 겪고 있다. 왜냐하면 생겨나는 것
은 즉시 소멸하지도 않고 나중에 소멸하지도 않는데, 소멸하   10
는 것이 있어야 하기 때문이다.[143] 또한 생성과 변화과정의

---

139) 생성(1)의 생성(2)이 일어나려면, 먼저 생성(1)이 생성해야 한다.
140) '생성하는 것'(to gignomenon)은 생성의 기체 또는 생성의 담지자를 가리킨다.
141) 생성은 생겨나는 것을 전제로 한다. 그런데 생성 자체가 생겨난다면, 그에
　　 앞서 먼저 그 생성 자체를 겪는 것이 있었을 것이다.
142) 한 형태의 운동을 겪을 수 있는 것은 그와 반대되는 운동, 즉 정지도 겪을
　　 수 있고, 생겨나는 것은 소멸할 수도 있다는 말이다.
143) 로스의 해석(Metaphysics II, 343)을 참고로 해서 풀이하면 다음과 같다. 생
　　 겨나는 것이 생겨나게 된다면, 그것은 또한 소멸하기도 한다. 그러나 언제
　　 그럴까? 생성하는 것이 생겨나는 과정 중에 있을 때는 아니다. 그때는 생겨

기체 구실을 하는 질료가 있어야 한다. 그렇다면 어떤 것이 그럴까? 신체나 영혼이 변이의 주체이듯이, 운동이나 생성이 되는 것[144]은 무엇인가? 또한 그것들이 운동을 통해 도달하는 마지막 상태는 무엇인가? 왜냐하면 운동이나 생성은 어떤 것이 주체가 돼서 어떤 것으로부터 어떤 것으로 되는 과정이어야 하기 때문이다. 그렇다면 어떻게 이런 일이 있을 수 있을까? 배움의 배움은 없을 것이며,[145] 따라서 생성의 생성도 없을 것이다.

실체, 관계, 능동과 수동에 속하는 운동은 존재하지 않기 때문에, 성질과 양과 장소의 운동이 남는다[146] (그것들은 각각 반대상태를 갖기 때문이다). 성질이라고 할 때 내가 가리키는 것은 실체 안에 있는 성질이 아니라 (이렇게 말하는 이유는 차이도 성질이기 때문이다) 수동적인 성질인데,[147] 이와 관련해서 우리는 어떤 사물이 '작용을 받는다'거나 '작용을 수용하지 않는다'고 말한다. 부동적인 것이란 어떤 측면에서도 (다른 것의 작

나는 것이 아직 있지 않고 따라서 소멸할 수 없기 때문이다. 즉, 생겨난 것이 없다면 소멸할 것도 없다. 하지만 생겨난 다음에도 소멸할 수 없다. 그때는 (이미 생겨난 것은 있겠지만) 생겨나는 것은 더 이상 있지 않고 따라서 소멸하는 것도 없기 때문이다. 따라서 생겨나는 것이 생겨나면서 동시에 소멸하고 있다는 결론이 나오는데, 이는 불합리하다.

144) 1068b12: 'gignomenon kinēsis ē genesis'. 예컨대 '신체가 커진다'와 같은 형태로 'x는 운동이 된다'고 말할 수 있다면, 이때 x에 해당하는 것은 무엇일까?

145) 1068b15의 genesis는 빼고 읽었다.

146) 1068b15-20 ≅ 《자연학》 V 2, 226a23-9. 여기서 말하는 '성질과 양과 장소의 운동'(kinēsis kata to poion kai to poson kai to pou) 은 1068a10에서 말한 세 가지 종류의 운동이다.

147) '실체 안에 있는 성질'(to poion to en tē ousia)과 '수동적인 성질'(to pathētikon), 즉 수동적인 작용(paschein)을 통해 생겨나고 사라지는 성질의 차이에 대해서는 V권 14장을 참고. 실체 안에 있는 성질의 변화는 운동이 아니라 생성과 소멸이다.

용에 의해) 운동할 수 없는 것, 오랜 시간 동안 운동하기 어려운 것이나 느리게 운동을 시작하는 것, 본성적으로 운동하고 운동능력을 가지고 있지만 본성에 따라 운동할 시각에, 운동할 장소에서 적절한 방식으로 운동하지 않는 것을 가리킨다. 148) 운동하지 않는 것들 가운데 오로지 이 마지막 것만을 일컬어   25
나는 '정지해 있다'고 말하는데, 정지는 운동에 반대되는 것이고, 따라서 결여로서 (운동의) 수용자에 속할 것이기 때문이다.

  한곳에 있는 것들을 일컬어 '장소에 함께 있다'고 하고, 다른 곳에 있는 것들을 일컬어 '분리되어 있다'고 하며, 끝이 함께 맞닿아 있는 것들을 일컬어 '접촉한다'고 말하고, 변화하는 것이 자신의 본성에 따라 연속적으로 변화하는 경우 그 변화의 마지막 상태에 이르기에 앞서서 본성적으로 먼저 접촉하는 것을 일컬어 '중간자'라고 한다. 149) 어떤 것이 시작 뒤에 오고   30
(이것은 위치나 형상의 측면에서 그렇거나 다른 어떤 방식으로 그렇다) 동류를 이루는 것들 가운데 그것과 그 뒤에 오는 것 사이에 중간자가 아무것도 없다면, 그런 것을 일컬어 '계속적'이라고 하는데, 예컨대 선은 선에 계속되고, 모나스는 모나스에 계속되며, 집은 집에 계속된다(중간에 다른 (부류에 속하는) 어떤 것이 있어도 문제될 것이 없다). 150) 왜냐하면 계속 이어지는 것   35
은 어떤 것에 계속되고 뒤에 오는 것인데, 하나는 둘에 계속되   1069a
지 않고 초하루는 초이틀에 계속되지 않기 때문이다. 계속되면서 접촉하는 것을 일컬어 '연접적'이라고 한다(모든 변화는 대립자들 사이에서 일어나고 대립자들은 반대관계나 모순관계에 있으며 모순관계에는 중간자가 없기 때문에, 중간자는 반대자들 가운데

---

148) 1068b20-25 ≅ 《자연학》 V 2, 226b10-6.
149) 1068b26-30 ≅ 《자연학》 V 3, 226b21-5.
150) 1068b30-1069a14 ≅ 《자연학》 V 3, 226b32-227a31.

134

5   있는 것이 분명하다). 연속적인 것은 연접적인 것의 일종이다.
'연속적'이라는 말은, 서로 접촉하면서 함께 연속적인 두 대상
이 동일한 하나의 한계를 공유하고 있을 때 사용되며, 따라서
연속성은 함께 접촉해서 본성적으로 하나의 통일체를 이루는
것들 사이에 존재하는 것이 분명하다. 또한 계속적인 것이 이
런 것들 가운데 첫째가는 것임이 분명하다(왜냐하면 계속되는
10   것은 접촉하지 않지만 접촉하는 것은 계속되기 때문이다. 그리고
어떤 것이 연속적이라면 접촉하지만, 접촉한다고 해서 꼭 연속적인
것은 아니다. 접촉이 없는 것들은 어떤 유기적 통일성도 없다). 151)
그러므로 점은 모나스와 똑같은 것이 아니다. 왜냐하면 점들은
접촉하지만 모나스들은 접촉이 없이 계속되고, 두 점 사이에는
중간이 있지만, 두 모나스 사이에는 중간이 없기 때문이다.

---

151) 1068b26-1069a14의 내용은 대체로 다음과 같이 요약될 수 있을 것이다. 이
단락에서 아리스토텔레스는 '계속'(to hexēs, succession), '연접'(to echomenon,
contiguity), '연속'(to syneches, continuity)을 구별하려고 한다. A와 B가 '계
속적'(hexēs, successive)인 관계에 있다는 것은 A와 B가 접촉유무와 무관하게
이어짐을 뜻한다. 한편, 이런 계속적인 관계에 있는 A와 B가 서로 접촉해 있
다면, A와 B는 '연접적'(echomenon, contiguous)으로 이어져 있다. 나아가
이런 연접적인 것들이 함께 하나의 본성적인 통일체를 이루는 경우 그런 통일
체를 이루는 연접적인 것들을 일컬어 '연속적'(syneches)이라고 한다. 이런 뜻
에서 연속적인 것들은 하나의 유기적 통일체(symphysis)를 이룬다. 더 자세
한 논의는 Ross, Metaphysics II, 344~5를 참고.

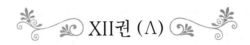

XII권 (Λ)

1. 실체가 우리의 탐구주제다. 세 종류의 실체: 가멸적인 감각적 실체, 영원한 감각적 실체, 부동적이고 감각적이 아닌 실체

우리의 이론은 실체에 대한 것이다. 왜냐하면 지금 탐구되는 것은 실체들의 원리들과 원인들이기 때문이다.[1] 왜냐하면 만일 온 세계가 일종의 전체를 이루고 있다면, 실체는 그 첫째 부분이고, 만일 계열을 이루고 있다면, 이런 경우도 역시 실체가 첫째가는 것이고 그 뒤에 성질이 오고 그 다음에 양이 오기 때문이다.[2] 동시에 이것들은 무제한적인 뜻에서 있는 것들이 아니라 성질들이나 운동들로서 있고[3] 또는 하얗지 않은 것과 곧지 않은 것도 사정이 마찬가지인데, 왜냐하면 예컨대 어떤 것에 대해서 '그것은 하얗지 않다'고 말할 때처럼 우리는 그것

20

---

1) IV 2, 1003b18-9를 참고.

2) 실체의 우선성에 대한 이런 진술은 다음과 같이 이해될 수 있을 것이다. 모든 것이 하나의 유기적 전체와 같은 일종의 전체(*holon ti*)라면, 실체는 그런 전체의 가장 중심적인 부분에 해당하고, 모든 것이 수(數)처럼 하나의 계열을 이룬다면(*tōi ephexēs*), 실체는 이 계열의 출발점이 된다. '전체'의 다양한 의미와 수의 계열에 대해서는 각각 V 26과 XIII 7, 1081a22-3을 참고.

3) 1069a22는 예거와 달리 'tauta alla'로 읽었다.

들도 '있다'고 말하기 때문이다. 4) 또한 (실체 이외의) 나머지 것

25 들 중에서는 어떤 것도 분리가능하지 않다. 옛날 사람들도 실
제로 이를 입증하는데, 왜냐하면 그들이 탐구했던 것은 실체
들의 원리들이요 요소들이요 원인들이기 때문이다. 그런데 지
금의 사람들5)은 보편자들을 더 높은 수준의 실체로 내세운다
(왜냐하면 유들은 보편자인데, 그들은 정의에 의거한 탐구방식6)을
취함으로 말미암아 유들이 원리들이자 실체들이라고 말하기 때문이
다). 반면 옛날 사람들은 불이나 흙과 같은 개별자들을 (더 높은
수준의 실체로) 내세웠지 공통적인 물체를 내세우지 않았다.

30 그런데 실체들은 세 가지인데, 하나는 감각적인 것이니 ─
이 가운데 하나는 영원하고 다른 하나는 가멸적인데, 뒤의 것
은 모든 사람들이 인정하는 것이며 예컨대 식물들과 동물들이
그에 해당한다 ─ 우리는 그것의 요소들을 ─ 요소가 하나이건
여럿이건 ─ 파악해야 한다. 7) 다른 하나는 부동적인 것이니,
어떤 사람들은 그것이 분리가능하다고 말하는데, 그 가운데는

35 그런 실체를 두 가지로 나누는 사람들이 있는가 하면 형상들과
수학적인 것들을 단일한 본성을 가진 것으로 내세우는 사람들
이 있고, 또 그 가운데 수학적인 것들만을 내세우는 사람들이

1069b 있다. 8) 앞서 말한 두 가지 실체는 (운동을 수반하기 때문에) 자

---

4) V 7, 1017a18 아래에 따르면 '하얗지 않은 것' 또는 '하얗지 않음'(to mē
leukon, not-white)은 명시되지 않은 어떤 대상에 속해 있으며, 그렇기 때문
에 "하얗지 않은 것이 있다"는 진술이 가능하다.

5) 플라톤주의자들을 가리킨다.

6) 1069a28의 'to logikōs zētein'에서의 'logikōs'는 '추상적' 또는 '논리적'으로 옮
길 수 있다. 그런 쓰임에 대해서는 IV 3, 1005b22와 VII 4, 1029b13 등을 참
고. 다음의 구절에서는 소크라테스, 플라톤, 플라톤주의자들을 가리킬 때 쓰
인다. I 6, 987b3; IX 8, 1050b35; XIV 1, 1087b21.

7) 감각적 실체(aisthētē ousia)의 두 부류에 대해서는 《동물부분론》 I 5, 644b22
아래를 참고.

연학의 대상이지만, 뒤의 것은, 만일 이것과 앞의 것들에 공통
된 원리가 없다면, 다른 학문의 대상이다.

감각적인 실체는 가변적이다. 그런데 변화는 대립자들이나
중간자들에서 시작되고 이때 변화의 출처는 모든 형태의 대립   5
자들이 아니라 (왜냐하면 소리도 하얗지 않기 때문이다) 반대자
라면, 필연적으로 반대상태로 변화하는 어떤 것이 밑에9) 놓여
있어야 하는데, 반대자들은 변화하지 않기 때문이다.

2. 변화에는 형상과 결여뿐만 아니라 질료가 관여한다

또한 그것은 밑에 남지만 반대자는 밑에 남아 있지 않다. 그
러므로 반대자들과 떨어져서 제3의 어떤 것, 즉 질료가 있다.
그런데 변화에는 네 가지가 있어서, '무엇'의 측면에서 일어나
거나 성질, 양 또는 장소의 측면에서 일어난다. '이것'의 측면   10
에서 일어나는 무제한적인 뜻의 변화는 생성과 소멸이고 양의
변화는 증가와 감소이며 양태의 변화는 변이이고 장소의 변화
는 이동이기 때문에, 변화는 특정한 상태로부터 각각 그 반대
상태로 진행될 것이다. 그렇다면 질료는 필연적으로 그 두 상
태를 거쳐 변화할 수 있는 가능성을 갖추고 있어야 한다. 한   15
편, 어떤 것이 '있다'고 할 때 거기에는 두 가지 뜻이 있기 때
문에, 모든 것은 가능적으로 있는 것으로부터 현실적으로 있

---

8) 수학적 대상들(ta mathēmatika)에 대한 이런 상반된 견해들은 각각 플라톤,
크세노크라테스, 스페우시포스에 의해 주장된 것이다. 이에 대한 자세한 논
의는 XIII과 XIV에서 이루어진다. XIII 1, 1076a16 아래를 참고.

9) 1069b6의 'hypeinai ti'는 변화의 기체로서 밑에 남아 있는 것을 가리킨다. 이
어지는 설명에서 밝혀지듯이, 실체적 변화의 경우에는 질료(hylē)가, 다른 범
주에서의 변화, 즉 질적인 변이(alloiōsis), 양적인 변화인 증가와 감소
(auxēsis kai phthisis), 장소의 이동(phora)의 경우에는 감각적인 실체가 밑에
놓여 있는 것에 해당한다.

는 것으로 변화한다. 예컨대 가능적으로 하얀 것으로부터 현실적으로 하얀 것으로 변화하는데, 10) 이는 증가와 감소의 경우에도 마찬가지다. 따라서 생성은 부수적인 뜻에서는 있지 않은 것으로부터 일어날 수도 있지만, 그뿐만 아니라 모든 것은 있는 것으로부터, 즉 현실적으로는 있지 않지만 가능적으로 있는 것으로부터 생겨난다. 그리고 이것이야말로 아낙사고라스의 하나인데, 왜냐하면 "모든 것이 혼재해 있다"11) 고 말하는 것보다 — 엠페도클레스와 아낙시만드로스가 생각한 혼돈과 데모크리토스가 제시한 설명의 경우도 마찬가지다12) — "모든 것은 가능적으로는 혼재해 있지만 현실적으로는 그렇지 않다" 고 말하는 편이 더 낫다. 그러므로 이들은 질료를 염두에 두고 있었을 것이다. 그러나 변화하는 것은 모두 질료를 갖지만, 질료는 저마다 다르다. 생겨남이 없이 이동을 통해 운동하는 영원한 것들은 생성의 질료가 아니라 어디서 어디로 움직이는 장소적인 질료를 갖는다.

〔〔어떤 사람은 어떤 종류의 있지 않은 것으로부터 생성이 시작되는가라는 의문을 제기할 수도 있을 터인데, 있지 않은 것에는 세 종류가 있기 때문이다. 13)〕〕 그런데 어떤 것이 가능적으로 있다면, 그것은 아무것이나 다 될 수 있는 것이 아니고 생겨나는 것과

---

10) IX 8, 1049b24 아래를 참고.

11) 아낙사고라스의 'homou panta'에 대해서는 IV 4, 1007b25 아래와 D-K, 59 B 1을 참고.

12) 세계가 생겨나기 전 구형(*Sphairos*)의 상태(Empedokles, D-K, 31 B 27), 만물의 혼돈상태(Anaxogoras, D-K, 59 B 1), 원자론자들이 생각하는 원자들의 혼재상태(D-K, 67 A 1, 14) 등을 염두에 둔 말이다.

13) '있지 않은 것'(*to mē on*)의 세 종류는 각각 범주적 구분에 따라 있지 않은 것, 거짓이라는 뜻의 있지 않은 것, 가능적인 것이라는 뜻의 있지 않은 것을 가리키는 듯하다. XIV 2, 1089a26-8을 참고.

생성의 출처가 되는 것은 저마다 서로 다르다. 또한 모든 사물
이 혼재해 있다는 것도 충분한 설명이 아니다. 질료에 차이가   30
있기 때문인데, (그렇지 않다면) 무엇 때문에 하나가 아니라 무한
한 것이 생겨났겠는가? 왜냐하면 지성은 하나이므로, 만일 질
료까지 하나라면, 그 질료에 가능적으로 내재해 있던 것이 현
실적으로 생겨났을 것이기 때문이다. 14) 그렇다면 원인은 셋이
고, 원리들도 셋인데, 이 가운데 둘은 반대상태로서 하나는 정
식과 형상이고 다른 하나는 결여이며, 세 번째 것은 질료이다.

3. 질료도 형상도 생겨나지 않는다. 생겨나는 것은 모두 같은
   종의 실체로부터 생겨난다. 만일 형상이 떨어져서 존재한다
   면, 이는 자연물들의 경우에 그렇다

  그 다음 질료도 형상도 생겨나지 않는데, 최종적인 것들을   35
두고 하는 말이다. 15) 왜냐하면 모든 것은 어떤 것이 어떤 것
의 작용에 의해 어떤 것으로 변화하기 때문이다. 그런데 작용   1070a
인은 첫째 원동자(原動者)이고, 변화하는 것은 질료이며, 변
화의 종결점은 형상이다. 16) 그런데 만일 청동이 구형이 되는
데 그치지 않고 구형과 청동도 생겨난다면, 그 과정은 무한히
진행되겠지만, 사실 어딘가에서 필연적으로 정지해야 한다.
  그 다음으로 각각의 실체는 이름이 같은 것으로부터 생겨난   5
다(자연적으로 있는 것들과 나머지 것들이 실체들이다). 17) 그 이

---

14) 아낙사고라스의 지성(nous)에 대한 이론을 염두에 둔 말이다. D-K, 59 B 1
    을 참고.
15) 최종적인 것들(ta eschata), 즉 최종적인 질료와 최종적인 형상의 선재(先在)
    에 대해서는 VII 8, 1033a25 아래를 참고.
16) 생성의 이런 구조에 대해서는 VII 7, 1032a13 아래를 참고.
17) VII 8, 1034a22에 대한 각주를 참고.

유는 이렇다. 생성은 기술이나 본성이나 우연이나 자생성에
의해[18] 일어난다. 그런데 기술은 다른 것 안에 있는 원리인
데 반해, 본성은 자신 안에 있는 원리이며(사람이 사람을 낳기
때문이다), 나머지 원인들은 그것들의 결여들이다.

10   실체에는 세 가지가 있는데, 하나는 겉보기에 '이것'인 질료
이고(유기적 통일성이 아니라 접촉에 의해서 있는 것들은 질료이자
기체이다).[19] 다른 하나는 '이것'이면서 생성의 종결점에 있는
(적극적인) 상태[20]인 본성이며, 세 번째 것은 이들 둘로 이루어
진 개별적 실체인데, 예컨대 소크라테스나 칼리아스가 그렇
다. 그런데 어떤 경우 '이것'에 해당하는 것[21]은 합성실체와
떨어져 있지 않는데, 예컨대 집의 형상은, 건축술을 가리켜 그
렇게 부르지 않는 한, 떨어져서 존재하지 않는다(이런 형상들
15   에는 생성도 소멸도 속하지 않으며, 질료 없는 집이나 건강을 비롯
해서 기술의 영역에 속하는 것들은 모두 다른 방식으로 있으면서
있지 않다). 만일 형상이 떨어져 있다면, 이는 자연적으로
있는 것들의 경우에 그렇다. 그러므로 만일 형상들이 있다면
자연물들의 (종류의) 수만큼 있지만 불이나 살이나 머리와 같은
것들에는 속하지 않는다는 플라톤의 말은 틀린 것이 아니
20   다.[22] 이것들은 모두 질료이기 때문인데, 마지막 질료는 가장

---

18) '자생성'(to automaton)이나 '우연'(tychē)에 대해서는 다음 구절을 참고. I 3,
   984b14; VII 7-9; XI 8, 1065a27-b4. 자생적인 생성은 의술의 도움 없이 저
   절로 병이 낫는 경우나 유성생식과 달리 진흙 등에서 벌레가 생겨나는 경우
   등을 가리킨다(《동물발생론》 I 1, 715a23-5). 우연에 의한 생성 또는 우연
   적 사건의 사례에 대해서는 V 30, 1025a14 아래를 참고.
19) VIII 1, 1042a27을 참고.
20) '생성의 종결점에 있는 상태'(hexis tis eis hen)는 생성의 결과로서 얻어지는
   형상 혹은 형상을 소유한 상태를 가리킨다.
21) 위에서 말한 '본성'(physis)을 가리킨다.
22) 《파르메니데스》 130CD를 참고.

완전한 실체에 속한다. 23)

운동을 낳는 원인들은 (생성의 결과보다) 앞서 생겨난 것들로서
존재하지만 정식이라는 뜻의 원인들은 (생성의 결과와) 동시적이
다. 왜냐하면 사람이 건강하게 될 때 건강도 있는 것이고, 청
동 구(靑銅球)의 모양도 청동 구와 동시에 있기 때문이다.
〔〔나중에 어떤 것이 존속하는지는 살펴보아야 할 문제다. 어떤 것   25
들의 경우 그것을 가로막는 점이 전혀 없기 때문이다. 예컨대 아마
도 영혼이 그런 성격을 가질 터인데, 영혼 전체가 아니라 지성이
그렇다. 24) 영혼 전체가 그럴 수는 없는 일이기 때문이다.〕〕 적어
도 이런 이유에서 보면 분명 이데아들이 꼭 있어야 할 필요는
없다. 왜냐하면 사람이 사람을 낳고, 개별적인 사람이 다른 사
람을 낳기 때문이다. 하지만 기술적인 것들의 경우도 사정이
같은데, 의술은 건강에 대한 정식이기 때문이다. 25)

---

23) 앞에서 말한 불은 흙, 공기, 물과 함께 살의 질료가 되고, 살은 피나 뼈와 함
께 머리의 질료가 되며, 머리는 팔이나 다리와 함께 완전한 유기체의 질료가
된다. 그런 점에서 '마지막 질료'(teleutaia hylē)는 머리를 가리키는 것으로 보
인다. 질료로부터 완전한 유기체에 이르는 이런 단계에 대해서는《동물부분
론》Ⅱ 1, 646a12 아래를 참고.

24) 영혼의 여러 부분 가운데 지성(nous)에 아리스토텔레스는 특별한 지위를 부
여한다. 그의 생물학에 따르면 영혼의 다른 부분적 기능들은 그것을 수행하는
신체기관들과 함께 생겨나지만, 지성만은 그렇지 않다. 아리스토텔레스는 지
성이 '문 밖에서'(thyrathen) 들어온다고 말한다. 이에 대해서는《동물발생
론》Ⅱ 3, 736a28과 6, 744b21-2 등을 참고.

25) 본성적인 생성과 기술적인 제작의 공통성에 대해서는 Ⅶ 7, 1032a15 아래를
참고.

142

4. 서로 다른 것들의 원인들과 원리들은 수가 달라도 종은 똑같다. 그것들은 모두 형상과 결여와 질료를 갖는다. 그것들은 또한 저마다 서로 다른 운동인과 모든 것을 운동하게 하는 원인을 갖는다

30   서로 다른 것들의 원인들과 원리들은 어떤 의미에서는 다르고, 어떤 의미에서는 모든 경우에 동일한데, 보편적이고 유비적으로 말하면 그렇다. 어떤 사람은 실체들과 관계적인 것들의 경우 그것들의 원리들과 요소들이 다른지 동일한지 의문을 가

35   질 수 있을 것이고, 다른 범주들 각각에 대해서도 마찬가지다. 하지만 모든 것의 원리들과 요소들이 동일하다면, 이는 불합리하다. 그럴 경우 동일한 것들로부터 관계적인 것들과 실체들이

1070b 나올 것이다. 그렇다면 그에 해당하는 것은 무엇일까? 이 물음이 제기되는 것은 다음과 같은 이유 때문이다. (1) (a) 실체와 그 밖에 술어가 되는 것들과 떨어져 있으면서 그것들에 공통된 것은 아무것도 없으며, 요소는 그 요소를 가지고 있는 것들보다 앞선다. 그런가 하면 (b) 실체는 관계적인 것들 안에 있는 요소가 아니고, 관계적인 것들 가운데 어떤 것도 실체의 요소가 아니다. 더욱이 (2) 어떻게 동일한 것들이 모든 것의 요소

5   들이 될 수 있을까? 왜냐하면 요소들 가운데 어떤 것도 요소들이 결합된 것과 똑같지 않기 때문인데, 예컨대 B나 A는 BA와 똑같은 것이 아니다.[26] 〔〔그러므로 지성적인 것들, 예컨대 있는 것이나 하나는 요소가 아닌데, 왜냐하면 이것들은 합성체들 하나하나에 대해 술어가 되기 때문이다.[27]〕〕 그렇다면 어떤 요소도 실

26) VII 17, 1041b12-3을 참고.
27) '있음'(on)이나 '하나'(hen)는 모든 것에 대해서 술어가 되기 때문에 실체일 수 없다. 이에 대해서는 VII 16, 1040b16 아래를 참고.

체나 관계적인 것이 아닐 텐데, 그럴 수는 없는 일이다. 따라
서 모든 것에 동일한 요소들이 속한다는 말은 참이 아니다.　　10
　오히려 우리가 주장하듯이, 28) 어떤 뜻에서는 모든 것의 요
소들이 동일하고 어떤 뜻에서는 그렇지 않을 것이다. 예컨대
감각적인 물체들에 속하는 것들 가운데 형상에 해당하는 것은
열기이면서 다른 측면에서 보면 그것의 결여인 냉기이고, 29)
질료에 해당하는 것은 직접 그 자체로서는 그런 성질들을 가능
적으로 가진 것이며, 실체들에 해당하는 것은 그 둘과 그것들
을 원리로 해서 이루어진 것들, 혹은 살이나 뼈처럼 열기와 냉
기로부터 생겨나는 하나의 통일체일 것이다. 왜냐하면 생겨난　　15
것은 그런 요소들과는 다른 것일 수밖에 없기 때문이다. 그렇
다면 이런 것들은 동일한 요소들과 원리들을 갖지만(다른 것들
은 다른 요소들과 원리들을 가지며), 그런 뜻에서 모든 것이 동
일한 요소들과 원리들을 갖는다고 말하는 것은 아니고 유비적

---

28) 위의 a31을 보라.
29) 정확히 말하자면 열기(to thermon)는 형상(eidos)이 아니라 형상을 낳는 원
리, 즉 질료에 작용을 가해서 질료를 일정한 형상을 가진 복합체로 만드는 작
용이다. 생명체의 조직과 기관의 발생과정에 대한 《동물발생론》 II 1, 734
b30-6의 서술은 열기와 냉기가 어떻게 생명체에 형상을 부여하는 원리가 되
는지를 구체적으로 보여준다: "딱딱함, 부드러움, 끈기, 부서지기 쉬움을 비
롯해서 그와 같은 다른 성질들이 생명력 있는 (몸의) 부분들에 속하는데, 이
런 성질들을 만드는 것은 열기와 냉기다. 하지만 살이나 뼈는 로고스(logos)
없이는 있을 수 없으니, 이 로고스를 제공하는 것은 (불이 아니라) 낳는 자에
게서 오는 운동이다. 낳는 자는, 생성의 재료가 가능적으로만 구현하는 존재
를 (이미) 현실적으로 구현하고 있으니, 기술을 통해 생겨나는 것들의 경우에
도 이와 마찬가지다. 쇳덩이를 딱딱하고 부드럽게 만드는 것은 열기와 냉기이
지만, (쇳덩이가) 칼이 되게 하는 것은 기술의 로고스를 갖춘 도구들의 운동이
다. 기술은 생겨나는 것의 원리요 형상인데, 이것들은 다른 것 안에 들어 있
는 데 반해, 자연의 운동은, 현실적으로 형상을 갖춘 다른 자연물의 작용을
받아 (자연물) 자체 안에서 일어난다."

144

으로 보면 그렇다는 말인데, 이는 어떤 사람이 원리들은 셋,
즉 형상과 결여와 질료라고 말할 수 있는 것과 같은 이치다.
20 그 각각에 해당하는 것은 각각의 유마다 다른데, 예를 들어 색
깔의 경우에는 하양, 검정, 표면이 그에 해당하고, 다른 경우
에는 빛과 어둠과 공기가 그에 해당하는데, 낮과 밤은 그런 것
들로 이루어진다.

사물 안에 내재하는 것들만이 원인이 아니라 밖에 있는 것,
이를테면 원동자도 원인이기 때문에, 분명 원리와 요소는 서로
다르지만30) 그 둘 모두 원인이고 원리는 이런 것들로 나뉜다.
운동이나 정지를 낳는 것이라는 뜻의 원인은 일종의 원리이자
25 실체이다. 31) 따라서 유비적으로 보면 요소들은 셋이고, 원인
과 원리는 넷이다. 하지만 다른 사물 안에는 다른 요소가 들어
있고, 원동자라는 뜻에서의 첫째 원인도 저마다 서로 다르다.
어떤 경우 건강, 질병, 신체가 그 사례이고 그 경우 원동자는
의술이다. 또 어떤 경우에는 형상, 특정한 무질서, 벽돌들이
그 사례이고 이때 원동자는 건축술이다〔그리고 이런 것들로 원
30 리는 나뉜다〕. 하지만 자연물들의 경우 원동자는 사람이고32)
사고에 의해 있는 것들의 경우33) 원동자는 형상이나 그것의 반
대자인 까닭에, 어떤 뜻에서는 세 가지 원인이 있을 것이고,
또 어떤 뜻에서는 네 가지 원인이 있을 것이다. 왜냐하면 의술

---

30) 원리(*archē*)와 요소(*stoicheia*)의 차이에 대해서는 V 1, 1013a4, 7; 4, 1014a26을 참고.
31) 1070b24-5는 로스를 따라 읽었다: "to d' hōs kinoun ē histan archē tis kai ousia …."
32) 아래의 1070b34에서 밝혀지듯이 "사람이 사람을 낳는다"(*anthrōpos anthrōpon gennai*)는 뜻에서 그렇다.
33) VII 7, 1032a27-8에 따르면 "모든 제작은 기술이나 능력(*dynamis*)이나 사고(*dianoia*)에서 비롯한다."

은 어떤 의미에서는 건강이고 건축술은 집의 형상이며, 사람이
사람을 낳기 때문이다. 또한 이것들과 떨어져서 모든 것 가운 35
데 첫째가는 것이면서 모든 것을 운동하게 하는 것[34]이 있다.

5. 또한 현실적인 것과 가능적인 것은 모든 것에 공통된 원리이
지만, 이것들 역시 사물마다 다르고 그 방식도 서로 다르다.
모든 것의 원리들은 서로 다르지만 유비적 동일성을 가진다

 어떤 것들은 분리가능하지만 어떤 것들은 그렇지 않은데,
실체들은 앞의 경우에 해당한다. 그러므로 모든 것의 원인들
은 동일한데, 그 이유는 실체들이 없다면 양태들도 운동들도 1071a
없기 때문이다.[35] 나아가 아마도 영혼과 육체가 그런 것들일
것이고 아니면 지성과 욕망과 육체가 그럴 것이다.[36]
 또한 다른 측면에서 보면 유비적으로 동일한 것들, 즉 현실
태와 가능태가 원리들이다.[37] 하지만 이것들 역시 사물들마다 5
다르고 그 방식도 서로 다르다. 어떤 경우 동일한 것이 현실적
으로 있을 때도 있고 가능적으로 있을 때도 있는데, 예컨대 포
도주나 살이나 사람이 그렇다(하지만 이것들 역시 앞서 말한 원
인들로 분류된다. 왜냐하면 형상은 분리가능한 것인 한에서 현실적

---

34) 1070b34-5: 'to hos proton panton kinoun panta'.

35) 모든 것은 실체에 의존해서 존재하기 때문에 실체의 원인들이 모든 것의 존재
 원인이 된다. 《범주론》 5, 2b3-6; VII 1, 1028a22-5; XII 1, 1069a21-5.

36) 실체들 가운데 가장 본래적인 뜻의 실체는 생명체들이다(VII 16, 1040b5-10,
 VIII 3, 1043b21-3). 여기서 아리스토텔레스가 열거하는 영혼과 육체 등은
 모두 그런 생명체들의 원인들에 해당한다. 다음의 구절을 함께 참고하라. V
 8, 1017b14-6; VII 8, 1034a5-8; VII 11, 1037a5-6.

37) 현실태(*energeia*)와 가능태(*dynamis*)의 유비적 쓰임 및 유비적 동일성에 대해
 서는 IX 6, 1048a35-b9에서 논의되었는데, 아래에서는 이 논의가 더욱더 확
 대된다.

10 으로 있고 둘로 이루어진 것도 현실적으로 있으며 결여, 예컨대 어둠이나 질병도 그렇지만 질료는 가능적으로 있다. 왜냐하면 질료는 그 둘이 될 수 있는 가능성을 가진 것[38]이기 때문이다). 그러나 또 다른 관점에서 보자면 동일한 질료를 갖지 않는 것들은 현실태와 가능태에서 차이가 있는데, 이런 것들은 동일한 형상이 아니라 다른 형상을 가진다. 예를 들어 사람의 원인으로는

15 (1) 요소들(질료에 해당하는 불과 흙과 고유한 형상)과, (2) 밖에 있는 다른 어떤 것, 즉 아버지와 (3) 이것들과 떨어져서 태양과 그것의 황도[39]가 있는데, 이것들은 질료도 형상도 결여도 아니고 사람과 동종적이지도 않지만 운동을 낳는다.

또한 어떤 경우에는 보편적인 것들을 (원인으로) 언급할 수 있지만, 어떤 경우에는 그럴 수 없다는 데 주목해야 한다. 어떤 것이든 그것의 첫째 원리들은 현실적으로 첫째가는 '이것'과 가

20 능적으로 첫째가는 다른 어떤 것이다. 그렇다면 위에서 말한 보편적인 것들은 (원인으로서) 존재하지 않는다. 왜냐하면 개별 자들의 원리는 개별자이기 때문인데, 사람은 보편적으로 사람의 원리이지만, 보편적인 사람은 존재하지 않고, 펠레우스가

---

38) 질료는 형상을 가질 수도 있고 그와 반대로 형상을 결여한 상태에 있을 수도 있다는 뜻에서 '그 둘이 될 수 있는 가능성을 가진 것'(to dynamenon gignesthai amphō)이라고 불린다. 그런 뜻에서 질료는 형상도 아니고 결여도 아닌 '제3의 어떤 것'(ti triton)이다(XII 2, 1069b8).

39) 원어 'ho loxos kyklos'는 '기울어진 원'이라고 옮길 수 있는데, 이것은 우리의 눈으로 볼 때 태양이 지나는 길인 '황도'(黃道)를 가리키며, '황도대의 중간을 지나는 원'(ho dia mesōn tōn zōidiōn kyklos, 1073b19)이라고도 불린다. 천구의 적도를 기준으로 할 때 23.5도 기울어져 있기 때문에 '기울어진 원'이라고 불린다. 태양은 한 해 동안 이 황도를 따라 운동하며(年周運動), 하루 동안 적도를 따라 운동한다(日周運動). 연주운동에 따라 태양이 지구에 가까이 가면 생성이 일어나고 멀어지면 소멸이 일어난다고 아리스토텔레스는 생각했다(1072a10 아래를 참고).

아킬레우스의 원리이고 네 아버지가 너의 원리이기 때문이다.
(여기 있는) 이 B가 (여기 있는) 이 BA의 원리이며, 일반적인 B는
무제한적인 뜻에서 BA의 원리이다.

더욱이 실체들의 원인들과 요소들이 있다면, 다른 것들의 원
인들과 요소들은, 앞에서 말했듯이, 그것들과 다른데, 40) 동일   25
한 유에 속하지 않는 것들, 즉 색깔, 소리, 실체, 양의 원인들
과 요소들은 유비적으로 동일하다는 점을 제외한다면, 서로 다
르다. 동일한 종에 속하는 것들의 원인들도 다르지만, 종이 다
른 것이 아니라, 개별자들의 원인이 서로 다르다는 뜻에서 서
로 다른데, 너의 질료와 형상과 운동인은 나의 것과 다르지만,
보편적인 정식에서는 동일하다. 그래서 우리가 실체들과 관계   30
들과 성질들의 원리들이나 요소들이 어떤 것인지, 그것들이 동
일한지 다른지를 탐구한다면, 다음과 같은 점은 분명하다. '원
인'은 여러 가지 뜻으로 쓰이는 까닭에 각 사물의 원인들은 동
일하지만, 그 말의 뜻을 구별해 놓고 보면 동일하지 않고 서로
다르다. 다만 다음과 같은 의미에서는 모든 것의 원인들이 동
일하다. 즉, (1) 질료, 형상, 결여, 원동자가 모든 것의 원인이
라는 뜻에서 보면 모든 것의 원인들은 유비적으로 동일하고,   35
(2) 실체들이 없어진다면 다른 것들도 없어진다는 뜻에서 보면
실체들의 원인들은 모든 것의 원인들 역할을 한다. 또한 (3) 첫
번째로 완전한 상태에 있는 것이 있는데, 이것도 모든 것의 원
인이다. 반면 유들을 뜻하지도 않고 여러 가지 뜻으로 쓰이지

---

40) 1071a24 아래의 구절은 로스를 따라 읽었다: "epeita, ei dē ta tōn ousiōn,
alla de allōn aitia kai stoicheia …." 이어지는 진술에서 분명하게 드러나듯
이, 아리스토텔레스가 주장하려는 것은 실체의 원인과 원리들은 다른 범주에
속해 있는 것들의 원인과 원리들과 다르지만, 유비적으로는(tōi analogon) 동
일하다는 내용이다.

1071b 도 않으면서 반대자들로서 존재하는 첫째가는 것들이 있는데, 이것들은 서로 다르며 또한 질료들도 서로 다르다. 이제까지, 어떤 것들이 감각물들의 원리들이며 그 수가 얼마나 되는지, 그것들은 어떤 뜻에서 서로 동일하고 어떤 뜻에서 서로 다른지 이야기했다.

6. 운동은 영원해야 하기 때문에 영원한 원동자가 있어야 하며, 이런 원동자의 본질은 현실적인 활동이다. 세계의 질서 있는 변화를 설명하기 위해서 항상 동일한 방식으로 작용하는 원리와 때때로 다르게 작용하는 원리가 있어야 한다

실체에는 세 가지가 있는데 둘은 자연적인 것들이고 하나는 부동적인 것이기 때문에,[41] 뒤의 것과 관련해서 우리는 영원

5 하고 부동적인 어떤 실체가 있는 것이 필연적이라고 말해야 한다. 그 이유는 이렇다. 실체들이 있는 것들 가운데 첫째가는 것인데, 만일 그것들 모두가 가멸적이라면 모든 것이 가멸적일 것이다. 하지만 운동이 생겨나거나 소멸하기는 불가능한 일이며[42] (왜냐하면 그것은 항상 있었기 때문이다) 시간 역시 그렇다. 왜냐하면 시간이 없다면 앞서는 것과 뒤에 오는 것도 있을 수 없기 때문이다. 그래서 시간이 그렇듯이, 운동 또한 연

10 속적인데, 그 까닭은 그것은 운동과 동일한 것이거나 또는 운동의 어떤 속성이기 때문이다.[43] 장소운동을 빼놓고는 어떤

---

41) '자연적인 실체들'(physikai ousiai)과 '부동적인 실체'(akinētos ousia)의 구분에 대해서는 XII 1, 1069a30 아래와 《동물부분론》 I 5, 644a22 아래를 참고. 이렇게 자연적인 것과 부동적인 것을 대비시키는 근거는, 자연적인 것은 본성상 자기 안에 운동의 원리를 가지고 운동한다는 데 있다(XII 3, 1070a7-8을 참고).

42) 《자연학》 VIII 1-3을 참고.

43) 시간이 운동의 속성(pathos)이라는 주장에 대해서는 예컨대 《자연학》 IV 10, 219b2 아래를 참고. 거기서 시간은 '앞뒤와 관련된 운동의 수'(arithmos kinēseōs

운동도 연속적이 아니며, 장소운동 가운데는 원환운동이 연속
적이다. 44)

  하지만 운동하게 하거나 만들어내는 능력은 갖지만 현실적
으로 활동하지 않는 어떤 것이 있다면, 운동은 있지 않을 것이
다. 왜냐하면 능력을 가진 것은 현실적으로 활동하지 않을 수
도 있기 때문이다. 그래서 설령 우리가 형상들을 주장하는 사
람들처럼 영원한 실체들을 만들어낸다고 하더라도, 만일 그것   15
들 가운데 변화를 낳을 능력을 가진 어떤 원리가 없다면, 아무
쓸모도 없을 것이다. 45) 아니, 실제로는 그런 원리46)도, 형상
들과 떨어져 있는 다른 실체47)도 충분하지 않으니, 그 까닭은
만일 그것이 현실적으로 활동하지 않는다면, 운동은 있지 않을
것이기 때문이다. 또한 그것이 현실적으로 활동한다고 하더라
도, 만일 그것의 실체가 능력48)이라면, 그것도 충분하지 않은
데, 그 까닭은 그 경우 운동은 영원하지 않을 것이기 때문이
다. 왜냐하면 가능적으로 있는 것은 있지 않을 수 있기 때문이   20
다. 그러므로 현실적인 활동을 실체로 갖는 원리가 있어야 마

---

  kata to proteron kai hysteron)로 정의된다. 다음 구절도 함께 참고: IV 11,
  220a24; 12, 220b8; 14, 223a33, VIII 1, 251b12 등도 함께 참고.
44) 원환운동(*kinēsis kyklōi*)의 연속성에 대해서는《자연학》VIII 8, 261b27-
  263a3과 264a7-265a12를 참고.
45) 이데아론에 대한 VII 8, 1033b26 아래의 비판도 같은 맥락에 있다. 두 곳에
  서 모두 아리스토텔레스는 운동의 원리(*archē*)를 제시하지 못한다는 사실을
  들어 이데아론을 비판한다.
46) '변화를 낳을 능력을 가진 어떤 원리'(*tis dynamenē archē metaballein*)를 말한다.
47) 이를테면 수학적인 대상들이 그런 실체에 해당한다.
48) 여기서 원어 'ousia'는 어떤 것의 실체, 즉 본질이라는 뜻의 실체를 가리킨다.
  'dynamis'는 물론 잠재적 능력이라는 뜻의 가능성 혹은 가능태를 가리킨다.
  여기서 쓰인 'dynamis'와 'energeia'는 각각 '능력'이나 '현실적 활동'으로 옮겨
  야 그 뜻이 분명해 질 것이다.

땅하다. 더욱이 그런 실체들은 질료 없이 있어야 하는데, 만일 무엇인가 영원한 것이 있다면, 바로 그것들이 영원해야 하기 때문이다. 49) 그러므로 그것들은 현실적으로 있어야 한다. 50)

그런데 의문이 하나 있다. 왜냐하면 일반적 의견에 따르면 현실적으로 활동하는 것은 모두 활동할 수 있지만, 활동할 수 있는 것이 모두 현실적으로 활동하는 것은 아니며, 그 결과 가 능태가 앞서는 것처럼 보이기 때문이다. 그런데 만일 이것이 사실이라면, 있는 것들 가운데 어떤 것도 있지 않을 터이니, 왜냐하면 그것들은 있을 수 있는 가능성은 갖지만 결코 있지 않을 수 있기 때문이다. 더욱이 세계가 밤으로부터 생겨났다고 말하는 신학자들의 말이 맞거나51) 또는 "모든 것이 혼재해 있다"고 말하는 자연학자들의 말이 맞다면, 52) 똑같이 불가능한

25

---

49) 질료는 본성상 있거나 있지 않을 수 있는 가능성 (*dynamis*) 을 갖고 있기 때문에 (VII 15, 1039b29-30을 참고), 질료 없는 것만이 영원한 현실적 활동 (*energeia*) 상태에 있을 수 있다.

50) XIV 2, 1088b26을 참고.

51) 헤시오도스 (Hesiodos) 의 《신들의 계보》 (*Theogonia*) 에 따르면 맨 먼저 생겨난 것은 '카오스'이며, 이에 뒤이어 다른 신들이 생겨난다 (116-22). "맨 처음 카오스가 생겼고, 그런 뒤/ 가슴이 넓은 가이아, 모든 영원한 것들의 앉을 자리가 생겼으니, / 곧 눈 덮인 올림포스 산정에 거하는 죽지 않는 자들의 앉을 자리라. / 또한 안개 짙은 타르타로스가 생겼으니, 넓은 땅속의 외딴 구석에 있도다. / 또한 에로스, 죽지 않는 신들 가운데 가장 아름다운 신이 생겼는데, / (이 신은) 사지의 맥을 풀고 모든 신들과 사람들의/ 가슴 속에 든 생각과 사려 깊은 뜻을 억누른다." 아리스토파네스 (Aristophanes), 《새》 693ff. (= D-K, 1 A 12) 에서는 오르페우스교의 우주발생론을 다음과 같이 기술한다. "맨 처음에는 카오스와 밤과 검은 어둠과 넓은 타르타로스가 있었으나, / 가이아도 아에르도 우라노스도 없었다. 검은 날개의 밤이 어둠의/ 끝없이 넓은 몸속에 바람 알 (風卵) 을 낳았으니, … /" 자세한 전거에 대해서는 Ross, *Metaphysics* II, 370의 주석을 참고.

52) 아낙사고라스의 견해를 두고 하는 말이다. D-K, 59 B 1을 참고.

결과가 따라 나온다. 만일 현실적으로 활동하는 어떤 원인이
없다면, 어떻게 다른 것들이 운동을 부여받을 수 있을 것인가?   30
왜냐하면 분명 목재 자체가 자기 자신을 운동하게 하는 것이
아니라 목수의 기술이 그렇게 하며,53) 경혈이나 흙도 자기 자
신을 운동하게 하지는 못하고 씨나 정액이 그것들을 운동하게
하기 때문이다.54) 그렇기 때문에 어떤 사람들, 예컨대 레우키
포스와 플라톤은 영원한 현실적인 활동을 내세우는데,55) 그
까닭은 그들은 운동이 영원하다고 말하기 때문이다. 하지만 그
것이 무엇 때문에 있고 어떤 것인지에 대해서 그들은 말하지
않으며, 또한 이렇게 〈또는〉 저렇게 있는 이유에 대해서도 말
하는 바가 없다. 왜냐하면 우연히 운동이 이루어지는 경우는   35
없고, 언제나 (운동을 낳는) 어떤 것이 주어져 있어야 하기 때문
인데, 본성에 따라서는 어떤 것이 이러저러하게 움직이지만,
강제력이나 지성이나 그 밖의 다른 어떤 것의 작용에 의해서는
그와 다른 방식으로 움직이는 것과 같은 이치이다. 더욱이 첫
째가는 것은 어떤 성질을 갖는가? 이 문제에 대해서는 이루 따
질 수 없을 만큼 의견 차이가 있다. 하지만 플라톤으로서는 그   1072a
가 때때로 원리로 내세우는 것, 즉 스스로 운동하는 것이 (첫째
원리로서) 있다고 말할 수 없는데, 그 까닭은 그의 설명에 따르
면 영혼은 뒤에 오는 것이고 천체들과 동시적이기 때문이다.56)

---

53) VII 9, 1034a16 아래를 참고. 원어 'hylē'는 일반적으로 '질료'라고 옮길 수 있
    지만, 여기서는 보다 구체적으로 '목재'(木材)를 뜻한다.
54) 경혈(頸血, epimenia)에 미치는 씨(spermata) 혹은 정액(gonē)의 작용에 대
    해서는 VII 7, 1032a25에 대한 주석을 참고.
55) 레우키포스와 플라톤에 대해서는 각각 《천체론》 III 2, 300b8 아래와 《티마
    이오스》 30A를 참고.
56) 이 말은 플라톤의 《티마이오스》 34BC을 염두에 둔 것인데, 이에 따르면 영
    혼은 '스스로 운동하는 것'(to auto heauto kinoun)이며 천체들과 함께 나중에
    생겨난다.

그렇다면 가능태가 현실태에 앞선다고 생각하는 것은 어떤 점
에서는 옳지만, 어떤 점에서는 그렇지 않다(그 의미에 대해서는
이미 설명한 바 있다[57]). 현실태가 앞선다는 사실을 입증한 사
람으로는 아낙사고라스가 있고(왜냐하면 그의 '지성'은 현실적으
로 있기 때문이다), 사랑과 싸움을 내세우는 엠페도클레스도 그
렇고, 운동이 언제나 있다고 말하는 레우키포스도 그렇다.

따라서 카오스나 밤이 무한한 시간 동안 있었던 것이 아니
고, 만일 현실적인 것이 가능적인 것보다 앞선다면, 항상 동일
한 것들이 원환운동 속에 있거나[58] 아니면 그와 다른 방식으
로 있었던 셈이다. 그런데 동일한 것이 항상 원환운동 속에 있
다면, 어떤 것[59]이 동일한 방식으로 현실적으로 활동하면서
항상 그대로 머물러 있어야 한다. 한편, 생성과 소멸이 있으려
면, 항상 다른 방식으로 현실적으로 활동하는 다른 어떤 것[60]
이 있어야 한다. 그러면 이것은 불가불 어떤 방식으로는 자기
자신의 힘으로 활동하지만, 또 어떤 방식으로는 다른 어떤 것
의 힘으로 활동할 수밖에 없으니, 결국 제3자[61]나 첫째가는

5

10

---

57) 위의 1071b22-6을 보라.

58) 1072a9-10의 'to auto aei periodōi'가 가리키는 '항상 동일한 것들의 원환운동'
은 엠페도클레스가 말한 4원소의 원환운동을 가리킨다는 것이 일반적 생각이
다(《천체론》 I 9, 279b14와 《자연학》 VIII 1, 250b26을 참고). 하지만 이어
지는 진술과 관련지어 보면 오히려 천체들의 영원한 원환운동을 염두에 둔 표
현이라고 볼 수도 있다.

59) 항성들(붙박이별들)의 하늘을 가리킨다. 이 하늘의 회전에 따라 다른 천체들
의 원환운동이 일어난다.

60) 1072a11의 '항상 다른 방식으로 현실적으로 활동하는 다른 어떤 것'(allo aei
energoun allōs kai allōs)은 태양을 가리킨다. 태양은 해마다 황도를 따라 운
동하고 날마다 적도를 따라 운동한다. 앞의 운동은 생성과 소멸의 원인이다.
XII 5, 1071a15에 대한 각주를 참고.

61) 태양도 첫째 하늘도 아닌 제3의 어떤 것을 말한다.

것이 그 다른 어떤 것에 해당할 것이다. 그런데 그것은 불가불
첫째가는 것에 의존할 수밖에 없으니, 왜냐하면 그렇지 않다
면 제3자로 설정된 것이 그것의 운동의 원인이 될 뿐만 아니
라 그 제3자에 대해서도 운동의 원인이 또 있을 것이기 때문
이다. 그러므로 첫째가는 것이 그런 것이 더 나으니,[62] 그 까
닭은 그것은 언제나 동일한 방식으로 이루어지는 운동의 원인
이었으며, 다른 방식으로 이루어지는 운동의 원인은 다른 어
떤 것이었고, 그 둘이 언제나 다른 운동의 원인임이 분명하다.
그러므로 여러 운동들은 이런 방식으로 이루어진다. 그렇다면
왜 다른 원리들을 찾아야 하는가?[63]

7. 영원한 원동자는 욕구의 대상으로서 운동을 낳는다. 그것은
   현실적인 활동이기 때문에 변화하거나 운동하지 않는다. 그
   것은 살아 있는 것이고 완전하며 감각물들과 분리되어 있고
   부분들을 갖지 않는다

이것이 (1) 문제에 대해 있을 수 있는 설명이고, (2) 그렇지
않을 경우 세계는 밤이나 모든 것의 혼재상태나 있지 않은 것
으로부터 유래할 것이기 때문에,[64] 의문들이 해결된 것으로
볼 수 있을 것이다. 그렇다면 쉼 없는 운동 속에서 항상 운동
하는 어떤 것이 있으니, 원환운동이 바로 그런 운동이다(이는
논리적으로 보나 실제적으로 보나 분명하다). 따라서 첫째 하늘
은 영원할 것이다.[65]

---

62) 아리스토텔레스는 태양의 운동을 첫째가는 것(to prōton), 즉 첫째 하늘의 운동
탓으로 돌리는 것을 더욱 '경제적인 가설'(economical hypothesis)로 받아들인다.
63) 이데아들을 내세웠던 플라톤주의자들을 겨냥한 반문이다. 이미 VII 16에서
보았듯이, 아리스토텔레스는 이데아들 대신 달 위 세계의 천체들을 영원한 실
체들로 내세운다.
64) 오르페우스교와 아낙사고라스의 우주발생론 등을 겨냥한 발언이다.

그렇다면 그것을 운동하게 하는 어떤 것도 있다. 그리고 운
동하면서 운동을 낳는 것은 중간자이기 때문에 … 결국 운동하
25 지 않으면서 운동을 낳는 어떤 것,⁶⁶⁾ 영원하고 실체이며 현실
적인 것이 있다. 그런데 욕망의 대상과 사유의 대상은 그런 방
식으로 운동을 낳는데, 그것들은 운동하지 않으면서 운동을 낳
는다. 욕망의 첫째 대상과 사유의 첫째 대상은 서로 똑같다.
왜냐하면 겉보기에 아름다운 것은 욕구의 대상이 되지만, 의지
의 첫째 대상은 실제로 아름다운 것이기 때문이다.⁶⁷⁾ 우리가
욕망을 갖기 때문에 좋게 여기는 것이 아니라, 좋다고 여기기
때문에 우리가 욕망을 갖게 되는 것이니, 그 까닭은 사유⁶⁸⁾가
30 시작이기 때문이다. 그러나 지성은 사유의 대상에 의해 운동하
게 되는데, 대립 쌍의 한 축은 그 자체로서 사유가능하고,⁶⁹⁾

---

65) ‘첫째 하늘’(prōtos ouranos)이란 붙박이별들의 천구를 말한다. 이 천구는 우
주의 가장 바깥을 둘러싸고 있기 때문에 첫째 하늘이라고 불린다.

66) ‘운동하지 않으면서 운동을 낳는 어떤 것’, 이른바 ‘부동의 동자’ 또는 ‘부동의
원동자’에 대한 원어는 ‘ti ho ou kinoumenon kinei’이다. 아래의 1072b7의
‘ti kinoun auto akinēton on’(운동을 낳지만 그 자신은 운동하지 않는 것)도
같은 것을 가리킨다.

67) 여기서 아리스토텔레스는 ‘욕망의 대상’(to orekton), ‘의지의 대상’(to boulēton),
‘욕구의 대상’(to epithymetikon)을 구분하는데, 좋은 것에 대한 ‘의지’(boulēsis)와
식욕이나 성욕과 같은 즐거움에 대한 ‘욕구’(epithymia)는 넓은 뜻의 ‘욕망’(orexis)의
하위 형태들이다. 《영혼론》 II 3, 414b2, III 10, 433a23 아래를 참고.

68) ‘noēsis’는 ‘dianoia’(사고)와 구별해서 문맥에 따라 ‘생각’, ‘사유’ 또는 ‘사유활
동’ 등으로 옮긴다.

69) 위의 I권 5장에서 소개한 피타고라스학파의 대립자 이론에 따르면 한계-무한
자, 홀수-짝수, 하나-여럿, 오른쪽-왼쪽, 수컷-암컷, 정지-운동, 곧음-굽
음, 빛-어둠, 좋음-나쁨, 정사각형-직사각형이 두 축(systoichia)의 대립자들
이다. 아리스토텔레스의 주장에 따르면, 이 대립자들의 한 축은 그 자체로서
실질적인 내용을 가진 것이고 다른 축은 그 내용의 결여태이다. 그래서 앞의
것은 그 자체로서 사유가능하다(noētē kath’ hautēn).

실체는 그 가운데 첫째가는 것이며, 실체 가운데는 단순하고
현실적인 것이 첫째간다(하나와 단순한 것은 똑같지 않은데, 그
까닭은 하나는 척도를 가리키고, 단순하다는 것은 어떤 것의 존재방
식을 가리키기 때문이다). 그러나 좋은 것과 그 자체 때문에 선   35
택되는 것은 같은 축에 속하며, 어떤 부류에서나 첫째가는 것
은 항상 가장 좋은 것이거나 혹은 그것의 유비적 대응자이다.   1072b
  하지만 지향대상이 운동하지 않는 것들에 속한다는 사실은
그 의미를 나누어 보면 분명하게 드러나는데, 지향대상에는
(a) 어떤 활동을 통해 실현되는 것과 (b) 어떤 활동의 지향대
상이 있으니,70) 그 가운데 뒤의 것은 운동하지 않는 것들에
속하지만, 앞의 것은 그렇지 않다. 그것은 사랑받음으로써 운
동을 낳고, 나머지 것들은 운동함으로써 운동을 낳는다.
  그런데 어떤 것이 운동한다면, 그것은 달리 있을 수 있다.   5
그러므로 그것의 현실적인 활동이 첫째 형태의 (공간적) 이동이

---

70) 1072b2-3의 'tini to hou heneka ⟨kai⟩ tinos'를 로스는 '(a) some being for
whose good an action is done, and (b) something at which the action
aims'로 옮겼는데, 적절한 우리말 번역을 찾기는 어렵다. 하지만 이 차이를 내
용에 따라 풀이하면, 그 뜻은 이렇다. 두 가지 활동, 예컨대 생각과 산책을 비
교해 보자. 두 활동 모두 그것들이 겨냥하는 것, 즉 지향대상 및 목적이 있다.
생각의 지향대상은 생각의 대상이고, 산책의 지향대상은 건강이다. 산책의 목
적인 건강은 산책함으로써 얻어지며, 그렇기 때문에 산책은 건강에 유용하다.
반면 우리가 어떤 대상을 지향해서 생각한다면, 이때는 사정이 다르다. 생각
의 대상은 생각의 지향점이지만, 그 대상 자체가 생각에 의해 어떤 유익을 얻
지는 않기 때문이다. 이런 구분에 따르면 건강은 'tini to hou heneka'의 의미
에서 산책의 지향대상 또는 목적이고, 사유의 대상은 'to hou heneka tinos'라
는 뜻에서 사유의 목적 또는 지향대상이다. 목적개념의 이런 구분에 대해서는
W. Kullmann, *Die Teleologie in der aristotelischen Biologie*, Heidelberg
1979, 특히 31~7과 같은 저자의 논문 "Different Conceps of the Final Cause
in Aristotle", in: A. Gotthelf(ed.), *Aristotle on Nature and Living Things*,
Bristol 1985, 169~75를 참고.

라면,71) 그런 상태에서 운동하는 한, 그것은 달리 있을 수 있다. 즉, 실체에서가 아니라면 장소에서 달리 있을 수 있다.72) 그러나 운동을 낳지만 그 자신은 운동하지 않고 현실적인 활동 가운데 있는 것73)이 있다면, 그것은 어떤 방식으로도 달리 있을 수 없다.74) 왜냐하면 이동은 변화들 가운데 첫째가는 것이요, 이동 가운데는 원환운동이 첫째가는 것이기 때문이다.75)

10 이것은 바로 그것76)에 의해 운동을 부여받는다. 그것은 필연적으로 있는 것이며,77) 필연적인 한에서 그것은 좋은 상태에 있으며,78) 그런 뜻에서 원리다. 왜냐하면 필연적인 것에는 여러 가지 종류가 있으니, 그것은 어떤 때는 내적 추동력에 반대

---

71) 1072b5는 로스를 따라 "hōste ei 〔hē〕 phora prōtē hē energeia estin"으로 읽었다.

72) 생성과 소멸은 겪지 않지만, 장소운동, 즉 이동(*phora*)은 한다는 말이다.

73) 위의 1072a25에 대한 각주를 참고.

74) '운동을 낳지만 그 자신은 운동하지 않고 현실적인 활동 가운데 있는 것'(*ti kinoun auto akinēton on, energeiai on*, 1072b8-9)은 XII 2, 1069b9 아래에서 소개된 네 가지 종류의 변화, 즉 실체의 생성(*genesis*)과 소멸(*phthora*), 양의 증가(*auxēsis*)와 감소(*phthisis*), 성질의 변이(*alloiōsis*), 장소의 이동(*phora*)을 모두 벗어나 있다.

75) 첫째 운동인이 운동한다면, 그 운동은 첫째가는 것이어야 할 것이다. 그러나 그것은 첫째 운동, 즉 원환운동(*hē kyklōi kinēsis*)을 낳을 뿐, 그 스스로 그 운동에 관여할 수는 없다. 왜냐하면 만일 그것이 운동한다면, 그것에 앞서 있으면서 그것에 그런 운동을 부여해 주는 다른 어떤 것을 또다시 상정해야 하기 때문이다. 이런 논변의 밑바탕에는 앞서 아리스토텔레스가 밝힌 생각, 운동하면서 다른 것을 운동하게 하는 것은 중간자('*to kinoumenon kai kinoun kai meson*', 1072a24)라는 생각이 깔려 있다.

76) 그 자신은 운동하지 않으면서 현실적인 활동 가운데 있는 것(1072b8)을 가리킨다.

77) 여기서 말하는 필연성(*ex anankēs*)은 부수성 또는 우연성과 반대되는 뜻의 필연성이다. 그것은 강제(*bia*)라는 뜻의 필연성이나 어떤 목적을 이루기 위해 필요조건이 지니는 필연성과 다른 것이다. '필연성'의 다양한 뜻에 대해서는 V 5, 1015a20 아래를 참고.

78) 그것은 이랬다저랬다 하는 것이 아니기 때문이다.

되는 강제에 의한 것을, 어떤 때는 좋은 것이 있기 위해서 없어서 안될 것을, 또 어떤 때는 달리 있을 수는 없고 단 한 가지 방식으로만 있는 것을 가리키기도 하기 때문이다.

  그러므로 천계와 자연세계는 그런 원리에 의존한다. 그것은   15
여유 있는 삶79)이며, 우리에게는 짧은 시간 동안 허락된 최선의 여유 있는 삶과 같은 것이다. 왜냐하면 (우리는 그럴 수 없지만) 그것은 영원히 그런 상태에 있기 때문인데, 그 까닭은 그것의 현실적인 활동은 즐거움이기도 하기 때문이다(그리고 이런 이유 때문에 깨어있음, 감각, 사유는 가장 즐거운 것이요, 희망과 기억은 그것들로 말미암아 즐거움을 준다). 그리고 사유활동 자체는 그 자체로서 가장 좋은 것과 관계하며, 가장 좋은 것은 가장 좋은 것과 관계한다. 그런데 지성은 사유대상을 포착함으로써 자기 자신을 사유하는데, 그 까닭은 지성은 대상과 접   20
촉하고 사유하는 가운데 사유대상이 되고, 결과적으로 지성과 사유대상은 동일한 것이 되기 때문이다. 80) 왜냐하면 사유대상, 즉 실체를 수용하는 능력이 지성이요, 그것은 사유대상을 소유함으로써 현실적으로 활동하기 때문이다. 따라서 수용능력보다는 소유가 지성이 가진 것으로 여겨지는 신적인 것이며, 이론적 활동81)은 가장 즐겁고 좋은 것이다. 그런데 만일 우리   25
가 한순간 누리는 좋은 상태를 신이 항상 누리고 있다면, 이는 놀라운 일이요, 그 정도가 더하다면, 더욱 놀라운 일이다. 하

79) 원어 'diagōgē'는 어떤 것에도 매이지 않은 자유인의 한가하고 여유로운 삶 혹은 유유자적(悠悠自適)한 삶을 말한다. I 1, 981b18을 참고. 더욱 자세한 뜻에 대해서는《정치학》VII 15, 1334a16 아래를 참고.
80) 인간의 지성은 사유대상과 접촉하고(thinganōn) 그것을 포착함(metalēpsis)으로써 자기 자신을 사유한다. 아리스토텔레스는 먼저 인간의 지성활동을 분석하고 이를 실마리로 삼아 신적 지성의 사유활동을 설명해내려고 한다.
81) '이론적 활동'(theōria)에 대해서는 I 2, 982a29에 대한 주석을 참고.

158

지만 실제로 그렇다. 그리고 신에게는 삶이 속하는데, 그 까닭
은 지성의 현실적인 활동은 삶이요 그 현실적인 활동이 바로
신이기 때문이다. 현실적인 활동은 그 자체로서 신에게 속한
것으로서 가장 좋고 영원한 삶이다. 우리는 신이 영원하고 가

30 장 좋은 생명체이며, 그래서 끊임없는 영원한 삶이 신에게 속
한다고 말하는데, 신은 바로 그런 것이기 때문이다.

피타고라스학파나 스페우시포스처럼, 식물과 동물의 원리들
이 원인들이며 아름다움과 완전함은 그 원인들로부터 생겨난
것들 안에 있다는 이유를 들어, 가장 아름다운 것과 좋은 것이
시초에 놓여 있지 않다고 믿는 사람들은 잘못 생각하는 것이
다. 왜냐하면 씨는 그에 앞선 다른 완전한 개별자들로부터 오

1073a 며, 첫째가는 것은 씨가 아니라 완전한 것이기 때문인데, 예를
들어 씨에 앞서 사람이 있다고 말할 수 있으니, 이때 말하는
사람은 씨에서 나온 사람이 아니라 씨의 출처가 되는 다른 사
람을 가리킨다. 82)

그러면 영원하고 부동적이며 감각물들과 분리된 어떤 실체

5 가 있다는 것은 이제까지의 논의를 놓고 볼 때 분명하다. 동시
에 이 실체는 어떠한 크기도 가질 수 없으며 부분이 없고 분할
불가능한 것이라는 점도 이미 밝혀졌다(왜냐하면 그것은 무한한
시간에 걸쳐 운동을 낳는데, 어떤 유한자도 무한한 능력을 갖지 못
하기 때문이다. 83) 따라서 만일 모든 크기가 무한하거나 유한하다

---

82) 현실적인 것은 이미 현실화되어 있는 다른 어떤 것으로부터 나온다는 생각은
아리스토텔레스 생성이론의 근본전제이다. 그는 이를테면《동물발생론》II 1,
734b21-2에서 다음과 같이 말한다. "본성적으로 생겨나는 것이나 기술을 통
해 생겨나는 것은, 현실적으로 있는 것(energeiai on)의 작용을 받아 가능적으
로 있는 것(dynamei on)으로부터 생겨난다." IX 8, 1049b17-27에도 같은 생
각이 펼쳐진다.

83)《자연학》VIII 10, 266a24-b6을 참고.

면, 그 실체는 위에서 말한 이유로 말미암아 유한한 크기를 가질   10
수 없을 것이며, 그렇다고 무한할 수도 없으니, 그 까닭은 무한한
크기란 결코 있을 수 없기 때문이다84)). 한편 그것이 수동적 변
화를 겪지 않고 변이를 겪지 않는 것이라는 사실도 이미 분명
해졌으니, 그 까닭은 다른 모든 운동은 장소의 운동 뒤에 오기
때문이다. 85) 어째서 그런지 그 이유는 분명하다.

8. 첫째 원동자 이외에, 행성들의 운동들과 관계하는 단순한
   운동들의 수만큼 많은 수의 부동의 원동자가 있다. 그 수는
   55개이거나 47개이다. 첫째 원동자가 하나인 까닭에, 하나
   의 우주가 있을 뿐이다86)

하지만 그런 실체로 내세워야 할 것이 하나인지 아니면 하나   15
이상인지, 그리고 (뒤의 경우라면) 그 수가 몇 개인지를 간과해서

---

84) 《자연학》 III 5와 《천체론》 I 5를 참고.
85) 위의 1072b7-8과 《자연학》 VIII 7, 260a26-261a26을 참고.
86) 예거에 따르면 XII 8은 다른 부분과 달리 아리스토텔레스의 생애 말년에 저술
    된 것이다(Aristoteles. Grundlegung einer Geschichte seiner Entwicklung,
    Berlin 1923, 366~92). 이 장에는 이른바 '지성체들'(intelligences)에 대한
    신학-천문학적 이론이 담겨 있다. 이 이론에 따르면 영원한 운동을 하는 것에
    는 첫째 하늘 이외에도 47개 또는 55개의 천구들(spheres)이 있는데, 아리스
    토텔레스는 달, 태양, 5개의 행성들 각각에 5~9개씩의 천구들을 배당한다.
    한편, 그는 영원한 운동 가운데 있는 이 천구들 하나하나에 대해 부동의 원동
    자, 즉 그 자체로는 운동하지 않으면서 천구를 운동하게 하는 지성체를 배당
    하는데, 그 결과 47개 또는 55개의 지성체들에 대한 이론이 생겨난다. 다수
    의 부동의 원동자들에 대한 이런 이론이 XII권의 다른 주장들과 어떻게 조화
    를 이룰 수 있는지는 논란거리이다. 왜냐하면 아리스토텔레스는 XII 10에서
    분명히 하나의 지배자(heis koiranos)만을 인정하는데, 이런 주장은 그의 지성
    체들에 대한 이론과 양립하기 어려워 보이기 때문이다. 이에 대한 최근의 논
    의로는 G. E. R. Lloyd, Metaphysics Λ 8, in: M. Frede and D. Charles
    (eds.), Aristotle's Metaphysics. Lamda. Symposium Aristotelicum, Oxford
    2000, 245~74를 참고.

는 안 된다. 다른 사람들의 발언들을 놓고 볼 때 그들이 그런
실체의 수에 대해서 분명히 말할 수 있는 것을 전혀 말하지 않
았다는 것을 우리는 기억해야 한다. 왜냐하면 이데아 이론에
는 그에 대한 고유한 고찰이 없기 때문이다(왜냐하면 이데아들
20 을 주장하는 사람들은 이데아들이 수라고 말하지만, 그들은 수들에
대해 어떤 때는 그것들이 무한하다고 말하고, 어떤 때는 10으로 제
한되어 있다고 말하며, 뒤의 경우 어떤 이유에서 수들의 수가 그만
큼인지에 대해 엄격한 논증을 통해 제시되는 설명이 전혀 없기 때
문이다). 반면 우리는 우리가 앞서 내세운 전제들과 구별들을
25 바탕으로 이야기해야 한다. 원리이면서 있는 것들 가운데 첫
째가는 것은 한편으로는 그 자체의 본성에 의해서도 부수적인
방식으로도 운동하지 않지만, 다른 한편으로는 영원하고 단일
한 첫째 운동[87]으로 하여금 운동하게 한다. 한편, 운동하는
것은 반드시 다른 어떤 것의 작용에 의해서 운동해야 하고, 첫
째 원동자는 그 자체의 본성상 운동하지 않아야 하며, 영원한
30 운동은 영원한 것의 작용에 의해서, 하나의 운동은 하나의 원
동자의 작용에 의해서 운동해야 하는데, 우리의 관찰에 따르
면 이른바 부동적인 첫째 실체가 운동하게 해서 움직이는 온
세계의 단순한 이동과 별도로 행성들의 영원한 이동들이 있기
때문에 (왜냐하면 원환운동을 하는 물체는 영원하고 정지하지 않
는데, 이에 대해서는 자연학 저술에서 이미 밝힌 바 있다[88]) 그 이

---

87) 1073a25의 'prōtē aidion kai mia kinēsis'는 양파처럼 여러 겹의 천구들로 둘
러싸인 하늘의 가장 바깥에 있는 붙박이별들의 하늘(= 항성천구)의 운동을
가리킨다.
88) 원환운동을 하는 물체는 영원하며 정지하지 않는다. 행성들(planētai)은 원환
운동을 한다. 따라서 행성들은 정지함이 없이 영원히 운동한다. 그렇다면 이
런 행성들을 운동하게 하는 '그 자체의 본성상 부동적이고 영원한 실체'
(akinētos kath' hautēn kai aidios ousia, 1073a33-4)는 어떤 것들인가?

동 하나하나는 그 자체의 본성상 부동적이고 영원한 실체의 작   35
용에 의해 운동할 수밖에 없다. 왜냐하면 별들은 본성상 일종
의 영원한 실체이고 영원한 원동자는 운동하는 것에 앞서기 때
문에, 실체에 앞서는 것은 실체일 수밖에 없기 때문이다. 89)
그렇다면 분명히 별들의 운동의 수와 같은 수의 실체들이 있어
야 하고 그것들은 그 자체의 본성상 영원하고 부동적이어야 하
며, 앞서 말한 이유로 말미암아 크기를 갖지 않아야 한다. 90)

그렇다면 분명 원동자들은 실체들이고, 별들의 이동들이 따   1073b
르는 것과 동일한 질서에 따라 그 가운데 어떤 것은 첫째가고
어떤 것은 둘째간다. 하지만 이동들의 수를 우리는 수학적인
학문들 가운데 철학과 가장 밀접한 학문, 즉 천문학의 관점에   5
서 살펴보아야 한다. 왜냐하면 천문학은 감각적이지만 영원한
실체에 대해 이론적으로 연구하는 반면, 다른 수학적인 학문
들은 어떤 실체도 대상으로 삼지 않는데, 예컨대 수들에 대한
학문과 기하학이 그렇다. 이동들이 움직이는 것들보다 수가
더 많다는 것은, 제한된 범위 안에서 그 문제를 다룬 사람들에
게도 분명하다(왜냐하면 행성들 각각의 이동은 하나 이상이기 때
문이다). 91) 그 수가 얼마인지에 대한 이해를 얻기 위해 우리는   10
몇몇 수학자들이 하는 말을 인용하는데, 그 목적은 (추론적) 사
고를 통해 그 정확한 수를 파악하기 위해서다. 하지만 나머지

---

89) 별들, 즉 행성들이 영원한 실체(*aidios ousia*)로서 운동한다면, 그 운동을 있
   게 하는 부동의 원동자, 즉 '영원한 원동자'(*to kinoun aidion*)가 있어야 하고,
   운동하는 실체들뿐만 아니라 부동의 원동자도 실체여야 한다. 왜냐하면 실체
   에 앞서는 것은 실체여야 하기 때문이다.
90) 운동하지 않는 것은 질료가 없고, 질료가 없는 것은 공간적 크기를 갖지 않는
   다(*aneu megethous*).
91) '행성들'(*planōmena astra*), 예컨대 태양과 달에는 일주운동(日週運動)뿐만
   아니라 연주운동(年周運動)이 있다.

162

문제에 관한 한 우리 스스로 탐구해서 파악할 것들이 있는가
하면, 다른 탐구자들에게 들어서 파악해야 할 것들이 있으며,
15   만일 그 문제를 연구한 사람들이 우리가 방금 말한 것들과 어
긋나는 생각을 가지고 있다면, 우리는 양쪽을 모두 존중하되
더 엄밀한 입장들을 따라야 한다.

에우독소스[92]의 의견에 따르면 태양과 달의 이동은 각각 3
개의 천구에서 이루어지는데, 그 가운데 첫째 천구는 항성들
20   의 천구이고,[93] 둘째 천구는 황도대의 중심을 가로지르는
원[94]을 그리며 움직이는 천구이고, 셋째 것은 황도대의 폭을
가로지르는 경사로를 따라 원을 그리며 움직이는 천구[95]이다
(하지만 달이 움직이는 원의 기울기는 태양이 움직이는 원의 기울
기보다 더 크다[96]). 반면 행성들 각각의 이동은 4개의 천구에

---

92) 아래에서 아리스토텔레스는 당대 최고의 천문학자로 알려져 있던 크니도스
(Knidos)의 Eudoxos와 그의 제자인 퀴지코스(Kysikos)의 Kallipos의 천문학
이론을 소개한다.

93) 1073b18-9의 'hōn tēn men prōtēn tēn tōn aplanōn astrōn einai'을 그대로
옮겼다. 하지만 그 뜻은 태양의 운동을 낳는 첫째 천구(prōtē sphaira)는 항성
들의 천구와 같은 방식으로 운동한다는 말이다. 에우독소스는 동쪽에서 서쪽
으로 진행되는 태양의 일주운동을 이 천구의 운동 탓으로 여겼다.

94) 1073b19의 'ho dia mesōn tōn zōidiōn〈kyklos〉'는 1071a16의 '기울어진 원'
(ho loxos kyklos)과 똑같이 황도대의 중심을 가로지르는 태양의 궤도(황도)를
일컫는다. 태양의 연주운동을 설명하기 위해 도입된 것이다.

95) 황도와 경사각을 이루면서 원환운동을 하는 천구를 말한다.

96) 이런 천문학적 체계를 떠받치고 있는 기본생각을 로스는 다음과 같이 요약한
다. "태양과 달을 비롯한 행성들의 운동들은 한 벌의 동심천구 가설에 의해
설명된다. 이 설명에 따르면 각 천구의 축들은 그 천구 밖에 있는 인접 천구
의 표면에 고정되어 있다. 따라서 각 천구는 자기 자신의 운동을 그것 안에
있는 다음 천구에 전달하고, 첫째 원동자(prime mover)는 가장 바깥에 있는
천구를 움직임으로써 다른 모든 천구들을 움직인다. 첫째 원동자는 태양이 24
시간에 한 번씩 지구 둘레를 돌면서 움직이게 만들고, 그렇게 함으로써 낮과
밤의 리듬을 산출하며, 그런 뜻에서 지상에 있는 모든 생명체의 원인이 된다.

서 이루어지며, 그 가운데 첫째 천구와 둘째 천구는 앞서 언급
한 것들에 속하는 천구들과 동일하다(왜냐하면 항성들의 천구는   25
다른 모든 천구들을 움직이게 하며, 그것 아래 놓여 있으면서 황도
대의 중심을 가로지르는 원을 그리며 운동하는 천구는 그것들 모두
에 공통되기 때문이다). 각 행성의 셋째 천구의 운동축은 황도
대의 중심을 가로지르는 원 위에 놓여 있으며 넷째 천구의 이   30
동은 셋째 천구의 적도와 각을 이루면서 기울어진 원을 따라
진행된다. 셋째 천구의 운동축은 각 항성마다 서로 다르지만
금성과 수성의 운동축은 동일하다. 칼리포스는 천구들의 위치
를 〔즉, 그것들의 거리의 질서를〕 에우독소스와 똑같이 정해 놓
았지만, 그는 한편으로는 목성과 토성의 운동에 대해 에우독   35
소스가 배당했던 것과 똑같은 수의 천구들을 제시하면서도,
다른 한편으로는 현상들을 해명하려고 한다면 태양과 달에 2
개의 천구들을 추가해야 하고 나머지 행성들에 대해서는 각각
하나의 천구를 추가해야 한다고 생각했다.

　　하지만 모든 천구들이 합성되어 천체 현상들을 해명하려면,   1074a

　　하지만 파종과 추수, 동물들의 번식기를 낳는 계절의 리듬은 지상세계의 운영
에서 더욱 중요한데, 그 리듬은 황도를 따라 이루어지는 태양의 연주운동
(*yearly movement*) 탓이다. 생성이 어떤 곳에서 일어나건 그 일은 태양이 지
상의 그 장소에 접근할 때 이루어지고, 태양이 멀어지면 소멸이 일어난다
(《생성·소멸론》, 336a32, b6). 그리고 이런 운동은, 태양이나 달이나 행성
들이 갖는 각자의 천구들의 다른 운동들이 그렇듯이, '지성체들'(*intelligences*)
탓이다. 이것들 역시 '목적'으로서 운동을 낳는다(XII 1074a23). 다시 말해서
지성체들은 욕망과 사랑의 대상으로서 운동을 낳는다. 그것들이 첫째 원동자
에 대해 갖는 관계는 분명치 않지만, 첫째 원동자는 우주의 단일한 지배자이
고(1076a4) '하늘과 자연 전체가 의존하는'(1072b13) 것이기 때문에, 첫째
원동자는 욕망과 사랑의 대상으로서 지성체들을 움직인다고 가정할 수밖에
없다. 이 체계의 세세한 측면은 모호하게 남아 있지만, 천구(*heavenly sphere*)
하나하나는 각자에게 해당하는 '지성체'는 영혼과 육체의 통일체로서 각자에
게 해당하는 '지성체'를 욕망하고 사랑한다고 생각해야 할 것이다."

행성들 각각에 대해 (칼리포스가 가정한 천구들보다) 하나 적은 수의
다른 천구들이 있어서, 이것들은 (다른 천구들에) 역행하면서 각
각 바로 아래에 놓인 행성의 첫째 천구[97])를 똑같은 위치로 되
5 돌려 놓아야 한다. 왜냐하면 그런 방식을 통해서만 그 전체가
행성들의 이동을 낳을 수 있기 때문이다. 그런데 행성들 자체
의 이동이 이루어지는 천구들은 8개와 25개이며,[98]) 이들 가운
데 가장 아래 위치한 행성을 움직이는 천구들만이 역행의 작용
을 받지 않기 때문에 처음 두 행성의 천구들에 역행하는 천구
들은 6개일 것이고,[99]) 그 다음에 있는 4개의 행성의 천구들에
10 역행하는 천구들은 16개일 것이다.[100]) 그러므로 운반하는 천
구들과 그것들에 역행하는 천구들 전체의 수는 55개일 것이
다.[101]) 그리고 달과 태양에 우리가 언급한 운동들[102])을 덧붙

---

97) 1074a4의 'tou hypokatō tetagmenou astrou'는 바깥의 다른 행성을 기준으로
볼 때 더 안쪽에 위치한 행성을 가리킨다. 그런 뜻에서 로스는 그 구절을 'the
outermost sphere of the star which in each case is situated below the
star in question'으로 옮겼다. 예컨대 금성은 수성 바깥의 궤도를 따라 움직
이는데, 금성에는 그에 속하는 순행(巡行) 천구들과 더불어 그것들에 역행
(逆行)하는 천구들이 있고, 이때 금성에 속하는 역행 천구들의 운동은 그 아
래 있는 수성의 첫째 천구 ─ 즉, 수성에 속하는 천구들 중 가장 바깥에 있는
천구 ─ 를 제자리로 돌려놓는다고 생각해 볼 수 있다.

98) 칼리포스에 따르면 목성과 토성의 경우에는 각각 4개의 천구가 있고, 나머지
다섯 행성(달, 태양, 수성, 금성, 화성)의 경우 각각 5개씩 모두 25개의 천
구가 있다.

99) 1074a8-9의 '처음 두 행성의 천구들에 역행하는 천구들'(hai men tas tōn
prōtōn dyo anelittousai)에서 '처음 두 행성'은 가장 바깥에 있는 두 행성, 즉
목성과 토성을 가리킨다. 이 두 행성에는 각각 3개의 역행 천구들이 있다.

100) 태양, 수성, 금성, 화성에는 각각 5개의 순행 천구들과 그보다 하나 적은 4
개의 역행 천구가 있다.

101) 이 추정치를 도표로 표시하면 다음과 같다.

이지 않는다면, 전체 천구는 47개가 될 것이다.

  이제 천구들의 수가 이 정도라고 해보자. 그렇다면 부동적   15
인103) 실체들과 원리들도 그만큼 수가 많다고 가정해야 이치
에 맞다(필연성 있는 설명은 더 능력 있는 사람들에게 맡겨 두기로
하자). 하지만 별의 이동에까지 미치지 않는 이동은 존재하지
않으며, 다른 것의 작용을 받지 않고 그 자체로서 가장 좋은
상태에 있는 자연적인 것과 실체는 모두 목적이라고 생각해야
한다면, 그런 실체들과 별도로 다른 어떤 자연적인 것이 있을   20
수는 없는 일이고 실체들의 수는 지금까지 말한 만큼 있어야
한다. 왜냐하면 만일 다른 실체들이 있다면, 그것들은 이동의
목적으로서 운동을 낳겠지만, 위에서 말한 것들 이외에 다른
이동은 있을 수 없기 때문이다. 그리고 이동하는 것들104)을
놓고 볼 때 그렇게 가정하는 것이 이치에 맞다.105) 그 이유는
이렇다. 만일 다른 것을 운반하는 것이 모두 본성상 이동하는   25
것을 위해 있고 모든 이동이 이동하는 어떤 것을 위해서 있다
면, 어떤 이동도 자기 자신을 위해서나 다른 어떤 이동을 위해

	토성	목성	화성	금성	수성	태양	달	
에우독소스	4	4	4	4	4	3	3	26
칼리포스	4	4	5	5	5	5	5	33
아리스토텔레스	7	7	9	9	9	9	5	55

102) 1073b35, 38-1074a4를 참고.

103) 1074a16의 'kai tas aisthētas'는 Jaeger의 추정에 따라 삭제했다.

104) 1074a25에는 'ta kinoumena'가 아니라 'ta pheromena'가 쓰였다. 지금 논의
    되는 것이 장소운동 혹은 이동(phora)을 하는 것이기 때문에 이 표현을 쓴
    것 같다. 어쨌든 이 표현은 행성들을 가리킨다.

105) 위에서 아리스토텔레스는 행성들의 운동을 설명하기 위해 55개 또는 47개의
    천구의 운동을 가정했다. 그리고 목적인으로서 각 천구의 운동을 낳는 부동
    의 원동자를 가정했다. 아리스토텔레스는 이것들 이외에 다른 실체를 추가
    가정할 필요를 인정하지 않는다.

서가 아니라 별들을 위해서 있기 때문이다. 왜냐하면 어떤 이동이 다른 이동을 위해서 있다면, 이 뒤의 이동 역시 다른 어떤 것을 위해 있어야 할 것이기 때문이다. 따라서 이런 과정이

30 무한히 진행될 수는 없기 때문에, 모든 이동의 목적은 하늘에서 이동하는 신적인 물체들106) 가운데 하나일 것이다.

하지만 하늘은 분명히 하나다. 왜냐하면 사람들이 여럿인 것처럼 하늘도 여럿이라면, 각각의 하늘과 관계하는 (운동의) 원리는 종은 하나지만 수가 여럿일 것이기 때문이다. 하지만 수가 여럿인 것은 질료를 갖는다(왜냐하면 하나의 동일한 정식,

35 즉 사람에 대한 정식은 여러 대상에 적용되지만 소크라테스는 하나이기 때문이다). 하지만 첫째 본질은 질료를 갖지 않는데, 그것은 완전한 상태이기 때문이다.107) 그러므로 첫째 부동의 원동자는 정식에서뿐만 아니라 수에서도 하나이다. 그 결과 움직여지는 것 역시 영원하고 연속적으로 움직인다. 그러므로 하나의 하늘이 있을 뿐이다.108)

1074b 먼 옛날의 선인들은 신화의 형태를 빌어, 이들이 신들이고 신적인 것이 전체 자연세계를 에워싸고 있다는 전승을 후대에

5 남겼다. 하지만 그런 전승의 나머지 부분은 대중에 대한 설득을 고려하거나 관습법과 이익에 부합하는 활용가능성을 고려해서 나중에 신화적으로 덧붙여졌는데, 왜냐하면 그들은 이 신들이 사람의 모습을 가지고 있고 다른 동물 중 몇몇과 유사

---

106) 1074a30-1의 'pheromenōn ti theiōn sōmatōn kata ton ouranon'은 바로 위에서 말한 '별들'(astra)을 가리킨다.

107) 1074a35-6: "to de ti ēn einai ouk echei hylēn to prōton' etelecheia gar." '첫째 본질'은 첫째 부동의 원동자(to prōton kinoun akinēton)를 가리킨다. XII 7, 1072a25를 참고.

108) 로스의 추측에 따르면 이 단락은 아리스토텔레스가 초기에 쓴 단편으로, 나중에 쓴 장에 삽입되었다.

하다고 말하기 때문이다. 그들은 또한 이것들에 부합하는 다른 것들과 앞서 말한 것들과 비슷한 것들에 대해 말한다. 우리가 이런 것들을 떼어놓고 그 첫 번째 점, 즉 사람들은 첫째 실체들을 신들이라고 생각했다는 것만을 취한다면, 이런 말을 신적 영감에서 유래한 것이라고 여겨야 할 것이다. 또한 각각　10 의 기술과 철학이 ― 능력이 미치는 만큼 ― 수시로 발명되었다가 다시 사라졌지만, 위에서 우리가 소개한 의견들은 말하자면 그런 기술과 철학이 남긴 유물처럼 오늘날까지 보존되어왔다. 그렇다면 선조들의 의견과 선대인들이 남긴 의견 가운데 우리에게 분명한 것은 이 정도뿐이다.

9. 신적 사유는 가장 신적인 것을 대상으로 삼아야 하며, 그런 대상은 자기 자신이다. 질료가 없는 대상을 사유하는 경우 사유와 사유대상은 하나다

　지성에 대한 논의는 몇 가지 의문을 낳는다. 일반적 의견에　15 따르면 그것은 현상적인 것들[109] 가운데 가장 신적인 것이지만, 그것이 어떻게 그런 성질을 가질 수 있는지는 몇 가지 어려움을 낳기 때문이다. 만일 지성이 아무것도 사유하지 않는다면, 거기에 무슨 위엄이 있겠는가? 그것은 마치 잠자는 자와 같은 상태에 있을 것이다. 한편 만일 그것이 사유하지만 다른 어떤 것이 그 사유를 주도한다면, 그것의 실체는 사유[110] 가　20 아니라 능력일 것이기 때문에, 그것은 가장 좋은 실체일 수 없

---

109)　로스(*Metaphysics* II, 399)의 지적대로, 여기서 말하는 '현상적인 것들'(*ta phainomena*)은 감각뿐만 아니라 지성에 드러나는 것들 모두를 가리키는 것으로 보아야 할 것이다.

110)　이 장 전체에 걸쳐 'noēsis'는 사유의 능력(*dynamis*)에 대비되는 현실적인 활동으로서의 사유를 가리킨다.

을 터인데, 그 이유는 그것에 고귀함이 속하는 것은 사유함을 통해서이기 때문이다. 더욱이 그것의 실체가 지성이건 사유이건, 도대체 그것은 무엇을 사유하는가? 그것은 자기 자신을 사유하거나 다른 어떤 것을 사유할 것이다. 그리고 다른 어떤 것을 사유한다면, 그것은 항상 동일한 것이거나 다른 것일 것이다. 그렇다면 (신적 지성이) 훌륭한 것을 사유하는가 아무것이나

25 사유하는가에 따라 어떤 차이가 있는가 그렇지 않은가? 그것이 (추론을 통해) 사고하기에 불합리한 것들이 있지 않을까? 그것은 분명 가장 신적이고 고귀한 것을 사유하며, 변화하지도 않는다. 왜냐하면 (이러한 경우의) 변화란 더 나쁜 것으로의 이행일 것이며, 그런 것은 이미 일종의 운동일 것이기 때문이다.

그렇다면 첫째로, 만일 (신적 지성이) 사유가 아니라 능력이라면, 연속적인 사유는 당연히 그에게 피곤한 일이 될 것이다.

30 둘째로, 그럴 경우 지성보다 더 고귀한 어떤 것, 즉 사유되는 것이 있을 것이다. 왜냐하면 사유함과 사유는 가장 나쁜 것을 사유하는 자에게도 속할 것이므로, 그런 일을 삼가는 것이 마땅하다면(왜냐하면 어떤 경우에는 보지 않는 것이 보는 것보다 더 낫기 때문이다), 사유는 가장 좋은 것일 수 없기 때문이다. 그러므로 사유는, 만일 그것이 가장 좋은 것이라면, 자기 자신을 사유하고, 그 사유는 사유에 대한 사유이다.

35 하지만 분명 학문적 인식, 감각, 의견, (추론적) 사고는 언제나 다른 어떤 것을 그 대상으로 삼으며, 부수적으로 자기 자신을 대상으로 삼는다. 더욱이 만일 사유와 사유됨이 서로 다르다면, 둘 중 어떤 방식으로 좋은 상태가 그것에 속하는 것일까? 왜냐하면 사유활동임과 사유대상임은 동일한 것이 아니기 때문

1075a 이다. 111) 하지만 우리는, 어떤 경우 학문적 인식이 곧 대상 자체라고 말할 수 있을 것인데, 제작적인 학문들의 경우에는 질

료가 없는 실체와 본질이 대상이요, 이론적인 학문들의 경우에
는 정식과 사유활동이 대상이다. 그렇다면 질료를 갖지 않는
것들의 경우, 사유되는 것과 지성은 서로 다르지 않기 때문에
동일할 것이며, 사유활동은 사유되는 것과 하나일 것이다. 112)   5
   또한 사유되는 것이 합성체인가라는 문제가 남아 있으니,
그 까닭은 그럴 경우 (신적 지성은) 전체의 부분들 사이를 오가며
변화할 것이기 때문이다. 아마도 질료를 갖지 않는 것은 모두
분할불가능할 것이다. 그래서 마치 합성체들에 대한 인간의
지성113)이 시간 속에 놓여 있듯이 (왜냐하면 그것은 이런 순간

---

111) 1074b38의 'to einai noēsei'와 'to einai nooumenoi'를 보니츠는 'Denken-
   sein'과 'Gedachtes-sein'으로, 로스는 'thinking'과 'being thought'로 옮겼
   다. '사유임'과 '사유대상임'은 각각 신적인 사유의 두 측면, 즉 주체적 측면과
   대상적 측면을 나타낸다. 'to einai noēsei'와 같은 표현법에 대해서는 VII 4,
   1029b15에 대한 주석과 XII 10, 1075b4 아래에 대한 주석을 참고.

112) 《영혼론》 III 4, 430a2 아래의 다음과 같은 진술을 참고하라. "그것 (=지성)
   역시 (…) 사유대상들과 마찬가지로 사유의 대상이 될 수 있다. 왜냐하면
   질료 없는 것들의 경우 사유하는 것 (사유주체, *to nooun*)과 사유되는 것 (사
   유대상, *to nooumenon*)은 동일하기 때문이다. 말하자면 이론적 인식과 그
   런 인식의 대상은 동일하다." 현실화된 지성 (현실적으로 사유활동을 하는 지
   성)과 현실화된 사유대상 (사유활동을 하는 지성에 의해, 가능적인 사유대상
   으로부터 현실적인 사유대상으로 변화된 사유대상)은 동일하다. 그리고 이
   는 현실적인 감각과 현실화된 감각대상의 경우에도 마찬가지다 (《영혼론》 II
   12, 424a25과 III 2, 425b26 아래를 참고). Ross, *Metaphysics* II, 379를
   참고. 만일 이런 의미의 동일성을 배경으로 본다면, 그 본성상 현실태 혹은
   현실적 활동인 신적 사유의 경우, 사유와 사유대상은 언제나 동일할 것이다.
   이에 대한 최근의 논의로는 A. Kosman, "Metaphysics Λ 9: Divine Thought",
   in: M. Frede and D. Charles (eds.), 앞의 책, 319 아래를 참고.

113) 1075a8의 'hōsper ho anthrōpinos nous ē ho ge synthetōn'은 해석하기 쉽
   지 않다. 로스는 'as human thought, or rather the thought of composite
   beings'로 옮겼다 (Ross, *Metaphysics* II, 398 아래를 참고). 하지만 여기서
   쓰인 'synthetōn'이 1075a5의 'synthetōn'과 다른 것을 뜻한다고는 보기 어렵
   다. 그래서 이 번역에서는 보니츠 (*Metaphysica* II, 518)를 따라 'ē'를 빼고

170

저런 순간에 좋은 상태에 놓여 있는 것이 아니고, 그것의 가장 좋
은 상태는—이것은 다른 어떤 것이기 때문에—어떤 전체 시간 안
10 에 놓여 있기 때문이다), 자기 자신에 대한 사유활동 자체는 영
원한 시간에 걸쳐 있을 것이다.

10. 세계의 최고선은 그것을 이루는 부분들의 질서 가운데 놓여 있고, 세계의 지배원리에도 있다. 다른 철학자들의 이론에 따르는 어려움들

우리는 또한 세계 전체의 본성[114]이 둘 가운데 어떤 방식으
로 좋음과 최고선을 갖는지,[115] 즉 그것이 분리된 상태로 그
자체로서 있는지 아니면 질서 가운데 있는지 살펴보아야 한다.
아마도 군대가 그렇듯이, 그 두 방식 모두에 따라 그럴 것이
다. 그 경우 좋음은 질서 안에도 있지만 사령관도 좋은 것이

읽었다. 그렇게 읽는다면, 그 논지는 아마도 롤페스(*Metaphysik* 2, 408,
Anm. 68)의 다음과 같은 풀이에서 크게 벗어나지 않을 것이다. "절대적 사
유의 대상, 즉 신적인 실체는 단순하고 분할불가능하다. 인간의 사유는, 개
별적이고 시간적인 계기 속에서 사유될 수 있고 그렇게 함으로써 사유주체를
변화시킬 수 있는 개념들의 결합에 의존한다. 그에 걸맞은 대상, 물질적인
것 역시 질료적이고 분할가능하다. 인간의 사유는 서로 분리된 것을 결합하
는 판단 속에서야 비로소 완성에 이른다. 하지만 절대적 사유는 그의 전체
내용을 지성의 순간적인 바라봄 속에서 파악하며 그런 이유 때문에 영원히
완전한 상태에 있다."
114) 여기서 쓰인 표현 '세계 전체의 본성'(*he tou holou physis*)은 1076a1의 tēn
tou pantos ousian(세계 전체의 실체)과 같은 뜻으로 보아야 할 것이다. 둘
다 세계의 본질, 즉 내적 구성과 짜임새를 가리키는 표현이다. physis는 아
리스토텔레스의 저술 여러 곳에서 ousia와 같은 뜻으로 쓰인다. 예를 들어 V
4, 1014b35 아래를 보라.
115) 1075a10의 '좋음'(*to agathon*)과 '최고선'(*to ariston*)은 물론 도덕적 선만을
뜻하는 것이 아니다. 그 안에는 도덕적 관념, 유용성의 관념, 미적 관념이
모두 들어 있다.

며, 뒤의 것이 더욱 그렇다. 왜냐하면 그가 그 질서에 의존하
는 것이 아니라 그 질서가 그에게 의존하기 때문이다. 그런데   15
모든 것은 어떤 방식으로든 함께 질서를 이루고 있지만 그 방
식은 똑같지 않다. 물고기들과 새들과 식물들이 그런데, 이것
들은 서로 아무 관계없이 있는 것이 아니라 어떤 관계 속에 놓
여 있다. 왜냐하면 그 모든 것은 하나와의 관계 속에서 함께
질서를 이루고 있지만, 그 방식은 마치 집 안의 사정과 똑같아
서 자유민들은 집 안에서 우연히 닥치는 것을 아무것이나 할
수 있는 여지가 거의 없이 모든 일 또는 거의 모든 일이 질서
에 따라 정해져 있지만, 노예들과 짐승들은 공통적인 것을 위   20
해 하는 일이 적고 대다수의 경우 우연히 닥치는 것을 아무것
이나 하는 것과 똑같으니, 그 까닭은 그것들116) 각각의 본성
은 바로 그런 종류의 원리이기 때문이다. 모든 것은 필연적으
로 서로 분리된 상태로 돌아갈 수밖에 없고, 이런 방식으로 모
든 것들이 전체를 위해 공유하는 다른 점들이 있다. 117)   25

---

116) 세계를 구성하는 모든 것들을 말한다.

117) 1075a23-4의 "eis ge to diakrithēnai anankē apasin elthein"의 뜻은 분명하
지 않다. 로스는 "[…] all must at least come to be dissolved into their
elements (sc. in order that higher forms of being may be produced by
new combinations of the elements)"로 옮겼다. 하지만 세계 안에 있는 것
들은 각자의 본성에 따라 여기저기 흩어져 작용하면서도, 전체의 선 또는 유
익을 위해 공통적으로 하는 것이 있다는 뜻으로 볼 수도 있을 것이다. 이런
뜻에서 보면, 아리스토텔레스의 논지는 — 롤페스(*Metaphysik* 2, 408,
Anm. 70)를 따라 — 대체적으로 다음과 같이 풀이할 수 있을 것이다. "보다
높은 자리에 있는 것들은 낮은 자리에 있는 것들보다 전체를 위해 더 많이
봉사한다. 따라서 그것들은 더욱 엄격한 법칙에 묶여 있다. 천체들은 더 높
은 정도의 규칙성에 따라 운동하는 반면, 달 아래의 세계, 생성과 소멸의 영
역은 훨씬 더 높은 정도로 우연에 내맡겨져 있으니, 이런 우연성은 기형의
탄생이나 기상이변 등에서 볼 수 있다. 하지만 여기에도 넘어설 수 없는 확
고한 질서들이 있다. 그래서 예컨대 각각의 자연물은 그 나름의 본성을 가지

　　이와 다른 주장을 내세우는 사람들이 도달하는 불가능하거나 불합리한 결과들이 얼마나 많은지, 더 고상한 방식으로 주장하는 사람들이 말하는 것은 어떤 것들이고 의문의 여지가 가장 적은 것은 어떤 주장들인지를 간과해서는 안 된다. 그 내용은 이렇다. 모든 사람은 모든 것이 대립자들로부터 생긴다고 주장한다. 그러나 '모든 것'이 생긴다는 주장도, '반대자들로부터' 생긴다는 주장도 옳지 않으려니와, 반대자들을 안에 갖고 있는 것들의 경우 어떻게 그것들이 반대자들로부터 유래하는지에 대해서도 그들은 설명하지 못하는데, 그 까닭은 반대자들은 상대방의 작용에 의해 아무 수동적인 변화도 겪지 않기 때문이다.118) 우리가 제3의 어떤 것을 상정하면 이런 의문은 자연스럽게 해결된다. 반면 다른 사람들은 반대자들 가운데 어느 하나를 질료로 삼는데, (양적인) 동일에 대해 (양적인) 비동일을, 하나에 대해 여럿을 질료로 삼는 사람들이 그렇다.119) 그러나 이 역시 똑같은 방식으로 해결되는데, 그 까닭은 하나의 질료는120) 어떤 것에도 반대되지 않기 때문이다. 더욱이 (우리가 비

며, 이 본성에 따라 대자연의 집 안에서 정해진 자리를 지키고 있다. 그에 반해 소멸함이 없는 하늘에서는 거기 있는 것 모두가 전체에 복무할 수밖에 없도록 정해져 있다. 우주 전체를 이끌어가는 위대한 아버지가 각자에게 내리는 명령은 똑같지 않다. 자연물들이 가진 서로 다른 본성은 그의 의지의 계시이며, 이 본성은 자연물들의 고유한 활동의 법칙이다."

118) 예컨대 뜨거움이 차가움이 되거나 차가움이 뜨거움이 되는 일은 없다는 뜻에서 반대자들은 상대방의 작용에 의해 아무 수동적인 변화도 겪지 않는다 (*apathē*). 오직 차가운 '것'이 뜨거운 '것'으로 되거나, 뜨거운 '것'이 차가운 '것'으로 될 뿐이다. 따라서 이런 변화를 겪는 것은 차가움도 뜨거움도 아닌 제3의 기체이다. XII 1, 1069b4 아래와 VIII 1, 1042a32 아래를 참고.

119) XIV 1, 1087b4 아래를 참고. 양적인 비동일(*to anison*)을 질료로 삼는 사람은 플라톤을, 여럿(*ta polla*)을 하나에 대한 질료로 삼는 사람들은 피타고라스학파나 스페우시포스를 가리킨다.

판하는 견해에 따르면) 하나를 제외한 모든 것들은 나쁜 상태에 관
여할 것인데, 그 까닭은 나쁨 자체는 두 요소 가운데 하나이기
때문이다. 121) 또 다른 사람들은 좋음과 나쁨을 원리들로 내세
우지 않지만, 좋음은 모든 것 가운데 최고의 원리이다. 122) 어
떤 사람들은 그것을 원리로 삼는다는 점에서는 옳지만, 어떻게
좋음이 원리인지, 즉 그것이 목적으로서 그런지 운동인으로서   1075b
그런지 형상으로서 그런지 말하지 않는다. 123) 엠페도클레스
역시 불합리한 의견을 펼친다. 왜냐하면 그는 사랑이 좋은 것
이라고 말하는데, 그것은 운동인이라는 뜻에서 원리이기도 하
고 (사랑은 결합시키기 때문이다) 질료라는 뜻에서 그렇기도 하
다. 왜냐하면 그것은 혼돈의 한 부분이기 때문이다. 124) 하지   5
만 동일한 것이 질료라는 뜻에서 원리이기도 하고 운동인이라

---

120) 1075a34는 다른 사본들과 로스를 따라 "hē gar hylē hē mia oudeni enantion"
　　으로 읽었다. 하나의 질료란 '반대자들 밑에 있는 질료'를 말한다.
121) 여기서 말하는 '하나'(hen)는 플라톤의 하나일 것이고, '나쁨' 또는 '악'(to
　　kakon)은 그 하나의 대립자인 '여럿'일 것이다.
122) 좋음(to agathon)을 모든 것의 원리 또는 시작으로 삼지 않았던 피타고라스
　　학파와 스페우시포스를 겨냥한 비판이다. 1072b30 아래를 참고.
123) 좋음의 이데아를 내세운 플라톤을 두고 하는 말이다.
124) D-K, 31 B 17, 18-20을 참고. B 20에서 엠페도클레스는 사람과 물고기와 짐
　　승과 새들을 지배하면서 번갈아 우세를 보이는 사랑(Philia)과 싸움(Neikos)의
　　작용에 대해 이렇게 말한다. "이는 사람의 몸에서 분명히 드러난다. 때로는
　　몸을 이루는 모든 지체가 피어나는 생의 절정에서 하나로 모이고, 때로는 나
　　쁜 뜻을 가진 싸움에 의해 다시 사분오열 나뉘어 제 각각 생의 가장자리에서
　　이리저리 방황한다. 덤불이나 물에 사는 물고기들이나 산에 사는 짐승들이나
　　날아다니는 새들도 이와 같다." 한편 B 17에서는 사랑을 네 요소들과 더불어
　　복합체의 한 부분을 이루는 것처럼 기술하고 있다. "사랑은 그것들 가운데서
　　똑같은 넓이와 폭을 갖고 있도다 … 생각건대, 그것은 죽을 것들의 지체들 속
　　에 들어 있으니, 그로 말미암아 그들은 사랑의 뜻을 품고 화합을 이룬다. 사람
　　들은 그것을 일러 즐거움(Gēthosynē) 또는 아프로디테라고 부른다."

는 뜻에서 그렇기도 하다고 해도, 그 둘의 본질은 동일하지 않다. 125) 그렇다면 사랑은 둘 가운데 어떤 것인가? 싸움이 불멸한다는 주장도 불합리한데, 그의 주장에 따르면, 나쁨의 본성은 바로 싸움에 놓여 있기 때문이다. 126) 아낙사고라스는 운동을 낳는 자라는 뜻에서 좋음을 원리로 삼는데, 그 까닭은 지성은 운동을 낳기 때문이다. 하지만 그것은 어떤 것을 위하여127)

10 운동을 낳는데, 따라서 그것은 ─ 우리가 앞서 말했던 것과 같은 방식을 따라 (의술이 어떤 의미에서 건강이라고) 말하지 않는다면128) ─ 지성과 다른 어떤 것이어야 한다. 또한 좋음 및 지성에 반대되는 것을 주장하지 않는다는 것 또한 불합리하다. 129)

---

125) "사랑은 질료이다"와 "사랑은 운동인이다"라고 말한다면, 이 두 진술을 통해 '사랑'에 두 가지 서로 다른 존재, 즉 질료임 혹은 질료로서의 존재 (hylēi einai) 와 운동인임 혹은 운동인으로서의 존재 (kinounti einai) 가 속한다. 하지만 그 두 존재가 함께 사랑에 속한다고 하더라도, 적어도 정의의 관점에서는 그 둘은 서로 다르다. 1074b38의 표현법을 참고.

126) D-K, 31 B 20의 '나쁜 뜻을 가진 싸움에 의해' (kakēisi … Eridessi) 라는 표현을 참고.

127) 1075b9의 'heneka tinos'는 '어떤 것 때문에'라고 옮길 수도 있겠지만, 지금의 문맥에서는 목적으로서의 원인을 가리키는 것이기 때문에 '어떤 것을 위하여'라고 옮기는 것이 적절하다.

128) 지성은 세계질서의 근거로서 좋은 것이라고 불릴 수 있다. 하지만 그것은 어떤 것을 위해서 운동을 낳기 때문에, 그것은 이 목적에 의해 움직여지는 것처럼 보인다. 하지만 신적인 지성의 경우 사유되는 것과 사유하는 지성은 하나이다 (위의 XII 9, 1075a3을 참고). 이런 사유대상과 사유주체의 통일성은 ─ 제한적 형태에서이긴 하지만 ─ 유한한 지성의 경우에도 나타난다. 왜냐하면 의사가 가지고 있는 의술은 어떻게 보면 사상 속에서 파악된 건강이고, 이에 따라서 치료과정이 진행되기 때문이다. VII 7, 1032a5 아래를 참고.

129) 아리스토텔레스는 I 6에서 아낙사고라스가 좋음과 나쁨을 대립적 원리로 내세운다고 말한다. 이런 발언을 배경으로 해서 보면, 아낙사고라스가 만물의 혼재상태 (homou panta) 를 지성이나 좋음의 대립자로서 분명하게 파악하지 못했다는 것이 그에 대한 아리스토텔레스의 비판인 듯하다.

하지만 반대자들을 내세우는 사람들은 모두, 누군가 나서서 그
주장에 모양새를 부여하지 않는 한, 130) 그것들을 활용하지 않
는다. 그리고 무엇 때문에 어떤 것들은 가멸적이고 어떤 것들
은 불멸적인지, 어느 누구도 말하지 않는데, 왜냐하면 그들은
모든 것이 동일한 원리들로부터 생긴다고 주장하기 때문이   15
다. 131) 더욱이 어떤 사람들은 있는 것들이 있지 않은 것으로부
터 생긴다고 주장하는 반면, 다른 사람들은 그런 주장의 필연
성을 회피하기 위해 모든 것이 하나라고 주장한다. 132) 더욱이
무엇 때문에 언제나 생성이 있으며, 생성의 원인은 무엇인지,
누구도 말하지 않는다. 133) 그리고 두 가지 원리를 내세우는 사
람들은 더 주도적인 다른 원리를 상정하지 않을 수 없다. 134)
형상들을 내세우는 사람들의 경우도 마찬가지인데, 더 주도적
인 다른 원리가 있기 때문이다. 무엇 때문에 관여가 일어났고   20
관여가 있는지 그 이유를 말해야 하기 때문이다. 그리고 다른
사람들의 의견에 따르면 지혜와 가장 고귀한 학문에 반대되는
어떤 것이 필연적으로 있어야 하지만, 135) 우리의 의견에 따르

---

130) 'rhythmizein'를 '모양새를 부여하다'는 말로 옮겼다. 그 말은 본래 '형태'
    (rhythmos)의 동사형으로 '형태를 부여하다', '정돈하다'의 뜻이 있는데, 로
    스는 'bring into shape'로 옮겼다. I 4, 985a4와 I 8, 989a30에서 아리스토
    텔레스는 대립자 이론의 맥락에서 각각 엠페도클레스와 아낙사고라스의 주
    장의 속뜻을 드러내어 그것에 모양새를 부여하려고 한다.
131) III 4, 1000a5-b21을 참고.
132) 앞의 사람들은 우주생성론을 내세운 헤시오도스를 비롯한 신학자들이나 자
    연철학자들을, 뒤의 사람들은 생성을 부정한 파르메니데스와 멜릿소스
    (Melissoss)를 가리킨다.
133) 여기부터 1076a4에 이르는 부분에는 생성과 운동의 원인에 대해 충분한 설
    명을 제시하지 않은 데 대한 비판뿐만 아니라 자연철학자들과 플라톤주의자
    들에 대한 일반적 비판이 함께 포함되어 있다.
134) 여기서 말하는 '더 주도적인 원리'(archē kyriōtera)란 운동인을 가리킨다.

면 그렇지 않은데, 첫째가는 것에 반대되는 것은 없기 때문이
다. 그 이유는 이렇다. 반대되는 것들은 모두 질료를 가지며,
그것들은 가능적으로 있다. 그런데 지혜에 반대되는 무지는
25 (지혜의 대상에) 반대되는 것과 관계하겠지만, (지혜의 대상인) 첫째
가는 것에 반대되는 것은 없다. 136) 더욱이 감각적인 것들과 떨
어져서 다른 것들이 있지 않다면, 시작도, 질서도, 생성도, 천
체들도 없을 것이고, 137) 언제나 시작의 시작이 있을 텐데, 신
학자들이나 자연학자들의 경우에 모두 그렇다. 138) 하지만 형
상들이나 수들이 있다면, 그것들은 어떤 것의 원인도 되지 못
할 것이다. 그렇지 않다면 적어도 운동의 원인은 되지 못할 것
30 이다. 더욱이 어떻게 연장이 없는 것들로부터 연장물과 연속체
가 생겨날 수 있는가? 왜냐하면 수는 연속체를 만들어낼 수 없
을 것이기 때문인데, 운동을 낳는 것으로서도 그럴 수 없고 형

---

135) 모든 것에는 그것에 반대되는 것이 있다고 한다면, 지혜에도 역시 반대되는
어떤 것(*ti enantion*)이 있어야 할 것이다. 로스의 지적대로, 여기서 아리스
토텔레스의 발언은 《국가》 477A 아래를 연상시킨다. 거기서 플라톤은 무지
(*agnosia*)를 지식(*gnōsis*)에 반대되는 것으로 보면서 그 둘을 각각 있지 않
은 것(*to mē on*)과 있는 것(*to on*)과 결부시킨다.
136) 로스의 지적대로 만일 철학과 대립하는 무지가 있다면, 그것은 철학의 대상
인 첫째가는 것(*to prōton*)에 대립되는 어떤 대상을 가져야 할 것이다. 하지
만 첫째가는 것은 어떤 반대자도 갖지 않는다.
137) 로스(*Metaphysics* II, 404)의 해설대로, 감각적인 것들과 떨어져 있는 것들
이 없다면, (1) 첫째 원리도 없고, (2) 질서도 없다. 왜냐하면 질서가 있으
려면 질료와 분리된 영원한 것이 있어야 하기 때문이다(1060a26). (3) 생성
도 없고(1072a10-8), (4) 천체의 운동도 없다. 천체의 운동은 감각적인 것
들과 분리된 첫째 운동인에 의존하기 때문이다.
138) 이를테면 헤시오도스의 《신들의 계보》(116행 아래)에 따르면 만물의 시작은
카오스이지만, 이 카오스 자체는 영원히 있었던 것이 아니고 어떤 시점에서
생긴 것이다. 카오스가 만물의 시작이라면, '시작의 시작'(*archē tēs archēs*)
이 있는 셈이다.

상으로서도 그럴 수 없다. 하지만 본성적으로 제작능력과 운동
능력을 갖는 것은 결코 반대자들에 속할 수 없으니, 그렇다면
그런 원리는 있지 않을 수도 있을 것이기 때문이다. 적어도 제
작활동은 능력보다 뒤에 온다. 그러므로 있는 것들은 영원하지
않을 것이다. 하지만 그것들은 지금 있으니, 결국 이런 주장들
가운데 어느 하나는 버려야 한다.[139] 어떻게 그런지는 이미 이
야기했다.[140] 더욱이 어떤 것에 의해서 수들이 하나가 되는   35
지, 또는 영혼과 육체, 일반적으로 형상과 사물이 하나가 되는
지, 이에 대해 어느 누구도 말하지 않는데, 우리처럼 운동을
낳는 것이 그것들을 하나로 만든다고 말하지 않는 한, 어느 누
구도 설명할 수 없을 것이다. 그리고 수학적인 수를 첫째가는
것으로 삼고 한 종류의 실체에는 항상 다른 종류의 실체가 뒤   1076a
따라 나온다고 말하면서 각 실체의 원리들이 다르다고 주장하
는 사람들은 온 세계의 실체를 삽화적인 것으로 만들면서 (왜
냐하면 어떤 실체가 있건 없건 다른 실체에는 아무 영향을 미치지
않을 것이기 때문이다) 여러 원리들을 내세우는데,[141] 사실 있

---

139) 1075b30-4에 대해서는 로스(*Metaphysics* II, 405)의 다음과 같은 해설을 참
고. "하지만 반대자들 가운데 어떤 것도 그 본성상 제작과 운동의 원리(*a
principle of production and of motion*)일 수 없다. 왜냐하면 반대자들은 있
지 않을 가능성을 내포하고 있고, 어쨌든 그것의 작용시기는 단순히 작용할
능력을 갖고 있는 시기보다 나중에 올 수밖에 없다. 그러므로 그런 원리에
의존해서는 사물들이 영원히 있을 수 없다. 그러므로 있는 것들은 영원하지
않다. 하지만 실제로는 영원히 있는 것들이 있다. 그러므로 우리는 우리의
가정들 가운데 하나를 버려야 한다." 다시 말해서 오로지 반대자들만이 사물
들의 원리들이라는 가정을 버려야 한다. 현실적이고 영원한 실체인 첫째 원
리가 있어야 한다.

140) 모든 대립자는 질료를 가지며 가능태에 있다. 하지만 첫째 운동은, 앞의 6
장에서 보았듯이, 순수한 현실적인 활동으로부터 온다. 현실적인 활동이 가
능적인 능력보다 뒤에 온다는 말은 순수한 현실적인 활동에는 적용되지 않는다.

141) 스페우시포스가 이런 주장을 내세웠다. XIV 3, 1090b13 아래를 보라. 《시

는 것들은 나쁜 통치를 받으려고 하지 않는다.

"여럿의 지배는 좋지 않다. 하나의 지배자만 있게 하라."142)

학》(1451b34)에서는 '여러 삽화들이 개연성도 필연성도 없이 연속되는 플롯'
을 일컬어 '삽화적인 것'이라고 부르는데, 스페우시포스의 이론은 세계 전체
의 실체(*he tou pantos ousia*)를 이런 식으로 짜임새 없는 '삽화적인 것'
(*epeisodiōdē*)으로 만든다고 아리스토텔레스는 비판한다.

142) 《일리아스》 2. 204를 참고.

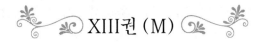

XIII권 (M)

1. 부동적이고 영원한 실체들에 대한 논의. 이런 종류의 실체들로서 사람들은 수학의 대상들과 이데아들을 내세운다. 우리는 먼저 수학의 대상들을 다루고, 그 다음에 이데아들을 다룬다. 그런 뒤 수들과 이데아들이 감각물들의 실체라는 의견을 검토한다. (I) 수학의 대상들

감각물들의 실체에 대해서는 그것이 무엇인지 이미 이야기했다. 자연학 저술의 탐구과정에서는[1] 질료에 대해, 그 뒤에는[2] 현실적인 실체에 대해 이야기했다. 하지만 우리의 고찰은 감각적 실체들과 떨어져 있는 부동적이고 영원한 실체가 있는지 없는지, 있다면 무엇인지에 대한 것이기 때문에, 먼저 다른 사람들의 주장들을 살펴보아야 한다. 그렇게 하는 목적은 그들이 무언가 옳지 않은 말을 하고 있다면, 우리가 똑같은 주장에 말려들지 않기 위함이고 그들과 우리에게 공통된 어떤 교설이 있다면, 그에 대해 오직 우리 자신에게만 불만을 품지 않기 위함이다. 왜냐하면 누군가 앞 세대 사람들에 비해 더 훌륭한

10

15

---

1) 《자연학》 I권을 가리킨다.
2) 《형이상학》 VII권과 IX권을 가리킨다.

180

말을 하면서 더 수준 낮은 말을 하지 않는다면, 우리는 그 정도로 만족해야 하기 때문이다. 3)

이 문제에 대해서는 두 가지 의견이 있다. 어떤 사람들은 수학의 대상들, 예컨대 수나 선이나 그와 같은 부류의 것들이 실체라고 말하고, 그에 덧붙여 이데아들이 실체라고 말한다. 그
20 런데 (1) 그 중 어떤 사람들은 그것들, 즉 이데아들과 수학적인 수들을 두 부류로 나누는 반면, (2) 어떤 사람들은 그 둘이 하나의 본성을 갖는다고 말하고, (3) 또 다른 사람들은 오직 수학적인 것들만이 실체라고 말하기 때문에, 4) 우리는 먼저5) 수학적인 것들에 대해 그것들에 다른 어떤 것도 덧붙이지 말고, 예컨대 그것들이 실제로 이데아들과 일치하는지 그렇지
25 않은지, 그것들이 있는 것들의 원리이자 실체인지는 제쳐두고, 오직 수학의 대상들에 대해서 그것들이 있는지 있지 않은지, 있다면 어떤 방식으로 있는지 살펴보아야 한다. 그런 다음6) 이와 별도로 이데아들 자체에 대해 일반적으로 절차상 필요한 만큼만 살펴보아야 한다. 왜냐하면 이와 관련된 많은 점은 대중적인 저술들7)에서도 거듭 거론되었기 때문이다. 더욱

---

3) 이어지는 두 권의 논의는 대략 다음과 같이 전개된다. 먼저 수학적 대상들이 이데아들과 일치하는지 또는 그것들이 자연물들의 원리와 실체 구실을 하는지의 문제와 무관하게 그 자체로서 논의된다(2~3장). 그 다음 이와 마찬가지로 이데아론이 그 자체로서 논의된다(4~5장). 그리고 마지막으로 XIII권 6장부터 XIV권에 걸쳐 자연물들의 실체들과 원리들이 수들이나 이데아들인가 라는 문제가 다루어진다.

4) (1)은 플라톤, (2)는 크세노크라테스(Xenokrates), (3)은 피타고라스학파와 스페우시포스(Speusippos)의 주장이다.

5) 아래의 2~3장을 참고.

6) 아래의 4~5장을 참고.

7) '대중적인 저술들'(exōterikoi logoi)이 어떤 저술을 가리키는지에 대해서는 논란이 많다. 추측컨대 《철학에 대하여》(De philosophia)나 《이데아에 대하여》(De

이 있는 것들의 실체와 원리가 수들과 이데아들인지를 살펴본　30
다면,8) 이전에 우리가 행한 고찰에 더 많은 설명을 덧붙여야
하는데, 왜냐하면 바로 이것이 이데아들에 대한 고찰에 이어
세 번째 고찰의 주제로 남기 때문이다.

　(I) 수학의 대상들이 있다면, (A) 그것들은 어떤 사람들이
주장하듯이 감각물들 안에 있거나, (B) 감각물들과 분리된 상
태에 있어야 한다(어떤 사람들은 그렇게 주장한다). 만일 그 둘　35
중 어떤 것도 아니라면, (C) 그것들은 있지 않거나 아니면 또
다른 어떤 방식으로 있어야 한다. 따라서 그것들의 존재가 아
니라 존재방식이 우리의 논의주제가 될 것이다.

2. (I) 수학의 대상들(계속). (A) 수학의 대상들은 감각물들
　안에 있는 실체들일 수도 없고, (B) 그것들과 분리된 상태
　에 있는 실체들일 수 없다

　(A) 수학의 대상들이 감각물들 안에 있을 수 없으며 그 이
론이 허구적이라는 사실은 의문들을 다룬 글에서9) 이미 이야　1076b
기했는데, 그 이유는 두 입체가 동시에 한곳에 있기는 불가능
하고, 또한 똑같은 근거에서 다른 능력과 본성들도 감각물들
안에 있으며 그 중 어느 것도 분리된 상태에 있을 수 없기 때
문이다.10) 그런데 이에 대해서는 이미 앞서 말한 바 있지만,
그에 덧붙여 분명한 점은 (우리가 다루는 이론에 따르면) 어떤 물체　5

---

　ideis) 등 이데아론을 비판한 대화편들을 가리키는 듯하다. 자세한 내용에 대해
　서는 Ross, *Metaphysics* II, 409의 주석을 참고.
8) 아래의 6~9장을 참고.
9) III권에서 특히 2, 998a7-19를 참고.
10) 이 발언은 이데아들이 감각물들과 떨어져서 존재한다고 주장하는 이론을 겨
　냥한 것이다.

도 분할될 수 없으리라는 점이다. 왜냐하면 물체는 평면에 따라 나뉠 것이고, 평면은 선에 따라, 선은 다시 점에 따라 나뉠 터인데, 따라서 점을 나누는 것이 불가능하다면 선도 그럴 것이고, 이것을 나누는 것이 불가능하다면, 다른 것들도 그럴 것이기 때문이다. 그렇다면 감각물들이 그런 본성을 갖는다고 말하는 것과 그것들 자체는 그렇지 않지만 그것들 안에 그런 본성을 갖는 것들이 있다고 말하는 것 사이에 무슨 차이가 있는가? 왜냐하면 결과는 똑같을 것인데, 감각물들이 나뉜다면 수학적인 것들도 나뉠 것이고, 수학적인 것들이 나뉘지 않는다면, 감각물들도 그럴 것이기 때문이다.

(B) 그런가 하면 그런 본성을 갖는 것들은 분리된 상태에 있을 수 없다. 왜냐하면 감각물들과 떨어져서 이것들과 분리된 상태에 있는 다른 입체들이 있고 이것들이 감각물들보다 앞선다면, 평면들과 떨어져서 이것들과 분리된 다른 평면들과 선들과 점들이 반드시 있어야 하기 때문이다[11] (그 근거는 똑같다). 하지만 이런 것들이 있다면, 다시 수학적인 입체와 떨어져서 그것과 분리된 다른 평면들과 선들과 점들이 있어야 한다 (왜냐하면 합성되지 않은 것들이 결합된 것들보다 앞서기 때문인데, 감각적이 아닌 물체들이 감각적인 물체들보다 앞선다면, 똑같은 근거에서 그 자체로서 있는 평면들이 운동하지 않는 입체들[12] 안에 있는 평면들보다 앞설 것이고, 그 결과 이것들은 분리된 물체들과 동시적인 평면들이나 선들과는 다른 평면들과 선들일 것이다. 왜냐하면 어떤 것들은 수학적인 입체들과 동시적인 반면, 어떤 것들은 수학적인 입체들에 앞서기 때문이다).[13] 그렇다면 다시 이

---

11) 감각적인 물체들과 분리된 입체들이 있다면, 감각적인 평면, 선, 점들과 분리된 평면, 선, 점도 있어야 할 것이라는 말이다.

12) 1076b21의 '운동하지 않는 입체들'(akinēta sterea) 은 수학적인 입체들을 가리킨다.

평면들에 앞서는 선들이 있을 것이고, 똑같은 근거에서 이 선들에 앞서는 다른 선들과 점들이 있을 것이다. 그리고 이렇게 앞서 있는 선들 안에 있는 점들에 앞서는 다른 점들이 있을 터인데 이것들에 앞서는 다른 점들은 더 이상 없을 것이다. 그런데 (1) 이런 식의 쌓아올리기는 불합리하다(감각적인 입체들과 떨어져서 한 종류의 입체가 생겨나고, 감각적인 평면들과 떨어져서 세 종류의 평면들이 생겨나며 — 세 종류의 평면들이란 감각적인 것들과 떨어져 있는 것들, 수학적인 입체들 안에 있는 것들, 그리고 이것들과 떨어져 있는 것들을 가리킨다 — 선들에는 네 종류가 있을 것이고, 점들에는 다섯 종류가 있을 것이기 때문이다.14) 그렇다면 수학적인 학문들은 이 가운데 어떤 종류의 것들을 대상으로 삼는가? 운동하지 않는 입체 안에 있는 평면들과 선들과 점들을 대상으로 하지는 않는다. 왜냐하면 학문은 언제나 앞선 것들을 대상으로 하기 때문이다). 그리고 (2) 동일한 논변이 수들에도 적용되는데, 각 종류의 점들과 떨어져서 다른 종류의 모나스들이 있을 것이고,15) 각 종류에 속한 것들, 즉 감각물들과 떨어져서 지성적인 것들이 있을 것이며, 따라서 수학적인 수들의 부류는 무한할 것이다.

또한 의문점들을 다룬 글에서16) 우리가 검토한 어려움들을 어떻게 해결할 수 있을까? 왜냐하면 천문학의 대상들도 그와 마찬가지로 감각적인 것들과 떨어져서 있을 것이고 기하학의 대상들도 마찬가지일 것이기 때문이다. 하지만 하늘과 그 부분

30

35

1077a

---

13) 감각적인 물체 — 수학적인 물체 — 그 자체의 계열을 염두에 두고 하는 말이다.
14) 한 종류의 입체, 세 종류의 평면, 네 종류의 선들, 다섯 종류의 점들의 누적적인 증가, 혹은 '쌓아올리기'(sōreusis)에 대한 자세한 설명으로는 Ross, *Metaphysics* II, 412~3을 참고.
15) 모나스(*monas*)와 점(*stigmē*)의 차이에 대해서는 V 6, 1016b25-6을 참고.
16) III 2, 997b15 아래를 참고.

들, 아니 그 종류를 불문하고 운동을 하는 것이 어떻게 (감각물들
과 떨어져서) 있을 수 있는가? 광학의 대상들이나 화성학의 대상
들의 경우도 사정이 같은데, 소리와 시각이 감각적인 개별자들
과 떨어져서 있을 것이기 때문이다. 17) 따라서 분명 다른 감각
들이나 감각물들도 그럴 것이다. 어느 하나는 그렇고 다른 것
은 그렇지 않을 이유가 무엇인가? 하지만 만일 이것이 사실이
라면, 감각들이 그렇게 (감각물들과 떨어져) 있기 때문에, 생명체
들도 그럴 것이다.

또한 수학자들에 의해 증명되는18) 몇몇 보편적 정리들은 이
런 실체들과 동떨어져 있다. 그렇다면 이데아들이나 중간자들
과 분리된 상태로 그것들의 중간에 다른 어떤 실체가 있을 것
인데, 이것은 수도 아니며 점도 아니고 연장물도 아니며 시간
도 아닐 것이다. 그리고 만일 이런 일이 불가능하다면, 위에서
우리가 말한 것들이 감각물들과 분리된 상태에 있을 수 없음은
분명하다.

그리고 일반적으로 볼 때, 만일 어떤 사람이 이런 방식으로
수학의 대상들을 분리상태에 있는 자연물들로 상정한다면, 진
리나 우리가 습관적으로 가정하는 것과 반대되는 결론이 따라
나온다. 왜냐하면 그것들이 이런 방식으로 (감각물들과 분리된 상태
에) 있다면 그런 이유에서 감각적인 연장물보다 앞서겠지만,
실제로는 그것들 뒤에 오기 때문이다. 불완전한 연장물은 생
성의 측면에서는 앞서지만, 실체의 측면에서는 뒤에 오기 때문

---

17) 아리스토텔레스의 학문분류에 따르면 광학이나 화성학은 모두 수학적 학문이
기 때문에 '광학의 대상들'(ta optika)이나 '화성학의 대상들'(ta harmonika)은
수학적인 대상들로 분류될 수 있다. VI 2, 1026a27에 대한 각주와 이어지는
1078a14 아래의 논의를 함께 참고.

18) 원어 'graphestai'는 도형이나 그림을 이용해서 증명이 이루어졌음을 함축한다.

인데, 19) 예를 들어 생명이 없는 것이 생명 있는 것에 대해 갖   20
는 관계가 그렇다.

또한 수학적인 연장물들은 무엇에 의해서 언제 하나의 통일
체가 되는가? 우리 주변에 있는 것들이 영혼이나 영혼의 부분
이나 다른 어떤 것에 의해 통일체가 된다는 것은 이치에 맞는
다. 만일 그렇지 않다면, 그것들은 여럿이 되어 해체될 것이
다. 하지만 앞서 말한 것들20)은 분할가능하고 양적인 것들인
데, 그것들이 하나의 통일체이고 그런 상태로 함께 머물러 있
는 것은 어떤 원인에 의해서일까?

또한 여러 형태의 생성21)이 진상을 분명히 보여준다. 그 이
유는 이렇다. 첫째로 길이가, 그 다음에 넓이가, 마지막에 깊
이가 생겨나면서 생성과정은 끝에 도달한다. 그래서 만일 생   25
성에서 뒤서는 것이 실체에서는 앞선다면, 물체가 평면이나
선보다 앞서고, 이런 방식으로 (물체 중에서는) 완전한 전체가 더
앞설 것인데, 그 이유는 마지막에 생명체가 생겨나기 때문이
다. 그러나 선이나 평면이 어떻게 생명체일 수 있는가? 그런   30
가정22)은 우리 감각의 범위를 넘어설 것이다.

또한 물체는 일종의 실체이지만 (왜냐하면 그것은 어떤 뜻에
서 완전성을 이미 가지고 있기 때문이다), 선들은 어떤 뜻에서
실체인가?23) 왜냐하면 그것은 영혼이 그렇듯이 형상이나 형태

---

19) 생성에서의 선행성(*proteron genesei*)과 실체에서의 선행성(*proteron tēi ousiai*)
의 구별에 대해서는 I 8, 989a15-8을 참고. 《동물부분론》 II 1, 646a 24-6도
함께 참고.
20) 점, 선, 평면과 같은 수학적인 대상들을 가리킨다.
21) 여기서 말하는 것은 물론 수학적인 대상들의 생성이다.
22) 원어 'axiōma'는 보통 수학의 공리들을 뜻하지만 여기서는 '전제' 혹은 '가정'
으로 이해하는 것이 문맥에 맞는다. 로스도 'supposition'이라고 옮겼다.
23) 자연물을 구성하는 기하학적 형태들의 실체성에 대한 설명으로는 V 8, 1017

186

라는 뜻에서도, 물체처럼 질료라는 뜻에서도 실체가 아니기 때문인데, 그 이유는 분명 그 어떤 것도 선들이나 평면들이나
35 점들로 합성된 것일 수 없고, 만일 그것들이 일종의 질료적 실체라면, 그것들은 변화를 겪을 수 있는 것으로 나타나겠지만, 사실은 그렇지 않기 때문이다.

1077b 그렇다면 그것들이 정식에서 앞선다고 해보자. 그렇다고 하더라도 정식에서 앞서는 것이 모두 실체에서도 앞서는 것은 아니다. 왜냐하면 분리되어 있음의 측면에서 볼 때 더 우월한 것들이 실체에서 앞서는 데 반해, 다른 것들에 대한 정식들의 구성부분이 되는 것들을 (자신에 대한 정식으로) 갖는 것들이 정
5 식에서 앞서기 때문이다.24) 그 둘은 일치하지 않는다. 예컨대 운동이나 하양 같은 양태가 실체들과 떨어져 있지 않다면, 하양은 정식의 측면에서는 사람에 앞서지만, 실체에서는 아니다. 왜냐하면 그것들은 분리된 상태로는 존재할 수 없고, 언제나 복합체와 함께 있기 때문이다(내가 말하는 복합체란 하양 사
10 람을 가리킨다).25) 따라서 분명 생략을 통해 생긴 것26)이 앞서

---

b17-21을 참고.

24) 1077b3-4의 'tōi logōi de hosōn hoi logoi ek tōn logōn'을 그 뜻에 따라 풀어 옮겼다. 이 말의 뜻은 다음과 같다. A가 정식에서 B에 앞선다면, A에 대한 정식들은 B에 대한 정식들의 구성요소가 된다. 예컨대 선에 대한 정식 "선은 점들로 이루어진다"고 말한다면, '점'이라는 '정식'(logos), 즉 어구가 선에 대한 정식의 구성요소가 되며, 그런 점에서 '점'은 logos에서 '선'에 앞선다. 따라서 여기서 'logos'는 정식은 물론 정식을 구성하는 어구들을 가리킬 수 있다. 이 점은 이어지는 '하양'과 '하양 사람'의 예에서 분명히 드러난다.

25) '복합체'(to synholon)로서 '하양 사람'에 대해서는 VII 4, 1029b34에 대한 각주를 참고.

26) 1077b9-10의 'to ex aphaireseōs'는 보통 수학의 대상인 '추상물들'을 가리키는 표현이다(1061a29를 참고). 하지만 여기서는 보다 넓은 뜻으로 쓰였는데, 예컨대 '하양 사람'에서 '사람'을 뺀 '하양' 등을 가리킨다.

는 것도 아니고 부가에 의해 생긴 것이 뒤에 오는 것도 아니
다. 왜냐하면 하양에 무언가를 부가함으로써 하얀 사람이라는
말이 성립하기 때문이다.

　이렇듯 수학적 대상들이 물체들보다 더 높은 수준의 실체들
이 아니고 있음의 측면에서 감각물들보다 앞서는 것이 아니라
정식의 측면에서만 그러하며 감각물들과 분리된 상태에 있을
수 없다는 사실은 충분히 이야기되었다. 하지만 그것들은 감 　　15
각물들 안에도 있을 수 없기 때문에, 전혀 있지 않거나 아니면
특정한 방식으로 있으며, 그런 이유로 말미암아 무제한적인
뜻에서 있는 것이 아닌데, 왜냐하면 '있다'는 여러 가지 뜻으로
쓰이기 때문이다.

3. (I) 수학의 대상들(계속). (C) 그것들은 오직 사유를 통해
　서 분리될 수 있다. 수학은 보통 사람들이 생각하는 것처럼
　아름다움에 대한 고찰과 완전히 동떨어진 것은 아니다

　(C) 수학의 보편적 명제들은 연장물이나 수들과 떨어져서
분리된 상태에 있는 것들이 아니라 연장물들이나 수들을 다룬
다. 다만 연장을 갖거나 분할가능한 성질을 갖는 한에서27) 그 　　20
것들을 다루지는 않는다. 이와 마찬가지로 분명 감각적인 연
장물들에 대해서도 정식들이나 논증들이 있을 수 있다. 다만
감각적인 측면에서가 아니라 어떤 특정한 성질들을 갖는 것인
한에서 그렇다. 이 말의 뜻은 다음과 같다. 사물들에 대해 그
것들이 각각 무엇이고 그것들에 속하는 부수적인 것들이 각각

27) VI 1, 1026a9-10에서 아리스토텔레스는 수학적 학문들이 대상들을 '부동적인
　한에서 그리고 분리가능한 한에서'(*hēi akinēta kai hēi chōrista*), 즉 부동적이
　고 분리가능한 측면에 국한해서 탐구한다고 말한다.

188

25 무엇인지를 고려하지 않은 채 그것들을 오로지 운동의 측면에서 다루는 정의들이 여럿 있다. 하지만 그렇다고 해서 감각물들과 분리된 상태에서 운동하는 어떤 것이 있어야 하거나 그것들 안에 경계가 정해진 어떤 자연물이 꼭 있어야 하는 것은 아니다. 이와 마찬가지로 운동하는 것들에 대해서도 정식들과 학문들이 있겠지만, 운동체의 측면이 아니라 오직 물체라는 측면에서, 오직 평면이라는 측면에서 그리고 선이라는 측면에

30 서, 그리고 분할가능한 것이라는 측면과 위치를 갖는 분할불가능한 것이라는 측면과 오직 분할불가능한 측면에서 대상들을 다루는 정의들과 학문들이 있다. 따라서 분리된 것들과 분리되지 않은 것들(예컨대 운동체들이 그렇다)이 있다고 말하는 것은 무제한적인 뜻에서 참이기 때문에, 수학의 대상들이 있

35 다고 말하는 것도 참이며 이때 그 대상들은 사람들28)이 말하는 성질들을 가진 것으로서 존재한다. 그리고 다른 학문들도 어떤 대상을 다루지만 이 경우 대상은 우연적인 것이 아니고

1078a (예컨대 건강한 사람이 하얗다고 하면, 학문은 하양을 다루는 것이 아니라 건강함을 다룬다),29) 각 학문은 건강의 측면에서 건강한 것을, 사람이라는 측면에서 사람을 다루듯이, 기하학도 그렇다. 이 학문이 대상을 감각물이라는 측면에서 다루지는 않지만 부수적으로 감각물들을 다룬다면, 수학적 학문들이 다루는

5 것은 감각물들이 아니겠지만, 그렇다고 해서 감각물들과 떨어져서 그것들과 분리된 상태에 있는 것들도 아니다. 부수적인 것들 가운데 많은 것은 그 자체의 본성에 따라 대상들에 속하고,30) 이 대상들이 각각 있는 한에서 속하는데, 그 이유는 동

28) 수학자들을 가리킨다.
29) '건강한 사람이 하얗다'는 우연적인 사태를 표현하는데, 이런 우연적인 것에 대한 학문은 없다. VI 2, 1027a11 아래와 XI 8, 1064b23을 참고.

물이 수컷인 한에서 또는 암컷인 한에서 동물에 속하는 고유한
속성들이 있기 때문이다(하지만 동물들과 분리되어 암컷이나 수컷   10
이 있는 것은 아니다).31) 따라서 어떤 학문이 정식에서 앞서고
더 단순한 것을 다룬다면, 그런 만큼 그 학문은 더 높은 엄밀
성을 가진다(단순성이란 바로 엄밀성을 일컫는다). 따라서 연장
성을 고려하지 않는 학문이 연장성을 고려하는 학문보다 더 엄
밀하고, 운동을 고려하지 않는 학문이 가장 엄밀하며, 운동을
다룬다면, 첫째 운동을 다루는 것이 가장 엄밀한데, 이 운동은
가장 단순하고 이 단순한 운동은 균질적이다.32)

　　똑같은 논리가 화성학과 광학에도 적용된다. 왜냐하면 이   15
둘 중 어떤 것도 그 대상을 시각의 측면이나 소리의 측면에서
가 아니라 선과 수의 측면에서 고찰하기 때문이다(선과 수는 시
각과 소리에 속하는 고유한 속성들이다). 역학도 마찬가지다. 따
라서 어떤 사람이 대상들을 그것들에 부수적인 것들과 분리된
상태에 있는 것으로 전제해 놓고, 그 대상들이 이런저런 성질
을 가진다는 측면에서 살펴본다면, 그렇다고 해서 그가 거짓
말을 하는 것은 아닐 것이다. 이는 어떤 사람이 땅바닥에 선을
하나 긋고 사실은 한 걸음의 너비가 아닌데 한 걸음의 너비라   20
고 말하는 것이 거짓말이 아닌 것과 마찬가지다. 그런 전제에
는 거짓이 포함되어 있지 않기 때문이다.

　　이런 방식으로 어떤 사람이 분리된 상태에 있지 않은 것을
분리된 것으로 전제한다면, 각각의 문제에 대해 가장 훌륭하게

---

30) '그 자체의 본성에 따라'(kat' hauta) 대상들에 속하는 부수적인 것들의 사례에
　　대해서는 V 28, 1025a30-4를 참고.
31) '고유한 속성들'(idia pathē)의 이런 사례에 대해서는 X 9, 1058a29 아래를 참고.
32) X 1, 1052a26-7에 따르면 첫째 천구의 원환운동이 이런 뜻에서 균질적(均質
　　的, homalē) 운동이다.

고찰할 수 있을 텐데, 산수학자나 기하학자가 하는 일은 바로 이런 것이다. 왜냐하면 사람은 사람인 한에서는 하나이고 분할 불가능하지만, 산수학자는 사람을 분할불가능한 하나로 상정

25 한 다음 분할불가능한 것이라는 측면에서 사람에게 속하는 부수적인 것이 어떤 수적인 속성인지 고찰할 것이기 때문이다. 그런가하면 기하학자는 사람을 사람인 한에서 고찰하지도 않고 분할불가능한 것이라는 측면에서 고찰하지도 않으며, 입체의 측면에서 고찰한다. 왜냐하면 비록 사람이 (지금과 달리) 분할 불가능한 것이 아니라고 하더라도, 그에게 속할 것들은 지금 그에게 속해 있는 것들33)과 따로 그에게 속할 수 있을 것이 분명하기 때문이다. 가능적으로 그렇다. 그러므로 이런 이유에서 보자면 기하학자들은 옳은 말을 하고 있고, 있는 것들에 대

30 해 대화를 하고 있으며 그들이 다루는 것들은 있는 것들이니, 그 이유는 있는 것은 두 가지여서, 하나는 완전한 상태에 있는 것이고, 다른 하나는 질료의 상태로 있는 것이기 때문이다. 34)

그런데 좋은 것과 아름다운 것은 다르기 때문에 (왜냐하면 좋음은 항상 행동 안에 있고35) 아름다움은 운동하지 않는 것 안에 있기36) 때문이다) 수학적인 학문들이 아름다움과 좋음에 대해서 아무것도 말하지 않는다고 주장하는 사람들은 잘못을 범하고 있다. 왜냐하면 수학적인 학문들은 그런 것들에 대해서 말

35 을 하고 더 없이 많은 것을 밝혀내기 때문이다. 그들이 그런

---

33) 분할불가능성과 인간성 등을 말한다.

34) '완전한 상태에 있는 것'(to entelecheiai on)과 '질료 상태에 있는 것'(to hylikōs on)은 물론 '현실적인 것'(to energeiai on)과 '가능적인 것'(to dynamei on)을 가리킨다.

35) 《니코마코스윤리학》 I 1, 1094a1 아래를 참고.

36) 아래 1078b1에서 예시되듯이 아름다움(to kalon)은 질서(taxis)와 균형 (symmetria)과 확정성(to horismenon)에서 성립한다는 뜻에서 그렇다.

것들을 거명하지 않은 채 사물들에 속하는 기능들과 정식들을
밝힌다고 해서, 그들이 좋음과 아름다움에 대해 침묵하는 것
은 아니다. 아름다움에 속하는 가장 큰 종들에 해당하는 것으
로는 질서와 균형과 확정성이 있는데, 수학적인 학문들은 이   1078b
런 것들을 가장 잘 밝혀내기 때문이다. 그리고 그런 것들은(예
컨대 질서와 확정성을 두고 하는 말이다) 많은 것들의 원인임이
분명하기 때문에, 분명 수학적인 학문들은 그런 성격의 원인,   5
즉 아름다움도 어떤 방식으로는 원인이라고 말할 수 있을 것이
다. 하지만 이런 문제들에 대해서는 다른 곳에서[37] 더 분명하
게 이야기할 것이다.

4. (II) 형상들. 사람들을 이데아론으로 이끈 논변들.
   이런 논변들의 불충분성

  (II) 그렇다면 수학적 대상들에 대해서 그것들이 있는 것이
라는 사실과 그것들의 존재방식, 그리고 어떤 뜻에서 (그것들이
감각물들에) 앞서고 어떤 뜻에서 그렇지 않은지에 대해서는 이   10
정도로 해두자. 이제 우리는 이데아들에 관해서, 그것들을 수
들의 본성과 결부시키지 말고 처음에 이데아들이 있다고 주장
한 사람들이 맨 처음 생각한 그대로 이데아 이론 자체를 살펴
보아야 한다. 사람들이 형상이론[38]을 주장하게 된 것은 다음
과 같은 이유 때문이다. 그들은 진리에 대한 헤라클레이토스의
주장들을 받아들였으니, 이에 따르면 모든 감각물은 항상 흐르   15
는 상태에서, 학문과 지혜가 어떤 대상을 갖는다면 다른 어떤
부류의 자연물들이 있고 이것들은 감각물들과 떨어져서 정지

---

37) 어디를 가리키는지 분명치 않다.
38) 원어는 'hē peri tōn eidōn doxa'이다.

상태에 있어야 한다. (헤라클레이토스의 생각에 따르면) 흘러가는 것
들에 대해서는 학문이 존재하지 않기 때문이다. 반면 소크라테
20 스는 윤리적 탁월성들에 대해서 연구하면서 맨 처음으로 그것
들에 대한 보편적 정의를 찾았다(자연학자들 중에서는 데모크리
토스가 유일하게 그 문제에 겨우 손을 대서 뜨거움과 차가움을 그
나름대로 정의했다. [39] 그런가하면 피타고라스학파는 그에 앞서 몇
몇 대상들에 대해 눈을 돌려 그것들에 대한 정의를 수들과 결부시
켰으니, 예컨대 그들은 고비가 무엇이고 정의로운 것이 무엇이며
혼인이 무엇인지를 그렇게 정의했다. [40] 반면 소크라테스는 정당한
25 근거에서 '무엇'을 찾았으니, 그가 찾은 것은 추론활동이고 '무엇'은
추론들의 시작[41]이기 때문이다. 왜냐하면 그때는 아직 변증술의 능
력이 갖추어지지 않아서 '무엇'을 고려하지 않고서는 반대자들을 탐
색할 수 없었고, 반대자들에 대해 동일한 학문이 있는지 알 수 없었
기 때문이다. 마땅히 소크라테스의 공적으로 돌려야 할 것이 둘이
있는데, 귀납적 추론과 보편적 정의가 그렇다. [42] 이것들은 둘 다
30 학문의 출발점과 관계한다). — 하지만 소크라테스는 보편자들
도, 정의들도 분리시키지 않은 반면, 그들은[43] 그것들을 분리
시켰고 그런 것들을 있는 것들의 이데아들이라고 천명했으며,
이에 따라 거의 동일한 논변에 의해서 그들은 보편적으로 일컬
어지는 모든 것들에 대해 이데아들이 있다는 결론에 이르렀으
35 니, 이는 마치 수를 세려고 하는 사람이 (여기) 있는 것들의 수

---

39) 《자연학》 II 3, 194a20-1과 《동물부분론》 I 1, 642a24-31을 참고.
40) I 5, 985b23 아래와 D-K, 58 B 4를 참고.
41) '무엇'(to ti esti)에 대한 보편적 정의(horismos)와 추론(syllogismos)의 관계에
대해서는 다음의 구절들을 참고. 《분석론 후서》 I 3, 72b18-25; 22, 84a30-
b2; II 3, 90b24-5를 참고.
42) 소크라테스의 '귀납적 추론'(epaktikoi logoi)과 '보편적 정의'(horizesthai katholou)
의 전형적인 사례에 대해서는 《라케스》 190E 아래와 《메논》 71D 아래를 보라.
43) 플라톤주의자들을 가리킨다.

가 적으면 셈을 할 수 없다고 생각하고서 셈할 것을 더 많이
만들어 수를 세려 하는 것과 비슷하다. 44) 왜냐하면 그들은 우
리 눈앞에 있는 것들의 원인들을 탐구하면서 이것들로부터 그
형상들로 나아갔는데, 이른바 형상들은 개별적인 감각물들보   1079a
다 수가 더 많기 때문이다. 왜냐하면 각 개별자에 대해 그것과
이름이 같으면서 그 (개별적) 실체들과 떨어져 있는 어떤 것이
있으며, 다른 것들의 경우에도 여럿에 대한 하나가 있으니 이
는 그 여럿에 해당하는 것이 (여기 있는) 이 개별적인 것들인 경
우나 영원한 것들인 경우나 사정이 다르지 않기 때문이다.

또한 형상들이 있다는 사실을 밝힐 때 사용되는 여러 증명   5
가운데 분명한 것은 아무것도 없다. 어떤 경우에는 추론의 필
연성이 없고, 어떤 경우에는 우리가 생각하기에 형상들을 갖
지 않는 것들에 대해서도 형상들이 있게 되는 결과가 따라 나
온다. 학문적인 인식들에 의거한 증명에 따르면 학문의 대상
이 되는 모든 것에 대해 형상이 있고, 여럿에 대한 하나의 증   10
명에 따르면 부정적인 것들에 대해서도 형상이 있으며, 어떤
것이 소멸한 뒤에라도 사유의 대상이 되는 어떤 것이 있다는
증명에 따르면 가멸적인 것들에 대해서도 형상들이 있다(이런
것들에 대한 어떤 상상의 내용이 있기 때문이다). 또한 보다 엄밀
한 증명들의 경우, 그들이 그 자체로서 독립된 유를 인정하지
않는 관계들에 대해 이데아들을 만들어내고, 또 어떤 증명들은
'제3의 인간'을 낳는다.

그리고 일반적으로 형상들에 대한 논변들은, 형상들을 주장   15
하는 사람들이 이데아들의 존재보다 더 높은 수준의 존재를 부
여하길 원하는 것들을 부정하게 되는 결과에 이른다. 왜냐하

---

44) 1078b34-1079b3은 I 9, 990b2-991b8과 동일하다.

면 그 논변들에 따르면 둘이 아니라 먼저 수가 있고 수보다는
관계가 있으며 이것이 그 자체로 있는 것보다 앞선다는 결론과
함께 다른 결론들이 따라 나오기 때문인데, 이데아 이론을 따
르는 사람들 중 몇몇은 그런 결론들에 반대한다.

　또한 그들이 이데아들이 있다고 말하면서 그 근거로 삼았던
20　판단에 따르면 실체들에 대해서뿐만 아니라 다른 많은 것들에
대해서도 형상들이 있을 것이다(왜냐하면 실체들에 대해서뿐만
아니라 다른 것들에 대해서도 하나의 개념이 있으며, 실체에 대해
서만 학문이 있는 것이 아니기 때문이다). 그런데 이로부터 앞서
말한 것과 같은 종류의 다른 문제들이 수없이 따라 나오는데,
25　(추론의) 필연성에 따르거나 이데아 이론에 따르면, 형상들은
다른 것들이 관여할 수 있는 것이므로 실체들의 이데아들밖에
는 있을 수 없기 때문이다. 그 이유는 그것들이 관여의 대상이
되는 것은 부수적인 방식에 의해서가 아니고, (이데아에 관여하는)
다른 것들은 다른 어떤 기체에 대해 술어가 되지 않는 방식으
로 있는 한에서 각각의 이데아에 관여하기 때문이다(예컨대 어
떤 것이 두 배 자체에 관여한다면, 그것은 영원함 자체에도 관여하
30　지만, 이는 부수적인 방식으로 그런데, 그 까닭은 두 배에는 영원
함이 부수적으로 속하기 때문이다). 따라서 형상들은 실체일 것
이다. 그렇다면 동일한 낱말들이 여기 있는 실체들과 거기 이
데아계에 있는 실체들을 가리키는 셈이다(그렇지 않다면, 여기
있는 것들과 떨어져서 어떤 것이 있다는 말, 즉 여럿에 대한 하나
가 있다는 말은 무슨 뜻인가?). 그리고 만일 이데아들과 그것들
에 관여하는 것들에 대해 하나의 동일한 형상이 있다면, 그것
은 그 둘 모두에 공통된 어떤 것일 것이다(왜냐하면 가멸적인 2
35　들과 수가 많지만 영원한 2들에 대해서 하나의 동일한 2가 있다면,
어째서 2 자체와 개별적인 2들에 대해서는 그렇지 않겠는가?). 그

러나 만일 동일한 형상이 없다면, 그것들은 이름만 같은 것들   1079b
일 터이어서, 마치 어떤 사람이 그 둘 사이의 어떤 공통성도
고려하지 않은 채 칼리아스와 목상(木像)을 '사람'이라고 부르
는 것과 사정이 같을 것이다.

  그러나 만일 우리가 다른 측면을 고려해서, 이를테면 원 자
체에 '평면도형'을 비롯해서 원에 대한 정식에 속하는 다른 부
분들이 적용되듯이 형상들에 공통의 정식들이 들어맞는다고   5
상정하면서, 다른 한편으로는 그것들에 ('원'의) '무엇'에 해당하
는 것45)을 덧붙인다면, 우리는 그 말이 전혀 공허한 말이 아
닌지 살펴보아야 한다. 도대체 어떤 것에 그것을 덧붙이겠는
가? 중심에, 평면에, 아니면 모든 것에? 왜냐하면 실체 안에
있는 것들이 모두 이데아일 터인데, 예컨대 동물과 두 발 가짐
이 모두 그럴 것이다. 46) 또한 '평면'이 가리키는 어떤 것 자체   10
가 있어서 이것은 형상들 안에 유로서 존재하는 어떤 본성적인
것일 수밖에 없음이 분명하다.

5. (II) 형상들(계속). 설령 이데아들이 있다고 하더라도, 그것
   들은 감각세계에서 일어나는 생성을 설명하지 못한다

  그러나 무엇보다도, 도대체 형상들이 감각물들에 대해서 —
이것들이 영원한 것이건 생성하고 소멸하는 것이건47) — 무슨

---

45) 1079b6의 'ho esti'를 풀어 옮겼다. 로스는 'what really is'라고 옮겼다. XIII
   10, 1086b27의 '각 대상의 무엇을 이루는 것'(ho estin hen hekaston)과 같은
   뜻이다.
46) 사람을 '두 발 가진 동물'이라고 정의한다면, 이 정의의 두 요소 '동물'(zōion)
   과 '두 발 가짐'(to dipoun)에 해당하는 이데아들이 있을 것이다.
47) 감각물의 이런 구별에 대해서는《동물부분론》I 5, 644b22 아래를 참고하라.
   "자연적으로 이루어진 실체들(ousiai) 가운데 어떤 것들은 영원토록 생성하지

196

15 도움이 되는지 의문을 제기하는 사람이 있을 수 있다. 왜냐하면 형상은 그 두 종류의 감각물이 겪는 어떤 종류의 운동과 변화에 대해서도 원인이 되지 못하기 때문이다. 더욱이 형상들은 다른 것들에 대한 학문적 인식에도 아무 도움을 주지 못하며(왜냐하면 형상들은 감각물들의 실체가 아닌데, (그것들이 만일 감각물들의 실체라면) 그것들 안에 있을 것이기 때문이다), 48) 그것들에 관여하는 것들 안에 내재하지 않기 때문에 그것들의 있음에도 도움을 주지 못한다. 따라서 하양이 다른 것과 뒤섞여서 하얀

20 것의 원인이 되는 것과 같은 뜻으로 형상들이 원인이 된다고 생각해 볼 수는 있을 것이다. 하지만 가장 먼저 아낙사고라스가, 나중에는 에우독소스와 다른 사람들이 의문을 품고 내세운 그런 설명은 너무 불안정하다(그런 생각에 상충하는 여러 가지 불가능한 점들을 끌어 모으기는 쉽기 때문이다).

더욱이 일상어법의 어떤 용법에 비추어보더라도 다른 것들

25 이 형상들'로부터' 유래한다는 말은49) 이해하기 어렵다. 그것들은 본보기이며 다른 것들은 그것들에 '관여한다'는 것은 공허한 말이고 시적 비유에 지나지 않는다. (만일 이데아들이 본보기라면) 이데아들을 바라보면서 작용하는 것50)은 무엇인가? 어떤 것이든 다른 것과 닮은 모방물이 아니면서도 그것과 닮거나 닮

도 소멸하지도 않는 데 반해 어떤 것들은 생성하고 소멸한다." 물론 여기서 영원한 실체들은 달 위 세계(月上界)의 천체들을, 생성하고 소멸하는 실체들은 달 아래 세계(月下界)의 동물과 식물들을 가리킨다.

48) 아리스토텔레스가 내세우는 형상은 '안에 있는 형상' 또는 '내재적 형상'(eidos enon)이다(VII 11, 1037a29).

49) '~으로부터'(ek tinos)의 여러 가지 뜻에 대해서는 V 24, 1023a26 아래를 참고.

50) '이데아들을 바라보면서 작용하는 것'(to ergazomenon pros tas ideas apoblepon)에서 'to ergazomenon'은 아래의 1080a3에서 말하는 '운동을 낳는 것'(to kinoun)과 같은 것을 가리킨다.

게 될 수 있으니, 소크라테스가 있건 없건 소크라테스와 같은
사람이 생겨날 수 있는 것과 마찬가지다. 소크라테스가 영원 30
하다고 하더라도 사정은 분명 똑같다. 또한 동일한 것에 대해
여러 본보기가 있어서, 예컨대 사람에 대해서는 동물과 두 발
가짐이 있을 것이고 그와 동시에 사람 자체도 있을 것이다. 또
한 형상들은 감각물들뿐만 아니라 형상들 자체의 본보기일 것
인데, 예컨대 유는 그 유에 속하는 종들의 본보기일 것이다. 35
따라서 동일한 것이 본보기이면서 모방물일 것이다. 51)

   또한 생각건대 실체와 그 실체가 속하는 것은 분리가능하지
않을 텐데 어떻게 이데아들이 사물들의 실체들이면서 그것들 1080a
과 분리되어 있을 수 있겠는가?52) 《파이돈》에서는 이런 방식
으로 형상들이 있음과 생성의 원인이 된다고 말한다. 53) 하지
만 형상들이 있다고 하더라도, 운동을 낳는 것54)이 없다면 생
성이 일어나지 않을 것이고, 55) 그들이 그것들에 대해서는 형 5
상들을 인정하지 않는 다른 많은 사물, 예컨대 집과 반지도 생
겨나는데, 그렇다면 그들이 이데아들을 인정하는 다른 것들
역시, 방금 말한 것들을 낳는 원인들과 같은 종류의 원인들에
의해서 있거나 생겨날 수 있음이 분명하다. 그러나 이데아들
에 대해서 이런 방식으로뿐만 아니라 보다 더 논리적이고 엄밀 10
한 논변들에 의거해서도 지금까지 고찰한 것들과 같은 부류의
여러 반론들을 끌어들일 수 있다.

---

51) 예컨대 사람 자체(*autoanthropos*)는 사람에 대해서는 본보기(*paradeigma*)가
   되지만 동물 자체(*autozōion*)에 대해서는 모방물(*eikon*)이 될 것이다.
52) 이런 뜻의 분리불가능성에 대해서는 VII 6, 1031a31 아래를 참고.
53) 《파이돈》 100D를 참고.
54) '운동을 낳는 것' 혹은 '원동자'(*to kinoun*)는 1079b27의 '작용을 하는 것(*to*
   ergazomenon)과 같다.
55) VII 8, 1034a2 아래를 참고.

198

6. (III) 분리가능한 실체이자 첫째 원인으로서의 수들. 수를 있는 것들의 실체로 이해하는 여러 가지 방식. (A) 형상적인 수와 수학적인 수를 주장하는 의견(플라톤), (B) 수학적인 수만을 인정하는 의견(a. 스페우시포스, b. 피타고라스학파), (C) 형상적인 수만을 인정하거나 그것을 수학적인 수와 동일시하는 의견(a. 다른 플라톤주의자들, b. 크세노크라테스)

(III) 이제 이런 것들에 대해서는 설명이 되었으므로, 수들이 분리가능한 실체들이고 있는 것들의 첫째 원인이라고 주장하는 사람들이 수들과 관련해서 이르게 되는 결과들을 다시 살펴보는 것이 좋겠다. 만일 수가 일종의 자연물56)이고 그것의
15 실체가, 어떤 사람들 말대로, 다른 어떤 것이 아니라 수 자체라면, 필연적으로 (1) 그 가운데 첫째가는 것과 그 다음에 오는 것이 있고 그것들은 각각 종이 다를 수밖에 없으며, 이는 곧바로 모나스들에 적용되어 어떤 모나스도 다른 모나스와 합산될 수 없을 것이다.57) 그렇지 않다면 (2) 그것들은 모두 예
20 외 없이 계열을 이루고 어떤 모나스이건 다른 모나스와 합산될 수 있을 것인데, 사람들은 예컨대 수학적인 수가 그렇다고 말한다(왜냐하면 수의 경우에는 한 모나스와 다른 모나스 사이에 아

---

56) 여기서 '일종의 자연물'(physis tis)은 아래 1083b20의 '그 자체로서 있는 것'(ti kath' hauto)과 같은 뜻으로 쓰였다.

57) 아리스토텔레스는 '모나스'(monas)를 '어떤 차원에서도 분할불가능하며 위치를 갖지 않는 것'(V 6, 1016b25)으로 정의한다. 여기서는 '모나스'가 수를 구성하는 기본 '단위'(unit)의 뜻으로 쓰인다(아래의 1080b30-1을 참고). "어떤 모나스도 다른 모나스와 합산될 수 없을 것이다"라고 할 때 '합산불가능성'이라고 옮긴 'asymblētos'는 비교불가능성과 합산가능성을 함께 포함하는 낱말이다. 로스는 'inassociable'이라고 옮겼고 안나스(J. Annas)는 'non-combinable'로 옮겼다.

무 (종적인) 차이가 없기 때문이다). 혹은 (3) 일부 모나스들은
합산가능하고 일부 모나스들은 그렇지 않아야 한다. 예컨대 1
뒤에는 첫째 2가 있고 그 다음에 3이 오고 이런 방식으로 다른
수가 온다면, 각 수 안에 있는 모나스들은 서로 합산가능할 터   25
인데, 예컨대 첫째 2 안에 있는 모나스들은 서로 합산가능할
것이고 첫째 3 안에 있는 모나스들도 서로 합산가능할 것이며
다른 수들의 경우도 사정이 같을 것이다. 하지만 2 자체 안에
있는 모나스들은 3 자체 안에 있는 모나스들과 합산불가능할
것이고 그에 연속하는 다른 수들의 경우도 똑같을 것이다. 따
라서 수학적인 수는 이와 같이 1에 뒤이어 2 — 앞의 1에 다른   30
1이 더해진 수 — 가 오고, 그 다음에 3 — 앞의 두 수에 다른 1
이 더해진 수 — 이 오며, 다른 수도 이와 사정이 같겠지만, 우
리가 말하는 수58)의 경우는 이와 달리 1 다음에 첫째 1을 포
함하는 일이 없이 다른 2가 오고, 3은 2를 포함하지 않으며 다
른 수의 경우도 이와 사정이 같을 것이다. 또는 (4) 수들 중에
서 한 부류는 맨 처음에 말한 것과 같고, 둘째 부류는 수학자   35
들이 말하는 것과 같으며, 셋째 부류는 마지막에 말한 것과 같
아야 한다.59)

또한 이 세 부류의 수들은 사물들과 분리가능하거나, 분리   1080b
가능성 없이 감각물들 안에 있거나 (앞에서60) 살펴본 것과 같은
방식으로 그렇다는 것이 아니라 감각물들이 그것들 안에 내재하는
수들로 이루어져 있다는 뜻에서 그렇다는 말이다) 혹은 부류마다
차이가 있거나 아니면 모두 똑같을 것이다.

---

58) 종(eidos)이 서로 다른 수들, 즉 이데아의 수들(아래의 1080b12)을 말한다.
59) 이 세 부류는 각각 위의 15~35행에서 말한 (1) 종이 다른 수(이데아의 수),
    (2) 수학적인 수와 같은 수, (3) 부분적으로 합산가능한 수를 가리킨다.
60) 위의 XIII 1, 1076a38-b11을 참고.

5   그렇다면 수들이 있을 수 있는 방식들은 이것들이 전부일 수
밖에 없다. 그리고 1이 모든 것의 원리이자 실체이며 요소라고
주장하면서 다른 수는 그 1과 다른 어떤 것61)으로 이루어진다
고 말하는 사람들은 대개 그런 방식들 가운데 한 방식을 취해
그렇게 말하는데, 다만 그들은 모든 모나스가 합산불가능하다
10   는 말을 하지 않을 뿐이다. 그리고 이는 당연한 결과인데, (수
들이 있을 수 있는 방식에는) 이미 말한 것과 다른 방식이 있을 수
없기 때문이다. 그런데 (A) 어떤 사람들은62) 두 가지 수가 있
다고 주장하면서, 하나는 앞서는 것과 뒤서는 것에 차이가 있
는63) 이데아의 수들이고, 다른 하나는 이데아들 및 감각물들
과 구별되는 수학적인 수이며,64) 그 둘 모두 감각물들과 분리
가능하다고 말한다. (B) (a) 또 어떤 사람들은65) 오직 수학적
15   인 수가 있을 뿐이고 그것이 있는 것들 가운데 첫째가는 것이
며 감각물들과 분리된 상태에 있다고 말한다. (b) 그리고 피타
고라스학파도 수에는 오직 한 종류, 즉 수학적인 수가 있을 뿐
이라고 주장하지만, 다만 이 수는 분리된 상태에 있는 것이 아
니라 감각적 실체들의 구성부분을 이루고 있다고 말하는 점에
차이가 있다.66) 왜냐하면 이들은 우주 전체가 수들로써 짜여
있다고 주장하지만, 다만 이 수들은 모나스들로 이루어지지
않고 모나스들이 연장을 가진다고 가정하기 때문이다.67) 그러
20

---

61) 이에 해당하는 것으로 피타고라스학파는 '무한자'(apeiron)를, 플라톤은 '무한
    정한 2'(aoristos dyas), 즉 '큼과 작음'(to mega kai mikron)을 든다.
62) 플라톤을 가리킨다. Ⅰ 9, 992b13-8을 참고.
63) '종이 다르다'(heteron tōi eidei)는 뜻이다.
64) 이데아들과 감각물들 사이에 있는 '중간자'(metaxy)로서 수학적인 수에 대해
    서는 Ⅰ 6, 987b14-8과 XIV 3, 1090b35를 참고.
65) 스페우시포스와 같은 사람을 가리킨다.
66) Ⅰ 8, 990a22를 참고.

나 어떻게 첫째 하나가 연장을 갖도록 이루어져 있는가라는 물음과 관련해 그들은 의문에 붙잡혀 있는 것 같다.

(C) (a) 다른 사람은[68] 오직 첫째가는 수, 즉 형상들의 수 하나만 있다고 말하는가 하면, (b) 어떤 사람들은[69] 수학적인 수들이 그것과 동일하다고 말한다.

선과 평면과 입체들의 경우에도 사정이 유사하다.[70] 이렇게 말하는 것은 다음과 같은 이유 때문이다. (A) 어떤 사람들은 수학의 대상들과 이데아들 뒤에 오는 것들이 서로 다르다고 말하지만,[71] 그와 다른 주장을 하는 사람들이 있다. (B) 그 가운데 어떤 사람들은 수학의 대상들에 대해 수학적인 방식으로 말하는데, 이들에 따르면 이데아의 수들도 없고 이데아들도 없다.[72] (C) 반면 수학의 대상들에 대해 수학적이 아닌 방식으로 말하는 사람들도 있으니, 이들에 따르면 모든 연장물이 연장을 갖는 것으로 나뉠 수 있는 것도 아니고 어떤 모나스를 나누건 2가 생기는 것도 아니다.[73] 그런가 하면 모든 사람은 수들을 모나스들로 이루어진 것으로 여기지만, 피타고라스학파는 예외여서 이들은 하나가 있는 것들의 요소이자 원리라고 말한다. 하지만 앞서 말했듯이[74] 모나스가 연장을 갖는다고

25

30

---

67) 아래의 1083b14-7을 참고.
68) 익명의 플라톤주의자를 가리키는 듯하다.
69) 크세노크라테스를 가리킨다.
70) 즉, 수뿐만 아니라 기하학적 대상들에 대해서도 합산 및 비교가능성의 문제가 등장해서 다양한 의견이 충돌한다는 말이다. Ross, *Metaphysics* I, lii를 참고.
71) 플라톤이 이런 주장을 한다. I 9, 992b13-8을 참고. '이데아들 뒤에 오는 것들'(*ta meta tas ideas*)은 이데아의 수들 뒤에 오는 이데아의 기하학적 대상들을 가리킨다.
72) 스페우스포스를 가리킨다.
73) 크세노크라테스가 이렇게 주장한다.
74) 위의 b19 아래를 참고.

말하는 사람들이 바로 그들이다. 수들에 대한 논의에 얼마나
여러 가지 방식이 있을 수 있는지, 그리고 그에 대한 모든 논
35 의방식이 다 이야기되었다는 것은 이로부터 분명하다. 그 모
두가 성립불가능하지만, 어떤 것들은 다른 것들보다 그 정도
가 더 심하다.

7. (A) 플라톤의 의견에 대한 검토. (1) 모든 모나스가 서로
합산가능하다면, 수학적인 수만 있을 뿐 이데아의 수는 없
다. (2) 모든 모나스가 서로 합산불가능하다면, 수학적인
수도 없고 이데아의 수도 없다. (3) 몇몇 모나스들만이 서
로 합산가능하다면, 이는 똑같은 어려움들을 낳는다. 모나
스들은 아무런 종적인 차이도 가질 수 없다.

8. (B) (C) 다른 플라톤주의자들과 피타고라스학파의 의견에
대한 검토. 수들의 분리가능성을 주장하는 모든 이론에 반
대하는 논변들. (1) 어떻게 모나스들이 무한정한 2로부터
생겨날 수 있을까? (2) 수의 계열은 무한한가 유한한가?
유한하다면, 그 한계는 어디에 있을까? (3) 1은 어떤 종류
의 원리인가?75)

1081a   (A) 그렇다면 첫째로 모나스들이 합산가능한지 불가능한지,
그리고 합산가능하다면, 우리가 앞서 분류한 방식들76) 가운데
어떤 방식으로 그런지 살펴보아야 한다. 왜냐하면 어떤 모나

---

75) 7장에서는 6, 1080a15-25에서 소개한 세 가지 가능성 (1), (2), (3)의 타당성
이 (2), (1), (3)의 차례로 검토된다. 7장부터 9장까지의 논의는 다음과 같은
순서로 진행된다. 플라톤의 의견에 대한 검토(7-8, 1083a20); 다른 플라톤주
의자들과 피타고라스학파의 의견에 대한 검토(8, 1083a20-b23); 수들의 분
리가능성에 대한 모든 이론에 대항하는 논변들(8, 1083b23-9, 1085b 34);
이데아의 수들에 대한 비판의 요약(9, 1085b34-1086a18).

76) 위의 1080a18-20, 23-35를 참고.

스이건 다른 모나스와 합산불가능할 수 있는가 하면, 2 자체[77]
안에 있는 모나스들은 3 자체 안에 있는 것들과 합산불가능하
고 일반적으로 각각의 첫째가는 수[78] 안에 있는 모나스들은   5
다른 (이데아의) 수 안에 있는 모나스들과 합산불가능할 가능성
도 있기 때문이다. (1) 만일 모든 모나스가 합산가능하고 서로
(종적인) 차이가 없다면, 수학적인 수가 있고 오직 그것 하나만
있을 뿐 이데아의 수들은 존재할 수 없다(왜냐하면 그렇지 않다
면 다음과 같은 물음이 제기되기 때문이다. 사람 자체나 동물 자체
나 형상들 가운데 다른 어떤 것이든 그것은 어떤 종류의 수인가?   10
각 대상의 이데아는 하나인데, 예컨대 사람 자체에 대해서는 하나
의 이데아가 있고, 동물 자체에 대해서도 또 다른 하나의 이데아가
있을 것이다. 그러나 동질적이고 서로 차이가 없는 수들은 무한히
많아서, 어떤 특정한 3도 다른 3에 비해 더 사람 자체가 되지는 않
을 것이다). 그러나 만일 이데아들이 수가 아니라면, 그것들은
결코 존재할 수 없을 것이다. 이데아들은 어떤 종류의 원리들
로부터 유래하는가? 이런 의문이 제기되는 것은 수가 1과 무한   15
정한 2로부터 유래하고 〈이것들은〉 수의 원리들이자 요소들로
불리기 때문이다. 이데아들은 수들보다 더 앞선 지위도 더 뒤
진 지위도 갖지 않을 것이다.

  그러나 (2) 만일 모나스들이 합산불가능하고 어느 것도 다
른 것과 합산불가능하다는 뜻에서 그렇다면, (a) 그런 수는 수
학적인 수일 수 없다. 왜냐하면 수학적인 수는 차이가 없는 모
나스들로 이루어지기 때문인데, 수학적인 수에 대해 증명된   20
것은 수의 그런 성질에 부합한다. 그런 수는 또한 형상들의 수

---

77) '2 자체'(autē hē dyas)는 물론 이데아의 2를 가리킨다.
78) '첫째가는 수'(prōtos arithmos)는 이데아의 수를 가리킨다. 위의 1080b22를
    참고.

204

일 수도 없다. 왜냐하면 첫째 2는 1과 무한정한 2로부터 유래
하지 않을 것이고, 사람들이 말하는 '2, 3, 4'처럼 계열을 이루
는 수들도 마찬가지일 것이기 때문이다. ─ 왜냐하면 첫째 2 안
25   에 있는 모나스들은 동시에 생겨날 터인데, 이는 그 이론을 맨
처음 주장한 사람의 말대로 2가 같지 않은 것들로부터 생겨나
건 (그의 주장에 따르면 이것들이 균등하게 됨으로써 2가 생겨난
다[79]) 그렇지 않건 마찬가지다 ─ 만일 어떤 모나스가 다른 모
나스보다 앞선다면, 그것은 그것들로 이루어진 2에도 앞설 것
이다. 왜냐하면 어떤 것이 앞서고 어떤 것이 뒤에 온다면, 그
것들로 구성된 것은 그 가운데 하나에는 앞서고 다른 것보다는
뒤에 오기 때문이다.[80]

30   (b) 또한 1 자체는 첫째가는 것이고 그 뒤에 오는 1은 다른
수들 가운데는 첫째가는 것이지만 1 자체 뒤에 오는 두 번째
수이고, 그 다음에는 세 번째 1이 오는데 이것은 두 번째 수[81]
뒤에 오는 두 번째 수지만 첫째 1에 비하면 그 뒤에 오는 세
번째 수이다. 그렇다면 모나스들은, 사람들이 그것들로 이루
어진다고 말하는 수들보다 앞설 것인데, 예컨대 2 안에는 개별
35   적인 3들에 앞서서 세 번째 모나스가 속해 있을 것이고 3 안에
는 개별적인 4들과 5들에 앞서서 네 번째와 다섯 번째 모나스

---

79) '같지 않은 것들'(anisa), 즉 '큼과 작음'의 균등화(isasthenai)에 의해 2가 생긴
다고 말한 사람은 플라톤이다.

80) 이데아의 수에 대한 이론에 따르면 2는 첫째가는 1 다음에 온다. 그리고 이 1
과 '무한정한 2'(aoristos dyas)가 수의 원리다. 하지만 모든 모나스가 서로 다
른 종에 속한다면, 2 안에 있는 모나스들 가운데 하나는 다른 하나에 앞설 것
이고 따라서 2에도 앞서고 최초의 1 다음에 ─ 즉, 최초의 1과 2 사이에 ─ 올
것이다. 2와 3 사이의 관계도 이와 마찬가지여서, 3 안에 최초의 모나스가 들
어 있을 것이며, 이는 다른 수의 경우에도 마찬가지일 것이다.

81) 1 자체(auto to hen) 뒤에 오는 수로서의 1을 말한다.

가 속해 있을 것이다. 82) (수 이론을 내세운) 사람들 중 어느 누구
도 모나스들이 이런 방식으로 합산불가능하다고 말한 적은 없
지만, 그들이 내세운 원리들에 따르면 당연히 사정이 그러한   1081b
데, 진리의 관점에서 보면 이는 불가능한 일이다. 첫째 모나스
와 첫째 1이 있다면, 모나스들 가운데 앞선 것과 뒤에 오는 것
이 있는 것이 당연하고, 첫째 2가 있다면, 2들의 경우에도 사
정은 당연히 같을 것이다. 왜냐하면 첫 번째 것 다음에는 두
번째 것이 오고, 두 번째 것이 있다면 세 번째 것이 있으며,   5
이렇게 해서 나머지 것들이 계열을 이루는 것은 당연하고 필연
적인 일이기 때문이다(하지만 그 둘을 동시에 주장하는 것, 즉
(이데아의) 1 다음에 첫째 모나스와 둘째 모나스가 있다고 말하면서
동시에 2가 그 1 뒤에 오는 첫 번째 것이라고 말하는 것은 불가능하
다). 하지만 그들은 첫째 모나스와 첫째 1은 내세우면서 둘째
1과 셋째 1은 더 이상 주장하지 않고, 첫째 2는 내세우면서 둘
째 2와 셋째 2는 주장하지 않는다.

(c) 만일 모든 모나스가 합산불가능하다면, 2 자체와 3 자체   10
를 비롯해서 그런 방식으로 있는 나머지 수들이 존재하는 것은
분명 불가능하다. 왜냐하면 모나스들이, 서로 차이가 없건 저

---

82) 이 구절의 내용은 다음의 그림을 통해 설명될 수 있다.

수들 (numbers)	1	2		
모나스들 (units)	1	1 ′	1 ″	1 ‴
모나스들의 수 (number of units)	1	2	3	4

이에 따르면 2에 앞서서 2개의 모나스가 있고, 3에 앞서서 3개의 모나스가 있
을 것이다. J. Annas(trans.), *Aristotle's Metaphysics. Books M and N*,
Oxford 2003(초판 1976), 169를 참고.

마다 차이가 있건, 더하기에 의해 수를 세는 것은 필연적인 일
이어서, 예컨대 1에 다른 1을 더해서 2를 세고 그 2에 다른 하

15 나를 더해서 3을 세며 4도 이와 같은 방식으로 센다. 사정이
이렇다면, 수들의 생성이 그들의 주장처럼 2와 1로부터 발생
할 수는 없다. 그 이유는 이렇다. 2는 3의 부분이 되고 3은 4

20 의 부분이 되며 이어지는 수들의 경우에도 방식은 똑같다. 그
러나 그들의 주장에 따르면 4는 첫째 2와 무한정한 2로부터 생
겨나고, 두 2는 2 자체와 따로 떨어져 있다.[83] 만일 그렇지
않다면, 2 자체가 (4의) 부분일 것이고 다른 2가 하나 그것에

25 더해질 것이다. 그리고 2는 1 자체와 다른 1로부터 유래할 것
이며, 만일 그렇다면, 그 다른 요소는 무한정한 2일 수 없을
것인데, 왜냐하면 그것은 하나의 모나스를 낳지만 (무한정한 2가
그렇게 하듯이) 한정된 2를 낳지는 않기 때문이다.

　　(d) 또한 3 자체와 2 자체와 떨어져서 어떻게 다른 3들과 2
들이 있을 수 있을까? 그리고 그것들은 어떻게 앞선 모나스들
과 뒤에 오는 모나스들로 이루어질 수 있을까? 왜냐하면 그 모

30 두는 〈불합리하고〉 허구적이며,[84] 첫째 2가 있고 그 다음에 3
자체가 있는 것은 불가능하기 때문이다. 하지만 1과 무한정한
2가 요소가 된다면, 그것은 필연적인 일이다. 하지만 그로부
터 따라 나오는 결론이 불가능하다면, 그것들은 (수들의 생성의)
원리일 수 없다.[85]

---

83) 아래의 1082a13-4를 참고. 무한정한 2는 이데아의 2에 작용을 가함으로써 (4
에 속하는) 2개의 2를 만들어 내며 그런 점에서 '2를 만드는'(*dyopoios*) 것이
라고 불린다(1083b36을 참고). 이데아의 2와 떨어져 있다는 말은 뒤에 오는
2개의 2를 두고 하는 말이다.

84) '불합리하고 허구적'(*atopon kai plasmatōdes*)이란 말뜻에 대해서는 아래
1082b3-4를 참고.

85) 후건부정(*modus tollens*)의 형태를 취한 이 논증의 논지는 다음과 같다. 1과

그런데 만일 모나스들이 서로 차이가 있다면, 그와 동일하거
나 같은 종류의 다른 결론들이 필연적으로 따라 나온다. [86] (3)   35
한편, 만일 다른 수 안에 있는 모나스들은 서로 차이가 있지만
같은 수 안에 있는 것들은 차이가 없다면, 그렇다고 해도 그에
못지않은 어려움들이 따라 나온다. (a) 왜냐하면 10 자체 안에   1082a
는 10개의 모나스가 있고 10은 그것들로 이루어지기도 하고 두
묶음의 5들로 이루어지기도 하기 때문이다. 그러나 10 자체는
임의(任意)의 수도 아니고 임의의 5들로 이루어지지도 않기 때
문에 ― 이는 10이 임의의 모나스들로 이루어지지도 않는 것과
마찬가지다 ― 10 자체 안에 있는 모나스들은 필연적으로 (다른   5
수 안에 있는 모나스들과) 차이가 있어야 한다. 왜냐하면 만일 그것
들이 차이가 없다면 10을 이루고 있는 5들도 차이가 없겠고,
이것들이 차이가 없다면, 모나스들도 차이가 없기 때문이다.
하지만 만일 그것들이 차이가 있다면, 10 안에는 그 둘만이 있
을 뿐 다른 5들은 없거나 아니면 다른 것들이 있을 터인데, 그
중 어떤 것인가? 만일 다른 것들이 (10 안에) 속해 있지 않다면,
이는 불합리하다. 만일 속해 있다면, 그것들로 이루어지는 것   10

무한정한 2가 요소라면, 먼저 첫째 2가 있고 그 다음에 3 자체가 있어야 한
다. 하지만 이는 불가능하다. 따라서 1과 무한정한 2는 수들의 생성의 원리일
수 없다.

86) 여기서부터 8장의 앞부분(1083a20) 까지의 논변은 다음과 같이 진행된다. 만
   일 다른 수들 안에 있는 모나스들이 서로 차이가 있다면(diaphoroi), (a) 예
   컨대 10 안에 있는 5들의 모나스들은 다른 5들과 차이가 있어야 한다. (b)
   어떻게 2가 두 모나스들과 떨어져서 실체일 수 있을까? (c) 2들 가운데 앞서
   는 것과 뒤에 오는 것이 있을 것이고, 이데아는 여러 이데아들의 복합체일 것
   이다. (d) 모나스들의 차이를 가정하는 것은 인위적이다. (e) 모나스들이 동
   일하건 다르건, 1에 1을 더하면 2이다. (f) 이데아들은 수들일 수 없다. (g)
   수들과 모나스들의 차이를 규정하는 데 따르는 어려움. (h) 결론.

은 어떤 종류의 10인가? 왜냐하면 10 자체와 떨어져서 다른 10
이 그 10 안에 속해 있을 수는 없기 때문이다. 하지만 (그들의 의
견에 따르면) 임의의 2들로부터 4가 이루어질 수 없음은 필연적이
다. 왜냐하면 그들의 주장에 따르면 무한정한 2는 한정된 2를
받아들여 두 2를 만들기 때문인데, 그 까닭은 받아들인 것을
둘로 만드는 것은 그것의 본질이기 때문이다. 87)

15   (b) 또한 2개의 모나스들과 떨어져서 2가 일종의 자연물로
서 존재하고 3개의 모나스들과 떨어져서 3이 일종의 자연물로
서 존재하는 것이 어떻게 가능할까? 가능성은 두 가지다. 마치
하얀 사람이 하양 및 사람과 떨어져 있듯이 (왜냐하면 하얀 사
람은 이것들에 관여하기 때문이다) 하나가 다른 하나에 관여함으
로써 그렇거나 아니면 사람이 동물과 두 발 가짐과 떨어져 있
듯이 하나가 다른 하나의 (종적인) 차이를 이루는 방식으로써
그럴 것이다. 88)

20   (c) 또한 어떤 것들은 접촉에 의해서 하나이고 어떤 것들은
결합에 의해서 하나이며 또 어떤 것들은 위치에 의해서 하나이
다. 그런데 이 가운데 어떤 것도 2와 3을 이루는 모나스들에는
적용될 수 없다. 89) 그렇지 않고 마치 두 사람이 그 둘과 떨어
진 상태에서는 하나의 통일체로서 있을 수 없듯이, 90) 모나스
들도 그럴 수밖에 없다. 그리고 그것들이 분할불가능하다고
25   하더라도 그 사실로 말미암아 사정이 달라지지는 않는다. 왜

---

87) 위의 1081b21-2를 참고.

88) '하얀 사람'과 '두 발 가진 동물'의 차이 (diaphora) 에 대해서는 VII 12, 1037b14
아래를 참고.

89) 접촉 (haphē), 결합 (mixis), 위치 (thesis) 등에 의한 모나스들의 합산가능성에
대해서는 아래의 1085b11-3을 함께 참고.

90) 소크라테스와 플라톤을 하나의 통일체로 간주한다면, 이 통일체는 소크라테
스와 플라톤과 떨어져서 존재할 수 없다.

냐하면 점들 역시 분할불가능하지만, 그럼에도 불구하고 두 점은 그 둘과 떨어져 있는 다른 어떤 것이 아니기 때문이다.

  (d) 하지만 다음과 같은 사실을 간과해서는 안 된다. (그들의 주장으로부터는) 앞선 2들과 뒤에 오는 2들이 있으며 다른 수들의 경우도 마찬가지라는 결론이 따라 나온다. 그 이유는 이렇다. 4 안에 있는 2들이 동시적으로 있다고 해보자. 그렇다고 하더라도 이것들은 8 안에 있는 2들보다 앞서며, 마치 2가 그것들을 만들어 냈듯이 그것들은[91] 8 자체 안에 있는 4들을 만들어낸다. 그러므로 첫째 2가 하나의 이데아라면, 그 2들 역시 이데아들일 것이다. 그리고 동일한 논변이 모나스들에도 적용되는데, 그 이유는 첫째 2 안에 있는 모나스들은 4 안에 있는 모나스들을 만들어내고, 그 결과 모든 모나스들은 이데아들이 될 것이고 이데아가 이데아들로 구성되는 셈이 된다. 그러므로 이데아들 자체를 자신들의 이데아로 삼아 이루어진 것들은 구성체들일 터인데, 이는 마치 동물들 — 이것들에 대해 이데아들이 있다면— 이데아의 동물들로 이루어진다고 말하는 것과 같다.

  (e) 일반적으로 어떤 방식으로든 모나스들에 차이를 두는 것은 불합리한 일이고 허구적이다(나는 전제에 억지로 맞춘다는 뜻에서 허구라고 말한다). 왜냐하면 우리가 보기에 모나스는 양적인 측면에서도 질적인 측면에서도 서로 차이가 없기 때문이다. 그리고 수는 필연적으로 (양적인 측면에서) 서로 같거나 다를 수밖에 없고, 이는 무엇보다도 모나스의 수[92]가 그런데, 만일 그것들 사이에 더 작거나 크거나 하는 일이 없다면 양적으로 같을 것이다. 하지만 우리는 수들의 경우 크기가 같고 어떤 방식으

30

35

1082b

5

---

91) 4 안에 있는 2들을 가리킨다.
92) 위의 1080b18을 참고.

로도 차이가 없는 것들을 일컬어 양적으로 같다고 생각한다. 만일 그렇지 않다면, 10 자체 안에 있는 2들 역시 — 서로 양적으로 같음에도 불구하고 — 차이가 없지 않을 것이다. 그것들이 차이가 있다고 말하는 사람은 무슨 근거에서 그런 주장을 할 것인가?

(f) 또한 만일 모든 경우 하나의 모나스와 다른 모나스가 합쳐서 둘이 된다면, 2 자체에서 빼낸 모나스와 3 자체에서 빼낸 모나스는 합쳐서 2가 될 것이다. 그래서 (α) 이 2는 서로 차이가 있는 것들로 이루어질 터인데, (β) 그것은 3보다 앞서는가 아니면 뒤에 오는가? 그것은 3보다 앞설 수밖에 없을 것 같다. 왜냐하면 두 모나스[93] 가운데 하나는 3과 동시적이고 다른 하나는 2와 동시적이기 때문이다. 그리고 우리는 일반적으로 1과 1은, 그 둘이 같거나 다르거나 상관없이, 2라고 생각하는데, 예컨대 좋음과 나쁨이 그렇고 사람과 말이 그렇다. 하지만 우리가 지금 소개하는 주장을 내세우는 사람들은 두 모나스조차 2가 아니라고 생각한다.

(g) 그리고 만일 3 자체라는 수가 2 자체라는 수보다 더 크지 않다면, 이는 놀라운 일이다. 반면 만일 3이 더 크다면, 그 안에는 2와 같은 수가 속해 있고 따라서 그 수는 2 자체와 차이가 없을 것이다. 하지만 첫째 수와 둘째 수가 있다면[94] 이는 있을 수 없는 일이다.

(h) 또한 이데아들은 수가 아닐 것이다. 이 점에 국한해서 보면, 앞에서 이미 말한 바와 같이,[95] 모나스들이 이데아들이

---

93) 2 자체에서 빼낸 모나스(hē monas ek tēs dyados)와 3 자체에서 빼낸 모나스 (hē monas ek tēs triados)를 말한다.

94) 즉, 수의 종류에 차이가 있다면.

95) 위의 1081a5-17을 참고.

려면 그 모나스들 사이에는 차이가 있어야 마땅하다고 여기는
사람들의 말이 옳다. 왜냐하면 형상은 하나이기 때문이다. 96)
그러나 만일 모나스들이 서로 차이가 없다면, (그것들로 이루어진)
2들과 3들 역시 차이가 없을 것이다. 바로 그런 이유 때문에
그들은, 우리가 주어진 수에 다른 수를 더하지 않고서97) 지금
처럼 '1, 2'와 같은 방식으로 셈을 한다고 말할 수밖에 없는 것   30
이다(왜냐하면 (수의) 생성이 무한정한 2로부터 일어나는 것도 아니
고 (수가) 이데아일 수도 없기 때문인데, 그 이유는 그런 경우 하나
의 이데아가 다른 이데아 안에 있을 것이고 모든 형상은 한 이데아
의 부분들이 될 것이기 때문이다). 그러므로 그들은 전제에 맞는
올바른 주장을 하고 있지만, 전체적으로 볼 때 그들의 말은 옳
지 않다. 왜냐하면 그들의 주장은 많은 것을 파괴하는데, 그들
은 다음과 같은 물음이 의문에 직면한다는 사실을 시인할 것이
기 때문이다. 즉, 우리가 셈을 하면서 '1, 2, 3'이라고 말한다   35
면, 우리는 더하기에 의해서 셈을 하는가 아니면 독립된 몫을
취해서 그렇게 하는 것일까?98) 우리는 두 방식을 모두 사용한
다. 그러므로 그 차이를 그토록 커다란 본질적 차이로 환원하
는 것은 우스운 일이다. 8. (i) 가장 먼저 할 일은 수의 차이가   1083a
무엇이고, 만일 모나스들이 서로 차이가 있다면 모나스의 차이
가 무엇인지 올바로 규정하는 것이다. 그것들은 필연적으로 양
적인 측면이나 질적인 측면에서 차이가 있어야 하는데, 이 가
운데 어떤 방식으로도 차이가 가능하지 않은 것처럼 보인다.
그것들이 수인 한, 양적인 측면에서 차이가 있어야 한다. 하지

---

96) 형상은 모두 독특하다는 뜻이다.

97) 1, 1+1, 1+1+1식의 셈법을 가리키는 듯하다.

98) 1에 1을 더해서 2를 얻고, 2에 다시 1을 더해서 3을 얻는 식으로 셈이 이루어
    지는가, 아니면 종이 서로 다른 1과 2와 3을 각각 따로 취해서 셈을 하는가?

5   만 만일 모나스들도 양적인 측면에서 차이가 있다면, 똑같은
수의 모나스들로 이루어진 수들도 서로 다를 것이다. 또한 첫
째 모나스들이 더 큰가 아니면 더 작은가, 그리고 뒤에 오는
모나스들은 크기가 증가하는가 아니면 그 반대인가? 이래도 저
래도 모두 불합리하다. 모나스들이 질적인 측면에서 차이가 있

10   는 것도 가능치 않은 일이다. 그것들에는 어떤 속성도 속할 수
없기 때문이다. 왜냐하면 그 사람들의 말에 따르면 수들에는
성질이 양보다 나중에 속하기 때문이다. 또한 성질은 1이나 2
로부터도 수들에 속하게 되지 않는데, 왜냐하면 앞의 것은 성
질을 지니지 않으며 뒤의 것은 양을 만들어내는 것이기 때문인
데, 그 이유는 둘은 본성상 있는 것들을 여럿으로 만드는 원인

15   이기 때문이다. 만일 사정이 우리가 말하는 것과 다르다면, 처
음부터 의심의 여지없이 분명하게 그 점을 말해야 하고 모나스
의 차이에 대해서 규정해야 하며, 무엇보다도 그런 차이가 있
는 원인을 규정해야 한다. (h) 그래서 만일 이데아들이 수라
면, 모나스들은 모두 서로 합산될 수도 없고 둘 중 어떤 방식
으로99) 합산불가능할 수도 없다는 것이 분명하다.

20   (B) (a) 하지만 수들에 대해서 다른 사람들이 주장하는 방
식 역시 옳지 않다.100) 이데아들은 무제한적인 뜻에서나 일종
의 수라는 뜻에서나 어떤 방식으로도 있지 않지만 수학적인 것
들은 있으며 있는 것들 가운데 수들이 첫째가는 것이고 1자체
가 그것들의 원리라고 생각하는 사람들이 있다. 이들의 주장

25   이 옳지 않은 이유는, 그들이 주장하듯이 1들 가운데는 첫째 1
이 있지만 2들 가운데 첫째 2는 없으며 3들 가운데 첫째 3도

---

99) 위의 1080a18-20와 23-35를 참고.

100) 여기서부터 1083b1까지는 스페우시포스의 수 이론이 검토된다. 위의 1076a
    20-1을 참고.

없다는 것은 불합리하기 때문인데, 동일한 논변이 모든 것에
적용되기 때문이다. 그래서 만일 수와 관련해서 사정이 이러
하고 누군가 수학적인 수만을 있는 것으로 내세운다면, 1은 원
리가 아닐 것이다(왜냐하면 그런 종류의 1은 다른 모나스들과 차
이가 있어야 하기 때문이다. 반면 만일 사실이 그렇다면 2들 가운   30
데 첫째 2가 있을 것이고 이어지는 다른 수들의 경우에도 마찬가지
일 것이다). 반면 만일 1이 원리라면, 수들과 관련된 사정은
플라톤이 말했던 바와 똑같아서 첫째 2와 3이 있어야 하고 수
들은 서로 합산불가능할 수밖에 없다. 하지만 누군가 다시 이   35
런 주장을 내세운다면, 우리가 앞서 말했듯이[101] 많은 불가능
한 결과들이 따라 나온다. 그런데 그 둘 가운데 어느 하나는
사실이어야 하는데, 둘 다 사실이 아니라면 수는 분리가능할
수 없을 것이다.

　(C) (b) 세 번째 설명방식, 즉 형상들의 수와 수학적인 수   1083b
가 동일한 수라는 의견이 가장 열등하다는 사실은 이상의 논의
로부터 분명하다.[102] 왜냐하면 두 가지 잘못이 하나의 의견으
로 귀결될 수밖에 없기 때문이다. (1) 수학적인 수는 그런 방   5
식으로 존재할 수 없는데, 그럼에도 불구하고 사람들은 고유
한 전제들을 전제하면서 장광설을 늘어놓을 수밖에 없고, (2)
그들은 수가 이데아라고 주장하는 사람들에게 따라 나오는 결
론들을 주장할 수밖에 없기 때문이다.

　(B) (b) 피타고라스학파의 설명방식은 어떤 측면에서 보면
앞서 다루었던 설명방식들에 비해 어려움이 덜하지만, 그 나
름의 다른 어려움이 있다. 왜냐하면 수가 분리가능하지 않다   10
는 주장은 많은 불가능한 점들을 제거해 주지만, 물체들이 수

---

101) 1080b37-1083a17을 참고.
102) 1083b1-8까지는 크세노크라테스에 대한 비판이다.

들로 이루어지며 여기서 말하는 수들이 수학적인 수라는 주장은 성립할 수 없기 때문이다. 불가분적인 연장물이 있다는 주
15 장은 참이 아니며,103) 설령 그런 설명방식이 옳다고 해도 모나스는 연장을 갖지 않는다. 연장물이 분할불가능한 것들로 이루어지는 것이 어떻게 가능한 일일까? 하지만 적어도 산수의 수는 모나스의 성격을 갖는다. 그에 반해 그들은 수를 있는 것들이라고 말한다. 어쨌건 그들은 물체들이 수들로부터 유래한다고 믿고서 수학적인 정리들을 물체들에 대해 적용한다.

20 그래서 만일 수가 그 자체로서 있는 것104)이라면 그것은 앞에서 말한 설명방식 가운데 어느 한 방식을 취할 터인데, 그 중 어떤 것도 가능하지 않다면, 수가 그런 종류의 자연물, 즉 수가 분리가능한 것이라고 주장하는 사람들이 꾸며대는 것과 같은 종류의 자연물이 아니라는 것은 분명하다.

(1)105) 또한 각각의 모나스는 균등화된 상태의 큼과 작음으
25 로 이루어진 것인가, 아니면 어떤 것은 작음으로, 어떤 것은 큼으로 이루어진 것인가? (a) 만일 뒤의 경우라면, 어떤 것도 모든 요소들로 이루어지지 않고 모나스들도 차이가 없을 것이다. 왜냐하면 어떤 것 안에는 큼이 속하고 어떤 것 안에는 작음이 속하는데, 그 둘은 본성상 서로 반대되기 때문이다. 또한 3 자체 안에 있는 모나스들은 어떤가? 그것들 중 하나는 홀수이기 때문이다. 하지만 그들이 1 자체가 홀수들의 중간에 온다고 말하는 것은 아마도 그런 이유 때문일 것이다.106) 하지만

---

103) 불가분적인 연장물(*atoma megethē*)이 있을 수 없다는 데 대해서는 《생성·소멸론》 I 2, 315b24-317a17을 참고.

104) 원어는 'ti kath' hauto'이다.

105) 수들의 분리가능성을 주장하는 모든 이론에 대항하는 논변들(8, 1083b23-9, 1085b34)이 전개된다.

106) 이에 대해서는 로스(*Metaphysics* II, 446)의 해설을 참고하라. "더욱이 플라

(b) 만일 두 모나스가 모두 양적으로 동일하게 된 상태의 큼과   30
작음으로 이루어진다면, 2는 어떻게 하나의 자연물이면서 큼
과 작음으로 이루어질 수 있을까? 또는 그것은 어떤 점에서 모
나스와 다를까? 또한 모나스는 2보다 앞선다. 모나스가 사라
지면 2도 사라지기 때문이다. 그렇다면 그것은 이데아에 앞선
것으로서 이데아의 이데아이고 이데아보다 앞서서 존재해야
한다. 그렇다면 그것은 무엇으로부터 유래하는가? 왜냐하면   35
무한정한 2는 2를 만드는 것이기 때문이다. 107)

(2) 또한 수는 필연적으로 무한하거나 유한해야 한다. 그들
은 수가 분리가능한 것이라고 주장함으로써, 그 둘 중 어떤 것   1084a
도 사실일 수 없게 만든다. (a) 수가 무한할 수 없다는 것은
분명하다. (α) 왜냐하면 무한한 수는 홀수도 아니고 짝수도 아
닌 반면, 수들의 생성은 언제나 홀수의 생성이거나 짝수의 생
성이기 때문이다. 어떤 경우 1이 짝수에 붙어 홀수가 되고, 어   5
떤 경우는 2가 따라붙어 1로부터 배가된 수가 생겨나며, 또 어
떤 경우는 홀수들이 따라붙어 다른 짝수가 생겨난다. 108) (β)
또한 만일 모든 이데아가 다른 어떤 것의 이데아이고 수들이
이데아들이라면, 무한한 수 자체는 다른 어떤 것의 이데아일
것이고, 그때 그 다른 어떤 것은 감각물이거나 다른 종류의 어
떤 대상일 것이다. 그러나 이는 그들의 전제에 의거해서 보거

톤주의자들은 3의 이데아 안에 있는 모나스들에 대해 어떤 설명을 제시할 수
있을까? 그것들 중 하나는 홀수의 모나스이고 따라서 그것은 큼과 작음의 탓
으로 돌릴 수 없다(왜냐하면 큼과 작음은 각각 하나의 모나스만을 낳기 때문
이다). 아마도 이런 이유 때문에 그들은 1의 이데아를 홀수들 안에서 중간
의 자리에 오는 모나스로 간주하는 것 같다."
107) '2를 만드는'(dyopoios) 무한정한 2에 대해서는 위의 7, 1081b22에 대한 각
주를 참고.
108) XIV 3, 1091a12에 대한 각주를 참고.

10　나 논리적으로 보거나 있을 수 없는 일인데, 적어도 그들의 설
　　명방식에 따라서 이데아들을 배치한다면 그렇다. 109)

　　　　(b) 그러나 만일 수가 유한하다면, 그 한계는 어디에 있을
　　까? 이에 대해서는 사실뿐만 아니라 그런 사실의 원인도 제시
　　해야 한다. 하지만 어떤 사람들이110) 주장하듯이 수가 10까지
　　있다면, (a) 첫째로 형상들이 즉시 부족해질 것이다. 이를테
15　면 만일 3이 사람 자체라면, 어떤 수가 말[馬] 자체일까?111)
　　각각의 수 자체는 10을 넘지 않고, 그래서 그것은 그 가운데
　　있는 수들 중 어떤 것일 수밖에 없다. 왜냐하면 바로 이것들이
　　실체들이자 이데아들이기 때문이다. 그렇지만 그것들로는 부
　　족하다. 왜냐하면 동물 종(種)의 수는 (그 한계를) 초과하기 때
　　문이다. (β) 그와 동시에 만일 이와 같이 3이 사람 자체이고
　　다른 3들도 이와 같다면 (왜냐하면 동일한 수들에 속하는 이데아
20　들은 동질적이기 때문이다), 결과적으로 사람들의 수는 무한할
　　것이다. 만일 각각의 3이 이데아라면 각각의 수는 사람 자체이
　　고, 만일 그렇지 않다면 적어도 사람들이기는 할 것이다. (γ)
　　그리고 더 작은 것이 더 큰 것의 부분이고 그것이 동일한 수
　　안에 있는 합산가능한 모나스들로 이루어진다면, 그리고 4 자
　　체가 어떤 것의 이데아, 예컨대 말이나 하양의 이데아라면, 사
25　람은 말의 이데아가 될 터인데, 사람이 2라면 그렇다. (δ) 10

---

109) '이데아들을 배치한다(tattein)'는 말의 뜻은 분명치 않다. 아마도 위의 "만일
　　모든 이데아가 다른 어떤 것의 이데아(idea tinos)이고 수들이 이데아들이라
　　면(…)"을 고려한 발언으로 보인다.
110) XIV 1, 1088b10과 XII 8, 1073a19에 따르면 이런 주장을 내세운 것은 이데
　　아론자들이지만, 그 기원은 피타고라스학파로 거슬러 올라간다. I 5, 986a8
　　을 참고.
111) '사람 자체'(autoanthropos)와 '말[馬] 자체'(autoippos)와 같은 표현에 대해
　　서는 VII 16, 1040b32-4를 참고.

의 이데아는 있지만 11의 이데아는 없고 이어지는 다른 수들의
이데아가 없다는 것은 불합리하다. (ɛ) 또한 형상들을 갖지 않
지만 존재하고 생겨나는 것들이 있는데, 그런 것들의 경우에
는 왜 이데아가 없을까? 그렇다면 이데아들은 원인이 아니다.
(ᢏ) 또한, 만일 10까지의 수와 10 자체를 비교해서, 앞의 것은   30
하나의 통일체로서 생성하지 않는 반면 뒤의 것은 생성하기 때
문에, 10까지의 수가 10 자체보다 더 높은 정도로 있는 것이고
형상이라고 한다면, 이는 불합리하다. 하지만 그들은 10까지
의 수가 완전하다고 믿고서 설명을 시도한다. 그들은 적어도
후속적인 것들, 예컨대 공허, 비례, 홀수를 비롯해서 그런 종
류의 다른 것들이 10 안에서 생겨난다고 주장한다. 왜냐하면   35
그들은 어떤 것들, 예컨대 운동과 정지, 좋음과 나쁨 같은 것
들은 원리들에 의거해 설명하지만,112) 나머지 것들은 수들에
의거해서 설명하기 때문이다. 이런 이유 때문에 그들은 1을 홀
수와 동일시하는데, 그것이 3 안에 있다면, 어떻게 5가 홀수일
까?113) 또한 그들에 따르면 연장물들이나 그런 종류의 다른   1084b
것들은 일정한 양을 넘지 않는데, 예컨대 첫째가는 것, 즉 불
가분적인 것은 선이고,114) 그 다음에는 2가 오고 그런 종류의
것들이 10까지 이어진다.115)

---

112) 여기서 말하는 원리들은 물론 1과 무한정한 2를 말한다. 1로부터 정지
  (stasis)와 좋음(agathon)이, 둘로부터 운동(kinēsis)과 나쁨(kakon)이 도출
  된다.

113) 홀수의 홀수성은 최초의 홀수인 3이 아니라 모든 수 안에 내재하는 원리인
  1에 의해서 설명된다. 따라서 만일 실제로 3이 홀수성의 원리라면, 플라톤주
  의자들은 왜 5가 홀수인지를 설명할 수 없을 것이다. 왜냐하면 그들은 1이
  짝수인 4에 부가됨으로써 5가 생겨난다고 보기 때문이다. 이 경우에 3은 아
  무 작용도 하지 않는다. Ross, Metaphysics II, 451의 관련 주석을 참고.

114) I 9, 992a22를 참고.

(3) 또한 만일 수가 분리가능하다면, 어떤 사람은 1과 3과 2 가운데 어떤 것이 앞서는지 의문을 제기할 수 있을 것이다. 수가 합성체라는 점에서 보자면 1이 앞서지만, 보편자와 형상이 (다른 것에) 앞선다는 점에서 보자면, 수116)가 앞선다. 왜냐하면 각각의 모나스는 수의 부분으로서 질료에 해당하고 수는 형상에 해당하기 때문이다. 그리고 실제로 어떤 뜻에서는 직각은 예각에 앞서는데, 정식에 따르는 정의의 측면에서 볼 때 그렇다.117) 하지만 어떤 뜻에서는 예각이 앞서는데, 예각은 부분이고 직각은 예각으로 이루어지기 때문이다. 그러므로 질료의 측면에서는 예각과 요소와 모나스가 앞서고, 형상과 실체에 따른 정식의 측면에서는 직각과, 질료와 형상으로 이루어진 전체118)가 앞서는데, 왜냐하면 두 부분으로 이루어진 것은 형상과 정식의 대상에 더 가깝지만, 생성에서 뒤에 오기 때문이다. 그렇다면 1은 어떤 뜻에서 원리인가? 앞서 말했듯이 1은 분할불가능하지만, 보편자와 개별자119)와 요소도 분할불가능하다. 하지만 그 방식은 다른데, 어떤 것은 정식의 측면에서 원리이고, 어떤 것은 시간의 측면에서 원리다.120) 그렇다면 그 둘 중 어떤 뜻에서 1은 원리인가? 앞서 말했듯이 직각이 예

---

115) 1은 점, 즉 불가분적인 선에 해당하고, 2는 선, 3은 평면, 4는 입체에 해당하며, 그것들이 합쳐져서 10이 된다. XIV 3, 1090b21-4를 참고.

116) 모든 수에 대해서 술어가 되는 보편개념으로서의 '수'(*arithmos*)를 가리킨다.

117) 예각은 '직각보다 작은 각'이라는 정식(*logos*)에 의해 정의되기 때문이다(VII 10, 1035b6-8).

118) 원어는 'to holon to ek tēs hylēs kai tou eidous'이다.

119) 여기서는 개별자를 가리키는 말로 'to kath' hekaston'이 아니라 'to epi merous'가 쓰였다.

120) 'archē'의 본뜻에 따라 어떤 것은 '정식의 측면에서 시작'이고 어떤 것은 '시간적인 측면에서 시작'이라고 보면 뜻이 더 분명할 것이다.

각의 원리라고 생각할 수도 있고 예각이 직각의 원리라고 생각
할 수도 있는데, 그 둘은 저마다 단일한 특성을 갖는다. 그런
데 그들은 그 둘 가운데 어떤 방식으로 보건 1이 원리라고 말
한다. 하지만 이는 불가능한데, 왜냐하면 어떤 것은 형상과 실   20
체라는 뜻에서 앞서고, 어떤 것은 부분과 질료라는 뜻에서 앞
서기 때문이다. 어떻게 보면 그 둘은 각각 하나이지만, 진실을
말하자면 가능적으로는 하나이고 (적어도 수는 일종의 통일체이
지 더미가 아니고, 121) 그들 말대로 다른 수가 서로 다른 모나스들
로 이루어진다면 그렇다), 완전한 상태에서는 그렇지 않은데,
각각의 모나스는 완전성의 측면에서 하나다. 그들이 이런 잘   25
못을 범한 이유는, 수학의 대상과 보편적 정의들을 동시에 탐
색의 출발점으로 삼은 데 있다. 그 결과는 다음과 같다. (1)
수학적 대상들에 비추어 그들은 1을 점에 해당하는 것으로 보
고 원리로 삼았다(이렇게 말하는 까닭은 모나스는 위치를 갖지 않
는 점이기 때문이다. 122) 그래서 이들 역시, 있는 것들은 최소의 부
분들이 합쳐져서 이루어진다고 주장했던 사람들123)과 같은 주장을
내세웠다. 그 결과 모나스는 수들의 질료이면서 동시에 2보다 앞선   30
것이 된다. 그러나 그것은 다시 (2보다) 뒤에 오는데, 2는 일종의
전체이자 하나이며 형상이기 때문이다). (2) 그러나 그들은 보편
자를 찾았기 때문에 (1은 수에 대해서) 술어가 되는 하나이고 그런
뜻에서 (수의) 부분이라고 말했다. 하지만 똑같은 것이 이 두
가지 성질을 동시에 가지는 것은 불가능하다. 124)

---

121) 이 말의 뜻에 대해서는 다음의 구절을 참고하라. VII 17, 1041b12; VIII 3,
1044a4; 6, 1045a9.
122) '위치를 갖지 않는 점'(*stigmē athetos*)으로서의 '모나스'에 대해서는 V 6,
1016b30을 참고.
123) 원자론자들을 가리킨다.
124) 그들은 수에 대해 술어가 되는 단일성뿐만 아니라 수 안에 있는 단일성도 수

220

만일 1 자체가 모나스의 성격을 가져야 하고[125] (왜냐하면 원리라는 점을 제외하고는 그것은 다른 수들과 차이가 없기 때문이다) 2는 분할이 가능하지만 모나스는 그렇지 않다면, 모나스는
35   1 자체와 성질이 더 같을 것이다. 그러나 모나스가 1 자체와 더 성질이 같다면, 2보다는 1 자체가 모나스와 더 성질이 가까울 것이고, 따라서 2 안에 있는 각각의 모나스가 2보다 앞설 것이다. 하지만 그들은 그렇게 말하지 않는다. 적어도 그들은
1085a   2를 첫째가는 것으로 삼는다.[126] 또한 만일 2 자체가 일종의 통일체이고 3 자체 역시 그런 것이라면, 그 둘은 2를 이룰 것이다. 그렇다면 이 2는 무엇으로 이루어지는가?

9. 수들의 분리가능성을 주장하는 모든 이론을 반박하는 논변들(계속). (4) 기하학적 대상들의 원리와 관련된 어려움들. (5) 수들과 공간적 연장물들의 생성과 관련된 어려움들. 이데아의 수들에 대한 비판의 요약. 이데아론에 대한 비판. (A) 이데아론은 보편자들을 분리된 것으로 만든다

어떤 사람은 이런 의문을 제기할 수 있을 것이다. 수들 사이
5   에 접촉은 없지만 계열은 있는데, 중간에 아무것도 없는 모나스들의 경우, 예컨대 2 안에 있는 모나스들과 3 안에 있는 모나스들의 경우 그것들은 1 자체에 연속해서 오는가 그렇지 않은가, 그리고 둘은 그것에 연속해서 오는 것들에 앞설까 아니면 모든 종류의 모나스들에 앞설까?

의 부분으로 여겼다는 말이다. 아리스토텔레스에 따르면 어떤 것에 대해 술어가 되는 것은 그 어떤 것 안에 있을 수 없다. VII 13, 1038b16-8과 《범주론》 5, 3a9-15를 참고.

125) 1084b33의 'monen atheton'은 로스를 따라 'monadikon'으로 읽었다.
126) 모든 수가 2에서 유래한다고 보는 점에서 그렇다는 말이다.

(4) 이와 마찬가지로 수 뒤에 오는 유들에 대해서도 어려운 점들이 따라 나오는데, 선과 평면과 물체의 경우가 그렇다. (a) 어떤 사람들127)은 그것들이 큼과 작음의 종(種)들128)로부터 생겨난다고 주장하면서, 예컨대 깊과 짧음으로부터는 길이 10 들이 생기고, 넓음과 좁음으로부터는 평면들이 생기며, 깊이 와 얕음으로부터는 입체들이 생긴다고 말한다. 그들에 따르면 이런 것들이 큼과 작음의 종들이다. 하지만 1에 해당하는, 그런 부류의 대상들의 원리129)를 내세울 때 그들은 의견이 구구 각색이며, 그 의견들에서도 수많은 불가능성과 허구와, 어떤 15 이치와도 어긋나는 점들이 눈에 띈다. (i) 만일 그것들의 원리 들이 서로 수반관계에서 넓음과 좁음이 깊과 짧음이 아니라면 그것들은 서로 떨어져 있게 되는 결과가 따라 나온다〔하지만 만일 사실이 그렇다면,130) 평면은 선과 같을 것이고 입체는 평면과 같을 것이다.131) 또한 각(角)과 형태를 비롯해서 그런 종류의 것들 20 을 어떻게 설명할 수 있을까?〕. (ii) 똑같은 결과가 수에 대해서 도 따라 나오는데, 왜냐하면 깊과 짧음 등은 연장물의 속성들 이지만, 연장물은 그것들로 이루어지지 않으니, 이는 마치 길 이가 곧음과 굽음으로 이루어지지 않고 물체가 부드러움과 거 침으로 이루어지지 않는 것과 마찬가지다.132)

---

127) 아마도 플라톤 자신까지 포함해서 플라톤주의자들을 일컫는 듯하다.
128) a9-10에서 'ek tōn eidōn tou megalou kai tou mikrou'는 이어지는 설명에 서 확인할 수 있듯이 큼과 작음으로 양분되는 다른 기하학적 속성들, 즉 깊 (to makron)과 짧음(to brachy), 넓음(to platy)과 좁음(to stenon) 등을 가 리킨다.
129) 1이 수들에 대해 원리(archē)가 되듯이, 기하학적 형태들에 대해서 원리가 되는 것을 말한다.
130) 즉, 넓음과 좁음이 깊과 짧음과 같다면.
131) 1085a7-19에 대해서는 I 9, 992a10-9를 참고.
132) I 9, 992b1-7과 아래의 XIV 1, 1088a15-21을 참고.

25 　이 모든 의견은 공통적으로, 어떤 사람이 보편자를 내세울 때 그 결과로서 유에 속하는 종들과 관련해서 따라 나오는 의문과 똑같은 의문에 직면한다. 즉, 동물 자체는 (어떤 종의) 동물 안에 있는가 아니면 그 동물과 다른 것인가라는 문제가 그것이다. [133] 보편자가 분리가능하지 않다면 아무 문제도 없겠지만, 그렇게 주장하는 사람들의 말대로 하나가 수들과 분리가능하다면 그 문제는 해결하기 쉽지 않다. 여기서 '불가능하

30 다'라는 말 대신에 '쉽지 않다'는 말은 써야 한다면 그렇다. [134] 왜냐하면 우리가 2 안에서나 일반적으로 수 안에서 단일성을 지각한다면, 그때 우리가 지각하는 것은 하나 자체인가 다른 어떤 것인가?

　(b) 그런데 어떤 사람들은 연장물이 그런 종류의 질료에서 생겨난다고 주장하는 반면, 연장물이 점과 (왜냐하면 그들 생각에 점은 1이 아니라 1과 같은 종류의 것이기 때문이다), 다수는 아니지만 다수와 같은 종류의 질료에서 생긴다고 주장하는 사람들이 있지만, [135] 그것들과 관련해서도 똑같은 어려움들이 앞의 경우에 못지않게 따라 나온다. 그 이유는 이렇다. (i) 만

35 일 질료가 하나라면, 선과 평면과 입체가 똑같을 것이다 (왜냐하면 동일한 것들로부터 생겨나는 것은 동일한 것이겠기 때문이

1085b 다). (ii) 만일 질료들이 여럿이어서 선의 질료와 평면의 질료와 입체의 질료가 서로 다르다면, 그것들은 서로 선후관계에 있거나 그렇지 않아서, 결국 그런 경우에도 똑같은 결과들이

---

133) '유에 속하는 종들'(*ta eidē ta hōs genous*)과 관련된 이런 논의에 대해서는 VII 13을 참고.

134) '불가능하다'와 '쉽지 않다'는 각각 'adynaton'과 'rhaidion'을 옮긴 말이다.

135) 연장물이 (1과 같은) 점(*stigmē*)과 (다수(*to plēthos*)와 같은) 질료에서 생긴다고 말하는 사람들에 속하는 사람은 스페우시포스인 듯하다.

따라 나올 것이다. 왜냐하면 평면은 선을 갖지 않거나 선이거
나 둘 중의 하나일 것이기 때문이다.

(5) 또한 어떻게 하나와 다수로부터 수가 유래할 수 있는지,　　5
아무 설명도 제시된 적이 없다. 그들이 어떤 말을 하든, 그들
은 하나와 무한정한 2로부터 수가 생겨난다고 말하는 사람들
이 겪는 것과 똑같은 여러 가지 어려움에 직면한다. 왜냐하면
그 가운데 한 의견은 수가 술어가 되는 보편자[136]로부터 생겨
나는 것이지 특정한 다수에서 생겨나는 것이 아니라고 주장하
는 반면, 다른 의견은 특정한 수가 다수로부터 생겨나지만 이
때의 다수는 첫째가는 것이라고 주장하기 때문이다(왜냐하면　　10
둘은 첫 번째 다수이기 때문이다). (a) 따라서 사실 그 두 의견
은 아무 차이가 없고, 똑같은 의문들이 따라 나온다. 즉, 그것
들 사이의 관계는 결합인가 위치인가 혼합인가 생성인가 아니
면 그런 종류의 다른 어떤 것인가?[137] (b) 특히 어떤 사람은,
만일 각 모나스가 하나라면, 그것은 어떤 것으로부터 유래하
는가라는 문제를 탐구의 대상으로 삼을 수도 있는데, 각각의
모나스는 하나 자체가 아니기 때문이다. 그렇다면 그것은 하　　15
나 자체와 다수 또는 다수의 부분으로 이루어져야 한다. 그런
데 모나스가 일종의 다수라는 말은 성립할 수 없는데, 그것은
분할불가능하기 때문이다. 그것이 다수의 부분으로 이루어진
다는 말도 똑같이 많은 어려움을 낳는다. 왜냐하면 (a) 각 부
분은 필연적으로 분할불가능하고 (그렇지 않다면 그 부분은 다수
이고 모나스는 분할가능할 것이다) 하나와 다수는 그 요소가 될　　20
수 없기 때문이다(각 모나스는 하나와 다수로부터 유래하지 않기

---

136) 위의 1084b31을 참고.
137) 아리스토텔레스는 위의 XIII 7, 1082a20 아래에서 거론했던 모나스들의 합
　　산가능성 문제를 다시 제기한다.

때문이다). 또한 (β) 이런 의견을 내세우는 사람이 하는 일은 다른 종류의 수를 만들어내는 것에 불과한데, 차이가 없는 것들이 여럿 있으면 그것이 바로 수이기 때문이다. (c) 또한 우리는 이런 주장을 하는 사람들과 관련해서도 수가 무한한지 아니면 유한한지를 탐구해야 한다. 왜냐하면 얼핏 보기에 유한

25 한 다수가 먼저 주어져 있고 그것과 하나로부터 유한한 수의 모나스들이 유래하기 때문이다. 그런데 다수 자체와 무한한 다수는 서로 다른데, 하나와 짝을 이루어 요소가 되는 것은 어떤 종류의 다수인가? (d) 이와 마찬가지로 어떤 사람은 점에 대해서도 탐구할 수 있을 텐데, 그들은 연장물들이 점으로 이

30 루어진다고 주장한다. 왜냐하면 그것은 유일한 하나의 점이 아니기 때문이다. 그렇다면 나머지 점들은 각각 무엇으로부터 유래하는가? 분명 일정한 간격과 점 자체로부터 유래하지는 않는다. 그러나 간격을 이루는 것들은 분할불가능한 부분들일 수 없는데, 이는 모나스들을 이루는 것들이 다수의 분할불가능한 부분들일 수 없는 것과 마찬가지다. 왜냐하면 수는 분할불가능한 부분들로 이루어지지만, 연장물은 그렇지 않기 때문이다. 138)

35 이런 점들이나 그런 종류의 다른 반박들은 수와 연장물이 분리가능한 것일 수 없다는 사실을 분명히 보여준다. 139) 또한

1086a 수들에 대한 설명방식들 사이의 의견 차이는, 그들이 주장하는 사태들 자체가 진리에 어긋나서 그들에게 혼란을 안겨준다

---

138) 점은 간격(*diastema*)을 요소로 가질 수 없다. 간격을 갖는다면 점의 단순성 (V 6, 1016b29-30)이 사라지기 때문이다. 그것은 또한 간격의 부분을 가질 수도 없다. 일정한 간격의 부분이 있다면 그것이 어떤 것이든 간격을 가져야 하기 때문이다.

139) 이데아의 수들에 대한 비판의 요약(9, 1085b34-1086a18)이다.

는 사실에 대한 징표다. 그 내용은 이렇다. (1) 오직 수학적인
대상들만 감각적인 것들과 떨어져 있다고 주장하는 사람들140)   5
은 형상들과 관련된 어려움들과 허구성들을 간파하고 형상적
인 수들을 포기하고 수학적인 수만 주장했다. (2) 그에 반해
형상들과 수들을 동시에 주장하고 싶어했지만, 누군가 수들을
원리들로 내세운다면 어떻게 수학적인 수가 형상적인 수와 떨
어져 있을 수 있는지를 간파하지 못했던 사람들141)은 형상적
인 수와 수학적인 수가 동일한 것이라고 주장했으니, 이는 말   10
에 불과하다. 왜냐하면 실제로는 수학적인 수가 부정되었기
때문이다(왜냐하면 그들은 (형상이론에) 고유한 전제들은 내세우지
만 수학적인 전제들은 주장하지 않기 때문이다). (c) 그런가 하면
형상들이 존재하고 이 형상들은 수이며 그것뿐만 아니라 수학
적인 대상들도 존재한다고 맨 처음 주장했던 사람142)은 정당
한 근거에서 그것들을 분리시켰다. 따라서 누구나 제한된 측
면에서는 옳지만 전체를 놓고 보면 옳지 않다. 그들 자신들도   15
이런 생각에 동의하는데, 왜냐하면 그들이 하는 주장은 똑같
지 않고 서로 반대되기 때문이다. 제반 전제들과 원리들이 거
짓이라는 데 그 원인이 있다. 그러나 에피카르모스의 말143)대
로 사실에 잘 들어맞지 않는데 말을 잘하기는 어려운 일이다.
"말을 꺼내기 무섭게, 사실에 잘 들어맞지 않는 게 드러난다."
  (A) 그러나 수들에 대해서는 지금까지 제기한 의문들과 설
명들로 충분하다. 144) 왜냐하면 (지금까지의 논의를 통해) 이미 확신

---

140) 스페우시포스를 가리킨다.
141) 크세노크라테스를 가리킨다.
142) 플라톤을 가리킨다.
143) 에피카르모스(Epicharmos)는 기원전 5세기 초반에 시켈리아에서 활동했던
    희극작가다.

20   을 얻은 사람은 더 많은 내용의 논의에도 확신을 얻겠지만, 아
직까지도 확신을 갖지 못한 사람이 있다면 그는 더 이상 확신
에 이르지 못할 것이기 때문이다.

하지만 첫째 원리들과 첫째 원인들 및 요소들과 관련해서,
오로지 감각적 실체에 대해서밖에 논의한 것이 없는 사람들이
주장한 내용 가운데 일부는 자연에 대한 여러 저술에서145) 이
25   야기되었고, 일부는 지금의 탐구과정에 속하지 않는다. 반면
감각적 실체들과 다른 실체들이 있다고 말하는 사람들이 주장
한 내용은 이제까지 다루었던 점들에 이어서 살펴보아야 한
다. 146) 그런데 어떤 사람들은 이데아들과 수들이 그런 실체들
이라고 주장하고 이것들의 요소들이 있는 것들의 요소들이자
원리들이라고 말하기 때문에, 그들이 이 문제에 대해 하는 이
야기가 무엇이고 어떻게 그런 주장을 하는지 살펴보아야 한다.

30   오직 수들만 있고 이것들은 수학적인 것들이라고 말하는 사
람들은 나중에 추가로 살펴보아야 한다. 147) 우리는 이데아를
주장하는 사람들의 설명방식과 그들을 둘러싼 의문점을 동시
에 개관할 수 있을 것이다. 왜냐하면 그들은 이데아들이 보편
자라고 주장하면서 다시 그것들이 분리가능한 것이요 개별자
들이라고 말하기 때문이다. 148) 이런 일이 있을 수 없다는 데
35   대해서는 이미 앞에서 의문을 제기했다. 149) 실체들이 보편자
라고 주장하는 사람들이 그 두 가지 특징을 하나로 결부시킨

---

144) 여기서부터 이데아론에 대한 비판(XIII 9, 1086a18-XIV 2, 1090a2)이 이어
진다.
145) 다음의 구절들을 참고: 《자연학》 I 4-6; 《천체론》 III 3-4; 《생성·소멸론》 I 1.
146) 1086a21-1087a25까지는 이데아 이론에 대한 검토가 이루어진다.
147) 스페우시포스의 수 이론에 대해서는 XIV 2, 1090a7-15와 20-b20을 참고.
148) 이 테제는 아리스토텔레스의 이데아론 비판의 핵심이다.
149) III 6, 1003a7-17을 참고.

이유는 실체들을 감각물들과 동일한 것으로 여기지 않은 데 있다. 그들은 감각물들 사이에 있는 개별자들이 흘러가는 상태   1086b
에 있으며 그 가운데 어떤 것도 머물러 있지 않고, 보편자는
그것들과 떨어져서 그것들과 다른 어떤 것으로 존재한다고 생
각했다. 앞서 말했듯이 소크라테스는 정의들에 주목함으로서
이런 생각에 동기를 부여했지만, 그는 (정의의 대상인 보편자들을)
개별자들로부터 분리시키지 않았으니, 분리시키지 않은 점에
서 그의 생각이 옳았다. 이는 그 결과들에 비추어 보면 분명히   5
밝혀지는데, 보편자 없이는 학문적 인식을 얻을 수 없지만, 그
것을 분리시키는 것은 이데아들과 관련해서 많은 어려움이 따
라 나오는 원인이 되기 때문이다. 그에 반해 그를 따르는 사람
들은, 감각적이고 흘러가는 상태에 있는 것들과 떨어져서 어
떤 실체들이 있다면 그것들은 필연적으로 분리가능한 것이어
야 한다고 생각했기 때문에, 다른 것들을 찾지 못해 보편적으   10
로 일컬어지는 것들을 (분리된 실체들로) 내세웠고, 그로부터 보
편자들과 개별자들이 거의 동일한 본성을 갖게 되는 결과가 따
라 나오게 되었다. 그렇다면 이 점은 그 자체로서 우리가 이야
기했던 많은 어려움 가운데 하나가 될 것이다.

10. 이데아론에 대한 비판(계속). 실체들의 첫째 원리들은
(1) 개별적인가 (2) 보편적인가?

이데아를 주장하는 사람들과 그렇지 않은 사람들에게 일정
한 어려움을 제공하는 점에 대해서는 처음에 의문들에 대한 논   15
의에서 먼저 거론되었지만150) 이제 그 점에 대해 이야기해 보
자. 그 내용은 이렇다. 만일 어떤 사람이 실체들이 분리되어

---

150) III 4, 999b24-1000a4, 6, 1003a5-17을 참고.

있다고 말할 때 개별자들이 그렇다고 말할 때와 그 뜻이 똑같
지 않다면, 그는 우리가 주장하려고 하는 실체를 부정하는 셈
이 될 것이다. 하지만 만일 누군가 분리가능한 실체들을 내세
20 운다면, 어떻게 그것들의 요소들과 원리들을 내세울 것인가?

(1) 만일 그것들이 보편자가 아니라 개별자라면, (a) 있는
것들은 그 요소들이 있는 만큼 많이 있을 것이고, (b) 그 요소
들은 학문적 인식의 대상이 될 수 없을 것이다. (a) 목소리를
이루는 음절들이 실체들이고 음절의 철자들이 실체들의 요소
들이라고 해보자. 그 음절들이 보편자이면서 종이 하나가 아
니라 각각 수가 하나이고 '이것'이어서 이름만 같은 것이 아니
25 라면, 필연적으로 BA는 하나밖에 없고 각 음절은 단 하나일
수밖에 없다. 〔〔또한 그들은 각 대상의 무엇을 이루는 것 자체[151]
를 하나로 내세운다.〕〕그러나 만일 음절들이 유일하다면, 그것
들로 이루어진 것들 역시 마찬가지일 것이고, 그렇다면 하나
이상의 A는 있을 수 없을 것이며, 다른 철자들의 경우도 그럴
30 텐데, 이는 똑같은 음절이 여기저기 여럿 있지 않은 경우와 사
정이 같을 것이다. 하지만 만일 이것이 사실이라면, 요소들과
떨어져 있는 다른 것들은 없을 것이고 오로지 요소들만 있을
것이다. (b) 또한 요소들은 학문적 인식의 대상이 되지 못한
다. 왜냐하면 그것들은 보편자가 아닌데, 학문은 보편자들을
35 대상으로 삼기 때문이다. 이는 논증들과 정의들을 놓고 볼 때
분명하다. 만일 모든 삼각형이 내각의 합이 두 직각과 같지 않
다면, 이 삼각형은 내각의 합이 두 직각과 같다는 추론은 성립
하지 않으며, 만일 모든 사람이 동물이 아니라면, 이 사람은
동물이라는 추론도 성립하지 않는다.

---

151) 1086b27의 '각 대상의 무엇을 이루는 것 자체'(*auto ho estin hekaston*)를 로스
는 'the just what a thing is'라고 옮겼는데, 이 표현은 이데아를 가리킨다.

(2) 그러나 만일 원리들이 보편자라면, 그것들로 이루어진 1087a
실체들도 보편자이거나, 아니면152) 실체가 아닌 것이 실체보
다 앞설 것이다. 왜냐하면 보편자가 실체가 아니고 요소와 원
리가 보편자라면, 요소와 원리는 그것들을 원리와 요소로 삼
아서 있는 것들보다 앞설 것이기 때문이다.

이데아들이 요소들로 이루어진 것이라고 주장하면서 동일한   5
형상을 가진 실체들과 떨어져서 단일한 어떤 것이 분리된 상태
에 있다는 생각을 고수하는 한, 이 모든 결과가 언제나 따라
나오기 마련이다. (a) 하지만 예컨대 목소리의 음절들을 놓고
볼 때, a와 b가 여럿이고 이런 다수의 철자들과 따로 떨어져서
a 자체와 b 자체가 존재하지 않는다고 해도 아무 문제가 없다
면, 이로 말미암아 동질적인 음절들이 무수히 많게 될 것이다.   10
(b) 그에 반해 모든 학문적 인식이 보편적이며, 따라서 있는
것들의 원리들도 보편적이고 결코 분리상태의 실체들이 아니
라는 주장은 지금까지 이야기했던 것들 가운데 가장 큰 의문을
제공하지만, 그럼에도 불구하고 그런 주장은 어떤 뜻에서는
참이고 어떤 뜻에서는 참이 아니다. 그 이유는 이렇다. 학문적   15
인식은 — 학문적 인식활동153) 이 그렇듯이 — 두 가지 뜻을 갖
고, 그 가운데 하나는 가능적 인식이고 다른 하나는 현실적 인
식이다. 그래서 가능적인 것은, 질료가 그렇듯이 보편적이고
불확정적이어서 보편자와 불확정적인 것을 대상으로 삼는 데
반해, 현실적인 것은 확정된 것이기에 확정된 것을 대상으로
삼는다. 즉, 그것은 '이것'으로서, '이것'을 대상으로 삼는다.
하지만 부수적인 뜻에서 보면 시각은 보편적인 색깔을 보는데,   20

---

152) 로스를 따라 읽었다.

153) 1087a15에 쓰인 'epistēmē'와 'epistasthai'를 구별해서 각각 '학문적 인식'과
    '학문적 인식활동'으로 옮겼다.

230

그것이 보는 이 색깔은 색깔이고 문법학자가 이론적으로 고찰하는 이 a는 a이기 때문이다. 154) 왜냐하면 원리들이 필연적으로 보편자일 수밖에 없기 때문에 그것들로 이루어진 것들도 필연적으로 보편자일 수밖에 없는데, 예컨대 논증들이 그렇다. 155) 그리고 이것이 사실이라면, 어떤 것도 분리가능하지 않을 것이고 실체도 없을 것이다. 하지만 학문적 인식이 어떤 뜻에서는 보편적이지만 어떤 뜻에서는 그렇지 않다는 것은 분명한 사실이다.

---

154) '이 색깔'이나 '이 a'는 모두 지시사를 포함하는 표현인 'tode to chrōma'(this individual colour — Ross)와 'tode to alpha'(this individual a)를 옮긴 것이다. 이런 표현들은 물론 '보편적인 색깔'(*to katholou chrōma*) 등의 표현과 대비된다.

155) 학문적인 논증의 대전제와 소전제와 결론은 모두 보편적인 명제들이기 때문이다.

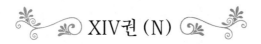

XIV권 (N)

1. 이데아론에 대한 비판(계속). (B) 이데아론은 반대자들을 첫째 원리들로 간주한다. 반박들. (1) 형상적 원리와 관련된 반박. (2) 질료적 원리와 관련된 반박

(B) 이런 종류의 실체에 대해서는 이 정도로 해두자. 자연학 저술에서 밝힌 바와 같이, 누구나 원리들이 서로 반대된다   30
고 주장하는데, 이는 운동하지 않는 실체들의 경우도 마찬가지다. 하지만 모든 것의 원리보다 더 앞서는 것은 있을 수 없기 때문에, 원리가 다른 어떤 것에 속해 있다는 이유에서[1] 원리의 구실을 하기는 불가능할 것이다. 그렇게 말하는 것은, 예컨대 하양이 원리인 것은 다른 어떤 것으로서가 아니라 하양으로서 그렇다고 말하면서, 그것이 하양인 것은 어떤 기체에 대   35
해 술어가 되며 다른 어떤 것에 속해 있기 때문이라고 말하는
것과 같을 것이다. 이런 경우 (하양이 속해 있는) 그 다른 어떤 것

---

1) 1087a33의 'heteron ti ousan'을 풀어 옮겼다. 실체 이외의 것들은 그 자체로서 존재하지 못하고 언제나 실체에 의존해서 존재한다. 예컨대 하양은 하양 자체로서 존재하지 못하고 언제나 하양 것에 속해 있고 그런 뜻에서 하양 것에 의존해서 존재한다. 이런 뜻에서 '모든 것의 원리'(archē tōn hapantōn)가 있다면, 그것은 그와 다른 어떤 것에 속해서, 즉 그것에 의존해서 존재할 수 없다.

232

이 (하양에) 앞선다. 그러나 모든 것은 반대되는 것으로부터 생겨나며, 그 밑에는 어떤 기체가 놓여 있다.[2] 따라서 무엇보다도 반대자들 밑에는 필연적으로 그런 기체가 놓여 있어야 한

1087b 다. 그래서 모든 반대자는 기체에 대해 술어가 되고 결코 분리될 수 없는데, 어떤 것도 실체에 반대되지 않는다는 것은[3] 현상적으로 나타나는 사실일 뿐만 아니라 논리적으로도 입증된다. 그렇다면 반대자들 가운데 어떤 것도 주도적인 뜻에서 모든 것의 원리일 수 없고 다른 어떤 것이 그런 원리다.

그러나 이들은[4] 반대자들 가운데 한쪽이 질료라고 주장하는

5 데, 그 중에는 양적인 비동일성이 본성상 다수라는 이유를 들어 그 비동일성을 하나에 대한 질료로 보는 사람들[5]이 있는가 하면, 다수를 하나의 질료로 보는 사람[6]도 있다(앞의 사람들에 따르면 수들은 동일하지 않은 둘, 즉 큼과 작음으로부터 생겨나고, 뒤의 사람에 따르면 다수로부터 생겨나는데, 양쪽 모두 수들이 하나의 실체의[7] 작용에 의해서 생겨난다고 본다). 왜냐하면 양적인 비동일성과 하나는 요소들이며 비동일성은 큼과 작음으로 이

10 루어진 둘이라고 말하는 사람조차도, 비동일성과 큼과 작음이 하나라고 말하면서도 그것들이 정식에서는 하나이지만 수에서는 그렇지 않다는 사실을 분명하게 규정하지 않기 때문이다.

---

2) 생성과 변화의 이런 구조에 대해서는 XI 10, 1067a6-7과 XII 1, 1069b3-9를 참고.
3) 《범주론》 5, 3b24 아래를 참고.
4) 위에서 말한 원리들이 서로 반대된다고 말하는 사람들을 가리킨다.
5) 본성상 다수(plēthos)인 양적인 비동일성(to anison)이 하나(hen)에 대한 질료라고 보는 사람들 가운데는 플라톤도 속한다. 이어지는 말에서 드러나듯이, 플라톤이 말하는 '비동일성'은 '큼과 작음'(to megalon kai mikron)을 가리킨다.
6) 스페우시포스가 여기에 속한다.
7) '하나의 실체'(hē tou henos ousia)란 'the essence of the One'을 뜻한다.

더욱이 그들은 자신들이 요소라고 부르는 원리들도 올바로 제
시하지 못하는데, 어떤 사람들은8) 하나 다음에 큼과 작음이
온다고 말하면서 이 셋을 수들의 요소로 보고 그 가운데 둘을
질료, 하나를 형태로 여기는가 하면, 어떤 사람들은9) 큼과 작   15
음이 본성적으로 (수보다) 연장물에 더 고유한 것이라는 이유를
들어 많음과 적음10)을 끌어들인다. 그런가 하면 또 어떤 사람
들11)은 그것들에 공통적으로 적용되는 더 높은 수준의 보편자
로서 초과하는 것과 초과당하는 것을 내세운다.12) 이런 여러
의견들은 그것들로부터 따라 나오는 몇 가지 결과에 비추어보
면 사실 아무 차이가 없고 단지 논리적인 어려움들에 비추어
볼 때 차이가 날 뿐인데, 그들은 자신들이 논리적인 논증들을   20
제시한다는 이유를 대면서 그런 어려움들을 회피한다. 다만,
큼과 작음이 아니라 초과하는 것과 초과당하는 것이 원리들에
해당한다면, 동일한 논변에 따라 수는 원리들로 이루어진 2보
다 앞선다는 점을 지적해야 하는데, 그 이유는 그 둘 모두 더
높은 수준에서 보편적이기 때문이다.13) 하지만 그들은 한쪽   25
것은 말하면서 다른 쪽은 말하지 않는다. 어떤 사람들은 다른
것과 아닌 것14)을 하나에 대립시키고 또 어떤 사람들은 다수

---

8) 플라톤이 여기에 속한다.

9) 플라톤주의자들 가운데 누구를 가리키는지 분명치 않다.

10) '많음과 적음'(to poly kai oligon)에 대해서는 X 6, 1056b11에 대한 각주를 참고.

11) 피타고라스학파를 가리키는 듯하다.

12) 큼과 작음, 많음과 적음은 모두 '초과하는 것'(to hyperechon)과 '초과당하는
    것'(to hyperechomenon)이라고 불릴 수 있기 때문이다.

13) 큼과 작음보다는 초과하는 것과 초과당하는 것이 더 보편적이고, 둘보다는 수
    가 더 보편적이다.

14) 여기서 각각 '다른 것'과 '아닌 것'이라고 옮긴 'to heteron'과 'to allo'는 모두
    '다름', '다른 것'으로 옮길 수 있지만, 여기서는 둘의 의미를 구별하기 위해
    각각 '다름'[相異性]과 '아님'[他者性]으로 옮겼다.

와 하나를 서로 대립시킨다. 하지만 그들이 원하는 대로 있는
것들이 반대자들로부터 유래하고, 하나에 반대되는 것이 아무
것도 없거나, 혹시 있다면 다수가 그것에 반대되는 것이라면,
그리고 양적인 비동일성이 양적인 동일성에, 다름이 동일에,
30   아님이 어떤 것 자체에 반대된다면, 하나를 다수에 대립시키
는 사람들이 가장 그럴 듯한 의견을 가진 셈이지만, 그럼에도
불구하고 그들 역시 충분치 못하다. 왜냐하면 하나는 수가 적
은 것이기 때문인데, 다수는 소수와 대립하고, 많음은 적음과
대립하기 때문이다. 15)

      (1) 16) '하나'가 척도를 가리킨다는 것은 분명하다. 17) 모든
것 안에는 (그것과) 다른 어떤 것이 기체로서 놓여 있으니, 예컨
35   대 화성 안에는 4분음이, 연장물 안에는 손가락마디나 발의 길
이나 그런 종류의 것이, 운율 안에는 운보나 음절이 기체로서
놓여 있다. 이와 마찬가지로 무게 안에는 일정한 중량이 기체
로서 놓여 있다. 18) 그리고 다른 모든 경우에도 동일한 방식이

---

15) 여기서 언급되는 양적 관계나 수적 관계와 관련된 여러 개념들, 즉 양적인 비
동일성(anison), 양적인 동일성(ison), 다름(heteron), 동일(tauto), 아님
(allo), 자체(auto)를 비롯해서 적은 것(oligon), 다수(plethos), 소수(oligotes),
많음(poly), 적음(oligon)에 대해서는 X권 3장과 6장을 참고.
16) 반박들(1, 1087b33-2, 1088b35)이 이어진다. (1) 형상적 원리와 관련된 반
박에 이어 (2) 질료적 원리와 관련된 반박이 온다.
17) 지금까지의 논의가 플라톤주의자들이 내세우는 반대자들 가운데 질료적 원리
에 대한 것이었다면, 이제 척도(metron)이자 형상적 원리인 '하나'(hen)가 논
의주제다.
18) 4분음(分音, diesis)은 화성(harmonia)의 척도 혹은 단위, 손가락마디(daktylos)
와 발의 길이(pous)는 길이의 단위, 운보(basis)나 음절(syllabē)은 운율
(rhythmos)의 단위다. 일정한 중량(stathmos)은 물론 무게(barys)를 재는 척
도 혹은 단위다. basis는 원래 '보행', '걸음'을 뜻하지만 여기서는 그리스 서
사시나 서정시의 운율의 단위를 이루는 '운보'(韻步)를 가리킨다. 4분음에 대
해서는 V 6, 1016b21에 대한 각주를 참고.

적용되는데, 질적인 것들 안에는 어떤 성질이, 양적인 것들 안   1088a
에는 어떤 양이 (척도로서) 놓여 있으니, 앞의 경우 척도는 종의
측면에서 분할불가능하고 뒤의 경우에는 감각적으로 볼 때 그
렇다. 하지만 이런 경우 하나는 그 자체로서 어떤 것의 실체가
되지는 않는다.19) 그리고 이는 이치에 맞는다. 왜냐하면 '하   5
나'는 어떤 다수의 척도를 가리키고 '수'는 척도에 의해 측정된
다수와 척도들의 다수를 가리키기 때문이다. 그렇기 때문에
하나는 수가 아니라는 말은 이치에 맞는데, 척도는 척도들이
아니며 척도와 하나는 원리이기 때문이다. 그런데 척도는 (그것
에 의해 측정되는) 모든 것들과 똑같은 것이어야 한다.20) 예컨대
만일 척도가 말〔馬〕이라면 (측정되는 것은) 말들이고, 척도가 사
람이라면 측정되는 것은 사람들이다. 만일 사람과 말과 신이   10
있다면, 척도는 생명체일 것이고 그것들의 수는 생명체들일
것이다. 만일 사람과 하양과 보행이 있다면, 그것들의 수를 헤
아리기는 거의 불가능한데, 그것들은 모두 수적으로 하나인
동일한 것에 속하지만,21) 그것들의 수는 유들의 수이거나 그
런 종류의 다른 공통적 술어22)의 수일 것이다.

  (2) 양적인 비동일성을 일종의 하나로 여기고 둘을 큼과 작   15
음으로 이루어진 무한한 것으로 간주하는 사람들은 개연성이
나 가능성과 매우 동떨어진 말을 한다. 왜냐하면 (a) 그런 것
들은 수들이나 연장물들의 기체가 아니라 그것들의 양태이자

---

19) 하나는 척도이기는 하지만 그렇다고 해서 실체는 아니다. 이에 대해서는 VII
    15, 1040b16 아래를 참고.
20) 척도와 그것에 의해 측정되는 것이 종(種)적으로나 유(類)적으로 똑같아야
    한다는 말이다.
21) 예컨대 "하얀 사람이 걷고 있다"고 말한다면, 하양, 보행, 사람은 모두 단일
    한 대상에 속한다.
22) 여기서는 '술어'의 뜻으로 'katēgoria'가 아니라 'prosēgoria'가 쓰였다.

부수적인 것이기 때문인데, 짝수와 홀수, 부드러움과 거침,
곧음과 굽음이 저마다 그렇듯이 많음과 적음은 수의 양태이고
20 큼과 작음은 연장물의 양태이다. 또한 (b) 이런 잘못 말고도,
큼과 작음을 비롯해서 그런 종류의 것들은 관계적인 것일 수밖
에 없다. 23) 하지만 관계적인 것들은 모든 〔범주들〕 중에서 특
정한 자연물이나 실체가 되기에 가장 부족하고24) 성질이나 양
25 보다 뒤에 온다. 그리고 이미 말했듯이, 관계적인 것은 양에
속하는 일종의 양태이지 질료가 아닌데, 그 까닭은 일반적으
로 '관계'라고 불리는 것과 그것의 부분들과 종류들에는 다른
어떤 것이 기체로서 놓여 있기 때문이다. 왜냐하면 많거나 적
거나 크거나 작거나 어떤 관계를 맺고 있는 것이 없다면, 큼이
나 작음, 많음과 적음, 일반적으로 관계는 결코 존재하지 않기
30 때문이다. 이에 대한 징표는 다음과 같은 사실에 있다. 관계는
실체나 있는 어떤 것이 되기에 가장 부족하고 그것 자체에 대
해서는 생성도 소멸도, 양적인 측면에서의 증가나 감소도, 질
적인 측면에서의 변이도, 장소적 측면에서의 이동, 실체의 측
면에서의 무제한적인 뜻의 생성이나 소멸도 없다. 25) 관계의
측면에서의 변화는 존재하지 않는다. 왜냐하면 (스스로) 운동함
35 이 없이도 다른 어떤 것이 양의 측면에서 운동한다면 양이 커
1088b 지거나 작아지거나 같아지는 일이 일어날 것이기 때문이다.
(c) 가능적으로 그런 성질을 가진 것은 필연적으로 각자의 질

---

23) '관계' 혹은 '관계적인 것'(pros ti)에 대한 더 자세한 논의는 V 15를 참고.

24) '관계적인 것'은 물론 '있는 것'이고 하나의 독립된 범주를 이룬다. 하지만 관
계는 항상 다른 어떤 것에 속하는 '양태'(pathos)로서 있기 때문에 '있는 어떤
것'(on ti)이 되기에 가장 부족하다.

25) 이를 테면 큼 자체가 커지거나 작음 자체가 작게 되는 일은 없다. 하지만 큰
'것'은 작게 되고 작은 '것'은 커질 수 있다. 플라톤은 이런 사실을 적극적으로
수용해서 자신의 이데아론을 전개한다. 《파이돈》 102D를 참고.

료일 수밖에 없으며, 따라서 실체의 질료일 수밖에 없다. 하지
만 관계는 가능적으로도 현실적으로도 실체가 아니다. 그런데
실체가 아닌 것을 실체의 요소로 삼거나 실체보다 앞선 것으로
여기는 것은 불합리한 일이고, 더 정확히 말하면 불가능한 일
이다. 왜냐하면 모든 범주는 실체보다 뒤에 오기 때문이다.[26]   5
(d) 또한 요소들은 그 요소들로 이루어진 것들에 대해 술어가
되지 않지만, 많음과 적음은 서로 떨어져서도 동시적으로도
수에 대해 술어가 되고, 깊과 짧음은 선에 대해 술어가 되며,
평면은 넓고 좁다. 그래서 만일 언제나 적음이 속하는 다수,
즉 2가 있다면 (만일 2가 다수라면 1은 (사실과 달리) 적음이 될 것   10
이다) 무제한적인 뜻의 다수가 있을 텐데, 예컨대 10보다 더
큰 수가 없다면, 10이 다수이고 아니면 10,000이 그럴 것이
다. 그렇다면 어떻게 수가 적음과 많음으로 이루어질 수 있을
까? 그 둘은 똑같이 그것에 대해 술어가 되거나 둘 다 그렇지
않아야 하지만, 사실 그 가운데 하나만 술어가 된다.

2. 반박들(계속). (3) 영원한 실체들이 요소들로 구성된다는
   주장에 대한 반박. 이데아론의 밑바탕에 깔린 오류. 수 이
   론에 대한 비판. (A) 수학적인 수들이 분리된 상태로 존재
   한다는 이론

  (3) 일반적으로 우리는 영원한 것들이 요소들로 구성되는지   15
를 살펴보아야 한다. (만일 그렇다면) 그것들은 질료를 가질 터인
데, 왜냐하면 요소들로 이루어진 것은 모두 합성체이기 때문
이다. 그래서 어떤 대상이 다른 것으로 이루어져 있다면, 비록

---

26) 실체가 어떤 뜻에서 다른 것들에 선행하는지에 대해서는 VII 1, 1028a31 아
   래를 참고.

238

그 대상이 영원히 있다고 하더라도, 그 구성요소로 이루어져 있어야 하고, 만일 그 대상이 생겨났다면 그 구성요소로부터 생겨나야 한다. 그런데 생겨나는 것은 모두 가능적으로 있는 것으로부터 생겨나며 (왜냐하면 불가능한 것으로부터는 어떤 것이 생겨날 수도, 존재할 수도 없을 것이기 때문이다) 가능적인 것

20 은 현실적으로 있을 수도 있고 있지 않을 수도 있다.[27] 만일 이 모든 것이 사실이라면, 수나 질료를 가진 다른 어떤 것은, 그것이 아무리 영원히 있는 것이라고 하더라도, 있지 않을 수 있을 텐데, 이는 마치 하루살이나 이루 헤아릴 수 없이 여러 해의 수명을 갖는 것이나 있지 않을 수 있다는 점에서는 똑같은 것과 마찬가지다. 만일 사실이 이렇다면, 끝없이 오랜 시간에 걸쳐 있는 것도 사정이 똑같을 것이다. 그렇다면 그것은 영원할 수 없을 터인데, 있지 않을 수 있는 것은 영원하지 않기

25 때문이다. 이에 대해서는 다른 저술들에서 이미 연구한 바 있다.[28] 그러나 지금 하는 말, 즉 현실적인 활동이 아니고서는 어떤 실체도 영원하지 않다는 말이 일반적으로 참이라면,[29] 그리고 요소들이 실체의 질료라면, (그런 영원하지 않은) 실체를 구성하는 내재적인 요소들은 어떤 영원한 실체에도 속하지 않을 것이다.

그런가 하면 한편으로는 하나와 함께 하는 요소가 무한정한 2라고 주장하면서, 다른 한편으로는 양적인 비동일성으로부터

30 는 불가능한 결과가 따라 나온다는 이유를 들어 그것을 비판하는 사람들[30]이 있는데, 이 비판은 정당하다. 하지만 이들은

27) "가능적인 것(*to dynaton*)이 현실적으로 있을(*energein*) 수도 있고 있지 않을 수도 있다"는 말의 뜻에 대해서는 IX 8, 1050b10-1과 XII 6, 1071b19를 참고.
28) IX 8, 1050b7 아래와 《천체론》 I 12를 참고.
29) XII 6, 1071b20을 참고.

기껏해야, 양적인 비동일성과 관계를 요소라고 주장하는 사람
들이 그 주장의 결과 직면할 수밖에 없는 어려움들을 제거했을
뿐이다. 그런 의견과 독립적으로 등장하는 어려움들은 그들
자신에게도 놓여 있으니, 그들이 형상적인 수이건 수학적인
수이건, 그 수가 요소들로 이루어진다고 주장한다면 그런 어
려움들에서 벗어날 수 없다.

사람들이 원인들에 대한 이런 설명들로 잘못 이끌려 간 데는
많은 이유들이 있지만, 그 가운데 가장 중대한 것은 오래전에   1089a
제기된 의문이다.[31] 만일 누군가가 "있지 않은 것이 있다는 것
은 결코 입증되지 않을 것이다"는 파르메니데스의 말[32]을 무
력화시켜 그것을 반박하지 못한다면, 모든 것은 하나, 즉 있는
것 자체가 될 것이고 있지 않은 것이 있다는 사실을 밝혀내는   5
것이 필요하다고 그들은 생각했으니, 만일 있는 것들이 여럿
이라면, 그것들은 그런 방식으로, 즉 있는 것과 다른 어떤 것
으로부터 생겨나리라고 생각했던 것이다.

하지만 (1) 첫째로, '있는 것'은 여러 가지 뜻으로 쓰이는데
(왜냐하면 그것은 실체를 가리키기도 하고 성질이나 양을 비롯해서
다른 범주들을 가리키기도 하기 때문이다),[33] 있지 않은 것이 있
지 않다면, 있는 것들 모두는 어떤 종류의 하나인가?[34] 실체   10
들이 하나인가 아니면 양태들과 다른 것들도 똑같이 하나인가,
그리고 '이것', '이런저런 것', '이만큼'[35]을 비롯해서 그런 방

30) 크세노크라테스를 가리키는 듯하다.
31) 여기서부터 이데아론의 밑바탕에 놓인 오류(2, 1088b35-1090a2)가 분석된다.
32) D-K, 28 B 7을 참고.
33) IV 2, 1003b5 아래와 VII 1, 1028a10 아래를 참고.
34) 아리스토텔레스에 따르면 설령 '있지 않은 것' 또는 '~이 아닌 것'(to mē on)
    을 가정하지 않는다고 해도 '있는 것' 또는 '~인 것'은 여러 가지 뜻을 갖는다.
35) '이것'(tode), '이러저런 것'(toionde), '이만큼'(tosonde)의 구체적인 예는 아래

식으로 하나의 유를 가리키는 다른 것들도 모두 하나일까? 그러나 단일한 어떤 자연물36)이 있어서 이것이 있는 것의 일부는 '이것'이, 일부는 '이런저런 것'이, 일부는 '이만큼'이, 일부는 장소가 되도록 하는 원인이 된다는 것은 불합리한 일이고, 더 정확하게 말하자면 불가능한 일이다.37) (2) 둘째로, 있는 것들은 어떤 종류의 있지 않은 것과 있는 것으로부터 유래하는가? 왜냐하면 있는 것이 여러 가지 뜻으로 쓰이는 까닭에, 있지 않은 것도 여러 가지 뜻으로 쓰이기 때문이다.38) 다시 말해서 '사람이 아니다'는 '이것'이 아님을 뜻하고, '직선이 아니다'는 '이런저런 것'이 아님을 뜻하며, '세 완척이 아니다'는 일정한 양이 아님을 뜻한다. 그렇다면 많은 있는 것들은 어떤 종류의 있는 것과 있지 않은 것으로 이루어지는가? 그는 거짓을 염두에 두면서, 있는 것과 함께, 많은 있는 것들을 이루는 있지 않은 것은 그런 본성을 갖는다고 말한다.39) 이런 이유에서 그는, 기하학자들도 (실제로는) 한 걸음의 너비가 아닌 것을 한 걸음의 너비라고 전제하는 것과 똑같이, 거짓된 것을 전제해야 한다고 주장했다. 하지만 이는 불가능한 일이다. 왜냐하면 기하학자들은 거짓된 것을 전혀 전제하지 않을 뿐만 아니라(그런 전제는 추론에 포함되지 않기 때문이다), 그런 뜻에서 있지 않은 것으로부터는 있는 것들이 생성하는 일도 소멸하는 일도 없

의 a16 아래를 참고.

36) '있지 않은 것' 또는 '~이 아닌 것'(to mē on)을 가리킨다.

37) '있지 않은 것'의 있음을 상정한다고 해서, 있는 것의 다양성이 보장되는 것은 아니라는 말이다.

38) '있는 것'과 마찬가지로 '있지 않은 것'도 여러 가지 뜻으로 쓰인다. IX 10, 1051a34 아래를 참고.

39) '있지 않은 것'(to ouk on 혹은 to mē on)을 '거짓'(to pseudos)과 동일시하는 플라톤의 이런 주장에 대해서는 《소피스테스》 237A와 240을 참고.

기 때문이다. 그러나 다양한 경우들40)에 따라 일컬어지는 '있
지 않은 것'은 범주들의 수만큼 여러 가지 뜻으로 쓰이고 거짓
뿐만 아니라 가능적인 것도 있지 않은 것이라 불리는데, 이것
으로부터 생성이 일어난다. (현실적으로는) 사람이 아니지만 가
능적으로 사람인 것으로부터 사람이 생기고 하양이 아니지만
가능적으로 하양인 것으로부터 하양이 생기며, 이런 사정은   30
생겨나는 것이 하나이건 여럿이건 다르지 않다.

　분명, 어떻게 실체들이라는 뜻에서 있는 것이 여럿이 되는
가가 탐구주제이다.41) 그 이유는 이렇다. 생겨나는 것은 수이
고 길이이며 물체이다. 그런데 어떻게 '무엇'이라는 뜻에서 있
는 것42)이 여럿인지를 탐구하면서 어떻게 성질이나 양이 그런   35
지를 탐구하지 않는 것은 불합리하다. 왜냐하면 무한정한 2,
즉 큼과 작음도 하양이나 색깔이나 냄새나 형태가 둘 또는 여   1089b
럿 있는 데 대한 원인이 아니기 때문인데, (만일 무한정한 둘이 그
런 것들의 원인이라면) 그런 것들은 수들이며 모나스들일 것이다.
하지만 만일 그들이 이런 점들을 검토했다면 여러 실체들이 있
는 원인과 다른 범주에 속한 것들이 여럿 있는 원인을 알아냈
을 터인데, 왜냐하면 동일한 것이나 그것의 유비적 대응자가
(실체의 범주와 다른 범주들에서 여럿이 있게 하는) 원인일 것이기 때문이
다.43) 이런 일탈44) 때문에 그들은 한편으로는 있는 것과 하나   5

─────────────
40) '다양한 경우들'(ptōseis)은 위에서 말한 다양한 범주들을 가리킨다. 이런 쓰
　　임에 대해서는《에우데모스 윤리학》I 8, 1217b29 아래를 참고. 여기서는 좋
　　음(to agathon)이 ptōseis에 따라, 즉 범주들에 따라 나뉜다.
41) a31-b8까지는 '있는 것'의 다양성에 대한 논의가 되풀이된다.
42) '"무엇"(ti esti)이라는 뜻에서 있는 것'은 실체의 범주에 속하는 것을 가리킨다.
43) '원리'나 '원인'의 유비적인 동일성에 대해서는 XII 4, 1070a31-2를 참고.
44) '일탈'(parekbasis)은 있는 것과 있지 않은 것의 관계문제를 해결하는 데서 플
　　라톤이 취한 잘못된 선택의 길을 가리킨다.

242

를, 다른 한편으로는 그것들과 대립하는 것을 있는 것들을 이루는 구성요소라고 생각하면서 그 대립자에 해당하는 것으로서 관계와 양적인 비동일성을 전제했다. 그러나 양적인 비동일성은 그런 것들에 대한 반대자도 부정도 아니고, '무엇'이나 성질과 마찬가지로 있는 것들에 속하는 단일한 자연물이다.

그리고 그들은 마땅히 이런 문제, 그러니까 어떻게 관계가 하나가 아니라 여럿인가라는 문제를 탐구했어야 한다. 그러나 그들은, 어떻게 첫째 1과 떨어져서 여러 모나스들이 있는지는 탐구하지만, 어떻게 양적인 비동일성과 떨어져서 양이 동일하지 않은 여럿이 있는지는 탐구하지 않는다. 그러면서도 그들은 큼과 작음, 수의 구성요소인 많음과 적음, 길이의 구성요소인 깂과 짧음, 평면의 구성요소인 넓음과 좁음, 입체의 구성요소인 깊음과 얕음을 끌어들여 사용하고 그것들에 대해 이야기한다. 또 그들은 여러 종들의 관계에 대해서도 이야기한다. 그렇다면 이것들이 여럿 있는 데 대한 원인은 무엇인가?

그렇다면 우리가 주장하듯이 필연적으로, 각 대상에 대해서 가능적으로 있는 것을 전제해야 한다(그리고 이런 주장을 하는 사람은 한 걸음 더 나아가, 가능적으로는 '이것'이자 실체이지만 그 자체로서는 그렇지 않은 것이 어떤 것인지를 천명했다. 즉, 그는 — 마치 성질을 두고서 그런 말을 하는 듯 — 그것이 가능적으로 하나이거나 있는 것도 아니고 하나의 부정이나 있는 것의 부정도 아니며 있는 것들 가운데 하나인 관계라고 천명했다[45]). 앞서 말했듯이,[46] 만일 그가 똑같은 범주 안에 있는 것들을 탐구하기보다 어떻게 있는 것들이 여럿인지를 탐구했다면, 즉 어떻게 실체

___
45) 양적인 비동일성(to anison), 즉 관계(pros ti)를 가능적인 실체로 규정한 플라톤을 공격하는 발언이다.
46) 위의 a34를 참고.

들이 여럿인지, 어떻게 성질들이 여럿인지를 탐구하기보다 어
떻게 있는 것들이 여럿인지를 탐구했다면, 가능적인 것을 전
제해야 할 필요성은 훨씬 더 컸을 것이다. 왜냐하면 어떤 것들
은 실체들이고, 어떤 것들은 양태들이며 어떤 것들은 관계들
이기 때문이다. 47) 실체와 다른 범주들의 경우 어떻게 각 범주   25
에 속하는 것들이 여럿인가라는 물음에는 또 다른 어려움이 뒤
따른다(왜냐하면 그것들은 분리되어 있을 수 없기 때문에 기체가
여럿 생겨나거나 있는 데 상응해서 성질도 양도 여럿 생겨나거나
있기 때문이다. 48) 하지만 각각의 유에 대해서 어떤 질료가 있어야
하는데, 그것이 실체들과 분리가능하지 않다는 점을 제외한다면 사
정은 (실체의 경우와) 똑같다). 하지만 '이것'들의 경우 어떻게 '이
것'이 여럿인가라는 물음에 대해서는, 만일 어떤 대상이 '이것'   30
이면서 이런저런 자연물49)로 간주되지 않는 한, 설명이 가능
하다. 하지만 그렇게 그런 대상을 상정한다면, 어떻게 현실적
으로 하나의 실체가 아니라 여러 실체가 있는가라는 의문이 그
로부터 생겨난다.

　또한 '이것'과 양이 동일한 것이 아니라면, 어떻게 양이 여럿
인가라는 문제만 설명되고, 어떻게 그리고 무엇 때문에 있는
것들이 여럿인지는 설명되지 않는다. 왜냐하면 모든 수는 일

---

47) 아리스토텔레스의 철학에서 범주들은 10개로 나뉘기도 하고(《범주론》4,
　　1b25, 《토피카》Ⅰ 9, 103b21) 8개로 나뉠 때도 있고(《분석론후서》Ⅰ 2,
　　83b16, 《자연학》Ⅴ 1, 225b5) 이 구절에서처럼 셋으로, 즉 실체(ousia), 양
　　태(pathē), 관계(pros ti)로 나뉘기도 한다.
48) 성질과 양을 비롯해서 비실체적인 것들의 개별성에 대해서는 《범주론》2, 1b25
　　아래를 참고.
49) 여기서 '이러저런 자연물'(physis tis toiautē)은 보편자로서의 이데아를 가리키
　　는 표현이다. 플라톤주의자들이 이데아에 양립불가능한 두 가지 성격, 즉 실
　　체성('이것', tode ti)과 보편성('이러저런 것', toionde)을 부여했다는 것은 이
　　데아론에 대한 아리스토텔레스의 핵심비판이다. XIII 9, 1086a32-5를 참고.

35 정한 양을 가리키며 모나스 역시 그렇기 때문인데, 모나스는
오직 양적으로 분할불가능한 것을 가리킨다는 데 차이가 있을
1090a 뿐이다. 그런데 양과 '무엇'이 서로 다르다면, '무엇'이 어떤 것
으로 이루어지고 어떻게 여럿인지에 대해서는 설명이 제시되
지 않는다. 반면 만일 그것들이 동일하다면, 그런 주장을 하는
사람은 많은 반론들을 예상해야 한다.

   (A)50) 어떤 사람은 수들과 관련해서도, 그것들이 있다는 확
신을 어디서 얻어야 하는가라는 문제에 고찰의 방향을 맞출 수
있을 것이다. 그 이유는 이렇다. 이데아들을 내세우는 사람에
5 게 그들은 수들이 있다는 사실에 대한 근거를 제시하는데, 이
에 따르면 각각의 수는 일종의 이데아이고 이데아는 다른 것들
에 대해 일정한 방식으로 (이것이 그들의 이론의 밑에 놓여 있다
는 것을 인정하자) 있음의 원인이 된다. 반면 이데아론에 내재
하는 어려움들을 간파한 탓에 위에서 든 근거를, 수를 주장하
는 근거로서 받아들이지 않고 그런 설명방식을 생각에서 배제
10 한 채 수학적인 수를 상정하는 사람51)에게는 이런 물음이 제
기된다. 그런 종류의 수가 있다고 믿어야 할 근거는 어디 있으
며 그런 종류의 수는 다른 것들에 대해 무슨 쓸모가 있는가?
왜냐하면 그런 수가 있다고 말하는 사람은 그것이 어떤 것의
원인인지에 대해 말하지 않은 채, 본성적으로 그런 것이 그 자
체로서 있다고 주장할 뿐이며, 그것은 어떤 것의 원인으로 보
이지도 않기 때문이다. 왜냐하면 이미 위에서 말했듯이,52) 모
15 든 산수의 정리들은 감각물들에 대해서도 성립하기 때문이다.

---

50) 이제 수 이론에 대한 비판(2, 1090a2-6, 1093b29)이 전개된다.
51) 스페우시포스를 가리킨다. 이에 대해서는 다음의 구절을 참고하라: XIII 9,
   1086a2-5; a29 아래; XIV 3, 1090a26, b17.
52) XIII 3, 특히 1077b17-22를 참고.

3. 수 이론에 대한 비판. (A) 수학적인 수들이 분리된 상태로
   존재한다는 이론(계속). (B) 수들이 영원하다면 그것들이
   생성한다고 생각하는 것은 불합리하다

　(a) 이데아들을 내세우면서 그것들이 수들이라고 말하는 사
람들은 각각의 경우 표본제시법에 따라 여럿과 따로 어떤 것
하나를 취해서 각 대상이 왜 있는지를 설명하려고 시도한
다.53) 하지만 그런 설명들은 필연성도 없고 가능하지도 않기
때문에 그런 이유를 들어 수가 있다고 말해서는 안 된다. (b)
반면 피타고라스학파는 여러 수들이 감각적인 물체들에 내재　　20
하는 양태들이라는 사실을 간파한 탓에 있는 것들이 수들이라
고 주장하긴 하지만 그것들을 분리가능한 것으로는 여기지 않
고 있는 것들이 수들로 이루어진다고 생각했다. 그러나 그 이
유는 무엇인가? 그 이유는 화성과 천계와 그 밖의 여러 사태　　25
속에는 수들의 양태가 속해 있기 때문이다.54) (c) 하지만 수
학적인 수가 있을 뿐이라고 말하는 사람들은55) 감각물들에 대
해서는 학문적 인식이 존재할 수 없다고 말하는데, 자신들이
세운 전제들에 따르면 결코 그런 주장을 할 수 없기 때문이다.
하지만 앞에서 말했듯이 우리는 감각물들에 대해 학문적 인식
이 있다고 말한다. 그리고 수학적인 대상들이 분리된 상태에
있지 않다는 것은 분명한데, 만일 그것들이 분리된 상태에 있　　30

---

53) '표본제시법'이라고 옮긴 'ekthesis'는 어떤 것을 그것의 사례들과 독립된 것으
　　로 내세우는 방법(the method of setting out each term apart from its instances)
　　을 가리킨다. 이데아가 본보기(paradeigma)로 제시된다는 데 착안해서 '표본제
　　시법'이라고 옮겼다. I 9, 992b10에 대한 각주와 Ross, Metaphysics II, 480의
　　관련 주석을 참고.
54) I 5, 985b23 아래를 참고.
55) 스페우시포스가 여기에 포함된다. 위의 XIII 9, 1086a2-5를 참고.

다면 그것들에 속하는 양태들은 물체들에 속할 수 없기 때문이다. 그래서 피타고라스학파는 이 점에서는 아무 잘못도 범하지 않았지만, 자연적인 물체들이 수들로 이루어진다고 주장한 점에서, 즉 가벼움과 무거움을 가진 것들이 무거움도 가벼움도 갖지 않는 것들로 이루어진다고 주장하는 점에서 그들은 감

35 각물들이 아니라 다른 우주와 물체들에 대해서 말하는 것 같다.[56] 반면 수들이 분리가능하다고 주장하는 사람들은, (수학의) 공리들은 감각물들에 들어맞지 않지만 수학의 진술들이 참

1090b 이고 영혼을 즐겁게 한다는 이유를 들어 수들이 있으며 분리가능하다고 말하는데, 이는 수학적인 연장물들의 경우도 마찬가지다. 그렇다면 분명 그에 반대되는 주장은 반대되는 말을 할 것이다. 그리고 그렇게 주장하는 사람들은 방금 우리가 제기한 의문, 즉 수들이 결코 감각물들 안에 속해 있지 않다면 수들의 속성들은 무엇 때문에 감각물들 안에 속해 있는가라는 의문에 대해 해답을 내놓아야 한다.

5 (d) 한편, 점은 선의 한계이자 극단이고 선은 평면의 한계이자 극단이며 평면은 다시 입체의 한계이자 극단이라는 이유를 들어[57] 그런 성질을 가진 것들이 필연적으로 있어야 한다고 생각하는 사람들이 있다. 그러므로 우리는 이런 이론에 대해서도 그것이 너무 취약한 것이 아닌지 살펴보아야 한다. 그 이유는 이렇다. (i) 극단들은 실체들이 아니고, 오히려 그런

10 것들은 모두 한계들이다.[58] 왜냐하면 보행을 비롯해서 일반적

---

56) 아래의 XIV 5, 1092a20-1에서는 이와 비슷하게 스페우시포스를 겨냥해서 수학적 대상들의 영역이 분명치 않다는 비판이 가해진다.

57) 점이 어떻게 선의 '한계'(peras)와 '극단'(eschaton)이 되는지 등에 대해서는 V 7, 1017b16 아래를 참고.

58) VII 2, 1028b16 아래를 참고.

으로 운동에는 어떤 한계가 있기 때문이다. 그들의 이론이 옳다면 이런 한계가 '이것'이자 어떤 실체일 텐데, 이는 불합리한 일이다. (ii) 설령 그것들이 실체라고 하더라도 그것들은 모두 이곳에 있는 감각물들의 실체들일 텐데, 이 설명이 대상으로 삼는 것은 이런 대상들이기 때문이다. 그렇다면 그것들이 분리가능한 것이어야 하는 이유는 무엇일까?

(2) 또한 너무 쉽게 만족하지 않는 사람은, 모든 수 및 수학   15
적인 대상들과 관련해서 그것들이 서로 아무 도움도 주지 못한다, 즉 앞서는 것들은 뒤서는 것들에 아무 도움도 주지 못한다는 점을 탐구대상으로 삼을 것이다. (a) 왜냐하면 수학적인 대상들만이 있다고 말하는 사람들의 관점에서 보면 수가 없어도 연장물들은 그와 상관없이 있을 것이고 수학적인 대상들이 없어도 그와 상관없이 영혼과 감각적인 물체들은 있을 것이기 때문이다. 많은 현상을 통해 드러나는 것을 보면 자연은 마치 조   20
야한 비극같이 삽화적인 것이 아니다.[59] (b) 반면 이데아들을 내세우는 사람들은 이런 비판을 벗어난다. 왜냐하면 그들은 연장물들이 질료와 수로 이루어진 것이라고 주장하고, 길이는 2로, 평면은 아마도 3으로, 입체는 4로 이루어진다고 주장하기 때문이다. 혹시 그것들이 다른 수들로 이루어진다고 주장해도 아무 차이가 없다. (i) 하지만 이런 것들은 이데아들인가, 아   25
니면 그것들의 존재방식은 무엇이며, 그것들이 있는 것들에 도움을 주는 바는 무엇인가? 수학적인 것들이 그렇듯이, 그것들은 도움을 주는 것이 전혀 없다. (ii) 누군가 수학적인 것들을 바꿔서 고유한 의견들을 제시하려는 의지가 없는 이상, 정리들조차도 그것들에는 적용되지 않는다. 아무 전제나 취해 거기에   30

---

59) 이 유명한 구절은 스페우시포스를 겨냥한 비판이다. 그에 대한 이와 비슷한 비판에 대해서는 VII 2, 1028b21-5도 함께 참고. XIV 3, 1090b19-20.

긴 주장과 일련의 추론들을 연결시키는 것은 쉬운 일이 아니다. 그런데 이들은[60] 이런 방식으로 수학적인 대상들을 이데아들과 결부시키려 애를 쓰면서 잘못을 범하고 있다. (c) 그리고 맨 처음 두 종류의 수, 즉 형상들의 수와 수학적인 수를 내세웠던 사람들은[61] 수학적인 수가 어떤 방식으로 있고 무엇으로 이루어지는지에 대해 결코 말한 적도 없고 말할 수도 없을
35 것이다. 왜냐하면 그들은 그것을 형상적인 수와 감각적인 수 사이의 중간에 놓기 때문이다.[62] 만일 (i) 그것이 큼과 작음으로 이루어진다면, 그것은 이데아들의 수와 똑같을 것이다(연장물들은 다른 어떤 작음과 큼으로 이루어지는 것일까?). 그에 반해
1091a 만일 (ii) 수학적인 수가 이데아들의 수와 다르다고 말하면, 그들은 여러 요소를 말하게 될 것이다. 그리고 만일 두 종류의 수의 원리가 각각 어떤 1이라면, 1은 그것들에 공통적인 것이 될 것이고, 우리는 어떻게 1이 그렇게 여럿 있는지, 그의 주장에 따르면 수는 1과 무한정한 2로부터 생겨나는 수밖에 없는데, 어떻게 1이 그렇게 여럿일 수 있는지 탐구해야 한다.
5 이런 주장들은 모두 이치에 맞지 않는다. 그리고 그것들은 서로 상충할 뿐만 아니라 이치에 맞는 주장들과도 상충하며, 그 안에는 시모니데스[63]가 말한 '장광설'이 들어 있는 것 같다. 즉, 노예들의 말이 그렇듯이 사람들은 실속 없는 말을 할

---

60) 크세노크라테스 등을 말한다.

61) '형상들의 수'(*arithmos tōn eidōn*)와 '수학적인 수'(*mathēmatikos arithmos*)를 나누었던 사람은 플라톤이다. 스페우시포스와 크세노크라테스에 뒤이어 플라톤에 대한 비판이 이어진다.

62) 이데아들과 감각물들의 '중간자'(*metaxy*)로서 수학적인 수에 대해서는 I 6, 987b14-8과 XIII 6, 1080b13-4를 참고.

63) 케오스(Keos)의 시모니데스(Simonides)는 기원전 6세기 후반기에서 5세기 후반에 활동했던 서정시인이다.

때 장광설을 늘어놓는 법이다. 바로 이 두 요소, 즉 큼과 작음   10
이 끌려다니면서 비명을 지르는 것 같다. 왜냐하면 그것들은 1
로부터 배가과정[64]을 거쳐 생겨나는 수를 제외하고는 다른 어
떤 방식으로도 수를 낳을 수 없기 때문이다.

(B) 영원히 있는 것들의 생성을 주장하는 것은 불합리하고,
더 정확하게 말하자면 그런 것은 불가능한 일들 가운데 하나
다.[65] 피타고라스학파가 그런 생성을 주장하지 않았는지 주장
했는지에 대해서는 의심의 여지가 전혀 없다. 왜냐하면 이 학   15
파는 하나가 ─ 평면이건 표면이건 씨이건 그들이 말하지 못하
는 다른 어떤 것들이건 ─ 그 어떤 것으로부터 합성된 뒤 즉시
무한자에 속한 가장 가까운 부분들이 끌려왔고 한계에 의해 한
정되었다고 분명히 말하고 있기 때문이다.[66] 그러나 그들은
세계의 질서를 설명하면서 자연학자와 같은 방식으로 주장을
펴기 때문에, 마땅히 자연에 관한 그들의 주장을 검토해야겠지   20
만, 그런 일은 지금의 탐구과정에서 벗어나는 일로 남겨두어야

---

64) '배가과정'(*diplasiazesthai*)이란 무한정한 2에 의해 1이 배가되는 과정을 가리
킨다. 아리스토텔레스에 따르면 큼과 작음은 2와 2의 배수밖에는 만들어낼
수 없는데, 큼과 작음은 '둘로 만드는 것'(*dyopoios*)이기 때문이다(XIII 7,
1082a14). 다른 수들을 이끌어내기 위해 플라톤주의자들은 그들 자신이 천명
한 원리들과 어긋나게 배가의 과정과 더불어 부가의 과정(1084a4)을 끌어들
일 수밖에 없었다.

65) 이 비판은 피타고라스학파와 플라톤을 겨냥한 것이다. 3장 마지막까지 피타
고라스학파에 대한 비판이 전개되고, 4장부터는 플라톤에 대한 비판이 이어
진다.

66) 여기서 아리스토텔레스의 진술에 따르면 피타고라스학파는 점들로부터 선들이,
선들로부터 평면들이, 평면들로부터 입체들이 생겨나는 것으로 보았다. 그리고
씨(*sperma*)에 대한 그의 언급에 비추어볼 때 일부 피타고라스학파의 구성원들
은 수들의 생성과정이 생명체의 발생과정과 비슷한 것으로 생각했던 같다. 더
자세한 주석으로는 Ross, *Metaphysics* II, 484의 관련 각주를 참고.

겠다. 왜냐하면 우리가 지금 탐구하는 것은 운동하지 않는 것들 사이에서 작용하는 원리들이며, 따라서 우리는 그런 성격을 갖는 수들의 생성에 대해서 더 살펴보아야 하기 때문이다.

4. 수 이론에 대한 비판(계속).
(C) 첫째 원리들과 좋음 사이의 관계

그들은 홀수의 생성을 부정하는데, 그 배경에는 분명히 짝수의 생성이 있다는 가정이 있다.[67] 그리고 어떤 사람들은 맨 처음 양적으로 동일하지 않은 것들로부터, 즉 큼과 작음이 균등하게 됨으로써 짝수가 만들어졌다고 말한다. 그렇다면 필연적으로 그것들에는, 균등화(均等化)[68]에 앞서 먼저 양적인 비동일성이 속해 있어야 한다. 하지만 만일 짝수들이 항상 동일한 상태로 있었다면, 그것들은 먼저 동일하지 않은 상태에 있었을 수 없을 것이다. 왜냐하면 항상 있는 것보다 더 앞선 것은 없기 때문이다. 따라서 그들이 이론적 고찰을 위해서 수들의 생성을 내세운 것이 아님은 분명하다.[69]

(C) 요소들과 원리들이 좋음 및 아름다움과 어떤 관계에 있는가라는 물음은 의문을 낳고, 그 물음을 안이하게 처리하는 사람에게는 비판을 낳는다. 의문의 내용은 다음과 같다. 요소들이나 원리들 가운데는 우리가 좋음 자체나 최고의 좋음이라고 부르길 원하는 것과 같은 종류의 어떤 것이 속하는가, 아니면 그렇지 않고 뒤의 것들은 앞의 것들보다 뒤에 생겨나는가?

67) 4장의 첫 단락은 플라톤을 겨냥해서 "영원히 있는 것들의 생성을 주장하는 것은 불합리하다"는 비판을 펼친다.
68) '균등화'라고 옮긴 'isasthēnai'는 양이 서로 동일하게 됨을 뜻한다.
69) 《천체론》 I 10, 279b32-280a10을 참고.

신학자들은70) 지금 활동중인 몇몇 철학자들과 의견이 같은 듯
한데, 그들은 위의 물음에 대해 부정적인 태도를 취하면서 본   35
성적으로 있는 것들이 앞서 나간 뒤71) 좋음과 아름다움이 그
안에 출현했다고 말한다(몇몇 사람들이 그렇듯, 그들이 이런 주
장을 하는 것은 하나가 원리라고 말할 때 그런 말을 하는 사람들에   1091b
게 따라 나오는 진정한 어려움을 피하기 위함이다. 하지만 어려움
은, 그들이 좋음을 원리에 속하는 것으로 내세우는 데서 오는 것이
아니라 하나를 원리로 삼고 이 원리를 요소라고 보면서 그 하나로
부터 수를 이끌어내려는 데서 온다). 옛 시인들도 이 점에서는
생각이 같은데, 그들은 (시간적으로) 앞선 것들, 예컨대 밤과 하   5
늘 또는 카오스나 오케아노스가 아니라72) 제우스가 왕 노릇하
고 지배한다고 말하는 점에서 그렇다. 하지만 그 시인들이 그
와 같은 주장을 하게 된 까닭은 있는 것들을 지배하는 원리들
이 변화한다고 생각했기 때문인데, 왜냐하면 그들 가운데 모
든 것을 신화적인 이야기로 풀어나가지 않는다는 점에서 뒤섞
인 발언을 하는 사람들, 예컨대 페레퀴데스73)나 다른 몇몇 사   10

70) 신학자들(theologoi)이란 자연철학자들(physikoi)과 대비되는 뜻으로 호메로스
   나 헤시오도스 등을 가리킨다. III 4, 1000a9, XII 7, 1071b27, 10, 1075b26
   을 참고.
71) 1091a35: 'proelthousēs tēs tōn ontōn physeōs'. '있는 것' 대신에 '본성적으
   로 있는 것들' 또는 '있는 것들로 이루어진 자연세계'라고도 옮길 수 있을 것
   이다. 예컨대 동식물들을 가리킨다. 좋음과 아름다움이 그 안에 출현하기
   (emphainesthai)에 앞서 먼저 있는 것들이 생겨났다고 주장한 사람들 가운데
   는 스페우시포스도 포함된다. XII 7, 1072b31 아래를 참고.
72) 여기서 아리스토텔레스가 말하는 시인들(poiētai)은 각각 오르페우스교의 우
   주생성론의 지지자들(밤과 하늘), 헤시오도스(카오스, 《신들의 계보》116
   행), 호메로스(오케아노스, 《일리아스》14. 201)를 가리킨다.
73) 쉬로스(Syros)의 페레퀴데스(Perekydes)(기원전 6C에 활동)는 제우스(하
   늘)-크로노스(시간)-크토니아(땅) 또는 제우스-크토니아-에로스를 만물의
   시원으로 여겼다.

람들은 최초로 낳는 자를 가장 좋은 것으로 내세웠고, 제관들74)도 그렇다. 그리고 엠페도클레스나 아낙사고라스와 같은 후세대의 현자들 가운데 앞 사람은 사랑을 요소로 여긴 데 반해 뒤의 사람은 지성을 원리로 여겼다. 부동적인 실체들이 있다고 말한 사람들 가운데75) 어떤 사람들은 하나 자체가 좋음 자체라고 말하지만, 그들은 그것의 실체가 무엇보다도 그것이 지닌 단일성에 놓여 있다고 생각했다.

그렇다면 문제는 다음과 같은 점에 있다. 둘 중 어떤 방식으로 주장해야 할까? 만일 첫째가고 영원하며 가장 자족적인 것에 바로 이것, 즉 자족성과 자기보존76)이 좋음으로서 맨 먼저 속하지 않는다면, 이는 놀라운 일이 될 것이다. 하지만 그것이 불멸하거나 자족적인 것은 다른 어떤 이유 때문이 아니라 그것이 좋은 상태에 있다는 이유 때문이고, 따라서 그 원리가 그런 성질을 갖는다고 말하는 것이 참이라고 보아야 이치에 맞을 것이다. 하지만 하나가 그런 원리라고 말하거나, 그렇지 않으면 하나가 요소, 즉 수의 요소라고 말하는 것은 불가능한 일이다. 왜냐하면 거기에는 많은 어려움이 따라 나오기 때문이다(어떤 사람들은 이 어려움을 피하기 위해 이론 전체를 부정했다.77) 하나가 최초의 원리이자 요소라는 데 동의하면서도 그것이 수학적인 수의 원리라고 주장하는 사람들이 그런 사람들이다). 그 경우 모든 모나스는 본성상 좋은 것78)이 되고 좋은 것들의 과잉상태가

---

74) 'Magoi'는 조로아스터교의 세습 제관계급을 가리킨다.
75) 플라톤과 그의 추종자들을 가리킨다.
76) 원어는 'to autarkes kai hē sōteria'다.
77) 스페우시포스의 경우가 그렇다.
78) '본성상 좋은 것'이라고 옮긴 'hoper agathon ti'는 '직접적으로 좋은 것', '그 자체로서 좋은 것'이라고도 옮길 수 있다. 'hoper'의 쓰임에 대해서는 III 4, 1001a26에 대한 각주를 참고.

빚어질 것이다. 또한 만일 형상들이 수들이라면, 모든 형상은
본성상 좋은 것이 될 것이다. 하지만 원하는 경우마다 그것의
이데아들을 상정한다고 해보자. 만일 좋은 것들에 대해서만
이데아들이 있다면, 이데아들은 실체들이 아닐 것이고, 만일
실체들에 대해서 이데아들이 있다면, 동물과 식물을 비롯해서   30
이데아에 관여하는 것들은 모두 좋은 것일 것이다.

　(좋음이 원리로서 하나이거나 수들의 요소라고 가정한다면) 이런 불합리
한 결과들이 따라 나온다. 그리고 (하나에) 반대되는 요소는,
그것이 다수이건 양적인 비동일성, 즉 큼과 작음이건, 나쁨 자
체라는 결론도 함께 따라 나온다(그러므로 어떤 사람은79) 좋음
을 하나에 귀속시키기를 기피했으니, 생성은 반대자들로부터 유래
하기 때문에 나쁨은 필연적으로 다수의 본성일 수밖에 없다고 생각
했기 때문이다. 반면 다른 사람들은80) 양적인 비동일성이 나쁨의   35
본성81)이라고 말한다). 그렇다면 이로부터 하나, 즉 하나 자체
를 빼놓고 있는 것은 모두 나쁨에 관여하고 수들은 연장물들보
다 더 순수한 나쁨에 관여하며, 나쁨은 좋음이 실현되는 공간   1092a
이고82) 가멸적인 것에 관여하고 그것을 욕망한다는 결론이 따
라 나오는데, 그 이유는 반대자는 반대자를 소멸하게 하기 때
문이다. 우리가 이미 말했듯이83) 예컨대 가능적인 불이 현실
적인 불의 질료이듯이, 질료는 가능적으로 각 대상인 것84)이

---

79) 스페우시포스를 가리킨다.
80) 플라톤과 크세노크라테스를 가리킨다.
81) 원어 'hē tou kakou physis'는 '본성상 나쁜 것'이라고 옮길 수 있다.
82) 플라톤의《티마이오스》(42AB)에 따르면 공간(chora)은 생겨나는 모든 것에
　　자리(hedra)를 제공한다.
83) XIII 1, 1088b1을 참고.
84) 질료가 '가능적으로 각 대상인 것'(to dynamei hekaston)이라는 말은 쉽게 말
　　해서, A의 질료는 가능적인 A, 즉 A가 될 수 있는 것이라는 뜻이다.

5 　라면, 나쁨은 그 자체로서 가능적인 좋음일 것이다.

　　이 모든 결과가 따라 나오는 데는 여러 가지 이유가 있으니, 그들이 모든 원리를 요소로 여기기 때문이기도 하고, 반대자들을 원리들로 여기기 때문이기도 하며, 하나를 원리로 여기기 때문이기도 하고, 수들을 첫째 실체들이자 분리가능한 형상들로 여기기 때문이기도 하다.

5. 수 이론에 대한 비판(계속). (D) 수와 그것의 첫째 원리들 사이의 관계. (E) 다른 것들의 원인으로서 수들

10 　　그래서 만일 좋음을 원리들 가운데 놓지 않는 것이나 놓는 것이나 똑같이 불가능하다면, 사람들은 분명 원리들도, 첫째 실체들도 올바로 제시하지 못하고 있다. 만일 더 완전한 것들은 불확정적이고 불완전한 것들로부터 생겨난다는 이유를 들어 세계 전체의 원리들을 동·식물들의 원리와 비교하는 사람이 있다면, 그런 가정 역시 옳지 않다. 그런 사람은 그와 같은 이유를 들어 첫째로 있는 것들에서도 사정이 다르지 않으며 따

15 라서 하나 자체는 있는 것 중의 하나가 아니라고 말한다. [85] 이런 생각이 옳지 않은 이유는 우리 주변에서도 동물과 식물들의 출처가 되는 원리들은 완전하기 때문인데, 사람이 사람을 낳는 것이지 씨가 처음에 있는 것은 아니기 때문이다. [86]

　　또한 장소가 수학적인 입체들과 동시에 생겨난다고 주장하는 것은 불합리하고 (왜냐하면 장소는 개별자들에 고유하며, 그런 이유 때문에 개별자들은 장소에서 분리될 수 있지만 수학적인 대상들은

---

85) 스페우시포스의 이런 견해에 대해서는 XII 7, 1072b30-4를 참고.
86) VII 9, 1034a33 아래와 다음의 구절들을 참고하라: VII 7, 1032a25; XII 3, 1070a28; 《동물부분론》 I 1, 640a25; 《동물발생론》 II 1, 735a20-1.

어디에도 있지 않다) 수학적인 대상들이 어딘가 있을 것이라고 하   20
면서 그 장소가 무엇인지를 말하지 않는 것 또한 불합리하다.[87]

(D) 있는 것들이 요소들로부터 유래하는 것들 가운데 첫째
가는 것은 수들이라고 말하는 사람들은 마땅히, 어떤 것이 다
른 것으로부터 유래한다고 할 때 어떻게 그런지 그 뜻을 구별
한 다음 그 중 어떤 방식으로 수가 원리들로부터 유래하는지를
말했어야 한다.

결합에 의해서 그런가? 하지만 (1) 모든 것이 결합가능하지   25
는 않으며, (2) 생겨나는 것은 그것을 이루는 요소들과 다른
데, 그렇다면 하나는 요소들과 분리가능하지도, 요소들과 본
성이 다르지도 않을 것이다. 하지만 그들은 그렇게 주장하기
를 원한다.

그렇지 않다면 음절처럼 합성구조[88]에 의해서 그런가? 하지
만 그런 경우 (1) 요소들은 필연적으로 위치를 가져야 하며,
(2) 수에 대해 생각하는 사람은 하나와 다수를 따로 분리해서
생각할 것이다. 그렇다면 수는 이것, 즉 모나스이면서 다수이
거나 아니면 하나이면서 양적인 비동일성일 것이다.

또한 어떤 것이 다른 어떤 것들로부터 있다[89]고 할 때 후자   30
에 해당하는 것들은 내재적인 것들이거나 그렇지 않다. 수는
둘 중 어떤 경우일까? 왜냐하면 생성이 속하는 것들만이 내재

---

87) 장소(topos)와 수학적인 입체들(ta sterea mathēmatika)에 대한 1092a17-b8의
   내용은 주로 스페우시포스를 겨냥한 비판이다. 피타고라스학파에 대한 이와
   비슷한 비판에 대해서는 위의 3, 1090a34 아래를 참고.
88) 'synthesis'는 'mixis'와 마찬가지로 보통 '결합'으로 옮길 수 있지만, 여기서는
   음절 안에서 철자들의 결합처럼 일정한 위치(thesis)와 순서에 따른 결합을 가
   리킨다. 위의 'mixis'와 구별해서 '합성구조'라고 옮겼다. V 2, 1013b23에 대
   한 각주를 참고.
89) '~으로부터 있다'(ek tinōn einai)의 여러 가지 뜻에 대해서는 V 24를 참고.

적인 것들로 이루어지기 때문이다. 그렇지 않으면 수는 마치 씨에서 나오듯 생겨나는 것일까? 하지만 분할불가능한 것으로부터는 어떤 것도 나올 수 없다. 수는 존속하지 않는 반대자로부터 생겨날까? 하지만 이런 방식으로 있는 것들은 모두 존속

35　하는 다른 요소가 있어서 그것으로부터 유래한다.[90) 그런데
1092b　하나를 다수의 반대자로 여기는 사람이 있는가 하면,[91) 하나를 양적 동일성으로 활용하면서 그것을 양적 비동일성의 반대자로 여기는 사람이 있기 때문에,[92) 이들의 의견에 따르면 수는 반대자들로 이루어질 것이다. 그렇다면 (그 반대자들의 기체로서) 존속하는 다른 어떤 것이 있어서 이것과 다른 것으로부터 수가 있거나 생겨났을 것이다. 또한 반대자들로 이루어져 있거나 자신의 반대자들을 갖는 것은 모두 — 설령 그것이 모든 것

5　으로 이루어진다고 하더라도 — 소멸하기 마련인데, 어째서 수는 그렇지 않을까? 이에 대해 사람들은 아무 말도 하지 않는다. 또한 어떤 것에 내재하건 내재하지 않건, 반대자는 소멸을 낳는데, 예컨대 싸움이 혼돈을 소멸시키는 것과 같은 이치다[93) (하지만 그런 일이 일어나서는 안될 텐데, 싸움은 혼돈에 반대되는 것이 아니기 때문이다).

　(E) 다음 두 가지 가운데 어떤 방식으로 수들이 실체들과 있음의 원인인지는 전혀 규정된 바가 없다. (1) (예컨대 점들이 연장물들의 경계들이듯이) 수들이 경계들[94)이라는 뜻에서 그런

---

90) XII 2, 1069b7-9와 《자연학》 I 7을 참고.

91) 스페우시포스를 가리킨다.

92) 플라톤을 가리킨다.

93) 엠페도클레스의 이런 주장에 대해서는 D-K, 58 B 17과 B 27을 참고. '혼돈' (*migma*)이란 모든 것이 뒤섞여 있는 둥근 공(球, *Spairos*)의 상태를 가리킨다. I 4, 985a4 아래도 함께 참고.

94) 여기서 '경계들'(*horoi*)은 '한계들'(*perata*)과 같은 뜻으로 쓰였다.

것일까? 이는 에우뤼토스가 어떤 수가 어떤 사물에 속하는지   10
를 규정하면서 택했던 방식인데, 예컨대 그는 어떤 수는 사람
의 수이고 어떤 수는 말[馬]의 수라고 규정했다. 그는 마치 어
떤 사람들이 여러 가지 모양의 삼각형이나 사각형에 수들을 적
용하듯이, 조약돌을 써서 식물들의 모양을 유사하게 묘사하면
서 그런 주장을 펼쳤다. 95) 또는 (2) 협화음이 수적인 비율이
고, 사람을 비롯해서 나머지 것들도 각각 그렇다는 뜻에서 그
런 것일까? (1) 하지만 양태들, 즉 하양, 달콤함, 뜨거움이 어   15
떻게 수인가? (2) 수들은 분명 실체도, 형태의 원인도 아니다.
왜냐하면 비율은 실체이지만, 96) 수는 질료이기 때문이다. 예
컨대 살이나 뼈의 수가 그렇다. 실체는 이런 방식으로 불과 흙
의 3 : 2 비율이다. 97) 그리고 수는 항상 어떤 것들의 수, 즉   20
불의 수이거나 흙의 수이거나 모나스의 수인데 반해, 실체는
결합의 양적 관계에서 성립한다. 98) 하지만 이것은 이미 수가
아니라, 물체적인 것들의 수들이건 다른 어떤 것들의 수들이
건, 수들의 결합의 비율이다.
   그렇다면 수는, 일반적인 수이건 아니면 모나스의 수이건,

---

95) 에우뤼토스(Eurytos)는 기원전 4세기에 활동했고 필롤라오스(Philolaos)의
   제자였다. 고대 주석가의 견해에 따르면 그는 색깔을 칠한 조약돌들로 사람의
   윤곽 혹은 모양(schema)을 그린 다음 그 조약돌의 수가 사람의 수라고 말했
   다고 한다. 이것은 각 기하학적 도형을 규정하는 데 필요한 최소의 점들의 수
   를 근거로 선을 2로, 평면을 3으로, 입체를 4로 이해했던 초기 피타고라스학
   파의 생각을 통속화한 것이다. 자세한 주석으로는 Ross, *Metaphysics* II, 494
   의 관련 각주를 참고.
96) ‘결합의 비율’(*logos tēs mixeōs*)이라는 뜻의 실체 또는 본질개념에 대해서는
   다음과 같은 구절들을 참고하라: I 10, 993a 17 아래; 《영혼론》 I 4, 408a12
   아래; 《동물발생론》 II 1, 734b33 아래.
97) 엠페도클레스의 이런 생각에 대해서는 D-K, 58 B 96을 참고.
98) 1092b20-1: "hē ousia to tosond' einai pros tosonde kata tēn mixin".

무엇을 만들어내는 원인도 아니고 질료도 아니며 사물들의 정
25   식과 형상도 아니다. 그것은 또한 지향대상이라는 뜻의 원인
도 아니다.

6. 수 이론에 대한 비판(계속). 수에 인과적 작용을 부여하는 것은 순전히 허구적인 생각이다

어떤 사람은 이런 의문을 제기할 수도 있을 것이다. 즉, 계
산하기 쉬운 수이건 홀수이건 수를 통해 표현되는 결합[99]에
의해, 수들로부터 유래하는 좋음은 무엇인가? 그 이유는 이렇
다. (1) 꿀물이 3×3의 비율로 섞이면 더 이상 몸에 좋지 않지
30   만, 특정한 비율에 얽매이지 않고 물에 섞여 녹아 있을 때가
수적인 비율에 따라 섞여 진한 상태에 있을 때보다 몸에 더 좋
을 것이다. (2) 또한 다양한 결합의 비율들은 수들을 더하는
데서 성립하는 것이지[100] 단순히 수들에서 성립하는 것이 아
닌데, 예컨대 비율은 2에 3을 더해서 성립하는 것이지 2를 세
배로 만들 때 성립하는 것이 아니다. 왜냐하면 아무리 배
가[101]를 되풀이해도 유는 동일할 수밖에 없으니, 결과적으로
1×2×3의 행렬[102]은 1에 의해서 측정될 수밖에 없고, 4×5
35   ×6의 행렬은 4에 의해 측정될 수밖에 없으며, 따라서 그런 모
든 행렬은 (첫째 요소와) 동일한 요소에 의해서 측정될 수밖에 없

---

99) '계산하기 쉬운'(*eulogistos*) 수에 의한 수적 결합의 비율은 3 : 2나 3 : 4와 같
   은 비율을, 홀수에 의한 수적 결합의 비율은 1 : 3과 같은 비율을 가리킨다.
100) 여기서 아리스토텔레스는 예컨대 2 : 3을 2에 3을 '더한다'(*prothesis*)고 표현
   한다.
101) '배가'(*pollaplasiōsis*)에 대해서는 《정치학》 V 7, 1308b5와 플라톤, 《국가》
   587E를 참고.
102) 원어 'stoichos'를 '곱수의 열'이라는 뜻에서 '행렬'로 옮겼다.

다. 103) 그렇다면 불의 수가 $2 \times 5 \times 3 \times 6$이면서 동시에 물의 수   1093a
가 2×3이 되는 일은 있을 수 없다. 104)

(3) 만일 모든 것이 수에 참여해야 한다면, 105) 많은 것들이
동일하며, 동일한 수가 여기 있는 이것뿐만 아니라 다른 것에
도 속해야 한다는 결론이 따라 나온다. 그렇다면 수가 원인이
고, 이것 때문에 사물이 있는가, 아니면 이는 분명치 않은가?
예컨대 태양의 운행들에 속하는 수가 있는가 하면 달의 운행들   5
에 속하는 수가 있고, 106) 각 동물의 수명과 전성기에 속하는
수도 있다. 그렇다면 이 수들 가운데 어떤 것들은 정방수이고
어떤 것들은 입방수107)이며 또 어떤 것들은 동일한 수이고 어
떤 것들은 배수인 것을 가로막는 점이 무엇이 있겠는가? 왜냐
하면 그렇게 되는 것을 가로막는 점은 아무것도 없고, 모든 것
이 수에 참여한다면, 모든 것은 그런 수들의 범위 안에서 움직
일 것이기 때문이다. 또한 그런 의견에 따르면 서로 차이가 있
는 것들이 동일한 수에 귀속될 것이다. 따라서 여러 대상에 동   10
일한 수가 속한다면, 그 대상들은 동일한 형상의 수를 갖는다

103) 1을 두 배로 만들고 그것을 다시 세 배로 늘인다고 해도 그 수는 모두 1의
유(genos)를 늘인 것에 지나지 않기 때문에 그것을 측정하는 기준, 즉 인수
(因數)는 1이다.
104) 불과 물은 서로 대립하는 본성을 갖고 있음에도 불구하고, 두 행렬은 모두
동일한 유(genos)인 2를 기본으로 삼기 때문이다.
105) "모든 것이 수에 참여(koinonein)해야 한다"는 가정은 있는 것들 모두가 '수
들의 모방에 의해서'(memēsei tōn arithmōn, I 6, 987b11-2) 있다고 말한
피타고라스학파의 견해를 염두에 둔 말일 것이다.
106) 태양이나 달의 '운행들' 또는 '이동들'(phora)에 대해서는 XII 8, 1073b21 아
래를 참고.
107) '정방수'(tetragonos, square number)는 정사각형의 모양을 만드는 수들로서 계
속되는 일련의 홀수들의 합, 즉 1, 1+3, 1+3+5 등을 말하고, '입방수'(kybos,
cubic number)는 입방체의 형태를 만들어내는 세제곱수를 가리킨다.

는 이유 때문에 서로 동일할 텐데, 예컨대 해와 달은 동일할 것이다. 108) 그러나 무엇 때문에 이 수들은 원인이 되는가? 7개의 모음이 있고 음계는 7개의 현으로 이루어지며 플레이아데스 성단(星團)에는 7개의 별이 있고 동물들은 7살에 이〔齒牙〕를 간다(어떤 것들은 그렇지만, 어떤 것들은 그렇지 않다). 테바이를 공격한 용사들도 7명이었다. 그렇다면 그 용사들이 7명이고 플레이아데스 성단이 7개의 별로 이루어지는 것은 그 수가 본질적으로 어떤 본성을 갖고 있다는 사실 때문일까? 분명 용사들이 7명이었던 이유는 성문이 7개였기 때문이거나 혹은 다른 어떤 원인 때문이겠지만, 우리는 플레이아데스 성단의 별의 수가 7이라 하고 곰자리의 별의 수가 12라 하지만, 다른 사람들은 그 별자리의 별의 수가 더 많다고 여긴다. 또한 그들은 Ξ와 Ψ와 Z가 협화음이며 협화음이 셋이기 때문에 그것들도 셋이라고 말한다. 109) 그런 말을 하는 사람들은 그런 것들이 수없이 많이 있을 수 있다는 사실을 전혀 개의치 않는데, ΓΡ을 가리키는 하나의 기호도 있을 수 있기 때문이다. 110) 앞의 세 자음은 각각 다른 자음들 2개를 합친 것이지만 다른 것은 그렇지 않으며, 발음의 자리는 세 곳이 있는데111) 각 자리에 s가 하나 덧붙여진다는 데 그 이유가 있다고 그들이 말한다. 만일 그렇다면 그런 이유 때문에 (이중자음이) 세 자음밖에

---

108) 해와 달은 그것들에 속하는 운동들의 수가 똑같다는 뜻에서 '동일한 형상의 수'(to auto eidos arithmou)를 갖고 그런 이유에서 동일하게 되리라는 말이다.

109) 그리스어의 이중자음 Ξ(ks)와 Ψ(ps)와 Z(ds)를 각각 5도 음정(3 : 2), 8도 음정(2 : 1), 4도 음정(4 : 3)에 상응하는 것으로 여겼다는 말이다.

110) 예컨대 'graphein'이나 'grammata'와 같은 단어의 두 자음 'g'와 'r'을 합쳐 하나의 기호로 표시할 수 있을 것이라는 말이다.

111) 위에서 언급한 이중자음 'Ξ'(ks)와 'Ψ'(ps)와 'Z'(ds)는 각각 구개음(口蓋音) k, 순음(脣音) p, 치음(齒音) d에 s가 붙었다.

없는 것이지, 협화음이 셋이기 때문에 그런 것은 아닐 텐데, 협화음들은 수가 더 많지만, 이중자음들의 경우에는 그럴 수 없기 때문이다. 이들은, 작은 동일성들은 보지만 큰 동일성들은 간과하는 옛날 호메로스 해석가들[112]과 똑같다. 또 어떤 사람들은 말하길 그런 것들이 여럿 있어서 예컨대 중간 현들은 9와 8에 해당하고 서사시 행은 17로서 그 둘을 합친 것과 같은 수이며 오른쪽에서는 9개의 음절로 진행하고 왼쪽에서는 8개의 음절로 진행한다고 말한다.[113] 그리고 A부터 Ω까지 글자들의 간격이 아울로스[114]에서 최저음부터 최고음까지의 간격과 똑같으며, 그 수는 우주의 전체 지체[115]의 수와 같다고 그들은 말한다. 하지만 그런 것들은 가멸적인 것들 가운데도 놓

30

1093b

5

---

112) '옛날 호메로스 해석가들'(archaioi Homērikoi)은 기원전 5~6세기에 활동하면서, 호메로스를 비유적으로 해석했던 페레퀴데스, 테아게네스, 메트로도로스, 아낙사고라스, 데모크리토스 등을 가리킨다.

113) 호메로스의 서사시의 한 행은 장단단(—ᴗᴗ)의 닥튈로스(daktylos)가 여섯 번 되풀이 되는 육음보(hexameter)로 이루어진다. 따라서 그 전체는 —ᴗᴗ ⋮—ᴗᴗ⋮—ᴗᴗ⋮—ᴗᴗ⋮—ᴗᴗ⋮——의 형태를 취하면서 17개의 음절로 이루어진다〔물론 여기서 장단단(—ᴗᴗ)은 ——으로 대체될 수 있는데, 이 점은 여기서 고려대상이 아니다〕. 아리스토텔레스는 "오른쪽에서는 9개의 음절로 진행하고 왼쪽에서는 8개의 음절로 진행한다"고 말하는데, 여기서 오른쪽이란 처음의 절반을, 왼쪽은 나중의 절반을 가리키는 듯하다. 혹은 호메로스 시대에는 소가 밭을 가는 식으로, 첫 행은 오른쪽에서 시작해서 왼쪽으로 글을 쓰고 둘째 행은 왼쪽에서 오른쪽으로, 셋째 행은 다시 오른쪽에서 왼쪽으로 글을 썼는데, 이런 필기법과 관련이 있을 수도 있다.

114) 아울로스(aulos)는 오보에와 닮은 관악기로 '엘레게이아'(elegeia)라고 불린 서정시의 반주악기로 쓰였다. 위쪽에 4개, 아래에 1개의 구멍이 있었다.

115) 원어 'oulomeleia'는 '지체 전체'를 뜻하지만 여기서는 '전체 천계'(the whole celestrial system)를 뜻한다. 황도대의 12궁, 8개의 천구, 4요소를 합친 24가 그 수라고 말할 수도 있지만(Alexander), 천구들의 음악적 조화를 가리키는 것으로도 볼 수 있다(I 5, 986a2-3). 이에 대해서는 Ross, Metaphysics II, 498~500을 참고.

여 있기 때문에 누구도 어려움 없이 영원한 것들과 관련해서 그런 것들을 말하거나 찾아낼 수 있는 것은 아닐지 돌이켜 보아야 한다.

하지만 수들에 속해서 사람들의 찬양거리가 되는 본성들이나 이것들에 반대되는 것들, 그리고 일반적으로 수학적인 학문들에 속하는 것들은, 어떤 사람들은 그런 것들이 자연 또는
10 본성의 원인이라고 주장하지만, 위에서 다른 방식으로 살펴보면 시야에서 사라진다. 왜냐하면 그것들 중 어떤 것도, 앞에서 원리들과 관련해서 규정했던 방식들 가운데 어느 한 방식으로 원인이 되지 못하기 때문이다.116) 그들이 주장하듯이, 분명 좋음이 있으며 홀수, 곧음, 정사각형, 같음, 어떤 수들의 제곱수들은 아름다움이 속해 있는 축에 속한다.117) 왜냐하면 계
15 절들과 특정한 종류의 수는 동시적이기 때문이다. 그리고 수학적인 정리들로부터 그들이 끌어 모은 다른 것들은 모두 이런 의미를 가지고 있다. 그러므로 그것들은 우연의 일치인 것 같다. 왜냐하면 사실 그것들은 모두 부수적인 것들이지만, 서로 다른 것들에 고유하며, 유비적으로 하나이기 때문이다. 왜냐하면 있는 것의 각 범주에는 유비적 대응자가 있으니, 예컨대
20 곧음이 선 안에 있듯이 평평함은 표면 안에 있고, 수 안에는 아마도 홀수가 있을 것이고 색깔에는 하양이 있다.118)

(4) 또한 형상적인 수들은 화성학의 대상들이나 그런 것들의 원인이 아니다(그런 수들은 같은 수라고 해도 종에 서로 차이

116) 위의 1092b23-5를 참고.
117) I 5, 986a23 아래를 참고.
118) 선, 표면, 수, 색깔은 서로 다른 범주에 속하지만, 그것들 사이에는 다음과 같은 비례 혹은 유비적 대응관계(*analogia*)가 성립한다. 곧음: 선 = 평평함: 표면 = 홀수: 수 = 하양: 색깔. 위의 XII 5, 1071a24 아래를 참고.

가 있기 때문인데, 모나스들조차 그렇기 때문이다). 따라서 적어
도 이런 이유 때문에 형상들을 주장할 필요는 없다.

  그렇다면 이런 것들이 그 이론에서 따라 나오는 결과들이고
더 많은 것들을 끌어 모을 수도 있을 것이다. 하지만 그 이론   25
의 옹호자들이 수들의 생성과 관련해서 수많은 곤란을 겪고 있
고 어떤 방식으로도 그 이론을 체계화할 수 없다는 것은, 수학
적인 대상들이 — 몇몇 사람들이 주장하듯이 — 감각물들과 분
리가능한 것이 아닐 뿐만 아니라 원리들도 아니라는 사실에 대
한 증거인 것 같다.

부 록

▪ 부록 1

아리스토텔레스의 생애

384 아리스토텔레스, 그리스 북부 칼키디케(Chalkidike) 반도의 동부 해
안도시 스타기라(Stagira)에서 탄생. 그의 아버지 니코마코스
(Nikomachos)는 인근 마케도니아의 왕 아뮌타스 III세의 주치의.
그의 어머니 파에스티스(Phaestis) 역시 의사 집안 출신.

377 아테네의 주도 아래 제2차 아티카 해상동맹 결성.

371 레욱트라(Leuktra) 전투. 이 전투에서 승리한 테바이(Thebai)가 그
뒤 9년 동안 그리스의 패권을 장악.

370 원자론자 데모크리토스(Demokritos)와 서양의학의 아버지 히포크라
테스(Hippokrates) 별세.

367 플라톤의 제2차 시켈리아 여행. 17세의 아리스토텔레스, 아카데미
아에 입학〔수학자이자 천문학자인 크니도스의 에우독소스(Eudoxos)
가 플라톤을 대행한 것으로 추정됨〕.

349/8 스타기라의 이웃 도시 올린토스(Olynthos)가 마케도니아에 함락.
아테네에서는 데모스테네스(Demosthenes, 384~322)를 중심으로
반(反)마케도니아 운동. 데모스테네스의 반(反)필립포스 연설
('Philippica').

347 플라톤의 죽음. 그의 조카 스페우시포스(Speusippos)가 아카데미아
의 수장이 됨;
아리스토텔레스 아테네를 떠나 옛 동료 헤르메이아스(Hermeias)가
통치하는 아타르네우스(Atarneus)의 아소스(Assos)에 2년 동안 체류.

345 아리스토텔레스, 레스보스(Lesbos) 섬의 미틸레네(Mytilene)로 이
주해서 평생의 동료이자 제자인 테오프라스토스(Theophrastos)와
공동작업.

343 아리스토텔레스, 필립포스 II세의 초빙으로 마케도니아의 수도 펠라

(Pella)로 가서 13세의 알렉산드로스(Alexandros)를 교육.

341 철학자 에피쿠로스(Epikuros)와 희극작가 메난드로스(Menandros) 탄생.

340 아리스토텔레스, 이 무렵 페르시아인들에 의해 살해된 헤르메이아스 의 양녀(?)와 결혼하고 테오프라스토스와 함께 스타기라로 이주.

338 필리포스 II세가 카이로네이아(Chaironeia)에서 그리스 연합군을 격 파. 스페우시포스 별세. 크세노크라테스(Xenokrates)가 아카데미아 의 수장이 됨.

336 필립포스 II세의 피살. 20세의 알렉산드로스가 왕위 계승.

335 아리스토텔레스, 아테네로 귀환해서 리케이온(Lykeion)을 세우고 가르침.

323 알렉산드로스, 많은 학자들을 대동하고 인더스 강까지 진군한 뒤 귀 환 중 바빌로니아에서 사망. 아테네에서는 다시 데모스테네스를 중 심으로 아테네의 주권회복 운동.

322 아리스토텔레스 에우보이아 섬의 칼키스(Chalkis)로 도피. 63세의 나이로 병사.

· 부록 2

아리스토텔레스의 저술목록

라틴어	영 어	한국어
Categoriae	Categories	범주론
De interpretatione	On Interpretation	명제론
Analytica priora	Prior Analytics	분석론 전서
Analytica posteriora	Posterior Analytics	분석론 후서
Topica	Topics	토피카
De sophistici elenchi	Sophistical Refutations	소피스테스식 반박
Physica	Physics	자연학
De caelo	On the Heavens	천체론
De generatione et corruptione	On Generation and Corruption	생성·소멸론
Meteorologica	Meteorology	기상학
De Anima	On the Soul	영혼론
Parva naturalia:	Little Physical Treatises:	자연학 소논문집:
De sensu et sensibilibus	On Sense and Sensibles	감각과 감각물에 대하여
De memoria et reminiscentia	On Memory and Recollection	기억과 상기에 대하여
De somno et vigilia	On Sleep and Waking	잠과 깸에 대하여
De insomnis	On Dreams	꿈에 대하여
De divinatione per somnum	On Divination in Sleep	잠에서의 계시에 대하여
De longitudine et brevitate vitae	On Longness and Shortness of Life	장수와 단명에 대하여
De iuventute et senectute	On Youth and Old Age	젊음과 노령에 대하여
De vita et morte	On Life and Death	삶과 죽음에 대하여
De respiratione	On Breathing	호흡에 대하여
Historia animalium	History of Animals	동물지
De partibus animalium	Parts of Animals	동물부분론
De motu animalium	Movements of Animals	동물운동론
De incessu Animalium	Progression of Animals	동물이동론
De generatione animalium	Generation of Animals	동물발생론
Problemata*	Problems	문제집
Metaphysica	Metaphysics	형이상학
Ethica Nicomachea	Nicomachean Ethics	니코마코스 윤리학
Magna moralia	Magna Moralia	대 윤리학
Ethica Eudemia	Eudemian Ethics	에우데모스 윤리학
Politica	Politics	정치학
Oeconomica	Economics	가정학
Rhetorica	Rhetorics	수사학
Poetica	Poetics	시학
Atheniensium Respublica	Constitution of the Athenians	아테네의 정체(政體)

■부록 3

자연의 사다리(*Scala naturae*)

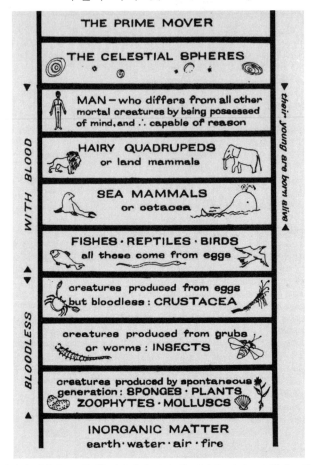

자연의 단계적 상승을 표현하는 '자연의 사다리' 관념은 아리스토텔레스의 저술《동물부분론》IV 5, 681a12, IV 10, 686b26, 《동물발생론》II 1, 733a32 아래, 《동물지》VIII 1, 588b4 아래 등에서 찾아볼 수 있다. 이에 따르면 세계는 크게 달을 기준으로 월상계(*superlunar*)와 월하계(*sublunar world*)로 나뉜다. 월하계는 4 원소에서 시작해서, 피 없는 생물들과 피 있는 생물을 거쳐 사람에 이르고, 그 위의 월상계는 천체들과 첫째 원동자로 이루어진다. 월하계에 속한 생명체들은 생식의 방식에 따라 등급이 나뉜다(《동물발생론》II 1, 733a32 아래).

1. 《형이상학》은 어떤 책인가?

1) 'Ta meta ta physika'

아리스토텔레스의 저술 가운데 《형이상학》은 그 유래뿐만 아니라
내용도 다른 저술과 달리 독특하다. 누구나 알고 있듯이 《형이상학》
의 그리스어 이름은 'ta meta ta physika'이다. 아리스토텔레스 연구자
들의 일반적인 의견에 따르면 'ta meta ta physika'라는 이름을 짓고 그
아래 아리스토텔레스의 글들을 함께 묶어 편집한 것은 아리스토텔레스
자신이 아니라 기원전 1세기에 활동했던 안드로니코스 로도스(Andronikos
v. Rhodos)라는 인물이다. 안드로니코스는 로마에서 '아리스토텔레스
전집'(Corpus Aristotelicum)을 편찬하는 과정에서 다른 저술 어디에도
속하지 않는 일군의 글들을 함께 묶어 편집한 뒤 그것들을 '자연학 저
술들'(ta physika) '뒤에'(meta) 두고 이를 '자연학에 대한 글들 뒤에 오
는 것들'이라고 불렀다고 사람들은 생각한다. 1)

---

* 이 해제의 일부 내용은 조대호 역해, 《아리스토텔레스의 형이상학》, 문예출
　판사, 2004의 관련 서술 내용을 필요에 따라 수정하거나 보완한 것이다.
1) 이에 대해서는 다음의 글들을 참고하라. I. Düring, *Aristoteles. Darstellung*

아리스토텔레스의 글들이 그의 사후 2백 년이 넘은 시점에, 그것도 아테네가 아닌 로마에서 안드로니코스라는 사람에 의해 편집되기까지의 과정은 매우 곡절이 많고 많은 부분 베일에 가려져 있지만, 이 과정은 아리스토텔레스 철학이 걸었던 역사적 운명을 보여주는 듯해서 무척 흥미롭다. 간추려 말하면 그 과정은 다음과 같다.[2] 아리스토텔레스가 죽은 뒤 그의 글들은 리케이온(Lykeion)에 소장되었다가, 그의 후계자였던 테오프라스토스(Theophrastos)를 거쳐 스켑시스(Skepsis) 출신의 넬레우스(Neleus)에게 넘어간다. 넬레우스는 몇 사람 남지 않았던 아리스토텔레스의 직계 제자였으며, 스트라톤(Straton)과 더불어 테우프라스토스의 후계자로 유력한 인물이었다. 테오프라스토스가 죽고 스트라톤이 페리파토스학파의 수장 자리에 오르자, 이에 실망한 넬레우스는 아리스토텔레스의 유고들을 가지고 트로이아와 인접한 고향 스켑시스로 은퇴한다. 그 뒤 넬레우스는 이 유고들을 페리파토스학파에게 돌려주지 않고 철학에 문외한이었던 상속인에게 맡겼다. 전해 오는 말에 따르면 이 상속인은 이 유고들을 지하실에 숨겼는데, 이는 새로이 학문의 메카로 떠오른 알렉산드리아(Alexnadria)의 도서관에 맞서 페르가몬(Pergamon)의 도서관을 운영하려던 그 지역 지배자들의 눈을 피하기 위한 조처였다고 한다. 넬레우스가 아리스토텔레스의 원고들을 알렉산드리아의 도서관에 팔아넘겼다는 이야기도 있지만 신빙성은 없다. 어쨌건, 기원전 1세기 초 테오스(Theos) 출신으로 서적 수집가

und Interpretation seines Denkens, Heidelberg 1966, 591~2; H. Flashar (Hrsg.), *Die Philosophie der Antike, Bd. 3 Ältere Akademie, Aristoteles-Peripatos*, in: F. Überweg, *Grundriß der Geschichte der Philosophie*, Basel-Stuttgart, 2004, 238~9; J. Barnes(ed.) 1995, *The Cambridge Companion to Aristotle*, Cambridge, 66.

2) Flashar(Hrsg.), 위의 책, 180 아래를 참고.

였던 아펠리콘(Apellikon)이라는 사람이 그동안 부분적으로 상당히 훼손된 아리스토텔레스의 유고들을 스켑시스에서 찾아내 아테네로 가져온다. 하지만 이 유고들은 그 뒤 얼마 지나지 않아 다시 로마로 이송되는 운명에 처한다. 기원전 86년, 아테네를 정복한 로마의 독재자 술라(Sulla)가 아펠리콘의 도서관을 전리품으로 손에 넣었던 것이다. 술라는 이 유고들을 로마로 가져온 뒤 아들 파우스투스(Faustus)에게 넘겨주었다. 술라가 죽고(78) 대략 10년이 흐른 뒤 파우스투스는 유고들의 교감과 정리를 튀라니온(Tyrannion)에게 위임한다. 튀라니온은 전쟁포로로 로마에 잡혀왔던 그리스의 지식인들 가운데 하나였는데, 당시의 다른 포로들이 그랬듯이 그 역시 로마의 지식인 사회와 폭넓은 교류가 있던 인물이다. 튀라니온이 위임받은 정리목록에는 그동안 로마의 정복전쟁 과정 중 소아시아로부터 로마로 유입된 아리스토텔레스의 다른 글들도 함께 포함되어 있었다. 이렇게 로마로 흘러들었다가 튀라니온의 손에 넘어간 아리스토텔레스의 글들은 마침내 그의 제자인 로도스 출신의 안드로니코스에 의해 최종적으로 편집, 출간되기에 이른다. 'Corpus Aristotelicum'은 바로 그런 굴곡진 과정의 마지막 결실이었고, 이 가운데는 물론 'ta meta ta physika'도 들어있었다.

'ta meta ta physika'가 안드로니코스에 의해 붙여진 이름이라는 데는 거의 이견이 없지만,[3] 그 이름이 단순히 서지학(書誌學)적 의미만을

---

3) 아리스토텔레스 형이상학에 대한 권위 있는 주석가인 아프로디시아스 (Aphrodisias)의 알렉산더(Alexander)는 예외다. 그는 'ta meta ta physika' 라는 이름이 아리스토텔레스 자신에게서 유래하는 것으로 보았다(Alexander Aphrodisiensis 1891, *In Aristotelis metaphysica commentaria*, ed. M. Hayduck, Berlin, 171, 4). 이에 대한 평가에 대해서는 H. Bonitz, *Aristotelis Metaphysica*, 2 vol., Bonn 1848~9, 4와 Düring, 앞의 책, 592, Anm. 38을 참고.

갖는 용어인지, 아니면 다른 철학적인 뜻을 함축하고 있는지에 대해서
는 논란의 여지가 있다. 지금까지의 연구에 비추어 보면, 그 용어의
철학적 의미와 관련해서 적어도 두 가지 방향의 해석이 가능하다.

그 하나는 멀리 고대의 주석가들에게로 거슬러 올라가는 신플라톤주
의적 해석이다. 기원전 1세기 아리스토텔레스 전집이 출간된 뒤 아리
스토텔레스 연구는 새로운 르네상스를 맞이했는데, 이를 주도한 인물
들 가운데는 신플라톤주의 계열의 주석가들이 끼어 있었다. 그런데 이
들은 주석 작업의 주된 목적을, 아리스토텔레스 철학의 고유성을 드러
내는 일보다는 그 철학을 플라톤의 철학을 조화시키는 데 두었다. '*ta
meta ta physika*'에 대한 주석 작업이 이런 정신적 분위기 속에서 이루
어졌음은 말할 것도 없다. 따라서 신플라톤주의자들은 '*ta meta ta
physika*'라는 이름 아래 이루어진 탐구가 플라톤의 변증법적 학문
(*dialektikē*)과 같이 비물질적이고 지성적인 대상들, 즉 초자연적인 대
상들을 연구대상으로 삼는다고 보았으며, '*ta meta ta physika*'를 그런
초자연적, 초월적 대상들에 대한 학문을 가리키는 이름으로 이해했다.
신플라톤주의자이면서 아리스토텔레스 주석가였던 심플리키오스
(Simplikios, 5세기)는 이런 방향의 해석을 분명하게 표현했는데, 그는
'*ta meta ta physika*'를 '자연적인 것들을 넘어서 있는 것'이라는 뜻으로
풀이한다. 4)

---

4) 심플리키오스(Simplicios)는 그의 주석(*In Aristotelis physicorum libros quattor
priores commentaria*, ed. H. Diels, 2. vols, Berlin 1882~95, 9. 1. 17)에서
다음과 같이 말한다: "그들은(=페리파토스학파의 사람들은) 그것이 자연적인
것들을 넘어서 있는 것이라고 생각하기 때문에 '신학', '제일철학', '메타 타 퓌
지카'라고 부른다"(*touto theologikon kai prōtēn philosophian kai meta ta
physika kalousin hōs epekeina tōn physikōn tetagmenēn*). 훗날, 칸트(I.
Kant) 역시 비슷한 태도를 취했다. 그는 'Metaphysik'이라는 이름이 그것이

'ta meta ta physika'에 대해 비교적 최근에 이루어진 또 다른 해석은 이 용어를 아리스토텔레스의 연구방법과 결부시켜 이해하려고 한다. 아리스토텔레스는 자신의 저술 여러 곳에서 학문적 인식의 방법론적 주요 원칙으로, 우리에게 더 앞서는 것(proteron pros hēmas)을 출발점으로 삼아 본성적으로 더 앞서는 것(proteron tēi physei)으로 나아가야 한다는 원칙을 제시한다. 5) 이에 따르면 《형이상학》에서 다루는 것들은 본성적으로는 자연적인 것들에 앞서지만, 우리가 인식하는 순서에서는 자연적인 것들 뒤에 온다. 두 번째 방향의 해석은 이런 방법론적 원칙에 따라 형이상학적인 글들이 자연학적인 글들 뒤에 오게 되었고, 그런 뜻에서 'ta meta ta physika'라고 불리게 되었다고 추측한다. 이런 주장을 내세운 라이너(H. Reiner)는, 그 이름이 처음부터 아리스토텔레스 자신에게서 유래한 것이거나 아니면 그와 가까운 시기에 살았던 로도스 출신의 에우데모스(Eudemos)가 사용한 것이라고 추정한다. 6)

기원전 1세기, 안드로니코스가 아리스토텔레스의 유고들을 편집하면서 'ta meta ta physika'라는 이름을 사용한 의도가 무엇이고, 그 명칭이 아리스토텔레스 자신의 철학적 의도를 얼마나 충실하게 반영하는지는 대답하기 어려운 문제다. 다만, 위의 두 방향의 해석 가운데 어느 하나를 취한다면, 신플라톤주의적 해석보다는 최근의 방법론적 해

가리키는 학문 자체와 정확하게 부합하기 때문에 아무렇게나 생겨났다고 볼 수는 없다고 말하면서, 그것을 단순히 편집과정에서 생긴 용어로 받아들이기를 거부한다. M. Heinze(Hrsg.), *Vorlesungen Kants über Metaphysik aus drei Semestern*, Leipzig 1894, 186.

5) 《분석론 후서》 I 2, 71b34 아래와 《형이상학》 VII 3, 1029b3 아래를 참고.

6) H. Reiner, "Die Entstehung und Ursprüngliche Bedeutung des Namens Metaphysik", in: F-P. Hager(Hrsg.), *Metaphysik und Theologie des Aristoteles*, Darmstadt 1979, 139~74.

석에 더 신뢰를 둘 수 있을 것 같다. 왜냐하면 《형이상학》의 주된 목적은 — 신플라톤주의적 해석과 달리 — 초월적인 대상에 대한 탐구보다는 있는 것들의 일반적 구조와 원리의 탐구에 있기 때문이다. 하지만 아리스토텔레스의 'ta meta ta physika'나 그 이름을 딴 서양의 철학이 동아시아의 문화권에 수용되는 과정에서는 신플라톤주의적 관념이 지배적인 영향을 행사했던 것은 부정할 수 없는 역사적 사실이다. 우리가 사용하는 '형이상학'(形而上學)이라는 용어가 바로 그런 영향의 단적인 증거이다.

'ta meta ta physika' 또는 'metaphysica'에 대한 번역어인 '형이상학'이 언제 어떤 과정을 거쳐 쓰이게 되었는지는 분명하지 않다. 알려져 있기로는 '형이상학'이라는 말을 처음 사용한 것은 메이지시대에 활약한 일본 철학자로서 서구 철학을 일본에 소개하는 데 앞장섰던 이노우에 데쓰지로〔井上哲次郎, 1856~1944〕이다. 어쨌건 '형이상학'이 《주역 계사전》의 한 구절 "형이상자, 위지도, 형이하자, 위지기"(形而上者, 謂之道, 形而下者, 謂之器)의 '형이상자'(形而上者)에서 비롯된 것임은 확실하다. 이노우에 데쓰지로이건 다른 누구이건 그 말을 처음 사용한 사람은 '형이상학'이 가리키는 철학분야가 형체가 없는 것들, 즉 경험의 한계를 넘어서 있는 것들을 다루는 학문이라고 생각했던 것 같고, 그 뒤 '형이상학'이라는 말은 초자연적인 것에 대한 사변적 학문을 가리키는 일반적 용어로 굳어지게 되었다. '형이상학'이라는 말을 동아시아 문화권에서 처음으로 사용한 사람이 얼마나 철저하게 의식했는지는 알 수 없는 일이지만, 그 말은 처음부터 플라톤주의적 관념을 담고 있었던 것이다. 'ta meta ta physika'이든 '형이상학'이든 모두 아리스토텔레스의 철학적 사유가 전파되는 과정에서 겪을 수밖에 없는 역사적 운명을 보여준다고 하겠다.

2) 《형이상학》의 내용

아리스토텔레스의 《형이상학》은 전체가 14권으로 이루어져 있다. 각 권은 글의 성격, 다루는 내용, 집필시기가 저마다 달라서 지금까지 그것들 사이의 연관성을 놓고 연구자들 사이에 수많은 논란이 이어져 왔다. 그런 논란에 대한 자세한 논의는 제쳐두고, 오늘날 편집된 순서 대로 각 권의 내용을 소개하면 다음과 같다.[7)]

《형이상학》의 I권(A)은 '지혜'(sophia)의 성격규정과 선대 철학자들의 여러 학설에 대한 소개로 이루어져 있다. 여기서 아리스토텔레스는 '지혜'를 앎의 최고단계에 올려놓으면서, 그것을 있는 것 모두의 첫째 원인들과 원리들에 대한 이론적 학문으로 규정하고(1~2장), 원인들의 종류를 나눈 뒤(3장) 자신의 4원인설의 관점에서 선대 철학자들의 학설들을 검토한다. 3장~5장은 소크라테스 이전의 자연철학자들을, 6장에서는 플라톤의 이론을 소개한다. 그 뒤 8장과 9장에서는 각각 자연철학자들과 플라톤을 비판한다.

II권(α)은 조각글 형태로 남아 있는, 철학연구에 대한 일반적 안내서이다. 이 글의 저자는 —I권 2장에서 지혜의 몇 가지 특징들을 규정한 데 덧붙여 — 지혜를 '진리에 대한 이론적 고찰'(hē peri tēs alētheias theōria, 993a30)로 규정하면서, 이런 관점에서 선대 철학자들의 이론적 기여를 평가하고 그들의 이론에 대한 역사적 연구가 필요함을 강조한다(1장). 2장에서는 첫째 원인들이 네 부류로 나눠진다는 주장을 통해 4원인설을 옹호하는 한편, 원인들에 대한 탐구가 무한히 진행될 수 없다는 논변을 펼친다. II권은 강의를 듣는 청중들에 대한 권고로 끝을

---

7) I. Düring, 앞의 책, 592f. 와 Flashar, 앞의 책, 240~5의 내용요약을 참고.

맺는다(3장). "수학적 엄밀성을 모든 것에서 요구해서는 안 된다" (995a14 아래)고 저자는 말한다.

III권(B)은 '탐구되는 학문'(epizētoumenē epistēmē)의 핵심적 문제들을 의문(aporia)의 형태로 소개한다. 이 권은 강의록이 아니라 — 뒤링 (Düring)의 표현을 빌면 — '개인용 메모록'(ein Memorandum für den eigenen Gebrauch)이자 연구 계획서이다. 거기서는 여섯 장에 걸쳐 전체 15개의 문제들이 소개된다. 처음 네 문제는 탐구되는 학문으로서 형이상학에 관한 것이다. 그 탐구대상에 해당하는 것은 실체(ousia)들 뿐인가 아니면 그것들에 속하는 부수적인 것들(ta symbebēkota)도 그런지, 그 학문은 학문의 공리들(axiōmata), 모순율과 배중률을 탐구해야 하는지, 모든 종류의 실체가 탐구대상인지 아니면 어떤 특정한 종류의 실체만이 탐구대상인지, 실체들의 원인들 가운데 네 종류의 원인들을 모두 다루는지 아니면 어느 하나만을 다루는지 등의 문제가 처음 네 문제에 해당한다. 이어지는 11개의 문제는 실체들과 그것들의 원인들 및 원리들과 관련된 것이다. 감각적이고 운동하는 실체들 이외에 다른 실체들이 있는지, 감각적인 사물들 안에는 질료인 이외에 다른 어떤 원인, 즉 형상인도 들어 있는지, 원인과 원리들은 보편적인 것인지 아니면 개별적인 것들과 같은 방식으로 있는지 등의 문제가 다섯 번째에서 열다섯 번째의 의문에 해당한다.

IV권(Γ)은 있는 것(on)의 한 부분을 탐구하는 다른 개별 학문들에 맞세워 '있는 것인 한에서 있는 것'(on hēi on)을 탐구하는 학문의 존재를 천명하면서, 있는 것에 속하는 첫째 원인들을 파악해야 한다고 말한다 (1장). 하지만 곧바로 2장에서는, '있는 것'이 여러 가지 뜻으로 쓰이지만 있는 것은 모두 실체와 관련해서 '있는 것'이라고 불린다는 이유를 들어 있는 것에 대한 탐구를 첫째로 있는 것, 즉 실체에 대한 탐구로

바꿔놓는다. 이어지는 장의 주제는 공리들(*axiōmata*)이다. 3장부터 6장에서는 모든 원리 가운데 '가장 확고한 원리'(1005b11)인 모순율의 정당성을 논의하고, 그 정당성을 부정하는 사상가들, 특히 프로타고라스(Protagoras)를 비판한다. 7장과 8장에서는 배중률을 옹호하고 그것을 부정하는 사람들을 비판한다.

V권(Δ)은 철학용어사전이다. 여기서는 전체 30장에 걸쳐 30개의 중요한 철학용어들에 대해 설명하는데, 아르케(*archē*), 원인(*aition*), 요소(*stoicheion*), 자연 또는 본성(*physis*), 있음(*einai*), 실체(*ousia*)와 같은 주요한 철학적 개념들이 그에 속한다. 저자는 여기서 각 개념의 다양한 의미와 그것들 사이의 연관성을 강조한다.

VI권(E)의 논의 주제는 첫째 철학(*prōtē philosophia*)의 성격과 대상이다. 그 논의에 따르면 학문에는 세 가지 종류, 실천학(*praktikē*), 제작학(*poiētikē*), 이론학(*theōrētikē*)이 있고, 이론적인 학문은 다시 수학(*mathēmatikē*)과 자연학(*physikē*)과 신학(*theologikē*)으로 나뉜다. 그 가운데 '분리가능하고 부동적인 것들'(*chōrista kai akinēta*, 1026a16)을 대상으로 삼는 신학은 다른 이론적인 학문들에 앞서는 '첫째 철학'이다. 하지만 첫째 철학은 '첫째간다는 이유에서 보편적'(*katholou hoti prōtē*, 1026a30)이며, 그런 이유에서 '있는 것을 있는 것인 한에서 이론적으로 고찰하는 것' 또한 첫째 철학의 과제로 천명된다(1장). 이어지는 2장과 3장에서는 부수적인 것 또는 우연적인 것(*ta symbebēkota*)과 그것의 원인들이 논의되는데, 우연적인 뜻에서 있는 것은 학문적인 탐구의 대상에서 배제된다. 4장의 주제는 참(*alēthes*)과 거짓(*pseudos*)인데, 이것들 또한 대상 자체 안에 있는 것이 아니라 사유 안에 있는 것이라는 이유에서 있는 것에 대한 학문에서 배제된다.

이어지는 세 권(Z, H, Θ)은 '실체에 대한 책들'로서 하나의 통일체를

이루고 있다. VII권 (Z) 1장에서 아리스토텔레스는 — 실체에 대한 《범
주론》의 논의를 바탕으로 — 실체 (ousia) 를 첫째로 있는 것으로 내세운
뒤, "있는 것은 무엇인가?" (ti to on) 라는 물음은 결국 "실체란 무엇인
가?" (tis hē ousia) 라는 물음으로 귀결된다고 말한다. 2장에서는 실체에
대한 선대 철학자들의 학설을 간단히 소개하고, 3장부터 17장에 이르
기까지 본격적으로 실체에 대한 고찰이 이루어진다. 일반적인 의견에
따라 '실체'의 네 가지 후보자가 — 본질 (to ti ēn einai), 보편자 (katholou),
유 (genos), 기체 (hypokeimenon) — 자세히 검토된다. 먼저 3장에서는 실
체가 '기체'라는 규정을 비판적으로 검토하면서, '기체' 개념은 무엇보다
도 아무 내용도 없는 질료 (hylē) 에 합당한 것이기 때문에, 실체를 기체
로 규정하는 것은 충분하지 않다고 말한다. 4장에서 12장까지는 '본질'
이 다양한 측면에서 논의된다. 본질에 대한 일반적 논의들 (4장~6장),
감각적인 사물의 생성과정에서 본질의 지위 (7장~9장), 본질과 정의의
관계 (10장~12장) 등이 논의의 중심주제이다. 보편자와 유를 함께 다루
는 13장은 "보편자는 어떤 뜻에서도 실체가 아니다"는 테제를 내세우
고, 뒤이어 플라톤의 이데아론을 비판한다 (14장과 15장). 16장에서는
질료의 실체성을 검토하면서, 질료를 가능적인 실체 (ousia dynamei) 라
고 규정한다. 17장은 원인론의 관점에서 본질을 다루면서, 본질을 감
각적 실체의 '있음의 원인' (aition tou einai, 1041b27) 이라고 부른다.

  VII권이 주로 '각자의 실체' (ousia hekastou) 라는 뜻의 실체를 논의주제
로 다룬다면, VIII권에서는 감각적 실체 (aisthētē ousia) 의 구성원리를
다룬다. 1장에서는 VII권의 논의를 요약한 다음 감각물의 구성원리로
서 질료를 내세워 그것을 기체라는 뜻에서의 실체이자 가능적인 것
(dynamis) 으로서 규정한다. 2장과 3장의 주제는 형상 (eidos), 즉 현실태
(energeia) 라는 뜻에서 실체이다. 한편 아리스토텔레스는 4장에서 실체

들을 규정할 때는 각 실체에 '가장 가까운 원인들'(engytata aitia, 1044b2)을 제시해야지, 불이나 흙과 같은 원인들을 제시해서는 안 됨을 강조하면서, 뒤이어 5장에서는 생성과 소멸이 가능태와 현실태에 대해 갖는 관계를 다룬다. 6장은 Ⅶ권 12장의 논의와 관련된 것으로서 정의 및 정의 대상의 단일성을 다룬다. 이에 따르면 정의의 단일성은 정의의 두 요소인 유(genos)와 차이(diaphora)가 질료와 형상의 관계 또는 가능적인 것과 현실적인 것의 관계에 놓임으로써 가능한 것으로 드러난다.

가능태(dynamis)와 현실태(energeia)를 다루는 Ⅸ권(Θ)은 앞의 두 권의 존재론을 보완한다. 앞의 두 권에서 10개의 범주들, 특히 그 가운데 첫째가는 의미에서 있는 것인 실체를 중심점으로 삼아 있는 것을 탐구했다면, Ⅸ권에서는 가능태와 현실태의 새로운 구분에 의거해서 있는 것을 다룬다. 처음 다섯 장의 주제는 능력이라는 뜻의 가능태이다. 능동적인 능력과 수동적인 능력의 구분(1장), 이성적인 능력과 비이성적인 능력의 구분(2장), 가능적인 것과 현실적인 것을 구분하지 않은 메가라학파에 대한 비판(3장), '가능한'(dynaton), '불가능한'(adynaton), '거짓'(pseudos)이라는 개념에 대한 자세한 논의(4장), 타고난 능력과 습관 및 이성에 의해 습득된 능력의 구분(5장)이 다섯 장의 논의주제이다. 6장에서는 현실태를 가능태와 구분하면서, 그 둘의 비교를 통해 현실태 혹은 현실적인 것에 대한 유비적 정의를 제시한다. 이어지는 7장에서는 어떤 것이 어떤 조건 아래서 다른 것이 될 수 있는 가능성을 갖게 되는지를 다룬 뒤, 8장에서는 현실태가 가능태에 대해 갖는 선행성을 논의한다. 정식에서, 시간에서, 실체에서 현실적인 것은 가능적인 것보다 앞선다고 아리스토텔레스는 말하는데, 8장은 Ⅻ권의 신학적 논의를 시사하고 있다는 점에서 중요하다. 나머지 두 장에서는 현실태가 가능태에 대해 갖는 우위성(9장)과 현실적인 것과 참된 것의 관계(10장)가 논의된다.

X권(I)은 '있는 것'(on)과 '하나'(hen) 및 그 둘과 관련된 개념들, 예컨대 동일성(tauto), 다름(to heteron), 동질성(to homoion), 반대(ta enantia) 등에 대한 강의록이다. '하나'와 '있는 것'은 외연이 일치하기 때문에, '하나' 및 그와 상관된 개념들에 대한 탐구는 있는 것을 다루는 학문에 속한다는 생각이 그 배경을 이룬다.

XI권(K)은 《형이상학》 III권, IV권, VI권과 《자연학》 II권, III권, V권 등에서 발췌한 글들을 엮은 편찬서이다. 뒤링(Düring)의 추측에 따르면, 이 글은 아리스토텔레스가 죽은 뒤 그의 첫째 철학에 대한 강의록을 보완하기 위한 목적에서 편집된 것이다. III권의 의문들, 첫째 철학의 단일성과 대상, 모순율과 배중률, 있는 것인 한에서 있는 것을 다루는 학문이 논의거리이며, 뒤이어 자연철학의 근본 개념들, 예컨대 원인과 본성, 우연성(kata symbebēkos, 8장), 운동(kinēsis, 9장), 무한자(apeiron, 10장), 변화(metabolē)와 운동(kinēsis)(11장과 12장) 등이 다루어진다.

XII권(Λ)은 실체, 특히 부동적이고 영원한 실체들을 주제로 다루는데, 있음과 운동의 원리들에 대한 '독립적이고 그 자체로서 완결된 강의록'(Düring)이다. XII권의 앞부분(1장~5장)의 주요한 주장들은—그 내용에서—《형이상학》 VII권과 VIII권 및 《자연학》의 I권에 나오는 주장들과 그 논의범위가 일치한다. 다음과 같은 주장들이 전개된다. 형이상학은 있는 것들의 첫째 원인들을 고찰해야 한다. 그런데 첫째가는 뜻에서 있는 것은 실체이기 때문에, 있는 것에 대한 탐구는 결국 실체의 원인들을 고찰해야 한다. 실체에는 세 가지 종류가 있다. 감각적인 실체들 가운데는 가멸적인(phthartē) 것과 영원한(aidios) 것이 있고, 셋째로 감각적이 아닌 실체들이 있다. 이런 주장들을 앞세운 다음 3장까지 감각적 실체의 원리들이 고찰된다. 먼저는 생성과 변화의 기체 구실을 하는 질료(2장부터 1069b32까지)가 논의되고, 뒤이어 생성의 지향점인 형상과 그에 반대되는 상태로서 결여에 대한 논의가 뒤따른다. 한편, 감각적 실체들 안에 내재하는 원리로서 질료, 형상, 결여는 감각물의 밖에 있으면서 그것을 생겨나게 하는 또 다른 원인이 운동인과 대비된다. 4장과 5장에서는 실체의 원리들과 다른 범주들의 원리들이 같은지 다른지의 문제가 제기되고, 그것들의 유비적 동일성이 강조된다. XII권의 나머지 다섯 장은 앞의 다섯 장과 뚜렷이 구별된다. 6장은 '영원하고 부동적인 어떤 실체'(tis aidios ousia akinētos, 1071b4-5)의 존재를 증명하는 일련의 주장들로 시작된다. 이런 종류의 실체가 있어야 하는 이유는 영원한 것, 즉 첫째 하늘의 운동이 있기 때문이다. 다시 말해서 영원한 운동이 있기 때문에 그것을 낳는 것이 있어야 하는데, 이것은 본질적으로 순수한 현실적 활동(energeia)이어야 한다. 왜냐하면 그것이 가능적으로 있는 것에 불과하다면, 현실적으로 작용하지 않을 수도 있기 때문이다. 카오스, 밤, 만물의 혼돈상태를 모든 것의 시작으로 삼아 우주생성론을 전개했던 앞 세대 철학자들에 맞서 아리스토텔레스는 현실적인 활동을 모든 것의 시작에 둔다. 7장에서는 현실적인 활동을 자신의 본질로 삼는 실체의 작용방식을 다룬다. 그에 따르면 그것은 그 자체는 운동함이 없이, 사유의 대상이자 욕망의 대상으로서 운동을 낳는다. 다시 말해서 그것은 사유와 욕구를 낳는 최고의 좋음이며, 사랑받음으로써 운동을 낳는다. 그것은 또한 영원한 삶이고, 순수한 사유활동이며, 순수한 행복이다. 이 점에서 아리스토텔레스는 신을 영원히 존재하는 완전한 생명체라고 믿는 일반적 믿음을 근거 있는 것으로 본다. 따라서 우주론자들, 피타고라스학파, 스페우시포스가 생각했듯이 모든 것들의 시작은 불완전한 것이 아니라 완전한 것이다. 8장에서는 당대의 천문학 이론을 바탕으로 55개 또는 47개의 부동의 원동자(to kinoun akinēton)에 대한 이론을 소개한 뒤, 9장에서는 부동의 원동자의 존재방식을 사유활동으로 규정하면서 이 신적인 사유활동의 본성을 탐구한다. 신은 순수한 현실적 작용이자 완전한 것인 자기 자신을 인식할 뿐, 다른 어떤 것도 생각하지 않는다. 그것은 '사유에 대한 사유'(noēsis noēseōs)이다. XII권의 마지막 장에서 다루는 주제는 자연세계 가운데 있는 좋음(to agathon)이다. 6장과 7장이 아리스토텔레스 신학의 우주론적 측면을 담고 있다면, 10장은 그것의 목적론적 측면을 우리에게 보여준다. 세계의 좋음은 그 안에 내재된 질서 안에도 있지만, 궁극적으로는 그 질서의 원천인 신에게 있다. 세계 안에서 사물들은 한편으로는 하나의 목적을 지향점으로 삼아 서로 공동체적 관계를 맺고 있지만, 다른 한편으로는 저마다 본성이 달라 그에 따라 다양한 방식으로 존재한다. 모든 것의 운동을 낳는 원리이자 모든 것이 지향하는 목적인 신은 하나의 원리로서 세계를 지배한다.

XIII권(M)과 XIV권(N)은 플라톤의 추종자들이 실체로 여긴 두 종류의 대상, 즉 수학적인 대상들과 플라톤의 이데아들에 대한 강의록이다. 1장부터 3장까지 수학적 대상들의 존재방식에 대한 질문이 제기되고, 그것들은 감각적인 사물들 안에도 있지 않고 분리된 실체로서 있을 수도 없다는 대답이 제시된다. 4장과 5장에서는 이데아론의 발생에 대한 역사적 분석과 그 이론에 대한 비판이 수행된다. 나머지 장에서는 이데아들과 수들에 대한 여러 가지 의견들이 비판적으로 검토된다. XIV권에서도 플라톤주의자들의 이론에 대한 비판과 원리들과 수들에 대한 피타고라스학파의 이론에 대한 비판이 전개된다.

3) 《형이상학》의 저술시기

《형이상학》을 이루는 글들은 그 성격과 내용뿐만 아니라 집필시기
도 천차만별이다. 《일리아스》와 《오디세이아》에 대한 이른바 '분석론
자들'(Analytiker)의 연구가 한창 목소리를 높이던 1920년대 독일에서
아리스토텔레스 연구자 베르너 예거(W. Jaeger)는 《형이상학》에도 분
석론적 방법을 도입해서 발전사적 연구를 수행했다.[8] 그 뒤 많은 연
구자들이 예거의 방법론을 실마리로 삼아 《형이상학》에 포함된 각 권
들 사이의 시간적 선후관계를 밝히는 일에 매달렸지만, 일반적으로 동
의할 수 있는 결과에는 아직 이르지 못했다. 그 대표적인 연구결과를
소개하면 다음과 같다.

a) W. Jaeger(1923)

1층: I(A9의 '우리'-문체), II, IV, XII, XIII9-XIV, XI, VI 1. 347년
    이후에 쓰여진 '원-형이상학'(Ur-Metaphysik); 비물질적으로 있
    는 것에 대한 학문으로서의 형이상학

2층: VII, VIII, IX. 실체에 대한 책들, 본래 독립적인 저술이며 새
    로운 형이상학 개념으로의 이행을 보여준다. 보편적 존재론으
    로서의 형이상학

3층: VI 2-4, X, XIII 1-9('그들'-문체), 335년 이후의 저술

─────────────────

8) W. Jaeger, *Studien zur Entstehungsgeschichte der Metaphysik des Aristoteles*,
   Berlin 1912와 같은 저자의 *Aristoteles. Grundlegung einer Geschichte seiner
   Entwicklung*, Berlin 1923(= *Aristotle. Fundamentals of the History of his
   Development*, trans. R. Robinson, Oxford 1948).

b) W. Theiler(1958)

1층: V, XIV, XII(8장 제외); 347년 무렵의 저술

2층: I(7장 제외), III, IV, VI; 347년 이후의 저술, 앗소스 체류 시기

3층: VII, VIII, IX; 335년 무렵; 아테네의 교육활동을 다시 시작하
는 시기

4층: I 7과 XIII 추가; 330년 무렵

5층: XII 8 추가(학생의 강의노트); 330년 이후.

아리스토텔레스의 사후 에우데모스(Eudemos)가 모든 글을 함께 묶
었으리라고 추정되며, 나중에 II권이 추가되었을 가능성이 있다.

c) I. Düring(1966)

1층: XII(최초의 저술), XIII 9-XIV, I, XIII 1-9, III, X; 347년 이전

2층: IV, VI, VII, VIII, IX; 335년 이후

V는 여러 시기에 쓰인 글들의 묶음이며, XI은 아리스토텔레스 사후
의 편찬서

예거의 기념비적 연구를 시작으로, 마치 트로이아의 지층을 파헤쳤
던 쉴리만(H. Schliemann)처럼 《형이상학》의 사유의 층상을 탐사했던
연구자들이 내놓은 결과는 서로 일치하지 않는다. 이런 접근에서 우리
가 기대할 수 있는 합의에는 분명한 한계가 있을 수밖에 없다. 하지만
그동안의 연구는 대체적으로 다음의 결과들을 확인시켜 주었다는 점에
서 그 의의를 인정할 수 있다.

(1) 대다수의 연구자들이 인정하듯이, 《형이상학》의 XII권은 가장
일찍 쓰인 글 가운데 하나이고, 본래 독립적으로 저술된 강의록이다.
그리고 이 강의록 때문에 우리는 《형이상학》의 신학적 성격을 인정하

지 않을 수 없다. 왜냐하면 아리스토텔레스는 여기서 감각적 실체들의 존재와 그 원인들을 다룬 뒤 그것들의 첫째 원인으로서 분리된 부동의 실체인 신을 이끌어 들여 그것의 본성과 작용을 탐구하기 때문이다.

(2) X권과 XI권을 사이에 두고 XII권과 떨어져 있는 VII권∼IX권은 하나의 통일체를 이루고 있는데, 이 부분은 《형이상학》에 속한 저술들 가운데 가장 나중 시기에 쓰인 것이라고 보는 것이 정설이다(가장 나중의 것이라고 단정할 수는 없다고 하더라도 그것들이 적어도 XII권보다 뒤늦게 쓰인 것이라는 데 의견을 달리하는 연구자들은 없다). XII권의 신학적 연구를 아리스토텔레스 《형이상학》의 '갓돌'(coping-stone)[9]로 여기는 사람들은 VII권∼IX권에서 이루어지는 실체에 대한 연구가 비물질적인 실체에 대한 신학적 연구를 위한 예비적 연구라고 주장하지만, 이 주장이 모든 면에서 들어맞는 것은 아니다. 실체에 대한 연구가 궁극적으로 부동의 실체에 대한 연구로써 완결된다는 점에서는 분명 VII권∼IX권은 XII권의 연구를 위한 예비적인 것이라고 불릴 수도 있겠지만, 사실 이 '예비적 연구'는 나중에 이루어진 것이고, 그 연구의 내용은 그것과 상관있는 XII권 전반부의 연구내용과 비교할 수 없을 정도로 복잡하고 정교하기 때문이다. 비유하자면, '갓돌'(XII권)이 먼저 만들어진 뒤 건물의 주요부(VII권∼IX권)가 지어졌고, 나중에 이 건물 위에, 먼저 마련되어 있던 갓돌이 얹혔다고 보아야 할 것이다.

(3) II권과 IV권을 제외한 처음의 네 권(A, B, Γ, Δ)의 저술시기를 잘라 말하기는 어렵지만, 아마도 XII권과 VII권∼IX권의 저술시기 사이로 잡을 수 있을 것이다. 여기서는 주로 《형이상학》의 대상을 밝히고 탐구해야 할 주요 문제들을 제시함에 치중하는데, XII권에서 이미

---

9) W. D. Ross, *Aristotle's Metaphysics, a revised text with introd. and comm.* I. II, Oxford 1953(초판 1924), cxxx.

수행된 연구를 자료삼아 그것을 확장해서 새롭게 '탐구되는 학문'의 성격, 규모와 내용을 확정하려는 의도로 저술된 것으로 보아도 크게 틀리지 않을 것이다. 10)

　요컨대 《형이상학》을 하나의 완결된 저술로 볼 수는 없지만, 그럼에도 불구하고 '탐구되는 학문'의 성격을 논의하는 강의록들, 실체에 대한 강의록들, 신학적 연구가 《형이상학》 전체의 중심축을 이루고 있다.

2. '형이상학'의 학문적 성격

1) 형이상학의 양면성: 존재론과 신학

　그 전체 내용을 훑어보면 한눈에 드러나듯이 'Ta meta ta physika'라는 이름으로 전승된 아리스토텔레스의 저술은 하나의 독립적이고 완결된 저술이 아니다. 그런 뜻에서 반스(J. Barnes)는 《형이상학》을 일컬어 '한 권의 에세이 모음집'(a collection of essays)이라고 부르고, 11) 뒤링(I. Düring) 역시 형이상학을 대할 때 우리는 "아리스토텔레스가 형이상학이라는 교과서를 쓴 적이 없다는 사실을 놓쳐서는 안 된다"고 말한다. 12) 그렇다면 이 한 묶음의 철학적 에세이들에 일관된 주제는 없는 것일까? 《형이상학》의 대상이나 주제, 그 안에 담겨 있는 학문의 학문적 성격 등의 문제는 아리스토텔레스의 사후부터 지금까지 2000

---

10) Ross, *Metaphysics* I, xviii.
11) Barnes(ed.), 앞의 책, 67.
12) Düring, 앞의 책, 592.

년 넘는 세월 동안 끊임 없는 논란의 대상이 되었는데, 13) 이제 이 문제에 대해서 살펴보기로 하자.

《형이상학》I권 1장에서 아리스토텔레스는 자신이 탐구하는 것이 '지혜'(sophia)이자 원인들과 원리들에 대한 학문적 인식이라고 말한다. 그의 표현을 옮기면, "지혜라고 불리는 것은 첫째 원인들과 원리들에 관한 것이라고 누구나 생각한다"(981b28-9). 한편, 이어지는 2장에서 아리스토텔레스는 또 다시 '지혜' 또는 '지혜로운 자'(ho sophos)에 대한 일반적 관념들을 실마리로 삼아 지혜의 성격을 규명하면서 여러 가지 특징을 제시한다. 이에 따르면 지혜는 (i) 가능한 한 모든 것을 안다는 뜻에서 보편적인 학문이고, 그런 뜻에서 (ii) 가장 어려운 것에 대한 앎이다. 왜냐하면 가장 보편적인 것들은 사람들이 공통적으로 가지고 있는 감각에서 가장 멀리 떨어져 있어 알기 어렵기 때문이다. 다른 네 가지 특징, 그러니까 (iii) 엄밀성, (iv) 가르칠 수 있는 능력, (v) 자기목적성 및 앎 자체를 위한 학문의 성격, (vi) 지배적 위치 등이 그에 뒤따라오는데, 아리스토텔레스에 따르면 이런 것들은 모두 '첫째 원리들과 원인들'(prōtai archai kai aitia, 982b9)을 다루는 학문에 속하는 특징들이다. 이 학문은 적은 수의 원리들을 다루기 때문에 엄밀하고, 원인들에 대해 가르치고, 다른 모든 것에 대한 앎의 기초가 되는 최고의 인식 대상을 다룬다는 뜻에서 자기목적적 혹은 자족적이다. 그런가하면 각 행동의 목적이나 자연 전체의 좋음(agathon)은 첫째 원인들에 포함되는 것이기 때문에, 그런 원인들에 대한 인식은 다른 학문들보다 앞자리를 차지한다고 아리스토텔레스는 말한다.

만일 이런 것들이 《형이상학》에서 '탐구되는 학문의 본성'(hē physis

---

13) Flashar(Hrsg.), 앞의 책, 388 아래.

tēs epistēmēs tēs zētoumenēs, 983a21) 이라면, 그런 관념에 부합하는 학문은 구체적으로 어떤 학문일까? 이에 대한 아리스토텔레스의 대답은 크게 다음과 같은 두 방향에서 이루어진다.

(1) 《형이상학》 IV권 1장에 따르면, '탐구되는 학문'은 있는 것의 원인들과 원리들에 대한 학문이다. 이 학문은 있는 것의 한 부분을 떼어내서 그것을 다루는 다른 개별 학문들과 달리 '있는 것을 있는 것인 한에서'(*on hēi on*, 1003a21) 다루며, 그런 뜻에서 보편적 존재론이다. 이 보편적 존재론은 있는 것 모두에 공통적으로 속하는 가장 보편적인 것들과 원리들을 탐구한다.

(2) 《형이상학》 VI권 1장에서는 '첫째 학문'(*prōtē epistēmē*, 1026a16, a29) 또는 '첫째 철학'(*prōtē philosophia*, 1026a24) 이라는 개념이 도입되고 이에 의거해서 탐구되는 학문이 규정된다. 이에 따르면 첫째 철학은 감각세계를 넘어선 부동적인 존재영역에 대한 학문으로서, 자연학이나 수학과 달리, '분리가능하고 부동적인 것들'(*chōrista kai akinēta*, 1026a16), 즉 감각물들과 떨어져 있으면서 감각물들과 달리 운동하지 않는 것들을 대상으로 하는 신학(*theologikē*, 1026a19)이다. 그리고 이 학문은 첫째 철학으로서 '첫째간다는 이유에서 보편적'(*katholou hoti prōtē*, 1026a30-1)이라고 아리스토텔레스는 말하면서, "있는 것을 있는 것인 한에서 이론적으로 고찰하는 것, 즉 있는 것이 무엇이고 있는 것인 한에서 있는 것에 속하는 것들을 고찰하는 것도 그 학문이 할 일이다"(1026a31-2)라고 덧붙인다.

형이상학에 대한 이 두 가지 관념은 서로 양립할 수 있을까? 두 관념이 양립가능하다면, 그 가능성은 어디에 있는가?

형이상학의 이런 양면성, 즉 보편적 존재론의 성격과 신학적 성격은 전통적으로 '일반 형이상학'(*metaphysica generalis*)과 '특수 형이상학'

(*metaphsica specialis*) 이라는 이름으로 불리면서 오랫동안 불편한 동거 관계를 유지해왔다. 하지만 19세기 말부터는 그 둘 사이의 공존 불가능성을 지적하는 목소리가 높아졌다. 예컨대 나토르프(P. Natorp)를 비롯한 신칸트학파 계열의 연구자들은 형이상학의 신학적 성격을 내세우는 주장을 담은 부분들을—《형이상학》 VI권 1장과 XI권 7장—삭제하려고 했다.14) 한편, 이와 다른 방향에서 예거는 발전사의 관점을 수용한 《아리스토텔레스 형이상학의 발생사에 대한 연구》15)에서, 형이상학에 대한 두 규정, 즉 존재론적 규정과 신학적 규정이 아리스토텔레스 사상의 두 발전단계를 보여주는 것으로 가정했다. 형이상학에 대한 신학적 규정이나 《형이상학》 XII권의 연구는 감각적 영역과 초감각적 영역을 엄격하게 분리하는 경향을 띤 '신학적이고-플라톤적인' 기획을 보여주는 반면, 둘째 규정은 '보다 아리스토텔레스적인' 발전단계를 보여주며, 통일성을 갖춘 하나의 거대한 구조물을 보여준다는 이론을 예거는 내세웠다.

하지만 발전사의 관점에서 형이상학의 학문적 성격과 관련된 모순을 해소하려는 예거의 시도는 그 참신성에도 불구하고, 문제의 갈등을 봉합하기보다는 오히려 오랜 상처를 건드리는 결과를 낳았다. 예거의 연구에 촉발된 후속연구들은 그가 풀려고 했던 모순과 불일치점을 폭로하는 방향으로 나아갔기 때문이다. 특히, 논쟁의 중심에는 아리스토텔레스가 '탐구되는 학문'의 대상으로 지적한 'on hēi on'에 대한 해석이 놓여 있었다. 대다수의 연구자들은 이 표현을 '있는 것인 한에서 있는

---

14) P. Natorp, 'Über Aristoteles' Metaphysik K. 1-8. 1065a26', *Archiv für Geschichte der Philosophie* 1, 1888, 178~93.

15) W. Jaeger, *Studien zur Entstehungsgeschichte der Metaphysik des Aristoteles*, Berlin 1912.

것'이라고 해석한다. 있는 것을 어떤 특정한 관점에서, 즉 운동의 관점이나 양적 연속성의 관점에서 다루는 다른 학문들과 달리 '탐구되는 학문'이 있는 것을 오직 '있음의 측면에서' 다룬다는 사실을 분명히 하기 위해 아리스토텔레스가 'on hēi on'을 사용했다는 말이다. 반면 멜란(P. Merlan)과 같은 연구자는 'on hēi on'이라는 어구가 추상적인 보편자가 아니라 '분리가능한 것'(chōriston)과 동일한 것, 즉 지성의 대상인 '부동적인' 신적 존재영역을 가리킨다고 주장한다.16) 앞의 주장이 옳다면, 'on hēi on'에 대한 학문은 보편적 존재론이 되어서 신학과는 다른 학문이 될 것이고, 뒤의 주장이 옳다면, 'on hēi on'에 대한 학문은 신학적 학문이 될 것이다.

멜란처럼 'on hēi on'을 신학적 관점에서 해석하려는 연구자들은 더이상 없다. 거의 모든 아리스토텔레스 연구자들은 'on hēi on'이 on, 즉 있는 것에 대한 탐구의 관점을 제한하는 표현이라고 생각한다.17) 그리고 'on hēi on'에 대한 이런 해석을 받아들인다는 것은 곧, 'on hēi on'을 다루는 보편적 존재론과 분리가능하고 부동적인 실체를 다루는 신학이 하나의 학문이 아니라 서로 다른 2개의 학문임을 인정함을 뜻한다. 이로써 형이상학에 대한 아리스토텔레스의 양면적 성격규정과 관련된 논의는 더 이상의 의미를 잃게 된다. 보편적 존재론과 신학을 연결시킬 가능성이 더 이상 없기 때문이다. 지금은 물밑으로 가라앉은 이 논쟁이 다시 수면 위로 떠오른다고 하더라도, 누구나 쉽게 동의할 만한 대답을 찾기란 쉽지 않을 것이다. 아마도 가장 그럴 듯한 대답을 찾는다면, 우리는 그 대답을 아리스토텔레스의 《형이상학》 안에서 찾아야

---

16) Ph. Merlan, "Metaphysik: Name und Gegenstand", *Journal of Hellenic Studies* 77, 1957, 87~92.

17) 이에 대해서는 특히 Barnes(ed.), 앞의 책, 70~1을 참고.

할 것이다.

2) 형이상학의 존재론과 신학은 통합될 수 있는가

보편적 존재론과 신학 사이의 관계에 대한 아리스토텔레스 자신의 생각이 어떤 것인지를 살펴보기 위해 세 구절을 이어서 읽어보자. 첫 번째 구절은 VI권 1장의 마지막 부분이다(VI 1, 1026a23-32) :

> 어떤 사람은 첫째 철학이 보편적인지 아니면 어느 하나의 유, 즉 특정한 자연물에 대한 것인지 의문을 가질 수도 있을 것이다(…). 그런데 만일 자연적으로 이루어진 실체들과 떨어져서 다른 어떤 실체가 있지 않다면, 자연학이 첫째 학문이 되겠지만, 만일 운동하지 않는 어떤 실체가 있다면, 이것에 대한 학문이 (자연학에) 앞서고 첫째 철학이 될 터이니, 그것은 첫째간다는 이유에서 보편적이기도 하다. 있는 것을 있는 것인 한에서 이론적으로 고찰하는 것, 즉 있는 것이 무엇이고 있는 것인 한에서 있는 것에 속하는 것들을 고찰하는 것도 그 학문이 할 일이다.

아리스토텔레스가 보편적 학문과 신학적 학문 사이의 틈새를 의식하고 있었음은 명백하다. "첫째 철학이 보편적인지 아니면 어느 하나의 유, 즉 특정한 자연물에 대한 것인지"라는 질문은 다른 해석의 여지를 남기지 않는다. 이 물음에 대한 그의 대답 또한 의문의 여지를 남기지 않는다. 그에 따르면 신학인 제일철학은 '첫째간다는 이유에서 보편적'이며, 그렇기 때문에 "있는 것이 무엇이고 있는 것인 한에서 있는 것에 속하는 것들을 고찰하는 것도 그 학문이 할 일이다." 하지만 이 말의 뜻은 무엇인가?

이에 대한 아리스토텔레스의 생각은 IV권 2장에 확인된다. 아리스
토텔레스는 있는 것들을 있음의 관점에서 다루는 학문과 관련해서 이
렇게 말한다(IV 2, 1003b15-9) :

> 그러므로 있는 것들을 있는 것들인 한에서 이론적으로 고찰하는 것은
> 하나의 학문의 과제임이 분명하다. ─ 그러나 어디에서나 학문은 주로
> 첫째가는 것을 다루며, 다른 것들은 그것에 의존하고 또 그것에 의해
> 그 이름을 얻는다. 그런데 만일 이것이 실체라면, 철학자는 마땅히 실
> 체들의 원리들과 원인들을 소유해야 할 것이다.

아리스토텔레스는 여기서 있는 것을 있는 것의 관점에서 다루는 학
문이 실체에 대한 학문이라고 말한다. 있는 것들을 있는 것으로서 다
루는 학문이 실체들의 원리들과 원인들에 대한 탐구가 되는 이유에 대
해서는 더 설명이 필요하지만, 이에 대한 자세한 논의는 뒤로 미루자.
여기서는 다음과 같은 점만을 확인하는 것으로 충분하다. 아리스토텔
레스에 따르면 있는 것들은 여러 가지 뜻에서 '있다'라고 불린다. 하지
만 그와 동시에 그것들은 모두 첫째가는 뜻에서 있는 것, 즉 실체의
관계에 따라 '있다'라고 불리며, 바로 이런 연관성, 이른바 '하나와의
관계'(pros-hen, IV 2)로 말미암아 있는 것에 대한 탐구에서는 실체에
대한 탐구가 중심이 된다. 18) 보편적 존재론이 실체론이 되는 이유는
거기 있다.

---

18) 이에 대한 고전적 연구로는 J. Owens, *The Doctrine of Being in the
Aristotelian Metaphysics*, Toronto 1978, 특히 116 아래와 G. E. L. Owen,
"Logic and Metaphysics in Some Earler Works of Aristotle", in: J.
Barnes et al. (eds.) *Articles on Aristotle 3. Metaphysics*, London 1979, 24
아래를 참고.

XII권 6장에는 여기서 한 걸음 더 나아간 발언이 온다(XII 6, 1071b2-5):

실체에는 세 가지가 있는데, 둘은 자연적인 것들이고 하나는 부동적인 것이기 때문에, 뒤의 것과 관련해서 우리는 영원하고 부동적인 어떤 실체가 있는 것이 필연적이라고 말해야 한다.

아리스토텔레스는 있는 것을 있음의 측면에서 보편적으로 다루는 일이 있는 것들 가운데 첫째로 있는 것인 실체를 다루는 일이라고 말한 뒤, 다시 실체의 종류를 세 종류로 나눈다. 생성·소멸하는 자연적인 실체, 영원한 운동 가운데 있는 자연적인 실체, 그리고 마지막으로 영원하고 부동적인 실체다. 이어지는 구절에서 아리스토텔레스는 세 번째 종류의 실체가 있어야 하는 이유를 제시한다. 그런 실체는 모든 실체들 가운데 첫째가는 것이며, 그 밖의 모든 실체들은 물론 그런 실체들에 의존해서 있는 것들의 있음의 원인이 되기 때문이다. '영원하고 부동적인 어떤 실체'(tis aidios ousia akinētos)는 물론 현실적 활동(energeia)을 자신의 본질로 가지는 신을 가리킨다.

인용한 세 구절을 함께 읽어보면, 그 논지는 저절로 드러난다. 아리스토텔레스에 따르면 '탐구되는 학문'은 있는 것을 모두 다룬다. 그런데 학문은 어디에서나 주로 첫째가는 것을 다룬다. 따라서 있는 것들 가운데 첫째로 있는 것이 실체라면, 있는 것에 대한 학문은 실체에 대한 학문이 된다. 그런데 실체에는 여러 종류가 있고 다른 모든 실체는 첫째 실체인 '부동적인 실체'인 신에 의존해서 있다. 따라서 실체에 대한 학문은 첫째가는 실체인 신에 대한 학문이 될 수밖에 없다. 보편적 존재론은 실체론으로, 실체론은 신학으로 이어지고, 거꾸로 신학은 다른 모든 실체들의 근거로서 부동적인 실체를 다룸으로써 모든 실체는 물론 실체에 의존해서 있는 것 모두를 다룬다는 것이 아리스토텔레스의 생각이다.

  보편적 존재론과 신학의 관계문제와 관련해서 우리가 아리스토텔레스에게서 찾을 수 있는 대답은 이런 것이다. 신학으로서의 첫째 철학이 '첫째간다는 이유에서 보편적'이라는 그의 말은 그런 대답에 대한 함축적 표현이라고 할 수 있다. 물론, 많은 아리스토텔레스 연구자들은 아리스토텔레스의 그런 주장을 평가하여 '난외주석'(Jaeger), '타협'(Düring) 또는 난감함의 표현이라고 그 가치를 부르면서 폄하한다. 비교적 최근에 쓰인 글에서 반스(J. Barnes)는 위에서 인용한 구절을 두고 "이 논변은 타당하지 않다"고 잘라 말한다. 19) 하지만 고대의 아리스토텔레스 주석가 알렉산더(Alexander Aphrodisiensis)는 존재론과 신학의 통일성에 대한 아리스토텔레스의 견해를 수용했고 토마스 아퀴나스(Thomas Aquinas) 역시 그 뒤를 따랐다. 그리고 이런 해석은 비교적 최근 파치히(G. Patzig)의 해석에서 다시 부활한다. 'pros-hen'에 의거해서 보편적 존재론과 신학의 통일성을 이해하려고 시도한 파치히는 이렇게 말한다. "아리스토텔레스의 입장에서 보면 보편적 존재론인 '제일철학'과 신학으로서 신의 본성만을 연구하는 '제일철학' 사이에는 아무런 심각한 모순도 놓여 있지 않다. 제일철학은 (…) 신학, 그 본성상 동시에 일반적인 존재론일 수도 있는 종류의 신학이다."20) 잘 알려진 대로 형이상학의 존재-신학적 구조에 대한 하이데거(Heidegger)의 지적도 같은 방향에 있다. 21)

19) Barnes(ed.), 앞의 책, 109.
20) G. Patzig, "Theologie und Ontologie in der 'Metaphysik' des Aristoteles", *Kant-Studien*, Bd. 52, 1960/1, 192.

3. 존재론과 실체론

1) "있는 것은 여러 가지 뜻으로 쓰인다"

《형이상학》의 존재론에 대한 전체적인 전망을 얻기 위해 이야기를 다시 원점으로 되돌려보자. 앞서 말했듯이 《형이상학》의 학문은 '있는 것인 한에서 있는 것'을 고찰한다. 있는 것을 다룬다는 점만을 떼어놓고 보면 이 학문은 다른 학문들, 예컨대 수학이나 자연학과 전혀 다를 바가 없다. 그 어떤 학문도 있지 않은 것을 다루지는 않기 때문이다. 아리스토텔레스가 형이상학의 대상을 일컬어 단순히 '있는 것'이라고 하지 않고 '있는 것인 한에서 있는 것'이라는 제한적인 문구를 사용하는 데는 분명한 이유가 있다. 그는 형이상학이, 있는 것을 다루는 관점을 다른 학문과 달리한다는 사실을 분명히 하려고 한다. 즉, 있는 것을 다룬다는 점에서는 모든 학문이 똑같지만, 수학적인 학문들은 있는 것을 양적인 관점에서, 자연학은 있는 것을 운동과 변화의 관점에서 다루는 반면, 형이상학은 있는 것을 다른 어떤 제한된 관점이 아니라 오직 있음의 관점에서 '무제한적으로'(haplōs) 다루며, 바로 여기에 형이상학의 고유성이 있다는 말이다.[22]

한편, 있는 것에 대한 탐구의 당연한 절차이겠지만, 아리스토텔레스는 있음 그 자체의 관점에서 있는 것을 다루겠다는 의도를 천명한 뒤, '있는 것'('~인 것') 또는 '있음'('~임')의 의미에 대한 질문을 던진다.[23]

---

21) M. Heidegger, *Identität und Differenz*, Gesamtausgabe Bd. 11, Frankfurt a. M. 1957, 31 아래.

22) 이에 대해서는 《형이상학》 VI 1과 XI 3을 참고.

23) '있는 것'과 '있음'은 각각 그리스어 'on'(*being*)과 'einai'(*to be*)를 옮긴 것이

어떤 것이 '있다' 혹은 '~이다'고 할 때, 우리는 그 말을 한 가지 뜻으로 사용하는가, 아니면 여러 가지 뜻으로 사용하는가? 아리스토텔레스가 존재론적 탐구에 이 물음을 앞세우는 이유는 쉽게 이해할 수 있다. 그에 대한 분명한 대답 없이 있는 것을 찾아나서는 것은 목표를 확정하지 않은 채 목표를 찾아나서는 것과 같은 일이 아니겠는가? 이런 맥락에서 '있는 것' 혹은 '~인 것'의 의미구분은 아리스토텔레스의 존재론적 탐구의 출발점을 이룬다. 그리고 이때 '있는 것' 혹은 '~인 것'의 의미구분의 실마리를 제공하는 것은 그리스어 동사 'einai'의 다양한 쓰임이고, 그 구체적인 내용은 《형이상학》 V권 7장에서 소개된다. "X는 Y이다"라는 형태의 단순한 진술 속에서 '이다'가 쓰이는 방식을 실마리로 삼아 그 의미를 구별해 보면 그 내용은 다음과 같다(V 7, 1017a7 아래를 참고).

(1) "그 사람은 음악적이다": 우리가 어떤 사람에 대해 "그 사람은 음악적이다"라고 말하는 경우, 음악적이라는 사실은 그에게 우연적인 일이다. 왜냐하면 음악적 교양은 그에게 속할 수도 있고, 그렇지 않을 수도 있기 때문이다. 이런 뜻에서 '음악적이다'는 '부수적인 뜻에서의 임 또는 있음'이다. 따라서 "그 사람은 음악적이다"와 같은 내용을 표현하는 "X는 Y이다"는 "X는 우연적으로(kata symbebēkos) Y이다"는 뜻을 갖는다.

다. 이 두 낱말은 보통 '존재자'나 '존재'로 번역되곤 하는데 여기서는 뜻을 분명히 하기 위해 우리말 번역어를 택했다. 물론 '있는 것'과 '있음'이 'on'과 'einai'의 여러 가지 뜻을 모두 담아내지는 못한다. 무엇보다도 그리스어의 'einai' 동사는 존재사적 용법('있다') 외에도 서술적 용법('~이다')으로도 쓰이기 때문이다. 그래서 'on'은 '있는 것'과 '~인 것'을, 'einai'는 '있음'과 '~임'을 뜻한다. 이런 용법을 고려해 보면, "있는 것은 여러 가지 뜻으로 쓰인다"는 테제도 "'~인 것' 혹은 '~이다'는 여러 가지 뜻으로 쓰인다"라고 옮길 수 있다.

(2) "사람은 실체다" 또는 "하양은 성질이다": 여기서 "X는 Y이다"는 외면적 형태만을 놓고 보면 (1)의 경우와 다를 바 없지만, 그것이 표현하는 내적 사태는 완전히 다르다. 왜냐하면 사람이 우연적으로 실체인 것도 아니고, 하양이 우연적으로 성질인 것도 아니기 때문이다. 그와 달리 사람은 '그 자체로서'(*kath' hauto*) 실체이고 하양은 '그 자체로서' 질이다. 이런 뜻에서 위의 두 진술에서 드러나는 것은 '그 자체로서의 존재'(*on kath' hauton*) 또는 '본질적 존재'이다.

(3) "소크라테스는 교양이 있다": 이 진술 역시 "X는 Y다"의 형식을 취하고 있지만, 이 진술은 "소크라테스는 교양이 있다는 것은 참이다"의 뜻으로 풀이할 수 있다. 이는 그리스어의 동사 einai의 용법에서 보면 직접 드러나는데, esti 또는 ouk esti가 문장의 첫머리에 올 때 그 표현들은 각각 "X가 Y라는 것은 참이다"나 "X가 Y라는 것은 거짓이다"를 뜻하기 때문이다.[24] einai 동사의 이런 쓰임에 비추어 있는 것에는 '참이라는 뜻에서 있는 것'(*on hōs alēthes*)도 포함될 수 있다.

(4) "헤르메스 상이 돌 안에 있다", "반선은 선 안에 있다": 헤르메스의 조각상이 현실적으로 돌 안에 새겨져 있을 때뿐만 아니라 돌을 쪼아 헤르메스 조각상을 만들어 낼 수 있을 때도 "헤르메스 상이 돌 안에 있다"고 말할 수 있다. 즉, "헤르메스 상이 돌 안에 있다"는 진술은 "헤르메스 상이 현실적으로 돌 안에 있다"는 뜻으로도, "헤르메스 상이 돌 안에 가능적으로 있다"는 뜻으로도 풀이된다. "반선의 선 안에 있다"는 경우도 비슷하다. 이로부터 '이다' 혹은 '있는 것'은 '현실적으로 있는 것'(*on energeiai*)과 '가능적으로 있는 것'(*on dynamei*)으로 나뉠 수 있다.

이런 분석을 통해 아리스토텔레스가 자신의 존재론의 핵심테제 "있

---

24) 이에 대한 더 자세한 설명은 《형이상학》 V 7, 1017a33에 대한 각주를 참고.

는 것은 여러 가지 뜻으로 쓰인다"에 이르고, 이 테제를 자신의 존재
론적 탐구의 출발점으로 삼는다는 점은 매우 중요하다. 이는 그의 존
재론이 '있는 것'의 의미에 대한 아무런 사전분석 없이 단순히 "있음은
있고 없는 것은 있지 않다"(D-K, 28 B 6)는 전제 위에 존재론을 구축
하려는 파르메니데스의 시도나 그와 같은 유형의 존재론과 근본적으로
다르다는 점을 보여주기 때문이다. 하지만 '있는 것'이 이렇게 네 부류
로 나뉘어 다양한 의미를 가진다고 해서, 그것들 모두가 형이상학의
탐구대상이 된다는 말은 아니다. 아리스토텔레스에 따르면 방금 소개
한 네 가지 의미 가운데 《형이상학》의 고유한 탐구대상은 (2)와 (4)뿐
이다. (1)의 뜻에서 우연적으로 있는 것은 학문적 탐구에 부적합하다
는 이유에서 배제된다(VI 2, 1026a33 아래와 V 30, 1025a24 아래를 참
고). 우연적으로 있는 것에 대해서는 어떤 종류의 확정된 원인도 없기
때문에 학문이 추구하는 확정적 설명의 대상이 될 수 없기 때문이다.
(3)의 뜻에서 있는 것, 즉 참과 거짓이라는 뜻에서 있는 것과 있지 않
은 것은 오직 인간의 사고(dianoia)를 떠나서는 성립하지 않는다는 이
유 때문에 배제된다. 즉, "참은 주어와 술어가 실제로 결합되어 있을
때 이를 긍정하는 데서 성립하고 그것들이 분리되어 있을 때 이를 부
정하는 데서 성립"(VI 4, 1027 b20-3)하는데, 이런 결합과 분리의 사태
는 자연세계 안에 있는 것이 아니라 생각 안에만 있기 때문에 《형이상
학》의 탐구에서 배제된다는 말이다.25) 그 결과 그 자체로서 있는 것
과 가능태 혹은 현실태라는 뜻에서 있는 것만이 《형이상학》의 존재론
적 탐구의 두 영역으로 남는다.

---

25) 다음의 구절도 함께 참고: 《형이상학》 IX 10, 1051b1 아래; XI 8, 1065a21
  아래.

2) 있는 것의 범주분류와 실체

(1) 있는 것의 범주분류

먼저 '그 자체로서 있는 것'에 대한 논의가 어떻게 전개되는지를 더 자세히 살펴보기 위해 《형이상학》V권 7장의 한 구절을 읽어보자(V 7, 1017a22-7):

> '그 자체로서 있다(이다)'고 불리는 것에는 범주의 형태들이 가리키는 것만큼 그 수가 많은데, 왜냐하면 범주의 형태들의 수만큼 여러 가지 뜻으로 '있다'('이다')가 쓰이기 때문이다. 그런데 술어들 가운데 어떤 것들은 '무엇'을 가리키고, 어떤 것들은 성질을, 어떤 것들은 양을, 어떤 것들은 관계를, 어떤 것들은 능동이나 수동을, 어떤 것들은 장소를, 어떤 것들은 때를 가리키는데, '있다'는 이것들 하나하나와 동일한 것을 가리킨다.

아리스토텔레스는 여기서 '그 자체로서 있다(이다)'(*kath' hauta einai*)가 범주의 형태들(*ta schēmata tēs katēgorias*)의 수만큼 여러 가지 뜻을 갖는다고 말한다. 다시 말해서 '있다' 혹은 '~이다'는 '범주들'에 상응해서 여러 가지 뜻으로 쓰인다는 말인데, 이 말은 무슨 뜻일까?

"範疇"라는 한자어는, 그리스어 동사 'katēgorein'에서 나온 명사 'katēgoria'를 옮긴 말이다. 'katēgorein'은 본래 법률용어로서 어떤 사람을 '비난하다'(*to speak against*), '고발하다'(*to accuse*)를 뜻하며, 이에 따라 'katēgoria'도 '고발', '비난'의 뜻을 갖는다. 논리학에서 쓰이는 'katēgoria'란 용어는 그런 법률적인 뜻에서 따라 나온 것으로서, 어떤 사람이나 사물에 대한 '진술'(*statement*)이나 진술을 구성하는 '술어'(*predicate*) 또는 술어의 종류를 가리킨다. 사실 법정에서 어떤 사람을 고발하려면 그에 대해 여러 가지 진술을 해야 할 것이고, 그 안에서 그가 어떤 사람인지, 언제 어디서 무엇을 했는지 등을 밝혀야 할 것이다. 'katēgoria'의 '고발'이라는 법률적인 뜻에서 '진술' 또는 '술어'라는 논리학적인 뜻이 파생되었다고 보면 된다.

예컨대 법정에 선 소크라테스에 대한 진술들을 예로 들어보자. 그에 대해 가능한 진술과 각각의 진술 가운데서 쓰이는 술어의 종류는 여럿이다. 그 종류를 분류하는 데는, 소크라테스에 대해서 우리가 던질 수 있는 여러 가지 질문들이 진술들을 구별하는 좋은 실마리가 된다. 예컨대 "소크라테스는 **무엇**인가?"라고 묻는다면, 우리는 "소크라테스는 사람이다" 또는 "소크라테스는 동물이다"라고 대답한다. "소크라테스는 키가 **얼마**인가?"라고 묻는다면, "그는 키가 170cm이다"라고 대답할 것이다. 한편, 소크라테스의 외모나 자질을 염두에 두면서 "소크라테스는 **어떤 성질의** 사람인가?"라고 묻는다면, 이런 물음에 대해서는 "그는 체중이 70kg이다"라고 대답하지 않고, "그는 얼굴이 못생겼다"거나 "그는 지혜롭다"고 대답할 것이다. 나아가서 "소크라테스는 누구와 어떤 **관계**에 있는가?"라고 물을 수도 있는데, 이에 대해서는 "그는 크산티페의 남편이다"라고 진술할 것이다. 이렇게 아리스토텔레스는 어떤 사람이나 사물에 대해 던질 수 있는 물음들을 여러 종류로 나누고 그에 대한 대답의 방식들을 세분함으로써 진술의 종류와 술어의 종류를 구분한다. 위에서 예로 든 진술들을 분류해 보면 드러나듯이, 그 진술들 가운데서 등장하는 술어들은 실체('무엇', *ti estin*), 양(*poson*), 성질(*poion*), 관계(*pros ti*), 위치(*pou*), 시간(*pote*), 자세(*keisthai*), 소유(*echein*), 능동(*poiein*), 수동(*paschein*) 등으로 분류할 수 있는데, 아리스토텔레스는 이런 술어의 종류 하나하나를 '범주'(*katēgoria*)라고 부르면서 10개의 범주를 구분한다.

위에서 인용한 《형이상학》 V권 7장의 구절은 이런 여러 범주에 따라 있는 것이 나뉜다는 사실을 분명히 한다. 예컨대 "소크라테스는 사람이다", "소크라테스는 키가 170㎝이다", "소크라테스는 지혜롭다"는 진술에서 술어의 자리에 오는 '사람', '170㎝'의 키, '지혜로운'은 각각 실체, 양, 성질의 범주에 속한다. 물론 이때 사람, 170㎝의 키, 지혜로움 모두 '있는 것'이다. 하지만 그 하나하나가 모두 똑같은 뜻에서 있는 것은 아니다. 어떤 것은 종(種, eidos)으로서 있는 것이고, 어떤 것은 일정한 양으로서 있는 것이며, 또 어떤 것은 일정한 성질로서 있는 것이다. 장소, 관계, 능동, 수동 등 다른 범주에 속하는 것들도 마찬가지다. 그것들 역시 저마다 어떤 특정한 뜻으로 있는 것들이다. 이렇듯 '있다'('이다') 또는 '있는 것'('~인 것')이라는 하나의 말도 그것이 어떤 범주에서 쓰이는가에 따라 그 내용이 달라지고, 그에 상응해서 실제로 있는 것 또한 여러 범주로 나뉠 수 있는데, 바로 이를 가리켜 아리스토텔레스는 "범주의 형태들의 수만큼 여러 가지 뜻으로 '있다'('이다')가 쓰인다"고 말한다.

(2) 있는 것과 실체

지금까지의 논의를 통해 있는 것이 여러 범주로 나뉜다는 사실이 분명해졌다고 하자. 하지만 있는 것의 범주적인 구분만으로 '있는 것'의 의미가 충분히 밝혀졌다고 단정하는 것은 너무 성급한 일이다. 적어도 아리스토텔레스의 관점에서 보면 그렇다. 이런 질문을 다시 던져보자. 우리가 '있다'고 부르는 것들이 다양한 범주들로 분류되는 데 그치고, 그것들 사이에는 아무런 관계도 없는 것일까? 만일 아무 관계도 없다면, '있는 것'에 대한 탐구는 어떤 통일성도 지닐 수 없을 것이고, 따라서 있는 것에 대해서는 하나의 존재론이 아니라 다수의 존재론만이 있을 것이다. 왜냐하면 있는 것의 범주 하나하나에 상응해서 실체의 존재론, 양의 존재론, 성질의 존재론 등 여러 존재론이 있을 것이기 때문이다. 하지만 정말 이렇게 복수의 존재론만이 있을 뿐 '하나의' 존재론은 없는 것일까? 이에 대한 아리스토텔레스의 대답은 이렇다(IV 2, 1003a33-b12) :

> '있는 것'은 여러 가지 뜻으로 쓰이지만, 하나와의 관계 속에서, 즉 어떤 하나의 자연적인 것과의 관계 속에서 쓰이는 것이지 동음이의적인 뜻으로(同音異議語) 쓰이는 것이 아니다. 그 사정은 이렇다. '건강한'은 모두 건강과의 관계 속에서 쓰이는데, 어떤 것은 건강을 지켜준다는 뜻에서, 어떤 것은 건강을 낳는다는 뜻에서, 어떤 것은 건강의 징후라는 뜻에서, 어떤 것은 건강의 수용자라는 뜻에서 그렇게 불리고, '의술적'이라는 말 역시 의술과의 관계 속에서 쓰인다. 이와 마찬가지로 '있는 것' 역시 여러 가지 뜻으로 쓰이지만 그 모두가 하나의 원리와 관계 맺고 있으니, 그 까닭은 어떤 것들은 실체라는 이유에서 있는 것이라고 불리고, 어떤 것들은 실체의 상태들이라는 이유에서, 어떤 것들은 실체에 이르는 과정, 실체의 소멸이나 결여나 성질, 실체를 만들어내는 것이나 낳는 것 또는 실체와의 관계에 따라 일컬어지는 것들 가운데 속해 있다는 이유에서, 또는 그것들 가운데 어느 하나의 부정이거나 실체의 부정이라는 이유에서 있는 것이라고 불리니, 그런 이유 때문에 우리는 있지 않은 것에 대해서도 그것이 있지 않다고 말한다.

있는 것의 범주적 다양성에 대한 생각은 여기서 보다 완전한 형태로 마무리된다. 인용문의 핵심요지는, 있는 것은 여러 가지 뜻으로 쓰이지만, 그 다양한 의미들은 어떤 하나와 관계를 맺고 있어서 단순히 소리만 같고 뜻이 다른 동음이의어(同音異義語)가 아니라는 데 있다. 예컨대 사물을 바라보는 신체의 기관과 공중에서 물기가 얼어 땅으로 떨어지는 결정체가 모두 '눈'이라고 불리는데, 이 경우 '눈'은 동음이의어다. 신체의 기관인 눈과 하늘에서 내리는 눈 사이에는 아무 의미상의 공통점도 없기 때문이다. '건강한' 또는 '건강에 좋은'(*healthy*)의 경우는 사정이 다르다. 예컨대 신체, 낯빛, 약초 등에 대해 우리는 '건강한'이라는 말을 쓸 수 있고, 그 뜻은 저마다 다르다. 약초는 건강을 만들어낸다는 뜻에서 '건강한' 것이고, 건강한 얼굴빛은 건강의 징후라는 뜻에서 '건강한' 것이고, 건강한 몸은 건강의 담지자라는 뜻에서 '건강한' 것이다. 하지만 '건강한'에 이렇게 여러 가지 뜻이 있긴 하지만, 그렇다고 해서 그 말이 동음이의어인 것은 아니다. 왜냐하면 그것들은 모두 신체의 '건강'과 관련되어 쓰인다. 아리스토텔레스에 따르면 '있는 것'의 쓰임은 '눈'의 쓰임보다는 '건강한'의 쓰임에 가깝다. 실체도 있고 성질도 있고 크기도 있고 어떤 행동도 있으며 장소도 있다. 있는 것은 이렇듯 여러 범주들로 나뉘고, 각 범주에 속하는 것들은 저마다 그 있음의 내용이 다 다르다. 하지만 '건강한 것'이 모두 '건강'과 관련해서 쓰이듯이, 다른 범주에 속해 있는 것들은 모두 하나, 즉 실체 (*ousia*)와의 관계 속에서 쓰인다. 즉, 실체는 '첫째로 있는 것'(*prōton on*, VII 1, 1028a14)이고 다른 것들은 그런 실체에 의존해서 존재한다.

'있는 것'이 여러 가지 뜻으로 쓰이긴 하지만 하나와의 관계 속에서 (*pros hen*) 쓰인다는 사실은 있는 것에 대한 학문의 통일성 문제와 관련해서 중요한 의미를 갖는다(IV 2, 1003b11-9):

그런데 건강한 것들 모두에 대해서 하나의 학문이 있으니, 다른 것들의 경우도 사정이 같다. 왜냐하면 하나에 따라서 일컬어지는 것들뿐만 아니라 하나의 자연적인 것과의 관계 속에서 일컬어지는 것들을 이론적으로 고찰하는 것 또한 하나의 학문이 할 일이기 때문인데, 그것들도 어떻게 보면 하나에 따라서 있는 것들이기 때문이다. 그러므로 있는 것들을 있는 것들인 한에서 이론적으로 고찰하는 것은 하나의 학문의 과제임이 분명하다. ―그러나 어디에서나 학문은 주로 첫째가는 것을 다루며, 다른 것들은 그것에 의존하고 또 그것에 의해 그 이름을 얻는다. 그런데 만일 이것이 실체라면, 철학자는 마땅히 실체들의 원리들과 원인들을 소유해야 할 것이다.

'건강하다'고 불리는 것들에는 여럿이 있지만, 그것들 모두는 어떤 것 하나, 즉 신체의 건강함과 관계해서 있고 그런 점에서 그것들에 대한 하나의 학문이 가능하다. 물론 이 학문의 중심대상은 신체에 속하는 건강이고, 이를 중심으로 그와 관련된 다른 것들을 함께 다룰 것이다. 있는 것들의 경우에도 사정은 똑같다. '있다'고 불리는 것들에는 여럿이 있지만, 그것들은 모두 어떤 것 하나, 즉 실체의 있음과 관계해서 있고 그런 점에서 그것들에 대한 하나의 통일적인 학문, 즉 존재론이 가능하다. 그런데 이 존재론의 대상이 되는 있는 것들은 모두 실체와의 관계 속에서 있는 것이기 때문에, 이 실체에 대한 탐구가 존재론의 중심에 자리를 잡는다.

영국의 아리스토텔레스 연구자 오웬(G. E. L. Owen)은 아리스토텔레스의 실체를 일컬어 "focal meaning"이라고 불렀다.[26] 있는 것들은 여럿이지만 그 핵심은 실체라는 뜻에서 그런 표현을 사용했는데, 실제로 아리스토텔레스 존재론의 '포커스'는 실체에 맞춰져 있다. 있는 것들은 모두 첫째가는 뜻에서 있는 것, 즉 실체와 관계해서 있다는 사실을 들어 전통적으로 'pros-hen analogia'라고 불리기도 한다.[27] 하지

[26] G. E. L. Owen, "Logic and Metaphysics in Some Earlier Works of Aristotle", in: *Articles on Aristotle*, *3. Metaphysics*, 19.
[27] 이에 대해서는 J. Owens, 앞의 책, 특히 118 아래를 참고.

만 아리스토텔레스의 생각을 어떤 명칭으로 표현하는지는 중요치 않다. 중요한 점은 아리스토텔레스가 'pros-hen analogia'에 대한 생각을 통해 있는 것들의 다양성을 수용하면서도 그것들에 대한 하나의 통일된 학문의 가능성을 확보한다는 점이다. 더 결정적인 점은 이 학문의 근본 물음이 실체에 대한 물음이라는 사실이다. 그런 뜻에서 아리스토텔레스는 있는 것의 의미구분에 대한 논의가 낳는 최종결과를 다음과 같이 표현한다(VII 1, 1028b2-7). "그러므로 옛날이나 지금이나 언제나 탐구대상이 되고 언제나 의문거리인 것, 즉 있는 것은 무엇인가라는 물음은 실체란 무엇인가라는 물음이니, (…) 우리는 가장 많이, 가장 먼저 그리고 전적으로, 그런 뜻으로 있는 것에 대해 그것이 무엇인지를 이론적으로 고찰해야 한다."

3)《범주론》과《형이상학》의 실체론

《형이상학》의 핵심주제인 '실체'(ousia)가 가리키는 것들에는 어떤 것들이 있고 그것들 각각의 본성은 무엇인지에 대한 논의는 아리스토텔레스의 저술 여러 곳에 흩어져 있지만, 그 가운데 가장 대표적인 곳은 보통 '실체에 대한 책들'(Substanzbücher)이라고 불리는《형이상학》VII권~VIII권이다.[28] 하지만 아리스토텔레스의 실체론을 이해하기 위해서는《형이상학》의 이 부분을 다루기에 앞서《범주론》을 먼저 살펴볼 필요가 있다. 《범주론》의 실체론과《형이상학》의 실체론은 연속

---

28) 이런 명칭은 물론 아리스토텔레스의 저술에 나오는 다음과 같은 표현들을 근거로 해서 붙여진 것이다: 'tois peri tēs ousias logois'(1037b10) ; 'peri tēs ousias hē skepsis'(1038b1) ; 'en tois peri tēs ousias logois'(1049b27-8) ; 'peri tēs ousias hē theōria'(1069a18).

적이고, 이 연속성의 내용은 아리스토텔레스 연구자들 사이에 끊임없는 논란의 대상이 되어왔기 때문이다.

(1)《범주론》: 첫째 실체와 둘째 실체

잘 알려져 있듯이,《범주론》에 따르면 '실체'는 있는 것들을 가르는 10개의 범주 가운데 첫째 범주를 가리킨다. 그 글에서 아리스토텔레스는 실체의 범주에 속하는 것들을 두 부류로 나누는데, 첫째로, '이 사람', '이 말', '이 소'처럼 지시가능한 감각적 개별자(to kath' hekaston)들이 실체이다. 이런 뜻의 개별자를 일컬어 아리스토텔레스는 "가장 주요하고 첫째가며 엄밀한 뜻에서 실체라고 불리는 것은 기체에 대해 술어가 되지도 않고 기체 안에 들어 있지도 않은 것, 예컨대 이 사람이나 이 말이다"(《범주론》5, 2a11-4)라고 말한다. 이 정의에 따르면, 다른 어떤 것에 대해 술어가 되지도 않고 다른 어떤 것 안에 속해 있지도 않은 것, 다시 말해서 ① 진술의 주어이자, ② 속성의 담지자인 주체, 바로 이런 것이 가장 엄밀한 뜻에서의 실체 또는 '첫째 실체'(prōtē ousia)이다. 둘째로, 그런 개별적인 실체가 '무엇'(ti esti)인지를 밝히는 진술 속에서 술어 구실을 하는 것들도 실체라고 불린다. 이를테면 어떤 사람을 앞에 두고 "이것은 무엇인가?"라고 묻는다면, 당연히 '사람' 또는 '동물'이라고 대답할 텐데, 이때 제시되는 '사람'이나 '동물'과 같은 종(eidos)과 유(genos)가 실체라고 불린다. 주어 없이는 어떤 말도 성립할 수 없기 때문에 주어가 술어보다 중요하다고 생각한 아리스토텔레스는 주어 구실을 하는 개별자에 대한 술어인 종과 유 같은 보편자(katholou)를—'첫째 실체'인 개별자와 구별해서—'둘째 실체'(deutera ousia)라고 부른다.

아리스토텔레스의《범주론》은 이 구분을 토대로 삼아 실체에 대해서, 특히 첫째 실체에 대해서 자세한 분석을 수행하는데, 이 분석내용은 《형이상학》의 실체론을 올바로 이해하기 위해 반드시 짚고 넘어가야 한다. 왜냐하면 《범주론》에서 아리스토텔레스가 첫째 실체에 부여한 특징들은 실체에 대한 후속연구에서도 논의의 길잡이 노릇을 하기 때문이다. 《범주론》에서 아리스토텔레스는 실체의 범주에 속해 있는 보편자, 즉 둘째 실체나 다른 범주에 속해 있는 것들의 존재방식과 비교하면서 첫째 실체의 존재방식을 주로 다음과 같은 점에서 찾는다.

(1) 개별적인 실체는 궁극적인 주어 구실을 한다. 우리는 "사람은 동물이다"거나 "하양은 색깔이다"라고 말할 수 있다. 하지만 이때 주어로 쓰인 '사람'이나 '하양'은 다른 것, 예컨대 소크라테스나 플라톤에 대해 술어가 될 수 있다. 그에 반해 소크라테스나 이 말은 오직 주어 구실을 할 뿐이다. 물론 '소크라테스'가 술어의 자리에 오는 경우가 전혀 없지는 않다. 예컨대 "저기 아고라에서 이야기를 하는 사람은 소크라테스이다"라고 말할 수 있다. 하지만 이 진술은 주어에 해당하는 "저기 아고라에서 이야기를 하는 사람"에 무엇인가를 진술하는 것이 아니라 "저기 아고라에서 이야기를 하는 사람"과 "소크라테스"의 동일성(同一性)을 표현할 뿐이다. 그런 뜻에서 소크라테스나 이 말(馬)과 같은 개별자는 오직 주어가 될 뿐 결코 엄밀한 뜻에서 술어가 될 수는 없다고 아리스토텔레스는 말한다.

(2) 개별적 실체는 '이것'(tode ti)이라고 지시가능하다.[29] 언제나 주어의 자리에만 올 수 있는 개별적인 실체가 갖는 또 다른 특징은 지시가능성이다. 예컨대 "소크라테스는 사람이다"라는 진술에서 쓰인 '사람'은 지시가능한 대상을 가리키지 않는다. 우리는 '사람'이나 '동물'에 대

---

29) 《범주론》 5, 3b10, 12, 14.

해 "사람은 이성적이다", "사람은 두 발을 가지고 있다"는 식의 기술(記述)은 할 수 있어도, 이 말이나 이 사람을 가리킬 때처럼 손가락으로 가리킬 수는 없다. 아리스토텔레스에 따르면 개별자는 지시가능한 대상, 즉 '이것'임을 그 본질적 특징으로 갖는다.

(3) 개별적 실체는 다른 것들과 분리되어 있을 수 있다. 개별자는 '이것'이라고 가리킬 수 있는 것이라고 말했지만, 꼭 소크라테스나 이 말 등의 실체들만이 그런 지시가능성을 갖는 것은 아니다. 우리는 옷 가게에서 옷을 사면서, "이 크기의 옷을 주세요"라거나 꽃가게에 꽃을 고르면서 "이 색깔의 꽃이 내 마음에 든다"라고도 말할 수 있다. 따라서 지시가능성은 궁극적인 주어가 되는 개별적인 실체뿐만 아니라 다른 범주에 속한 개별자들도 함께 공유하는 특성이다. 다만, 똑같이 '이것'이라는 지시사(指示詞, *demonstrativum*)로써 가리킬 수 있음에도 불구하고, 실체범주에 속하는 개별자와 다른 범주에 속하는 개별자 사이에는 분명한 차이가 하나 있다. 이 색깔이나 이 크기 등은 결코 따로 떨어져서(*chōris*) 혼자 있을 수 없다. 그것은 오직 이 사람이나 이 옷 같은 것에 속해 있을 뿐 다른 것과 떨어져 있을 수 있을 만큼 완결된 독립적 개체가 아니다. 그에 반해 소크라테스나 이 말과 같은 개체는 하나의 완결된 개체로서 혼자 떨어져 있다. 그것은 자립적인 단위체인데, 이런 뜻에서 아리스토텔레스는 그런 개체를 '분리가능한 것' (*chōriston*) 혹은 '분리된 것'이라고 부른다.

《범주론》에 따르면 이렇게 궁극적인 주어 구실을 하고, '이것'으로 지시되며, 혼자 분리되어 있을 수 있는 개별적 실체와 그런 개별적 실체가 '무엇'인지에 대해 대답하는 진술 속에 등장하는 '사람'이나 '동물'과 같은 보편적인 것들이 모두 실체의 범주에 포함된다. 하지만 그것들이 각각 첫째 실체(*prōtē ousia*)와 둘째 실체(*deutera ousia*)로 불리는

데 우리는 주목해야 한다. 이는 실체의 범주에 속해 있는 것들은 다른 범주에 속해 있는 것들보다 앞서고, 실체범주에 속한 것들 가운데서는 개별적인 것이 보편적인 것보다 우선함을 뜻하기 때문이다. 다른 것들은 이 개별적인 실체, 즉 첫째 실체에 대한 술어이거나 그 실체에 속해 있는 것일 뿐이며, 여기서 개별적인 실체의 존재론적 우위성이 확인되는 것이다.

(2)《형이상학》: 복합실체와 형상

《형이상학》의 실체론으로 눈을 돌려보자. 실체에 대한 고찰이 본격적으로 시작되는《형이상학》 VII권은 다음과 같은 말로 시작된다(VII 1, 1028a10-20):

> (…) '있는 것'은 여러 가지 뜻으로 쓰인다. 왜냐하면 그것은 어떤 때는 '무엇'과 '이것'을 가리키고, 어떤 때는 성질, 양 또는 그와 같은 방식으로 술어가 되는 것들 가운데 어느 하나를 가리키기 때문이다. '있는 것'은 이처럼 여러 가지 뜻으로 쓰이지만, 분명히 그 가운데 첫째로 있는 것은, 실체를 가리키는 '무엇'인 반면 (…) 다른 것들은 모두 그렇게 있는 것에 속하는 양이라거나 성질이라거나 상태라거나 그런 유의 다른 어떤 것이라는 이유에서 '있는 것'이라고 불린다.

실체에 대한《형이상학》의 논의는 지금까지 우리가 살펴본 내용을 요약하면서 시작한다. 있는 것이 여러 범주로 나뉜다는 점, 그 가운데 실체가 '첫째로 있는 것'(prōton on)이라는 점, 실체의 범주에 속하는 것들은 '이것'(tode ti)과 '무엇'(ti esti), 즉 첫째 실체와 둘째 실체로 나뉜다는 점, 다른 것들은 모두 실체에 의존해서 있다는 점 — 이런 생각들은《범주론》의 실체론과《형이상학》의 실체론을 연결하는 사유의 가교다.

  하지만 이 다리를 가운데 두고 갈라진 두 세계는 같지 않다. 《형이상학》의 실체론은 《범주론》의 논의범위를 훨씬 넘어서고 그 논의의 전개방향도 여러 갈래로 나뉜다. 여기서는 그 내용을 자세히 다룰 수는 없으므로,[30] 《형이상학》에 담긴 실체와 관련된 주장들 가운데 몇 가지 중요한 논점만을 짚고 넘어가는 것이 좋겠다.

  (1) 《형이상학》 VII권에서는, 《범주론》에서 '첫째 실체'라고 일컬어 졌던 개별자가 두 구성부분으로 분석된다. 질료(hylē)와 형상(eidos)이 바로 그것인데, 질료와 형상으로 이루어져 있다는 이유에서 개별자는 이제 '복합실체'(synolos ousia, 1033b18)나 '합성실체'(synthetos ousia, 1043a30)라고 불린다.

  (2) 《형이상학》 VII권에서는 개별자뿐만 아니라 그것의 구성부분인 질료와 형상에 대해서도 '기체'라는 이름이 쓰인다.[31] 특히 그 둘 가운데 질료에 그 개념이 사용되는데, 질료는 형상을 수용해서 특정한 개별자를 이루는 기체 구실을 하기 때문이다. 반면 질료와 함께 개별자를 이루는 형상(eidos)에 대해서는 '첫째 실체'(prōte ousia, 1032b2, 1037a6, 1037b1)라는 말이 쓰인다. 그리고 그와 더불어 《범주론》에서 첫째 실체에 대해 쓰였던 '이것'이자 '분리가능한 것'이라는 특징이 이제 형상에도 적용된다(VII 3, 1029a27 아래).

  (3) '첫째 실체'라고 불리는 형상은 — 이미 그 명칭에서도 드러나듯이 — 그것을 구성부분으로 삼아 존재하는 개별자에 비해 더 우월한 지위를 부여받는다. 그 이유는 각 개별자가 특정한 종류의 개체로서 존

---

30) 조대호, "아리스토텔레스 실체론의 지형도", 〈화이트헤드연구〉 14권, 2007, 61쪽 아래를 참고.
31) 《형이상학》 VII 3, 1029a2-3.

재할 수 있는 것은 바로 형상 덕분이기 때문이다. 예컨대 소크라테스
라는 개별자가 어떤 사람일 수 있는 것은 소크라테스의 형상 때문이
고, 반대로 말하면 형상은 특정한 개별자를 일정한 종의 구성원으로
만든다. 형상이 개별자의 '있음의 원인'(aition tou einai, V 8, 1017b15;
VII 17, 1041b28), '각자의 실체'(ousia hekastou, VII 17, 1041b27), '본
질'(to ti ēn einai, VII 7, 1032b1)이라고 불리는 것은 그런 맥락에서다.
소크라테스를 사람으로 만드는 것은 바로 소크라테스의 형상인 까닭
에, 소크라테스가 '무엇'인지를 규정하려고 할 경우 그런 규정, 즉 정의
(horismos)에서는 형상이 그 준거점 구실을 한다(VII 10, 1035a21; b34).

　개별자의 '있음의 원인'(aition tou einai), '각자의 실체'(ousia hekastou),
'본질'(to ti ēn einai)에 해당하는 형상은 《형이상학》의 실체론의 핵심
주제다. 하지만 아리스토텔레스 자신도 인정하듯이, 형상은 '가장 어
려운 주제'(VII 3, 1029a33)이고, 그에 대한 아리스토텔레스의 논의는
여러 차원에 걸쳐 있어서 그 내용을 개관하기 쉽지 않다. 형이상학에
대한 수많은 논란이 주로 형상개념을 둘러싼 것이었음은 결코 우연이
아니다. 하지만 《형이상학》에서 아리스토텔레스가 형상의 특징으로
제시하는 '이것'과 '분리가능성'이나 형상의 구체적 사례들을 살펴보면,
아리스토텔레스가 '형상' 개념을 통해 말하려는 것이 무엇인지를 우리
는 어렵지 않게 이해할 수 있다.

　먼저 '형상'으로써 아리스토텔레스가 가리키는 것이 무엇인지, 기술
적인 제작물의 예를 통해 확인해 보자. 집을 예로 들어보자. 집은 한
편으로 여러 가지 재료로 이루어져 있다. 벽돌과 나무와 철근 등이 그
런 건축재료에 해당한다. 하지만 그런 건축자재를 아무렇게나 모아 놓
았다고 해서 집이 되지는 않는다. 그런 건축자재들이 일정한 방식으로
'결합'되어 집의 '형태'를 갖추고 집의 '기능'을 행사할 수 있을 때 비로

소 집이 있다. 아리스토텔레스의 용어법에 따르면 건축자재는 집의 '질료'이고 건축자재의 결합의 질서, 집의 형태, 집의 기능 등은 '형상' 이다. 'eidos'는 일상어에서는 본래 겉모양을 뜻하지만, 아리스토텔레스 철학에서는 그 용어의 뜻이 넓혀져 질료에 부가되어 있는 집의 비물질적인 측면이 '형상'이라고 불린다.

자연물의 경우에는 어떨까? 예컨대 사람의 질료와 형상은 무엇인가? 이 경우에는 질료와 형상을 나누기가 그렇게 쉽지 않다. 아리스토텔레스는 흔히 육체(sōma)와 영혼(psychē)을 사람의 질료와 형상이라고 부른다(VII 11, 1037a6; 10, 1035b14 아래). 하지만 이것은 자연물의 질료와 형상에 대한 일면적 규정에 불과하다. 영혼을 일컬어 사람의 형상이라고 부른다면, 이는 '기능'의 측면에서 사람의 형상에 대해서 말하는 것일 뿐이다. 영혼은 육체에 속한 생명기능들의 총괄개념이기 때문이다(《영혼론》 II 1, 412a19-20을 참고). 그런데 사람의 육체가 영혼의 다양한 기능들을 수행하려면, 신체는 그 기능에 합당한 '형태'를 가지고 있어야 한다(VII 11, 1036b3-4; 28-32). 각 기능을 실현하는 데 필요한 일정한 형태를 갖추지 않은 영양섭취기관, 생식기관, 감각기관, 운동기관 등을 우리는 생각할 수 없다. 이렇게 형태적 측면에서 보면 영혼의 기능을 수행하기에 합당한 신체의 형태(morphē)도 형상이다(VII 8, 1033 b5-6; V 6, 1016a19). 여기서 한 걸음 더 나아갈 수도 있다. 신체의 기관들이 일정한 형태를 가지고 있는 것은 더 단순한 조직이나 궁극적으로는 네 가지 요소인 물, 불, 흙, 공기가 일정한 수적 비율과 배치관계에 놓여 있기 때문이다. 물, 불, 흙, 공기가 일정한 수적 비율에 따라 결합되어 단순한 조직(예컨대 피나 살)을 이루고, 단순한 조직들이 다시 수적 비율에 따라 결합되어 기관(소화기관, 생식기관)을 이루며, 이 기관이 수적 비율에 따라 결합되어 유기체를 이룬다. 이렇게 조직, 기관, 유기체의 구조를 가능케 하는 '결합의 비율'도 아리스토텔레스에 따르면 형상이다(I 9, 991b16-7; I 10, 993a17-22; XIII 2, 1092b17 아래). 따라서 육체의 기능(*psychē*), 육체의 형태(*morphē*), 다양한 수준에서 확인되는 육체적인 부분들의 결합비율(*logos mixeōs*) —이런 것들이 모두 '형상'이라고 불릴 수 있다. 그리고 형상의 이런 다양한 측면 가운데 무엇에 초점을 맞추어 이야기하는가에 따라, 상대 개념인 '질료'가 지시하는 것도 달라진다. 아리스토텔레스가 '질료'라는 용어를 사용해서 때로는 육체 전체(VII 11, 1037a5-6)를, 때로는 살과 뼈 같은 신체의 부분들을(VII 8, 1034a5-7), 때로는 신체의 구성요소들 이나 신체를 만들어내는 최초의 질료적 원리인 경혈(*katamēnia*, VIII 4, 1044a35)을 가리키는 것은 그 때문이다.

아리스토텔레스는 한편으로는 '형상' 개념으로써 육체의 기능, 형태, 수적 비율과 구조 등을 가리키면서, 다른 한편으로는 형상을 '이것'이 자 '분리가능한 것'이라고 부른다. 이 말의 뜻은 또 무엇일까?

형상의 분리가능성은 이해하기 어렵지 않다. 아리스토텔레스 스스 로 그의 저술 여러 곳에서 형상은 '정식에서 분리가능하다'(*chōriston tōi logōi*, VIII 1, 1042a29, 《자연학》 II 1, 193b4-5)고 말한다. 이때 정식에 서의 분리가능성은 무제한적인 뜻에서의 분리가능성(*chōriston haplōs*) 과 대비되는 개념이다. 즉, 시·공간 안에서 독립적인 자리를 차지하 는 감각적인 실체가 무제한적인 뜻에서 분리가능한 것이라면, 그런 실 체의 형상은 제한된 뜻에서, 즉 정식에서 분리가능하다. 예컨대 호메 로스의 조각상은 특정한 공간 안에 독립적으로 분리된 것이지만, 그것 의 형상은 대리석 안에 있다. 이 형상이 대리석으로부터 분리될 수 있 다면, 그것은 오로지 추상적 사유나 언어적 표현(*logos*)을 통해서뿐이 다. 사람의 형상을 비롯한 생명체의 형상은 더욱더 그렇다. 사람의 생김새와 기능은 살과 뼈 등의 물질적인 부분을 떠나서 있을 수 없기 때문이다(VII 11, 1036b3 아래). 만일 그것이 분리가능하다면, 그것은 오로지 추상적인 사유에 의해서이다. 바로 그런 뜻에서 아리스토텔레스는 형상이 '정식에서 분리가능하다'고 말한다.

형상이 어떤 뜻에서 '이것'인지에 대해서는 논란의 여지가 있다. 아리스토텔레스는 '이것'이라는 표현을 아무 의미구분 없이 복합실체와 형상에 함께 적용하기 때문이다. 두 가지 해석이 가능하다. 하나는 형상이 자연적 실체들과 마찬가지로 개별자이고 수적으로 하나라는 뜻에서 '이것'이라고 불릴 수 있다는 해석[32]이다. 다른 하나는 '이것'이 형상의 규정성을 표현한다고 보는 해석이다.[33] 두 번째 해석을 옹호하는 로스(W. D. Ross)는 형상은 개별자를 '이것'으로 만드는 원리라는 뜻에서 '이것'이라고 불린다고 본다. 질(M. L. Gill) 역시 같은 해석의 방향을 취해 "형상이 그런 이름을 얻는 근거는 그것이 가지는 개별성 (individuality)에 있는 것이 아니라 그것이 가지는 규정성(determinateness) 에 있다"고 말한다. 그리고 이런 규정성은 "각 사람에게 고유한 개별적인 형상에 속하는 것이 아니라 종의 형상에 속하는 것이다"라고 질은 덧붙인다.[34] 사실 로스나 질이 제시하는 유형의 해석은 전통적으로 신플라톤주의 계열의 아리스토텔레스 연구자들이 내세웠던 주장과 흡

32) M. Frede-G. Patzig, Aristoteles 'Metaphysik Z'. Text und Übersetzung und Kommentar, Bd. 1, München 1988, 52.

33) Ross, 앞의 책, cxix. M. -Th. Liske, Aristoteles und der aristotelische Essentialismus: Individuum, Art, Gattung, Freiburg-München 1985, 384; J. Hübner, Aristoteles über Getrenntheit und Ursächlichkeit, Hamburg 2000, 71~2도 함께 참고.

34) M. L. Gill, Aristotle on substance, Princeton 1989, 32. 비슷한 해석은 우리는 로스에게서 찾아볼 수 있다. Ross, 앞의 책, cxix을 참고.

사하다. 형상을 보편적인 것으로 보았던 고대의 아리스토텔레스 주석
가들은 형상이 가지는 '이것'의 의미를 약화시킴으로써 형상의 개별성
을 부정하려고 했다. 하지만 주석가들보다는 아리스토텔레스 자신의
말에 귀를 기울여 보자. 아무 편견 없이 형상에 대한 아리스토텔레스
의 발언들을 꼼꼼히 읽어보면, 전통적 해석에는 받아들이기 힘든 점이
많다. 우선, 그런 해석을 뒷받침하는 아리스토텔레스의 명시적 발언이
전혀 없다. 만일 아리스토텔레스가 개별성의 의미가 아니라 뭔가 특별
한 뜻으로 형상을 '이것'이라고 부르고자 했다면, 그는 무언가 추가적
설명을 덧붙였을 것이다. 더욱이 형상의 내재성에 비추어 보더라도
'이것'은 형상의 개별성을 가리키는 표현이라고 보는 것이 자연스럽다.
널리 알려져 있듯이, 아리스토텔레스의 형상은 질료 안에 있는 형상,
즉 내재적 형상(*eidos enon*, VII 11, 1037a29. V 25, 1023b22도 함께 참
고)이다. 이런 형상은 일정한 시·공간을 점유하는 질료와 결합되어
있기 때문에 개별자일 수밖에 없다. 아리스토텔레스가 형상에 대해 사
용한 표현, '이것 안에 있는 이것'(*tode en tōide*, VII 11, 1036b23)은 그
에 대한 단적인 증거다. 35) 형상이 종적 보편성의 원리라는 사실을 들
어 이런 해석에 반론을 제기할 사람도 있겠지만, 이런 반론은 형상의
개별성을 부정해야 할 만큼 설득력을 갖지는 못한다. 이렇게 생각해
보자. 호메로스 조각상의 형태는 개별적이다. 그러나 그것은 어느 한
개인의 형태인 동시에 어떤 사람의 형태이다. 마찬가지로 소크라테스
의 형상, 즉 그의 신체적 형태나 영혼기능은 소크라테스에게 고유한
것이면서도 동시에 소크라테스를 사람으로서 있게 만든다. 소크라테
스에게 속한 형상은 소크라테스의 형상이면서 동시에 사람의 형상이

---

35) 《동물부분론》 I 1, 640b26과 《영혼론》 III 4, 429b14도 함께 참고.

다. 개별적 형상이 동시에 종적 보편성의 원리가 되지 못할 이유는 전혀 없다.[36]

형상이 그 자체로서 개별적인 것이면서도 동시에 개체가 가진 종적인 보편적 규정성의 원인이 될 수 있다는 것은 아리스토텔레스의 형상이론에 담긴 고유한 통찰이다. 아마도 우리는 바로 이 점을 들어 아리스토텔레스의 형상과 플라톤의 이데아 사이의 근본적 차이를 지적할 수 있을 것이다. 플라톤의 이데아는 개별적인 감각물들을 떠나서 그 자체로서 존재하는 보편자다. 예컨대 아름다움의 이데아는 아름다운 것들과 분리된 상태로 그 자체로서 존재한다.[37] 아리스토텔레스의 형상은 적어도 다음과 같은 세 가지 점에서 그런 플라톤의 이데아와 다르다: ① 내재적 형상: 아리스토텔레스의 형상은 각 사물 **안에** 있다 (VII 11, 1037a29). 사람의 형태와 기능은 사람의 몸을 떠나서 있을 수 없다는 뜻에서 그렇다. ② 개별적 형상: 형상은 개별적이다(VIII 3, 1029a28; VII 11, 1036b23). 사람들은 생김새도 능력도 제 각각이다. 사람들은 각자 고유한 모양과 기능을 가지고 있으며, 그런 뜻에서 각 사람의 형상은 개별적이다. ③ 형상의 보편적 기술가능성: 각 사람의 형상은 모두 개별적이지만, 어떤 공통점을 드러낸다(VIII 8, 1034a6). 한 사람 한 사람의 생김새가 아무리 달라도, 모든 사람은 사람의 생김새를 갖추고 있기 때문이다. 또한 한 사람 한 사람의 능력이 아무리 달라도, 사람들이 실현하는 기능은 모두 사람의 기능이다. 그런 뜻에서 각 사람의 형상은 개별적이면서도 동시에 보편적으로 기술될 수 있다. 이런 형상에 대한 보편적인 기술가능성 덕분에 우리는 사람들을

---

36) 이에 대한 더 자세한 논의는 조대호, "형상의 개별성과 보편성", 〈철학연구〉 78집, 2007, 2~29쪽을 참고.

37) 플라톤, 《파이돈》 78C 아래와 《잔치》 210E 아래 등의 구절을 참고.

비롯한 각각의 자연물들을 그들이 내보이는 공통적 측면에 따라 하나의 종(species)이나 유(genus)로 분류하고, 이런 종적·유적 보편성에 따라 자연물들을 정의할 수 있다. 그런 점에서 형상은 개별자들의 있음의 원인이자 그것들에 대한 인식의 원리가 된다.

4) 형상, 종, 보편자

《형이상학》의 실체론에 대한 그동안의 연구에서 논쟁거리가 되었던 두 가지 문제도 빼놓고 넘어갈 수 없다. 하나는 '첫째 실체'라는 용어의 쓰임과 관련된 문제이고, 다른 하나는 종이나 유 같은 보편자의 존재론적 지위의 문제다.

《범주론》의 실체론과 《형이상학》의 실체론을 비교할 때 무엇보다도 눈에 띄는 점은 '첫째 실체'라는 용어의 서로 다른 쓰임이다. 《범주론》에서는 이 용어가 '이 사람'이나 '이 말' 따위의 개별적 실체에 대해서 쓰이는 데 반해, 《형이상학》에서는 그런 개별적 실체의 형상이 '첫째 실체'라고 불린다. '첫째 실체'라는 용어의 이런 상이한 용법은 오랫동안 아리스토텔레스 연구자들 사이에서 무수한 추측과 해석을 낳았다. 아리스토텔레스는 어째서 《범주론》에서는 개별자를 '첫째 실체'라고 부르다가 《형이상학》 VII권에 와서는 형상에 '첫째 실체'의 지위를 부여하는가? 여러 연구자들은 이런 질문을 던지면서 아리스토텔레스 실체론에 일정한 모순이 있고 이 모순은 아리스토텔레스의 존재론에 내재하는 어떤 깊은 틈새를 보여주는 것이라고 추측한다. 이런 주장은 다양한 형태로 제기되었지만, 그 기본논점은 이렇다. 즉, 아리스토텔레스는 《범주론》에서는, 보편적 형상 또는 이데아를 참된 뜻에서 있는 것이라고 보았던 플라톤에 맞서 개별적인 감각물을 '첫째 실체'라고 부르면서 종이나 유 등의 보편자들보다 감각적이고 개별적인 실체들에 존재론적 우위성을 부여했다가, 나중에 《형이상학》의 실체론을 저술하던 시기에 와서는 태도를 바꾸어 다시 보편적 형상을 '첫째 실체'라고 부르면서 '보편적' 형상에 개별적인 감각물보다 높은 자리를 허락하게 되었다는 것이다. 38)

《형이상학》 VII권의 실체론이 《범주론》의 실체론에 담긴 반(反) 플라톤적 입장에서 친(親) 플라톤적 입장으로의 전회를 보여준다는 해석은 그럴 듯하게 들리긴 해도, 플롯의 개연성이 너무 낮다. 그런 주장은 아리스토텔레스 철학의 발전방향에 대한 연구결과와 어긋날 뿐만 아니라 'eidos'의 두 가지 뜻을 섬세하게 구별하지 않은 결과이기 때문이다. 아리스토텔레스가 'eidos'라고 부르는 것 가운데는 존재론적 지위가 전혀 다른 두 대상, 즉 종(species) 과 형상(form) 이 있다는 사실을 놓쳐서는 안 된다. 《범주론》에서 '둘째 실체'라고 불리는 'eidos'는 종(種, species) 이다. 예컨대 사람, 말, 소와 같은 종은 여러 개별자들에 대해 술어가 되고, 여러 개별자들에 공통적인 보편자(katholou) 다. 반면 《형이상학》에서 '첫째 실체'라고 불리는 'eidos'는 보편적인 종이 아니라 각각의 개별적인 실체 안에 있는 개별적 형상(eidos enon, VII 11, 1037a29) 을 가리킨다. 위에서 언급한 사례를 들면, 소크라테스나 코리스코스와 같은 개인들에 속하는 영혼이나 육체의 형태가 그런 형상이

38) 이런 해석에 대해서는 G. E. L. Owen, "The Platonism of Aristotle", *Proceedings of the British Academy* 51, 1965, 125~50; H. J. Krämer, "Das Verhältnis von Platon and Aristoteles in neuer Sicht", *Zeitschrift für philosophische Forschung* 26, 1972, 329~53; M. Loux, "Form, Species and Predication in Metaphysics Z, H, and Θ", *Mind* 88, 1979, 1~23; 같은 저자, *Primary OUSIA. An Essay on Aristotle's Metaphysics Z and H*, Ithaca 1991을 참고.

다. 《범주론》은 오직 주어-술어의 관계 속에서 실체에 대해 연구하면서 주어의 자리에 오는 개별자를 '첫째 실체'라고 불렀지만, 이제 《형이상학》의 실체론은 거기서 한 걸음 더 나아가 그런 실체의 내적 구성과 있음의 원인을 분석하면서 그것의 구성부분으로서 형상을 밝혀내고, 이 형상이 감각물의 있음의 원인이라는 이유를 들어 '첫째 실체'라고 부르게 되는 것이다. 그런 점에서 《형이상학》 VII권과 VIII권에서 중심적으로 전개되는 실체론은 《범주론》의 실체론의 부정이 아니라 지양(止揚)이라고 말해야 옳다. 애크릴(J. L. Acrill)이 적절히 지적했듯이, "실체에 대한 《형이상학》 VII권과 VIII권의 논의는 《범주론》의 이 장(즉, 5장 — 옮긴이)에서 한 것보다 훨씬 깊은 차원에서 이루어진다."[39]

'eidos'가 가리키는 두 대상, 즉 형상과 종 가운데 형상이 '첫째 실체'라면, 같은 이름으로 불리는 종은 《형이상학》에서 어떤 지위를 얻을까? 얼핏 보면 아리스토텔레스의 철학 안에는 이 물음에 대해 서로 상충하는 두 가지 대답이 공존하는 것 같다. 말을 반복하는 셈이지만, 《범주론》에서는 종을 일컬어 '실체'라고 부른다. 비록 개별적인 실체에 비해 그 존재론적 지위가 떨어져서 '둘째 실체'라고 불리긴 해도 종이 실체임에는 틀림없다. 하지만 《형이상학》 VII권 13장에서 아리스토텔레스는 종이나 유 등을 겨냥해서 "보편자들 가운데 어떤 것도 실체가 아니라"고 단언한다(VII 13, 1041a4). 이렇게 서로 모순되는 것처럼 보이는 주장을 어떻게 받아들여야 할까? 아리스토텔레스의 사상적 '전회'를 가정했던 연구자들의 추측을 뒤집어, 이제는 《범주론》을 쓸 당시 아리스토텔레스는 플라톤의 유산을 일부 받아들여 보편자에 둘째 실체의 지위를 허락했다가 나중에는 남은 유산마저도 내버린다고 말해

39) J. L. Ackrill, *Aristotle's Categories and De Interpretatione*, Oxford 1963, 81.

야 할까?

추측이야 가지가지일 수 있지만, 그런 추측은 문제해결에 전혀 도움이 안 된다. 문제를 해결하려면 우리는 '있는 것'이 그렇듯이 '실체' 또한 여러 가지 뜻으로 쓰인다는 사실을 고려해야 한다. 우선 용어만 놓고 보아도 '첫째 실체', '둘째 실체', 각 대상에 고유한 본질을 가리키는 '각자의 실체'(ousia hekastou)가 서로 구별된다. '실체' 개념의 이런 다의성(多義性)을 염두에 두고 읽으면, 양립할 수 없어 보이는 보편자에 대한 아리스토텔레스의 발언들 사이에 사실은 아무 모순도 없다는 사실이 쉽게 드러난다. 개별적 실체가 '무엇'인지를 가리키는 보편자가 실체라는 것은 《형이상학》에서도 변함없는 아리스토텔레스의 확신이다. 이는 우리가 앞서 언급한 《형이상학》 VII권 첫머리의 발언에서 증명된다. "'있는 것'은 이처럼 여러 가지 뜻으로 쓰이지만, 분명히 그 가운데 첫째로 있는 것은, 실체를 가리키는 '무엇'인 반면 (…) 다른 것들은 모두 그렇게 있는 것에 속하는 양이라거나 성질이라거나 상태라거나 그런 유의 다른 어떤 것이라는 이유에서 '있는 것'이라고 불린다"는 말을 기억해 보자. 여기서 분명 아리스토텔레스는 '무엇'이 실체라고 말한다.

그렇다면 보편자가 실체일 수 없다는 말의 뜻은 무엇일까? VII권 13장의 첫 부분을 읽어보자. 아리스토텔레스는 여기서 보편자가 실체일 수 없다고 단정하면서 그 이유를 다음과 같이 제시한다(VII 13, 1038 b9-16):

그 이유는 첫째로 각 대상에 고유하고 다른 것에 속하지 않는 것이 각자의 실체(ousia hekastou)이지만, 보편자는 공통적이기 때문인데, 그 본성상 여럿에 속하는 것을 일컬어 보편자라고 부른다. 그렇다면 그것은 어떤 것의 실체이겠는가? 모든 것의 실체이거나 아무것의 실체도 아닐 터인데, 모든 것의 실체일 수는 없다. 그리고 그것이 어느 것 하나의 실체라면, 다른 것들도 그것과 똑같을 것인데, 그 까닭은 그것들의 실체가 하나이고 본질도 하나인 것들이 있다면, 그것들 역시 하나일 것이기 때문이다. 또한 <u>기체에 대해 술어가 되지 않는 것이 실체라고 불리지만, 보편자는 항상 어떤 기체에 대한 술어가 된다</u>(밑줄은 인용자의 강조).

아리스토텔레스는 보편자의 실체적 지위를 부정하면서 두 가지 실체 개념을 앞에 내세운다. 보편자는 '각자의 실체'(ousia hekastou) 라는 뜻에서도, '기체'라는 뜻에서도 실체일 수 없다는 것이다. 첫째로 '각자의 실체'라는 뜻에서의 실체는 그것이 속하는 것에 고유한(idios) 데 반해, 보편자는 '그 본성상 여럿에 속하는 것'이기에 어떤 것의 고유한 실체가 될 수 없다는 이유에서 '각자의 실체'가 될 수 없다. 예컨대 우리는 수많은 동물들을 두고 그것들이 '동물'이라고 부르는데, 만일 '동물'이라는 보편자가 어떤 동물의 실체라면, 그것은 다른 동물들의 실체이기도 할 것이고, 결국 모든 동물들은 똑같은 실체를 갖게 되어 어떤 개별성도 가질 수 없을 것이다. 둘째로, 보편자는 기체라는 뜻에서도 실체일 수 없다. '동물'과 같은 보편자는 수많은 동물들에 대해 술어가 되는 공통적인 것으로서 궁극적인 주어 노릇을 할 수 없다. 그런 보편자는 '언제나 어떤 기체에 대한 술어가 된다'(VII 13, 1038b16).[40] 중요한 것은, 이런 논변들 가운데는 보편자에 대해 《범주론》에서 말한 '둘째 실체'라는 뜻의 실체적 지위를 부정하지 않는 내용이 전혀 없다는 점이다. 보편자가 가지는 둘째 실체의 지위는 《형이상학》에서도

40) 《형이상학》 VII 10, 1035b27-8도 함께 참고.

그대로 인정된다. 이 저술에서 주장되는 것은, 종과 유와 같은 보편자
는 개별적인 감각물처럼 궁극적인 기체일 수도 없고, 개별적인 감각물
안에서 그것의 본질을 이루는 실체, 즉 '각자의 실체'일 수도 없다는
사실뿐이다.

4. 가능태-현실태 이론

《형이상학》의 VII권과 VIII권이 실체를 핵심에 두고 있는 것을 고찰
한다면, IX권은 '가능태'(*dynamis*)와 '현실태'(*energeia*)라는 새로운 개
념쌍에 의거해서 있는 것을 다룬다. 앞의 3절 1)에서 소개한 있는 것
혹은 있음의 네 가지 구분, 즉 ① 범주분류에 따라 있는 것, ② 우연
적인 뜻에서 있는 것, ③ 참이라는 뜻에서 있는 것, ④ 가능태-현실태
라는 뜻에서 있는 것의 구분에 비추어 보면, 《형이상학》의 VII권과
VIII권은 범주분류에 따라 있는 것을, IX권은 가능태-현실태라는 뜻에
서 있는 것을 다루는 셈이다. 그리고 이때 가능태와 현실태에 대한 논
의는 아리스토텔레스의 존재론 전체에 걸쳐 크게 두 가지 의미를 가진
다. 첫째로, 그것은 운동의 관점에서 감각적 실체를 분석함으로써 앞
의 두 권의 실체론을 보완한다. VII권과 VIII권이 주로 질료와 형상의
측면에서 감각적 실체의 내적 구성을 분석하고 형상이 지니는 본질의
지위와 그에 대한 정의의 문제 등을 다룬다는 점에서 '실체에 대한 정
적 고찰'이라고 한다면, IX권은 질료와 형상이 각각 어떻게 감각물의
가능성과 현실성을 구현하는지를 밝히면서 가능성과 현실성의 결합인
운동의 측면에서 감각적 실체를 해명하는 데 목적을 둔, 감각적 실체
가 겪는 '변화에 대한 동적 고찰'이라고 할 수 있다.[41] 둘째로 우리가

주목할 점은 '가능태'와 '현실태' 개념에 의거한 운동과 변화의 논의에 담긴 신학적 함축이다. 감각물의 운동과 변화에 대한 논의는 자연스럽게 그런 자연적 운동과 변화의 궁극적 원리에 대한 의문으로 이어지고, 이런 의문은 신학적 논의로 넘어가는 다리 구실을 한다.[42]

1) 철학적 배경

《형이상학》 IX권의 가능태-현실태 이론은 크게 '능력'이라는 뜻의 가능태에 대한 정의, '가능태'와 '현실태' 개념에 대한 유비적 정의, 가능태에 대한 현실태의 선행성과 우위성에 대한 논의 등을 통해 전개된다. 한편, 이런 논의의 큰 흐름에서 벗어나 있긴 하지만 IX권 3장의 메가라학파에 대한 비판도 아리스토텔레스의 가능태-현실태 이론에서 중요한 비중을 차지한다. 이 비판은 파르메니데스로 거슬러 올라가는 서양 존재론의 근본문제를 건드리면서 있음에 대한 탐구에서 가능태와 현실태의 구분이 필요한 이유를 분명히 보여주기 때문이다.

IX권 3장에서 아리스토텔레스가 비판의 표적으로 삼는 메가라학파의 근본테제는 "현실적 활동을 할 때만 능력이 있는 것이고 현실적 활동을 하지 않을 때는 능력이 없다"(IX 3, 1046b29-30)는 주장으로 압축된다. 예컨대 집을 짓고 있지 않은 사람은 집을 지을 능력이 없는 것이고 집을 짓고 있을 때 집을 짓는 것이며, 다른 경우도 마찬가지라는

---

41) Ross, 앞의 책, cxxiv.
42) 아리스토텔레스의 가능성-현실성 이론에 대한 그동안의 연구내용에 대해서는 E. Berti, "Der Begriff der Wirklichkeit in der Metaphysik (Θ 6-9 u. a.)", in Ch. Rapp (Hrsg.), *Aristoteles. Metaphysik Die Substanzbücher* (Z, H, Θ), Berlin 1996, 289 아래를 참고.

말이다. 즉, S가 있다면 있고 없다면 없는 것이요, S가 P라면 P이고, P가 아니면 P가 아닌 것이지, S가 아직 없지만 있을 수 있고, S가 지금은 P가 아니지만 언젠가는 P일 수 있다는 말은 성립하지 않는다는 것이 메가라학파의 논리인 셈이다. 이런 논리는 근본적으로 파르메니데스 존재론의 한 변이 형태다. 왜냐하면 있는 것은 있고, 없는 것은 없다는 것은 파르메니데스 존재론의 근본원리이기 때문이다.

파르메니데스의 철학을 돌이켜 보자. 널리 알려져 있듯이 파르메니데스는 서양 최초로 있는 것(on)에 대한 논리적 형태의 이론을 전개한 인물이다. 그런 점에서 파르메니데스는 서양 존재론(ontology)의 아버지라고 불릴 만하다. 있는 것에 대한 파르메니데스 사유의 출발점은 익명의 여신의 입을 통해 전달되는 다음과 같은 발언이다. "이제 내가 말하리니, 너는 이 말을 듣고 잘 간직하라. / 바로 이 길들만을 생각할 수 있노라. 그 한 길은 **있고**(estin) 또 **있지 않음**(mē einai)은 있을 수 없다는 길이니, 이는 여신 믿음의 길이라[…] 다른 길은 **있지 않고**(ouk estin) 또 **있지 않음**(mē einai)은 불가피하다는 길이니, 네게 말하건대, 이 길은 전혀 따라갈 수 없는 막다른 길이니라"[43] 라고 말한다. 여신은 또한 "반드시 있는 것이 있다(eon emmenai)고 말하고 또 그렇게 생각해야 하느니, 있음은 있고 없는 것은 없기 때문이라(esti gar einai, meden d' ouk estin). 내가 명하노니 너는 이것을 마음에 두라"[44]고 당부하기도 한다. 이처럼 파르메니데스의 존재론에서는 있음과 없음이 양자택일의 가능성으로 분명하게 갈린다. '있는 것은 있고, 없는 것은 없다'는 주장이 그의 철학의 알파이자 오메가인 셈이다. 이런 그의 테제는 동어반복처럼 들리지만, 그것이 당대 철학에 행사한 파괴력은 엄청난

43) D-K, 28 B 4.
44) D-K, 28 B 6.

것이었다. 왜냐하면 파르메니데스의 테제는 누구나 당연히 받아들이는 자연세계의 변화를 생각할 수 없는 것으로 만들어버리는 결과를 낳았기 때문이다. 자연세계에서 일어나는 변화에는 양의 변화, 성질의 변화, 장소운동 등 여러 형태가 있지만, 그 모두에 선행하는 가장 기본적인 형태의 변화는 생성과 소멸이다. 그런데 생성과 소멸은 각각 없던 것이 있는 것이 되고, 있는 것이 없게 되는 과정이다. 다시 말해서 생성과 소멸은 있는 것과 없는 것 사이의 이행에서 성립한다. 하지만 파르메니데스가 옳다면, 그런 이행의 가능성은 설 자리를 잃는다. '있는 것은 있고 없는 것은 없다'는 파르메니데스의 논리를 받아들이는 순간, 있는 것에서 없는 것으로, 없는 것에서 있는 것으로의 이행은 불가능해지기 때문이다. 생성이 가능하다면, 있는 것이 생겨나기에 앞서 없는 것이 있어야 한다. 소멸이 가능하려면, 있는 것에 뒤이어 없는 것이 따라 나와야 한다. 하지만 어떻게 없는 것이 있는 것 앞이나 뒤에 있을 수 있는가? 애당초 없는 것은 없다고 말하지 않았는가? 파르메니데스 이후 기원전 5~4세기의 철학자들이 파르메니데스의 '논리적 올가미'에서 벗어나 생성과 소멸의 자연세계를 '구제'하는 데 몰두한 데는 충분한 이유가 있다. 파르메니데스를 '아버지'라고 불렀던 플라톤조차 파르메니데스 존재론의 전횡에 맞서 '부친살해'를 감행할 수밖에 없었다. [45]

《형이상학》 IX권에서 아리스토텔레스는 파르메니데스를 직접 상대하지 않는다. 그의 상대는 파르메니데스의 대변자격인 메가라학파다. 이제 "현실적으로 활동을 할 때만 할 수 있는 능력이 있고 현실적으로 활동하지 않을 때는 할 수 있는 능력이 없다"는 그들의 주장을 받아들

---

45) 플라톤, 《소피스테스》 241D를 참고.

인다고 해보자. 또한 있는 것은 언제나 현실적으로 있는 것이요, 현실
적으로 있는 것이 아니면 전혀 없는 것이라고 해보자. 이로부터 따라
나오는 것은 어떤 결과들일까? 메가라학파의 주장이 옳다면, ① 어떤
사람이 집을 짓고 있지 않을 때는 건축가가 아닐 것이고, 다른 기술의
경우도 마찬가지일 것이다(IX 3, 1046b30 아래). 우리는 현재 집을 짓
고 있지 않는다고 하더라도 집을 지을 수 있는 능력이 있는 사람을 일
컬어 '건축가'라고 하겠지만, 메가라학파의 논리에서는 현재 집을 짓고
있지 않는 사람은 건축가가 아니다. ② 나는 포도주가 지금 내 입 안
에서 달콤한 맛을 내지 않아도, 달콤한 맛을 낼 수 있는 힘이 있다는
이유에서 포도주가 달콤하다고 말하는데, 메가라학파에 따르면 이 말
도 성립할 수 없다. 또한 내가 지금 눈을 뜨고 무언가를 보고 있지 않
다면, 그런 나는 보지 못하는 사람일 것이다. 왜냐하면 나는 현재 보
고 있지 않기 때문이다. 그렇다면 나는 하루에도 수천 번 장님이 되고
귀머거리가 되는 셈이 될 것이다(1047a8-10). 그러나 무엇보다도 ③
메가라학파의 주장은 운동과 생성을 부정하는 결과를 낳는다(1047a10-7).
그에 따르면 서 있는 사람은 항상 서 있을 것이고 앉아 있는 사람은
항상 앉아 있을 것이다. 왜냐하면 어떤 사람이 앉아 있다면 그는 다시
일어서지 못할 것인데, 일어설 수 있는 능력이 없는 사람은 다시 일어
서는 것이 불가능할 것이기 때문이다. 메가라학파의 논리는 지금 앉아
있는 사람은 앉은뱅이로, 지금 서 있는 사람은 장승으로 만드는 불합
리한 결과를 낳는다.

　메가라학파의 주장에 대한 아리스토텔레스의 비판은 귀류법적이다.
그는 메가라학파의 의견으로부터 따라 나오는 비상식적 결론들을 들어
그들의 전제를 공격한다. 아리스토텔레스의 비판은 너무도 상식적인
반론이기에 철학적 반론답지 않게 들릴 수도 있다. 하지만 그의 비판

은 논리와 현상이 일치하지 않을 때 논리에 따라 현상을 부정해서는 안 되고 현상에 맞는 논리를 찾아야 한다는 그의 학문적 신념을 반영하고 있다는 점에서 매우 중요하다. 46) 그의 눈으로 보면 파르메니데스의 사변이나 메가라학파의 주장은 현상을 설명하지 못하는 허구의 논리에 지나지 않는다. 그에 맞서 아리스토텔레스는 현상을 설명할 수 있는 논리를 찾는다. 그런 점에서 그의 논리를 일컬어 현상(phanomena)에 대한 논리(logos), 'phenomenology'라고 불러도 좋을 것이다. 47) 아리스토텔레스는 현상에서 가장 멀리 떨어져 있는 형이상학적 탐구에서도 이 방법적 원리를 견지한다.

2) '가능태'와 '현실태'에 대한 유비적 정의

아리스토텔레스가 운동과 생성의 현상을 설명하기 위해 전개하는 가능태와 현실태 이론의 내용은 어떤 것일까? 먼저 '뒤나미스'에 대한 IX권 1장의 규정에서 시작해서 논의의 큰 흐름을 따라가 보자.

《형이상학》 IX권 1장 서두에서 아리스토텔레스는 '뒤나미스'(dynamis, 가능태)와 '에네르게이아'(energeia, 현실태)가 본래 운동(kinēsis)과 관련된 개념이라고 소개한다(1046a1 아래). 그의 정의에 따르면 '가장 주도적인 뜻에서의 가능태'는 '변화의 원리'(archē metabolēs)가 되는 능력

---

46) 《천체론》 III 7, 306a16-7, 《젊음과 노령에 대하여》(De iuventute et senectute) 4, 469a23ff.를 참고.

47) 아리스토텔레스 철학에 대한 현상학적 해석에 대해서는 M. Heidegger, *Einführung in die phänomenologische Forschung*, Gesamtausgabe Bd. 17, Frankfurt a. M. 2006, 5 아래와 그의 *Aristoteles, Metaphysik Θ 1-3. Von Wesen und Wirklichkeit der Kraft*, Gesamtausgabe Bd. 33, Frankfurt a. M. 2006을 참고.

또는 가능성을 가리킨다. 이런 뜻에서 그의 '뒤나미스' 개념은 단순한 양상적 '가능성'(*possibility*)이 아니라 현실화의 '능력'(*potency*) 혹은 능력의 상태(*potentiality*)를 뜻한다.[48] 이를테면 어떤 작용을 할 수 있는 능력(능동적 능력), 어떤 작용을 받을 수 있는 능력(수동적 능력), 다른 것으로 오는 작용에 맞서는 능력(저항능력), 젖은 장작은 불에 잘 탈 수 없다고 말할 때처럼 잘 작용하거나 잘 작용받을 수 있는 능력 등이 모두 '뒤나미스'라고 불린다. 그런 점에서 우리는 '뒤나미스'를 '능력', '가능성', '잠재력', '가능태' 등의 낱말로써 옮길 수 있을 것이다. 반면 '에네르게이아'는 본래, 그런 능력 또는 가능성의 현실화하는 운동을 가리킨다. 1047a30-2에 따르면, "'에네르게이아'라는 말은 '엔텔레케이아'와 연관되어 있지만, 주로 운동들로부터 다른 것들로 그 뜻이 확대되었다. 왜냐하면 일반적 견해에 따르면 '에네르게이아'는 대다수의 경우 운동이기 때문이다." 예를 들어, 집을 지을 수 있는 능력이나 볼 수 있는 능력이 '뒤나미스'라면, '에네르게이아'는 그런 능력이 현실적으로 작용하는 운동의 상태를 가리킨다. 이런 뜻에서 보면, '에네르게이아'는 가능성의 실현으로서 '현실적 활동', '현실적인 것', '현실태'의 뜻을 갖는다.

이처럼 '뒤나미스'와 '에네르게이아'는 본래 운동할 수 있는 능력과 그 능력의 현실화로서 운동을 가리키는 용어이지만, 아리스토텔레스는 그 사용범위를 넓혀 각각 어떤 것이 될 수 있는 가능성을 가진 질료와 그 가능성이 현실화된 상태에 있는 실체에 대해 그 두 개념을 적용하기도 한다. 예를 들어 집을 짓는다고 해보자. 집을 짓기 위해서는

---

48) 이에 대한 더 자세한 분석으로는 M. -T. Liske, "Inwieweit sind Vermögen intrinsische dispositionelle Eigenschaften(Θ 1-5)?" in Ch. Rapp(Hrsg.), 앞의 책, 253 아래를 참고.

먼저 건축재료가 있어야 하는데, 건축재료는 아직 완성된 집이 아니라 완성된 집이 될 수 있는 것에 불과하다. 그런 뜻에서 건축재료는 집이 될 수 있는 가능성 또는 능력을 가진 것이다. 아리스토텔레스는 건축 재료를 비롯해서 모든 재료 또는 질료는 아직 어떤 것은 아니고 그저 어떤 것이 될 수 있는 가능성의 상태에 있다는 뜻에서, 질료를 '가능성의 상태에 있는 것' 혹은 '가능적인 것'(dynamei on)이라고 부르기도 한다. 건축재료를 써서 완성한 집의 존재방식은 물론 그와 다르다. 집은 건축재료 안에 있는 가능성이 현실화된 것, 현실적인 것이다. 그런 점에서 건축재료가 '뒤나미스'라고 불린다면, 완성된 집은 '에네르게이아', '현실적인 상태에 있는 것' 혹은 '현실적인 것'(energeiai on)이라고 불릴 수 있다. 이렇게 '뒤나미스'와 '에네르게이아'는 본래 능력과 능력의 현실화인 운동을 가리키지만, 더 나아가서는 능력을 갖추고 있는 것(예컨대 건축재료)과 그 능력이 실현되어 완성된 실체(예컨대 집)를 가리키기도 한다. IX권 6장, 1048a25-b9에서 아리스토텔레스는 '뒤나미스'와 '에네르게이아'의 쓰임에 대한 유비적 설명을 제시하는데, 이에 따르면 능력: 운동 = 질료: 완성된 실체의 비례관계가 있고, 이 가운데 능력과 질료는 '뒤나미스', 운동과 완성된 실체는 '에네르게이아'라고 불린다.

3) 현실태의 선행성

아리스토텔레스의 가능태-현실태 이론에 포함된 여러 주장 가운데 특히 눈길을 끄는 것은 '뒤나미스'와 '에네르게이아'의 선후관계에 대한 주장일 것이다. 이에 대한 논의는 IX권 8장에서 자세히 전개되는데, 여러 사례가 풍부하게 열거되어 있어서 논지파악이 비교적 수월하다.

아리스토텔레스는 이 장에서 세 가지 측면에서, 즉 정식(logos)과 시간과 실체에서 현실적인 것이 가능적인 것에 앞선다고 말하는데, 그 골자는 다음과 같다(IX 8, 1049b10 아래).

첫째로, 모든 능력이나 가능성은 정의상 어떤 현실적 활동을 수행할 수 있는 능력이나 가능성이다. 이를테면 건축가는 집을 지을 수 있는 능력을 갖추고 있고, 눈은 볼 수 있는 능력을 갖추고 있다. 이런 경우 능력 또는 가능성에 대한 정식, 예컨대 '집을 지을 수 있다' 또는 '볼 수 있다' 안에는 언제나 현실적 활동에 대한 정식, 예컨대 '집을 짓다' 또는 '보다'가 들어 있다. 이런 뜻에서 현실태는 정식에서 가능태에 앞선다.

둘째로, 현실태는 시간에서 가능태에 앞선다. 사람이나 곡식은 씨에서 생기기 때문에, 씨는 거기서 생겨날 현실적 사람이나 현실적 곡식에 시간적으로 앞선다고 말할 수 있다. 하지만 사람의 씨나 곡식의 씨 그 자체는 다른 어떤 현실적 사람이나 곡식에서 생겨난 것이다. 그리고 그런 뜻에서는 현실태가 가능태에 앞선다. 이를 형식화해서 아리스토텔레스는 "생겨나는 것은 모두 어떤 것으로부터 어떤 것의 작용에 의해 어떤 것이 되는데, 작용을 하는 어떤 것은 생겨난 것과 종적으로 동일하다"(1049b28-9)고 말한다. 곡식과 씨의 경우만 그런 것이 아니라, 다른 모든 활동의 경우에도 그렇다. 왜냐하면 집을 지을 수 있는 능력을 갖추기 위해서는 실제로 집을 지어보아야 하고, 키타라 연주능력을 갖추기 위해서는 키타라를 직접 연주해 보아야 하기 때문이다.

아리스토텔레스가 더 비중 있게 다루는 것은 현실태가 갖는 세 번째 뜻의 선행성, 즉 실체에서의 선행성이다. 이에 대한 논의는 크게 두 부분으로 나뉜다. 그 첫 부분(1050a4-b6)에서 아리스토텔레스는 우리 주변의 자연세계와 경험세계에서 관찰할 수 있는 것들에 비추어 현실태가 앞섬을 보인 뒤, 두 번째 부분(1050b6 아래)에서는 영원한 것들을 논의대상으로 끌어들여 이것들이 가멸적인 것에 대해 갖는 관계에 비추어 현실태의 선행성을 논증한다.

1050a4 아래에서 아리스토텔레스는 현실적인 것이 가능적인 것보다 더 높은 수준의 실체라는 사실을 여러 측면을 들어 설명한다. ① 생성과정은 가능성이 실현되는 과정인데, 이런 과정에서 뒤에 오는 것이 앞선 것보다 실체에서 더 앞선다. 왜냐하면 앞서는 것은 아직 덜 현실화된 것인 데 반해, 뒤에 오는 것은 형상(eidos)을 갖추고 완성된 것이기 때문이다. ② 모든 생성은 어떤 것을 실현하기 '위해서'(heneka) 진행되는데, 그런 점에서 생성과정의 마지막에 오는 현실적인 것은 목적(telos)으로서 생성과정 전체의 시작(archē)이며, 모든 가능성은 그것을 이루기 '위해서' 있다. 예컨대 집짓는 사람이 건축재료를 구하는 것은 집을 짓기 위해서이며, 집을 짓는 능력을 습득하는 것은 집을 짓기 위해서이다. ③ 질료와 형상을 일컬어 각각 가능태와 현실태라고 부르는데, 질료를 일컬어 '가능적'(dynamei)이라고 하는 이유는 그것이 형상에 도달할 수 있는 능력을 갖고 있기 때문이다. ④ 능력 또는 가능성을 활용한다고 할 때, 거기에는 두 가지 의미가 있다. 시각능력의 활용처럼 그로부터 다른 어떤 결과물(ergon)도 생기지 않는 경우와 집을 짓는 능력의 활용처럼 그로부터 결과물이 생기는 경우이다. 이처럼 두 가지 종류의 활동이 있지만, 두 경우 모두 활동은 그 자체가 목적이거나 혹은 목적에 더 가깝고, 그런 뜻에서 활동은 단순한 가능성이나 능력에 앞선다. 이상의 논의로부터 아리스토텔레스는 다음과 같은 결론을 이끌어낸다(1050b2-6). "따라서 분명히 실체와 형상은 현실태이다. 이런 근거에서 분명 현실태가 실체의 측면에서 가능태에 앞서며, 앞서 말했듯이 현실태가 있으면 항상 다른 현실태가 그것에 시간적으로 앞

서고, 이는 영원한 첫째 원동자의 현실적 활동으로까지 이어진다."

현실태가 갖는 보다 주도적인 뜻의 선행성에 대한 1050b6 아래의 논의는 인용한 발언에 직접 이어진다. 이제 영원한 것들(*ta aidia*)이 새로운 논의거리로 등장하는데, 이와 관련해서 아리스토텔레스가 제시하는 논변의 내용은 다음과 같이 간추릴 수 있다. 영원한 것들은 가멸적인 것들(*ta phtharta*)보다 실체에서 앞선다. 그런데 가멸적인 것들은 소멸의 가능성을 포함하는 반면, 영원한 것들은 그런 가능성을 포함하지 않은 채 현실적으로 있다. 따라서 우리는 가멸적인 것들과 영원한 것들을 비교해 보면, 현실적인 것이 가능적인 것에 앞섬을 확인할 수 있다.

이런 논변에 우리가 주목해야 하는 것은 두 가지 이유 때문이다. 한편으로 그 논변은 어떤 뜻에서 현실태가 가능태보다 실체에서 앞서는지를 분명하게 보여준다. 다른 한편으로는 그것은 지금까지 VII권과 VIII권에서 전개한 실체에 대한 이론, IX권의 가능태-현실태 이론, XII권에서 전개될 신학적 이론을 매개한다. 1050b6 아래의 논변에서 우리가 만나는 '영원한 것들'(*ta aidia*), '필연적으로 있는 것들'(*ta ex anankēs onta*), '영원한 운동'(*aidios kinēsis*)을 비롯해서 해, 달, '천계 전체'(*holos ho ouranos*) 등에 대한 발언들은 IX권의 가능태-현실태 이론과 XII권의 신학적 이론의 연속성을 보여주는 분명한 증거다.

5. 신학이론

'부동의 원동자'(*to kinoun akinēton*)에 대한 사상으로 널리 알려진 아리스토텔레스의 신학이론은 우리가 지금까지 살펴본 존재론과 함께 형

이상학적 탐구의 또 다른 층을 이룬다. 신학이론은 XII권의 후반부에
서 그 정점에 이르는데, 그에 앞서 감각적 실체들의 생성의 원리들에
대한 논의(XII 1-5)[49]가 예비적으로 펼쳐진다. 《형이상학》 XII권의 이
런 중층적 구성은 아리스토텔레스가 신학적 논의로 나아가는 길목에서
VII권-IX권의 실체론의 내용을 다시 한 번 요약하는 것 같은 인상을 낳
기도 한다.[50] 하지만 그런 인상은 사실과는 거리가 있다. 집필시기를
따져 보면, 《형이상학》 XII권은 VII권~IX권이 저술되기 이전에 쓰인
'완전히 자립적이고 그 자체로서 완결된 강의록'이고[51] 이 강의록은 나
중에 다른 글들에 덧붙여져 《형이상학》에 편입되었다고 보는 것이 옳
기 때문이다.[52] 어쨌건 감각적 실체에 대한 논의에서 신적 실체에 대
한 논의로 진행되는 《형이상학》 XII권의 구성은 아리스토텔레스 형이
상학 안에서 존재론과 신학의 긴밀한 연관성을 보여주는 한 징표임에
틀림없다. 그런 뜻에서 《형이상학》 XII권(Λ)은 아리스토텔레스 형이
상학의 기본 얼개, 즉 그 존재-신학적 구조(Onto-theologische Verfassung)
의 단적인 증거라고 할 수 있다.

<hr>

49) '1. 2. 《형이상학》의 내용' 중 관련부분을 참고.
50) 예컨대 E. Rolfes, *Aristoteles*, *Metaphysik Bd. 2*, Leipzig 1904, XIX와
Ross, 앞의 책 I, lxxix을 참고.
51) Düring, 앞의 책, 593.
52) 이에 대한 보다 최근의 논의로는 M. Frede and D. Charles(eds.),
Aristotle's Metaphysics. Lamda. Symposium Aristotelicum, Oxford 2000, 4
를 참고.

1) 신의 존재와 작용

오늘날까지 남아 있는 아리스토텔레스 대화편의 조각글 가운데는 신의 존재에 대한 다양한 형태의 논증이 흩어져 있다. 그 중 하나는 대화편 《철학에 대하여》(De philosophia)의 다음과 같은 구절이다. "일반적으로 더 좋은 것이 있는 곳에는 가장 좋은 것도 있다. 그런데 있는 것들 가운데 어떤 것은 다른 것보다 더 좋기 때문에, 결국 가장 좋은 것도 있어야 한다. 이것이 바로 신적인 것(to theion)이 될 것이다."[53] 로스는 이 논증을 소개하면서 '존재론적 논증'(ontological argument)이라고 불렀는데, 그런 표현이 얼마나 적절한지는 따로 따져볼 일이다. 어쨌건 아리스토텔레스의 단편에서 신의 관념은 — 훗날 안셀무스(Anselmus)나 데카르트(Descartes)도 그렇게 생각했지만 — 최고 완전자의 관념과 결부되어 있다는 점은 주목할 필요가 있다. 《철학에 대하여》에서 우리가 만나는 또 다른 형태의 논증은 세계의 질서로부터 질서의 부여자인 신을 논증하려는 이른바 '목적론적 논증'(teleological argument)이다.[54] 이 논증은 원환운동을 하는 하늘의 천구들, 규칙적으로 조화롭게 운동하는 행성들과 다른 별들, 그리고 지상의 생명체들이 만들어내는 생명의 질서로부터 그것을 있게 한 제작자(demiourgos)를 이끌어낸다. 기술적인 제작물로부터 기술자를 파악할 수 있듯이, 그의 그림자로부터 신을 파악할 수 있다는 유비추론이 논증의 핵심을 이룬다. 그 기본관념은 플라톤의 대화편 《티마이오스》의 세계제작설,[55] 페일리(W. Paley)의 《자연신학》(Natrual Theology, 1802)의 '설계

---

53) De philosophia Fr. 16 in: W. D. Ross(ed.), Aristotelis Fragmenta Selecta (OCT), Oxford 1955.

54) 같은 곳, Fr. 13.

논증'(*design argument*), 56)   오늘날의 이른바 '지적 설계론'(*intelligent design*) 과 상통한다.

《철학에 대하여》에서 전개된 '존재론적 논증' 및 '목적론적 논증'은 《형이상학》 XII권에도 그 흔적을 남기고 있지만, 57) 주도적인 역할을 하지는 않는다. 《형이상학》 XII권에서 중요한 역할을 하는 것은 이른바 '우주론적 논증'(*cosmological argument*) 이다. 아리스토텔레스는 다음과 같은 말로 이 논증을 시작한다(1071b3-5) : "실체에는 세 가지가 있는데 둘은 자연적인 것들이고 하나는 부동적인 것이기 때문에, 뒤의 것과 관련해서 우리는 영원하고 부동적인 어떤 실체가 있는 것이 필연적이라고 말해야 한다." 왜 그런가? 이에 대한 논증은 1071b5부터 1072a26에 걸쳐 길게 이어지는데, 다음과 같은 주장들이 논증의 뼈대를 이룬다. 자연세계의 운동은 영원해야 하는데, 그렇기 위해서는 영원한 운동 중에 있는 첫째 하늘(*prōtos ouranos*) 이 있어야 하며, 첫째 하늘의 영원한 운동은 이 운동을 낳으면서 그 자체는 운동하지 않는 원리, 이른바 '부동의 원동자'(*ti ho ou kinoumenon kinei*, 1072a25 또는 *kinoun akinēton*, 1074a37) 에 의존한다. 크게 보면 ① 자연세계의 영원한 운동에 대한 가정과, ② 영원한 운동의 원리로서 부동의 원동자에 대한 요청이 논증의 대전제를 제공하는 셈이다. 아리스토텔레스 이후 스콜라철학에서 한층 정교하게 형식화된 이 '우주론적 논증'은 이제 옛날의 왕 같은 권위를 상실했지만, 서구 형이상학의 전통에서 그것이 갖

---

55) 플라톤, 《티마이오스》, 27C 아래를 참고.

56) 이에 대한 자세한 논의는 이창우, "설계논증의 기원", 〈철학연구〉 73집, 2006, 1~21쪽을 참고.

57) 예컨대 1072a34-1072b3과 1075a11 아래에서 신은 각각 최고선(*to ariston*) 이자 지향대상 혹은 목적(*to hou heneka*) 으로서 표상된다.

는 의의 때문에 조금 더 자세히 살펴볼 가치가 있다.

(1) 자연세계의 운동의 영원성: 아리스토텔레스는 자연세계의 운동
의 영원성에 대한 가정을 내세우면서 이를 시간의 영원성에 대한 믿음
과 결부시킨다. 그에 따르면 실체들은 있는 것들 가운데 첫째가는 것
이다. 그러므로 실체들이 가멸적이라면, 결국 모든 것이 가멸적일 것
이다. 하지만 운동도 시간도 생겨나거나 사라질 수 없다. 왜냐하면 만
일 시간이 생겨나거나 사라질 수 있다면, 마땅히 시간이 생겨나기 '이
전'(prōteron)이나 시간이 사라진 '이후'(hysteron)가 있을 터인데, 시간
이 없이는 '이전'도 '이후'도 생각할 수 없기 때문이다. 그런데 시간이
영원하다면, 운동 또한 영원해야 한다. 왜냐하면 시간은 운동과 동일
한 것이거나 운동의 속성(pathos)이기 때문이다. 58) 한편, 운동 가운데
연속적인 것은 장소운동이고, 장소운동 가운데는 원환운동(kinēsis kyklōi)
이 연속적이다. 이때 아리스토텔레스가 말하는 '원환운동'은 구체적으
로 달 위의 세계에서 일어나는 천체들의 원환운동이다. 이 원환운동은
한편으로는 달 아래 세계에서 일어나는 생성과 소멸의 순환을 낳지만,
다른 한편으로는 똑같은 방식으로 작용하면서 항상 그대로 머물러 있
는 것, 붙박이별들의 첫째 하늘에 의해서 이루어진다. 59)

---

58) 《형이상학》 XII 6, 1071b10에 대한 각주를 참고.
59) 아리스토텔레스는 당시의 세계관을 받아들여 자연세계를 두 구역, 즉 달 위의
세계와 달 아래의 세계로 나눈다. 달 위의 세계에서는 천체들의 원환운동이
이루어지고, 달 아래의 세계에서는 동물과 식물들의 생성과 소멸의 운동이 이
루어진다. 그런데 이 모든 운동은 직접, 간접적으로 첫째 하늘의 운동, 이른
바 '붙박이별들의 하늘' 혹은 '항성천구'의 운동에 의존한다. 첫째 하늘은 다른
천체들은 물론 적도와 평행선을 그리는 태양의 운동을 낳는다. 한편, 태양은
하루거리 운동을 할 뿐만 아니라 해를 주기로 황도대를 따라 운동하는데, 이
에 따라 생성과 소멸이 일어난다. 자연세계를 월상계(月上界)와 월하계(月下

(2) 영원한 운동을 낳는 원인으로서 부동의 원동자: 시간의 영원성
에 대한 믿음과 결부시켜 운동의 영원성을 정당화한 다음 아리스토텔
레스는 부동의 원동자를 영원한 운동의 궁극적 원리로 요청하기에 이
른다. 논의는 다시 두 방향으로 갈라진다. ① 그 하나는 가능태-현실
태 이론에 뿌리를 두고 있다(1071b12-22). 이에 따르면 운동의 궁극적
원리는 현실적으로 활동하는 것일 뿐만 아니라 현실적 활동(energeia)
을 자신의 실체(ousia)로 갖는 것이어야 한다. 가능성 또는 능력(dynamis)
을 가진 것은 영원한 운동의 원리가 될 수 없는데, 운동을 낳을 수 있
는 능력을 갖는 것은 현실적으로 그 능력을 행사하지 않을 수 있고,
그럴 경우 그것에 의존하는 자연세계의 운동 역시 소멸할 수 있을 것
이기 때문이다. ② 다른 한쪽의 논의는 운동의 원인에 대한 자연학적
이해에 기반을 둔 것이다. 이에 따르면 어떤 것도 자기 자신을 원인으
로 해서 운동할 수는 없고, 운동하는 것은 모두 다른 어떤 것에 의해
서 운동한다.⁶⁰⁾ 첫째 하늘 자체는 한편으로는 직·간접적으로 다른
천체들의 운동뿐만 아니라 생성과 소멸의 운동을 낳지만, 다른 한편으
로는 그 자체도 운동한다. 따라서 이런 첫째 하늘의 운동은 영원한 운
동의 궁극적 원인이 되기에 충분치 않다. 왜냐하면 운동하면서 운동을
낳는 것은 중간자(meson)이며, 그런 중간자인 첫째 하늘만으로는 영원
한 운동에 대한 궁극적 설명을 구할 수 없기 때문이다. 다시 말해서

界)로 나누는 데 대해서는《동물부분론》I 5, 644b22 아래와《천체론》I 2,
269b13 아래를 참고. 그에 대한 자세한 주석으로는 H. Happ, *Hyle*, Berlin-
New York 1971, 474 아래를 참고.
60)《자연학》VII 1, 241b34, VIII 5, 256a13 아래. 이에 대한 자세한 논의는 유
원기, "아리스토텔레스 자연철학에 있어서의 자동운동의 문제",〈철학〉73집,
2002, 53~74쪽과 김율, "자기운동의 불가능성에 대한 아리스토텔레스의 논
변",〈철학〉83집, 2005, 61~88쪽을 참고.

운동의 궁극적 원리로서 첫째 하늘의 운동을 낳으면서도 그 자신은 운동하지 않는 원리가 있어야 한다. 7장 첫머리(1072a24-6)의 진술은 바로 그런 뜻이다. "그렇다면 그것(= 첫째 하늘)을 운동하게 하는 어떤 것도 있다. 그리고 운동하면서 운동을 낳는 것은 중간자이기 때문에 … 결국 운동하지 않으면서 운동을 낳는 어떤 것, 영원하고 실체이며 현실적인 것이 있다."

이제 영원한 실체(aidios ousia)이면서 현실적인 활동(energeia)을 그 본질로 갖는 원리가 있다고 하자. 하지만 그것은 어떻게 자기 자신은 운동하지 않으면서 다른 것들을 운동하게 할 수 있을까? 현상(phainomena)이나 통념(endoxa)이 이론구성의 출발점이 되어야 한다고 믿는 아리스토텔레스의 입장에서는 분명 이 물음은 대답하기 쉽지 않다. 왜냐하면 영원하고 운동하지 않는 실체는 우리의 경험에 현상적으로 주어지지도 않고 그에 대해 일반적으로 통용되는 의견도 없기 때문이다. 이런 어려움 때문에, 그 자신은 운동하지 않으면서 다른 것을 운동하게 하는 원리의 작용방식과 본성에 대해 말하면서 아리스토텔레스는 유비추론에 호소할 수밖에 없다.

부동의 원동자가 어떤 물리적이고 기계적인 힘을 통해 다른 것을 운동하게 할 가능성은 처음부터 배제된다. 왜냐하면 그것은 비물질적인 실체(immaterial substance)이기 때문이다. 그래서 아리스토텔레스는 질료를 전혀 갖지 않는 이 실체가 세상을 움직이는 것은 '사랑받음으로써'(hōs erōmenon, 1072b3)라고 말한다. 예컨대 건강을 얻기 위해 산책을 하는 사람이 있다면, 이 사람의 머릿속에 있는 건강은 그 자체는 움직이지 않으면서도 그 사람의 마음을 움직일 수 있다. 그리고 이런 마음의 움직임이 다시 그의 신체의 움직임을 낳는다. 영원히 운동하는 첫째 하늘이 부동의 원동자에 의해 움직이는 방식도 유사하다. 그것은

욕망의 대상(*to orekton*)이나 사유의 대상(*to noēton*)으로서 운동을 낳
는다(1072a27 아래). 즉, 욕망의 대상이나 사유의 대상이 우리 안에
욕망과 사유를 일으키고 이것이 다시 신체의 운동을 낳듯이, 부동의
원동자 역시 욕구의 대상이자 사유의 대상으로서 첫째 하늘의 운동을
낳고, 그럼으로써 세계 전체의 운동을 낳는다.[61)

  이러한 유비추론에 따라 인간의 욕망과 신을 향한 우주의 욕망을 비
교하면서 아리스토텔레스는 두 가지를 분명히 한다. 첫째로, 인간의
욕망이 지향하는 좋은 것은 신체의 움직임을 낳고 그 움직임에 의해서
야 비로소 현실화되는 반면, 신은 그렇지 않다. 예컨대 산책의 목적인
건강은 산책을 통해서야 비로소 실현된다. 그에 반해 신은 그것을 지
향하는 세계의 운동을 통해서 실현되는 것이 아니라 그것에 전혀 의존
함이 없이 이미 실현된 상태에 있는 현실적 활동 자체이다. 아리스토
텔레스의 신은 그런 점에서 자기부정을 통해 타자가 되고 이를 통해
자기실현에 이르는 헤겔의 정신(*Geist*)과 근본적으로 다르다. 둘째로,
부동의 원동자가 욕망의 대상인 동시에 사유의 대상이라는 것도 아리
스토텔레스가 강조하는 중요한 점이다(1072a27-b1). 이 말의 뜻은 이
렇다. 욕망은 좋은 것을 지향한다. 물론 욕망의 대상인 좋은 것은 겉
보기에 좋은 것(*to phainomenon agathon*)일 수도 있고 실제로 좋은 것일
수도 있지만, 어쨌건 우리가 어떤 대상에 대해 욕망을 갖는 것은 그것
을 우리가 좋다고 생각했기 때문이다. 그런 점에서 욕망의 시작은 생
각 또는 사유(*noēsis*)이다. 그렇다면 어떤 것이 사유를 불러일으킬까?
일찍이 피타고라스학파의 대립자 이론에서 집약적으로 표현되었듯이,

---

61) 욕망(*orexis*)이나 사유(*noēsis*)에 의해 일어나는 신체의 운동과 부동의 원동자
    에 의해 일어나는 우주의 운동 사이의 계기적·구조적 유사성에 대해서는
    《동물운동론》 6, 특히 700b25 아래를 참고.

사유의 대상은 두 축(*systoichia*)으로 나뉜다. 62) 한 축에는 그 자체로서 사유되는 것들이 속하고, 다른 축에는 그렇지 않은 것들이 속한다. 예컨대 건강은 그 자체로서 사유의 대상이 되지만, 병은 건강의 부재 또는 결핍으로서 사유의 대상이 되는 것과 같은 이치다. 그런데 그 자체로서 사유되는 것들 가운데 첫째가는 것은 실체이고, 실체들 가운데 첫째가는 것은 다시 단순하고 현실적인 작용 가운데 있는 실체이다. 바꿔 말하자면 사유의 첫째 대상은 단순하고 현실적인 실체라는 말이다. 이 사유의 첫째 대상은 욕망의 첫째 대상과 일치한다. 왜냐하면 사유의 첫째 대상은 좋은 것과 같은 축에 놓여 있고, 어디서나 첫째가는 것은 가장 좋은 것이기 때문에 사유의 첫째 대상은 좋은 것을 추구하는 욕망의 첫째 대상이기도 하기 때문이다. 부동의 원동자가 사유와 욕망의 첫째 대상이라는 말은 달리 표현하면, 그것이 지향대상(*to hou heneka*) 혹은 목적(*telos*)임을 말하는 것이지만, 여기서 말하는 목적은 우리가 일상세계에서 말하는 목적과 다르다. 방금 지적했듯이, 우리가 내세우는 목적은 일정한 과정을 통해 현실화되어야 하지만, 부동의 원동자는 그 자체로 존재하는 현실적 작용이기 때문이다. 그것은 세상에 작용하지만, 세상으로부터 작용받지 않는다. "그것은 사랑받음으로써 운동을 낳고, 나머지 것들은 운동함으로써 운동을 낳는다"(1072b3-4).

2) 신의 현실태와 사유활동

신의 존재와 작용방식에 대한 아리스토텔레스의 생각에서 한 걸음 더 나아가 신의 현실적 활동이 어떤 것인지를 알아보자. 우리가 지금까지 확인한 대로 다른 것을 운동하게 하면서도 그 자신은 운동함이

62) 《형이상학》 I 5, 986a22 아래를 참고.

없이 현실적 활동 가운데 있는 신은 어떤 방식으로도 달리 있을 수 없다. 달리 있을 수 없다는 점에서 신은 어떤 우연성도 가지지 않는 필연적 존재이며, 더 좋아질 수 없는 최선의 상태에 있다. 그렇기 때문에 그것은 사유와 욕망의 대상이 되고 그럼으로써 운동을 낳는 원리, 하늘과 자연세계 전체가 의존하는 원리로서 작용한다. 이 원리를 일컬어 아리스토텔레스는 '최선의 여유 있는 삶'(diagogē aristē)이라고 부른다(XII 7, 1072b14-30) :

그러므로 천계와 자연세계는 그런 원리에 의존한다. 그것은 여유 있는 삶이며, 우리에게는 짧은 시간 허락된 최선의 여유 있는 삶과 같은 것이다. 왜냐하면 (우리는 그럴 수 없지만) 그것은 영원히 그런 상태에 있기 때문인데, 그 까닭은 그것의 현실적 활동은 즐거움이기도 하기 때문이다(그리고 이런 이유 때문에 깨어있음, 감각, 사유는 가장 즐거운 것이요, 희망과 기억은 그것들로 말미암아 즐거움을 준다). 그리고 사유활동 자체는 그 자체로서 가장 좋은 것과 관계하며, 가장 좋은 것은 가장 좋은 것과 관계한다. 그런데 지성은 사유대상을 포착함으로써 자기 자신을 사유하는데, 그 까닭은 지성은 대상과 접촉하고 사유하는 가운데 사유대상이 되고, 결과적으로 지성과 사유대상은 동일한 것이 되기 때문이다. 왜냐하면 사유대상, 즉 실체를 수용하는 능력이 지성이요, 그것은 사유대상을 소유함으로써 현실적으로 활동하기 때문이다. 따라서 수용능력보다는 소유가 지성이 가진 것으로 보이는 신적인 것이며, 이론적 활동은 가장 즐겁고 가장 좋은 것이다. 그런데 만일 우리가 한순간 누리는 좋은 상태를 신이 항상 누리고 있다면, 이는 놀라운 일이요, 그 정도가 더하다면, 더욱 놀라운 일이다. 하지만 실제로 그렇다. 그리고 신에게는 삶이 속하는데, 그 까닭은 지성의 현실적 활동은 삶이요, 그 현실적 활동이 바로 신이기 때문이다. 현실적 활동은 그 자체로서 신에게 속한 것으로서, 가장 좋고 영원한 삶이다. 우리는 신이 영원하고 가장 좋은 생명체이며, 그래서 끊임없는 영원한 삶이 신에게 속한다고 말하는데, 신은 바로 그런 것이기 때문이다.

신의 영원한 현실적 활동(*energeia*)이 어떤 것인지는 우리의 인식범위를 넘어선다. 사유는 현상세계에 대한 감각적 경험에서 출발할 수밖에 없는데, 신적 활동은 우리의 경험세계 안에 현상적으로 주어져 있지 않기 때문이다. 신적 현실을 파악하는 길은 유비추론뿐이다. 그래서 신의 현실적 활동을 규정하면서 아리스토텔레스는 그런 유비추론에 의존한다. 실마리는 '현상적인 것들 가운데 가장 신적인 것'(1074b16), 즉 사유활동(*noēsis*)이다. 이 활동에 대한《니코마코스 윤리학》X권 9장의 진술과 비교해 보자(1177b19 아래):

> 지성의 현실적 활동은 이론적인 것으로서 그 진지함에서 다른 것들과 차이가 있으며 그 자체 이외에는 다른 어떤 목적도 추구하지 않고 고유한 즐거움을 가지며 (이 즐거움은 그 활동을 증대시킨다) 인간에게 가능한 자족성과 여가활동의 성격과 싫증나지 않는 성질을 갖는 것처럼 보인다. 복 있는 사람에게 귀속되는 다른 모든 것들도 이 활동에 의존함이 분명하다. 실로 이 활동이 삶의 긴 시간을 완전히 차지하는 한, 그것은 인간의 완전한 행복일 것이다.[63]

아리스토텔레스는 자족적이고, 즐겁고, 한가로우며 인간에게 완전한 행복을 가능케 하는 이런 사유활동의 영원한 형태를 바로 신의 현실적 활동에서 찾는다. 신은 우리가 한순간 누리는 좋은 상태를 항상 누

---

63) 이창우·김재홍·강상진 옮김,《니코마코스 윤리학》, 이제이북스, 2006의 우리말 번역을 부분적으로 고쳤다.

린다. 신에게는 영원한 삶이 속하고 이 삶은 지성(nous)의 현실적 활동이며 이 활동은 그 자체로서 신에게 속한 것으로서, 가장 좋고 영원한 삶이다. 인간의 사유활동과 신의 사유활동이 지속성의 측면에서 차이가 나는 이유는 두 경우 활동방식이 근본적으로 다르기 때문이다. 인간의 지성은 우선적으로 사유대상을 수용하는 능력이다. 그것은 사유대상을 소유함으로써 현실적 상태에 놓이게 되어 사유대상을 포착하고, 이를 통해 자기 자신을 사유한다.[64] 인간의 지성은 이렇게 가능성의 상태에서 현실적 사유활동의 상태로 이행함으로써 사유하기 때문에, 그의 사유활동은 영원할 수 없다. 신적 사유는 이와 다르다. 신적 지성은 항상 사유활동의 상태에 놓여 있기 때문이다. 신에게는 사유활동의 삶이 속하며 그 사유활동이 바로 신이다. 물론 이 사유활동은 인간의 사유활동과 비교할 수 없이 탁월하고 지속적인 것이기에, 거기서 이루어지는 신의 삶은 가장 좋고 영원한 삶이다. 그런 뜻에서 "우리는 신이 영원하고 가장 좋은 생명체이며, 그래서 끊임없는 영원한 삶이 신에게 속한다고 말하는데, 신은 바로 그런 것이기 때문이다"(1072b28-30).

문제는 신적 사유의 대상과 내용이다. 신은 도대체 무엇을 사유하는가? 신적 지성은 대상을 갖지 않는 사유일까? 그럴 수는 없다. 아무것도 생각하지 않는다는 말은 아무 생각이 없다는 뜻이고, 그 경우 신의 사유는 마치 잠자는 사람과 같아서 아무런 위엄도 가질 수 없기 때문이다(XII 9, 1074b17-8). 하지만 만일 그것이 무엇인가를 생각한다면, 이때의 사유는 사유되는 대상에 의존해서는 안 된다. 그 경우 신적 사유활동은 사유대상과의 관계 속에서만 가능할 뿐, 그 자체로서는 사유능력에 불과할 것이며, 따라서 최선의 실체일 수 없을 것이기 때문이

---

64) 이에 대해서는 《형이상학》 XII 9, 1075a5에 대한 각주를 참고.

다. 나아가 신적 사유가 — 그것이 본성상 잠재적 사유능력이건 사유활동이건 — 생각하는 대상은 무엇인가? 가능성은 두 가지다. 자기 자신을 생각하거나 아니면 다른 어떤 것을 생각하거나이다. 그리고 만일 뒤의 경우라면, 그때 사유대상은 변하지 않는 것이거나 아니면 끊임없이 변화하는 것일 것이다. 그러나 어떤 것을 생각하는가에 따라 생각의 가치는 달라지지 않는가? 이것이 사실이라면 최선의 존재인 신적 사유는 가장 신적인 것을 대상으로 가져야 하며, 결코 순간순간 변하는 것을 대상으로 취할 수 없다.

이런 것들은 최선의 존재로서 신적 사유를 둘러싼 중심물음들이다. 그리고 아리스토텔레스는 1074b28-35에서 신적 사유를 사유활동으로, 특히 다른 것에 의존하지 않는 사유활동으로 규정함으로써 그런 물음들에 대해 대답한다. 그에 따르면 신적 사유는 두 가지 이유에서 사유활동이어야 한다. 첫째로, 만일 신적 사유가 능력으로부터 활동으로의 이행에서 성립한다면, 연속해서 이런 일을 하는 것은 신적 지성에게 피곤한(*epiponon*) 일일 텐데, 이는 당치 않은 일이다. 둘째로, 만일 신적 지성이 사유대상(*nooumenon*)에 의존해서 실현되는 능력 혹은 가능성에 불과하다면, 지성보다는 그 지성에 현실적 활동성을 제공하는 사유대상이 더 높은 가치를 지니게 될 것이다. 왜냐하면 신적 사유의 가치는 그것이 사유하는 대상의 가치에 따라 결정될 것이고, 따라서 그 자체로서는 가치중립적인 그런 사유능력을 최선의 사유활동으로 만드는 사유대상 자체가 신적 지성보다 더 고귀할 것이기 때문이다. 하지만 신적 사유보다 더 높은 가치를 지니는 대상은 있을 수 없다. 결과적으로 신적 사유가 본성적으로 사유활동이고, 이 사유활동보다 더 좋은 것이 있을 수 없다면, 신적 사유활동은 사유활동 자체를 대상으로 삼아야 한다. "그러므로 사유는, 만일 그것이 가장 좋은 것이라면, 자기 자신을 사유하고, 그 사유는 사유에 대한 사유이다"(1074b33-5).

신의 사유는 처음부터 다른 대상에 의존함이 없이 최고의 사유대상
인 자기 자신을 생각할 뿐이다. 신적 사유의 이런 자기관계는 의문을
낳는다. 신은 다른 아무것도 생각하지 않고 오로지 자기 자신만을 생
각하는가? ― 이 물음에 대해서는 전통적으로 서로 상충하는 두 가지
대답이 제시되었다. 많은 아리스토텔레스 연구자들은 신의 사유를 자
기 자신만을 대상으로 하는 절대적 자기관계로 이해한다. 65) 하지만
이에 반대해서 토마스 아퀴나스(St. Thomas Aquinas)나 브렌타노(F.
Brentano)는 신의 자기관계가 타자관계를 배제하지 않는 것으로 본
다. 66) 이들에 따르면 신의 고유한 사유대상은 물론 자기 자신이지만,
부수적으로는 신에 의존해 있는 것들 모두를 생각하는데, 건강을 생각
하는 사람은 건강과 관련된 모든 것을 알고 나아가서는 건강의 부재상
태인 병에 대해서도 아는 것과 같은 이치다. 67)

이 두 방향의 해석 가운데 어떤 것이 아리스토텔레스의 본의에 더
가까울까? 이런 물음을 둘러싸고 20세기 초반 브렌타노와 첼러(E.
Zeller)의 격렬한 논쟁이 있었으며, 68) 20세기 후반에도 크래머(H. J.

---

65) E. Zeller, *Die Philosophie der Griechen*, II 2, Leipzig ^{3}1879, 362~83을 참고.

66) Thomas Aquinas의 입장은 다음과 같은 그의 말로 압축된다: "Nec tamen
sequitur, quod omnia alia a se ei sunt ignota; nam intelligendo se
intelligit omnia alia"(그렇지만 그에게는 자신과 다른 것 모두가 알려지지 않
는다는 사실이 따라나오지는 않는다. 그는 자기 자신을 앎으로써 다른 모든
것을 알기 때문이다)(*In duodecim libros Metaphysicorum Aristotelis expositio*,
ed. M. R. Cathara, O. P. exarata retractatur cura et studio P. Fr.
Raymundi M. Spiazzi. O. P, Turin 1950, lib. xii. lect. xi. F. Brentano,
Aristoteles Lehre vom Ursprung des menschlichen Geistes, Hamburg 1980,
121~41을 참고).

67) 《형이상학》 IX 2, 1046b12 아래를 참고.

Krämer) 와 웰러(K. Oehler) 사이의 논쟁이 그 뒤를 이었다. [69] 여기서 신의 사유를 둘러싼 이 논쟁의 세부내용을 자세히 살펴볼 수는 없다고 하더라도, 이 논쟁이 《형이상학》의 신학에 대한 해석뿐만 아니라 그리스의 신 관념과 기독교적인 신 관념의 관계 및 서구 '정신 형이상학' (*Geistmetaphysik*)의 전통을 이해하는 데서 결정적 의미를 갖는다는 점만큼은 분명하다. [70]

아리스토텔레스는 신적 사유를 '사유에 대한 사유'라고 규정하면서 이에 대해 제기될 수 있는 반론도 함께 다룬다. 그가 고려하는 반론은 두 가지이다. 인간적 인식, 예컨대 지식이나 감각은 먼저 다른 대상과 관계하고 오로지 부수적으로만(*en parergōi*) 자기 자신과 관계하는데, 신적 사유는 어떻게 이와 다른 것일 수 있는가? 또 신적 사유의 두 측면, 즉 사유활동의 측면과 사유대상의 측면은 서로 구별되는데, 이 가운데 어디에 더 높은 가치가 놓여 있는가? 이에 대한 아리스토텔레스

---

68) 이 논쟁의 자세한 내용에 대해서는 Brentano, 앞의 책, 121~41을 참고.

69) 이 논쟁의 자세한 내용에 대해서는 K. Oehler, *Antike Philosophie und byzantinische Mittelalter. Aufsätze zur Geschichte des griechischen Denkens*, München 1969, 162~83을 참고하라. 여기 실린 글 'Zum Ursprung der Geistmetaphysik'에서 Oehler는, 아카데미아학파나 신플라톤주의의 입장에 서서 신적 사유는 '신 안에 내재한 실체들', 즉 55개의 지성체들을 생각한다고 주장하는 Krämer의 해석을 반박한다. Flashar(Hrsg.), 앞의 책, 337도 함께 참고.

70) H. J. Krämer, *Der Ursprung der Geistmetaphysik: Untersuchungen zur Gesichchte des Platonismus zwischen Platon und Plotin*, Amsterdam 1967 (초판 1964)을 참고하라. Hegel의 정신철학과 관련된 논의로는 예컨대 K. Gloy, "Die Substanz ist als Subjekt zu bestimmen. Eine Interpretation der XII Buches von Aristoteles' Metaphysik", *Zeitschrift für Philosophische Forschung*, Bd. 37, H. 4, 1983, 515~43을 참고.

의 대답은 매우 함축적이다. 그에 따르면 질료를 갖지 않는 것들의 경우, 사유주체와 사유대상은 동일하다. 예컨대 사유의 주체인 의사가 환자의 치료를 위해 건강에 대해 사유한다면, 이때 사유대상인 건강은 의사 자신의 지성 속에 있다. 하지만 신적 사유에 본질적 동일성, 즉 사유활동과 사유대상의 동일성에 대한 주장을 직접 뒷받침하는 것은 사유주체와 사유대상의 일치에 대한 《영혼론》 III권 4장의 논의이다. 여기서는 현실적 사유나 감각을 일종의 '동화'(assimilation)로서, 즉 사유주체와 사유대상이 하나가 되는 과정으로서 파악하는데, 이에 따르면 항상 현실적 상태에 있는 신적 사유에서는 사유활동의 주체와 사유대상의 구별은 지양된다.71) 1074b38-1075a5의 압축적 논변은, 그런 이론을 전제로 삼아 신적 사유에 특유한 자기인식과 대상인식의 불가분성과 사유주체와 사유대상의 동일성을 옹호한다.

한편, 신적 사유를 다루는 9장의 마지막 부분(1075a5-10)에서 아리스토텔레스는 그 사유를 다시 한 번 사유대상의 측면에서 해명한다. 신적 사유대상은 복합적인 것(syntheton)인가? 아리스토텔레스는 신적 사유대상이 복합적일 가능성을 부정하는데, 그럴 경우 신적 정신은 복합체 전체의 부분들을 오가면서 변화를 겪게 될 것이기 때문이라는 것이 그가 제시하는 이유다. 그에 따르면 신적 사유는 인간의 사유와 달리 시간적 과정을 거치지 않는다. 복합체를 대상으로 삼는 인간의 사유는 시간적 과정 속에서 이루어지지만, 절대적으로 단순하고 질료 없는 것, 즉 자기 자신을 대상으로 삼는 신적 사유는 그런 시간적 과정을 초월한다. 그런 점에서 아리스토텔레스는 신적 사유에 대해 "자기 자신에 대한 사유활동 자체는 영원한 시간에 걸쳐 있을 것이다"(1075a9-10)

71) 《형이상학》 XII 7, 1072b19-21과 관련 각주를 참고.

라고 말한다.

3) 신과 세계의 관계

　아리스토텔레스는 《형이상학》 XII권 6장과 7장에서 운동의 관점에서 신에 대한 세계의 의존성을 논의한 데 이어 10장에서는 좋음(agathon)의 관점에서 세계와 신의 관계를 밝히는 데 주력한다. 세계의 본성은 어떤 방식으로 좋음과 최고의 좋음을 갖는가? 그것은 따로 떨어져서 그 자체로서 있는가 아니면 세계의 질서 가운데 놓여 있는가? 이것이 《형이상학》 XII권의 마지막 장에서 다뤄지는 물음들이다.

　아리스토텔레스는 다시 유추에 의존하는데, 이제 그는 두 가지 비유를 도입한다. 첫 번째는 군대와 사령관의 비유이다. 이에 따르면 마치 군대의 경우에 그렇듯이 세계의 좋음 혹은 선은 내재적 방식과 초월적 방식 모두에 따라서 있다. 즉, 군대의 좋음이 군대의 편재된 질서 안에 내재해 있을 뿐만 아니라 그런 질서의 최고 정점인 사령관 안에도 있듯이, 좋음은 세계의 질서 가운데 구현되어 있을 뿐만 아니라 그런 질서를 가능하게 하는 원리인 신 안에도 있다는 뜻이다. 아리스토텔레스는, 군대의 경우 질서의 원리인 사령관이 더 좋은 것이듯이, 세계의 경우에도 좋은 질서를 가능하게 하는 신이 더 좋다고 덧붙인다. 그렇다면 세계의 내재적 질서의 모습은 또 어떤가? 세계 안에 있는 모든 것은 일정한 질서 속에서 서로 관계를 맺고 있지만, 모두가 똑같은 방식으로 있는 것은 아니다. 아리스토텔레스의 두 번째 비유에 따르면, 세계 안에 있는 것들의 결속상태는 마치 집 안의 상태와 사정이 똑같다. 자유민들에게는 집 안에서 해야 할 일이 질서에 따라 확실하게 정해져 있기 때문에 아무 일이나 닥치는 대로 하지 않는 반면, 노예들과

짐승들은 닥치는 대로 아무것이나 한다. 이 비유에서 말하는 자유민들
은 물론 필연적 법칙에 따라 규칙적 운동을 하는 달 위 세계의 천체들
을, 노예들과 짐승들은 우연적 변화에 내맡겨져 있는 달 아래 세계의
존재자들을 표현한다.

이 두 비유를 우리는 어떻게 이해해야 할까? 군대의 비유는 세계의
내적 질서가 합목적적인 것이고 그 질서는 — 마치 군대의 질서가 사령
관의 의도의 소산이듯이 — 신적 계획에서 유래하는 것 같은 인상을 낳
는다. 그런 점에서 아리스토텔레스가 서로 다른 종류의 생명체들의 관
계를 목적-수단의 관계로서 이해했으며, 그런 관계를 통해 이루어진
세계의 질서를 조물주의 의도 탓으로 돌린다고 주장하는 해석가들[72]
의 해석에도 일리가 없지 않다. 하지만 그들의 해석처럼 아리스토텔레
스 자신은 정말로 세계의 목적적 관계를 조물주의 의도 탓으로 돌리려
고 했을까? 그런 해석이 흔히 전거로 삼는 《정치학》의 한 구절을 함께
읽어보자(I 8, 1256b7-22)[73] :

> 살아가는 데 꼭 필요한 이런 종류의 재산은 모든 생물에게 태어나면서
> 부터 다 성장할 때까지 자연에 의해 주어지는 것 같다. 어떤 동물은
> 새끼를 낳는 순간 새끼가 식량을 자급할 수 있을 때까지 새끼를 충분
> 히 먹일 만한 식량을 생산한다. 예컨대 유충이나 알을 낳는 동물이 그
> 렇다. 그리고 태생(胎生) 동물은 새끼에게 먹일 식량을 일정 기간 몸
> 안에 갖고 있는데, 이것이 이른바 젖이다. 마찬가지로 다 성장한 것들
> 을 위해서도 식량이 마련되어 있다고 우리는 추론하지 않을 수 없는

---

72) F. Brentano, *Aristoteles und seine Weltanschauung*, Hamburg 1977, 72~
    3; Rolfes, 앞의 책 2, 408을 참고.
73) 인용은 아리스토텔레스, 《정치학》, 천병희 옮김, 숲, 2009의 우리말 번역을
    따랐다.

데, 식물은 동물을 위해 존재하고, 다른 동물은 인간을 위해 존재한다. 그 중 길들인 동물은 노력과 식량을 제공하기 위해, 그리고 전부는 아니더라도 대부분의 야생동물은 식량 외에도 옷과 여러 가지 도구를 제공하기 위해 존재한다. 자연은 어떤 것도 불완전하거나 쓸데없이 만들지 않는다면, 자연이 이 모든 것을 만든 것은 인간을 위해서라고 추론하지 않을 수 없다.

군대와 사령관의 관계에 대한 비유나 집안의 질서의 비유는 물론 인용한 《정치학》의 구절은 아리스토텔레스의 신학에 대한 기독교적 해석에 실마리를 제공하는 것처럼 보인다. "식물은 동물을 위해 존재하고, 다른 동물은 인간을 위해 존재한다"는 말을 달리 어떻게 해석할 수 있을까? "자연이 이 모든 것을 만든 것은 인간을 위해서"라는 아리스토텔레스의 발언은 모든 자연세계는 신이 인간을 위해 창조한 것이라는 기독교적 관념의 그리스적 대응물이 아닐까? 하지만 비유는 단지 비유일 뿐이다. 《형이상학》 XII권 10장의 비유들에서 창조된 질서나 창조자의 관념을 확인하려는 태도에는 비유의 의미에 대한 지나친 확대해석의 위험성이 내포되어 있다. 아리스토텔레스의 자연관 안에는 그런 기독교적 해석의 여지가 거의 없기 때문이다.

아리스토텔레스에 따르면 분명 신은 최고선으로서 목적이고, 신에 이르기까지 '자연의 사다리'(scala naturae)가 있다(부록 3을 참고). 달 아래 세계에는 네 요소에서 시작해서 여러 등급의 식물과 동물을 거쳐 사람에 이르는 위계질서가 있고, 달 위의 세계에도 그에 상응하는 등급이 있다. 하지만 아리스토텔레스는 자신의 이론적 저술 어디에서도 이런 사다리의 위와 아래에 있는 것들 사이에 수단과 목적의 관계가 있다고 말하지 않는다. 이를테면 식물이 동물을 위해서 있고, 동물이 사람을 위해서 있으며, 사람이 신을 위해서 있다는 식의 수단-목적 관계에 대한 관념을 아리스토텔레스에게서 찾기란 매우 어렵다. 물론 사람은 식물과 동물을 생존을 위한 수단으로 이용할 수 있고, 동물도 살아남기 위해 식물을 이용할 수 있다. 하지만 이런 수단과 목적의 관계는 어디까지나 사람이나 포식자 편에서 성립할 뿐이다. 《정치학》I권 8장의 발언내용은 아마도 그런 뜻으로 이해해야 할 것이다.[74] 아리스토텔레스의 보다 엄밀한 자연학적 진술들에 따르면 식물이나 동물의 존재목적은 사람에게 먹히는 데 있는 것이 아니다. 각 생명체는 저마다 고유한 목적을 가지고 있다. 신적인 영원한 삶에 참여하는 것이 바로 그것이다. 물론 이 참여는 본성에 따라 달리 실현된다. 예컨대 천체들은 영원한 운동을 통해, 땅 위의 생명체들은 종의 번식을 통해 영원한 삶에 도달하려고 한다.[75] 아리스토텔레스는 자신의 저술 어디에서도 신을 정점으로 하는 이런 생존의 사슬이 신의 계획의 소산이라고는 말하지 않는다. 그것이 어디에서 오는지에 대해 그는 아무 말도 하지 않았다. 그는 어떤 형태의 세계의 시작도, 예컨대《티마이오스》류의 제작적 세계관에서 제시하는 뜻의 시작도, 진화론적 세계관에서 말하는 뜻의 세계의 시작도 인정하지 않는다. 아리스토텔레스의 세계는 시작도 끝도 없는 영원한 세계다. 세계의 영원성은 천구의 원환운동이나 "사람이 사람을 낳"는 순환적 운동을 통해서 보존된다. 그리고 신은 바로 이런 형태의 운동원리이다. 왜냐하면 천구들의 원환운동이나 사람이 사람을 낳는 운동은 모두 신적인 영원성에 참여하기 '위한' 자연세

---

74) 이에 대한 자세한 논의는 W. Kullmann, *Aristoteles und die moderne Wissenschaft*, Stuttgart 1998, 271 아래를 참고.

75) 이에 대해서는《영혼론》II 4, 415a22 아래;《동물발생론》II 1, 731b18 아래를 참고. 뒤의 구절에 대한 자세한 분석은 D. -H. Cho, *Ousia und Eidos in der Metaphysik und Biologie des Aristoteles*, Stuttgart 2003, 242 아래를 함께 참고.

계의 운동이기 때문이다. 이런 뜻에서 자연세계의 질서와 운동에 대한 설명을 '신적인 계획의 작용보다는 자연의 무의식적 목적론'에서 찾는 것이 아리스토텔레스의 사상에 대한 더 설득력 있는 해석일 것이다. 76)

6. 이데아론 비판

플라톤의 이데아론에 대한 비판이 《형이상학》에서 차지하는 비중은 매우 크다. 이는 그렇게 놀랄 일이 아니다. 아리스토텔레스의 존재론 전체가 플라톤과 아카데미아의 이데아론 및 원리론에 대한 비판적 대안이라고도 말할 수 있기 때문이다. 77) 이데아론에 대한 아리스토텔레스의 비판은 《형이상학》 전체에 걸쳐 산발적으로 제기되지만, 특히 《형이상학》 I권 9장과 XIII권~XIV권에 집중되어 있다. 비판의 방향은 크게 두 갈래로 나뉜다. 하나는 플라톤의 대화편들에 담긴 이데아론을, 다른 하나는 아카데미아 내부에서 전개된 구술이론과 논쟁들을 겨냥한 것이다.

이 가운데 두 번째 방향의 비판이 다루는 플라톤과 아카데미아의 이른바 '쓰여지지 않은 이론'(agrapha dogmata)은 지난 세기에 새로이 주목받기 시작해서 그동안 그에 대해 연구도 적지 않게 축적되었다. 78)

---

76) Ross, 앞의 책 I, cxxxi. Barnes(ed.), 앞의 책, 73~6도 함께 참고.
77) Flashar, 앞의 책, 343을 참고.
78) 이에 대한 대표적 연구로는 K. Gaiser, *Platons ungeschriebene Lehre*, Stuttgart 1963과 H. J. Krämer, *Arete bei Platon und Aristoteles: Zum Wesen und zur Geschichte der platonischen Ontologie*, Heidelberg 1959를 참고. 이에 대한 국내의 연구로는 이강서, "'문자화되지 않은 이론'(agrapha dogma)과 《필레보스》 편", 〈서양고전학연구〉 10권, 1996, 155~81을 참고.

하지만 수와 수의 원리들에 대한 아카데미나 내부의 이론이나 그에 대한 아리스토텔레스의 비판은 그 단편적 성격 때문에 여전히 재구성과 해석의 어려움을 안고 있다.[79] 어쨌든 그 이론에 대한 아리스토텔레스의 논지는 분명한 것 같다. 플라톤과 아카데미아의 철학자들이 생각하듯이 수들은 자립적이고 '분리가능한 실체들'(*ousiai chōristai*, 1080a13)이 아니고 수의 원리들 역시 '있는 것들의 요소들'(*stoicheia tōn ontōn*, 1086a 28, 998b9-10)이 아니며, 수들을 비롯한 수학적 대상들은 자연물들에서 감각적으로 지각가능한 측면들을 덜어낸 '추상물들'(*ta ex aphaireseōs*, 1061a29)에 불과하다는 것이 아리스토텔레스의 주장의 핵심이다.[80]

한편, 첫 번째 방향에서 전개되는 이데아론 비판은 우리에게 비교적 친숙한 내용이다. 이 비판은 I권 9장과 XIII권 4장~5장, 10장에 집약되어 있으며, 내용상 서로 중첩된다. 아래에서는 먼저 이데아론의 기원에 대한 I권 6장과 XIII권 4장의 보고내용을 소개하고, 그 뒤 이데아론에 대한 아리스토텔레스의 반박내용을 살펴보기로 한다.

아리스토텔레스는 플라톤의 이데아론(*hē peri tōn eidōn doxa*)을 주로 세 가지 사유 흐름의 혼성물로 이해한다(I 6, 987a29 아래, XIII 4, 1078b 12 아래). 첫째는 헤라클레이토스와 크라튈로스의 영향이 있는데, 이들의 의견에 따라 플라톤은 "모든 감각물은 언제나 흘러가는 상태에 있어서 이것들에 관한 학문적 인식은 존재하지 않는다"(987a33-4)

79) 예컨대 H. Cherniss는 '쓰여지지 않은 이론'에 대한 아리스토텔레스의 보고내용이 단순한 오해의 산물이거나 반박을 위해 플라톤 대화편들에 나오는 이데아들을 투사한 것이라고 주장한다.

80) J. Annas, "Die Gegenstände der Mathematik bei Aristoteles", in A. Graeser(Hrsg.), *Mathmatics and metaphysics in Aristotle*, Bern 1987, 131 ~47.

고 생각하게 되었다. 플라톤은 젊은 시절부터 이런 견해에 친숙해졌고 평생 동안 이런 생각을 견지했다. 둘째는 플라톤이 소크라테스에게서 받은 영향이다. 윤리적 영역에서 보편자(*katholou*)를 찾고 이것을 정의 (*horismos*) 대상으로 여긴 소크라테스의 가르침을 받아들인 플라톤은 언제나 변화상태에 있는 감각적 대상들과 떨어져 있는 것들이 정의의 대상으로 존재한다고 생각하면서, 이런 것들을 일컬어 이데아들이라고 불렀다. 나아가 플라톤은 이런 이데아들에 감각물들이 관여하고 (*metechein*) 그것들에 따라 이름을 얻는다고 생각했는데, 이것은 이데 아론에 미친 세 번째 영향, 즉 피타고라스학파의 영향이다. 피타고라 스학파는 있는 것들이 수들의 모방(*mimēsis*)에 의해서 있다고 말한 데 반해, 플라톤은 이름만 바꾸어 감각적인 것들이 이데아에의 관여 (*metexis*)에 의해서 있다고 주장했다고 아리스토텔레스는 말한다.

이것이 I권 6장과 XIII권 4장에 공통된, 이데아론의 기원에 대한 보고다. 이 보고내용의 역사적 사실성에 대해서는 더 자세한 논의가 필요하겠지만,[81] 여기서는 한 가지 점만을 지적하고 넘어가자. 그것은 바로 플라톤의 이데아론이 소크라테스의 보편적 정의에 대한 관심과 피타고라스학파의 수학적 사유를 결합한 결과라는 사실이다. 이 결합은 얼마나 성공적인 것일까? 아리스토텔레스의 판단에 따르면 그 결합은 이데아론이 갖는 온갖 어려움의 원천이다. 이런 뜻에서 그는 플라 톤과 그의 후계자들을 두고 "그들이 이런 잘못을 범한 이유는, 수학의 대상들과 보편적 정의들을 동시에 탐색의 출발점으로 삼은 데 있다" (XIII 8, 1084b23-5)고 지적한다. 아리스토텔레스가 이데아론의 기원을 이야기하면서 수학적 대상들에 대한 플라톤 이론을 함께 소개하는

---

81) 이상인, "플라톤의 이데아론의 철학적 기원: 아리스토텔레스의 설명에 대한 비판적 고찰", 〈철학연구〉 88집, 2010, 89~125쪽을 참고.

것도 같은 맥락에서다. 그에 따르면 플라톤은 감각물들과 형상들 사이의 중간에 수학적 대상들을 상정하면서, 이것들은 영원하고 운동하지 않는다는 점에서는 이데아들과 비슷하고, 형상은 하나이지만 수학적 대상들은 같은 것이 여럿 있는 점에서 감각물들과 비슷하다고 말한다(I 6, 987b14 아래). 예컨대 이데아의 삼각형은 하나이지만, 기하학이 다루는 삼각형들은 면적이나 형태에 따라 여럿이 있다는 말이다. 더 나아가 아리스토텔레스는 "형상들이 다른 것들의 원인이라는 이유를 들어 그는 그 형상들의 요소들이 있는 것 모두의 요소들이라고 생각했다"(987b18 아래)고 덧붙인다. 이 말은 플라톤이 형상들을 감각물들의 있음의 원인으로 내세운 데 머물지 않고, 그런 형상들의 존재의 원인을 또 다른 요소들에서 찾았다는 것을 함축한다. 즉, 감각물들 : 형상들 = 형상들 : 형상의 요소들의 유비관계를 플라톤이 가정했다는 뜻이다. '형상들의 요소들'(stoicheia tōn eidōn)은 구체적으로 어떤 것인가? 987b20 아래의 설명에 따르면 형상들의 요소들에는 질료적 원리와 형상적 원리가 있는데, 질료적 원리에 해당하는 것은 '큼과 작음'(to mega kai to mikron)이고 형상적 원리에 해당하는 것은 '하나'(to hen)이다. 아리스토텔레스의 보고에 따르면 플라톤은 이런 원리들의 출처가 되어, 즉 큼과 작음이 하나에 관여함으로써 형상들이 생겨난다고 생각했다. 이렇게 큼과 작음과 하나를 원리로 해서 존재하는 형상들은 본성상 수들이다. 이런 방식으로 감각물들과 다른 형상들, 그 둘 사이의 중간자로서 수학적인 수들, 또 이런 수학적인 수들과는 다른 형상들의 수, 다시 수적인 이데아들의 원리들이 차례차례 도입되면서 이데아론은 점점 더 복잡해지고 그와 관련된 문제들도 계속 늘어간다.

위에서 말했듯이 《형이상학》 XIII권과 XIV권에서 아리스토텔레스가 목표로 삼는 것은 형상들과 수학적 대상들의 관계에 대한 다양한 견해

들, '형상들의 요소들'에 대한 플라톤의 이론, 그리고 수와 이데아의
관계에 대해 아카데미아 내부에서 이루어졌던 다양한 이론적 변주들을
비판적으로 고찰하는 일이지만, 이에 대한 자세한 논의는 이 해제의
범위를 훨씬 넘어선다. 이 해제에서는 I권 9장에서 소개되는 이데아론
에 대한 23가지의 비판을 개관하는 데 만족하기로 하자. 처음 일곱 가
지 논변부터 살펴보자. 82)

(i) 이데아들을 원인들로 내세우는 사람들은 우리 눈앞에 있는 것들
의 원인들을 설명하기 위해서 이데아들을 끌어들이는데, "우리는 앞에
있는 것들의 원인들을 파악하려고 탐구하면서 그것들과 같은 수의 다
른 것들을 끌어들였으니, 이는 마치 수를 세려고 하는 사람이 (눈앞에)
이 개별적인 것들의 수가 적으면 셈을 할 수 없다고 생각하고서 셈할
것을 더 많이 만들어 수를 세려고 하는 것과 비슷하다"(990a34-b4).
즉, 그들은 설명해야 할 것들을 도리어 배가시킨다.

(ii) 형상들이 있다는 사실을 밝히는 데 사용되는 여러 증명 가운데
일부는 추론의 필연성이 없고, 일부는 '우리가 생각하기에'(oiōmetha)
형상들을 갖지 않는 것들에 대해서도 형상들을 가정하게 만드는 결과
를 낳는다. (α) 학문적 인식들에 의거한 증명에 따르면 학문의 대상이
되는 모든 것에 대해 형상이 있고, (β) 여럿에 대한 하나의 증명에 따
르면 부정적인 것들(apophaseis)에 대해서도 형상이 있으며, (γ) 어떤
것이 소멸한 뒤에라도 사유의 대상이 되는 어떤 것이 있다는 증명에
따르면 가멸적인 것들에 대해서도 형상들이 있다. (δ) 보다 엄밀한 증
명들의 경우, 어떤 증명들은 우리가 그 자체로서 독립된 유(genos)를
인정하지 않는 관계들에 대해 이데아들을 만들어내고, 또 어떤 증명들

---

82) 일련번호 (i), (ii), (iii) … 는 로스가 관련부분을 구분하면서 사용한 기호다.
   Metaphysics I, 187 아래를 참고.

은 '제3의 인간'(*ho tritos anthrōpos*)을 낳는다.

(iii) 일반적으로 형상들에 대한 논변들은 '우리'가 이데아들의 존재보다 더 높은 수준의 존재를 부여하길 원하는 것들을 부정하게 되는 결과를 낳는다. 왜냐하면 둘이 수보다 먼저 있고 수보다는 관계가 먼저 있게 되기 때문이다. 이런 문제들을 두고 이데아 이론을 따르는 사람들 사이에서 의견충돌이 일어난다.

(iv) 이데아론의 근거가 되는 믿음에 따르면 실체들에 대해서뿐만 아니라 다른 많은 것들에 대해서도 형상들이 있을 것이다. 왜냐하면 실체들에 대해서뿐만 아니라 다른 것들에 대해서도 하나의 개념(*noēma*)이나 학문(*epistēmē*)이 있기 때문이다. 그러나 추론의 필연성에 따르거나 이데아 이론에 따르면, 형상들은 다른 것들이 관여할 수 있는 것이므로 실체들의 이데아들밖에는 있을 수 없기 때문이다. 그 이유는 (α) 그것들이 관여의 대상이 되는 것은 부수적 방식에 의해서가 아니고, 이데아들에 관여하는 다른 것들은 다른 어떤 기체에 대해 술어가 되지 않는 방식으로 있는 한에서 각각의 이데아에 관여하기 때문이다. 예컨대 어떤 것이 2배 자체에 관여한다면, 그것은 또한 영원함 자체에도 관여하지만, 이는 부수적 방식으로 그런데, 그 까닭은 2배에는 영원함이 부수적으로 속하기 때문이다. (β) 동일한 낱말들이 여기 있는 실체들과 거기 이데아계에 있는 실체들을 가리키는 셈이다. 그렇지 않다면 여기 있는 것들과 떨어져서 어떤 것이 여럿에 대한 하나로서 존재한다는 말이 무슨 뜻인가? 만일 이데아들과 그것들에 관여하는 것들에 대해 하나의 동일한 형상이 있다면, 그것은 그 둘 모두에 공통된 어떤 것일 것이다. 왜냐하면 가멸적인 2들과 수는 많지만 영원한 2들에 대해 하나이자 동일한 2가 있다면 어째서 2 자체와 개별적인 2들에 대해서는 그렇지 않겠는가? 그러나 만일 동일한 형상(*to auto eidos*)이 없다

면, 그것들은 이름만 같은 것들(*homōnyma*)일 것이어서, 마치 어떤 사람이 그것들 사이의 어떤 공통성도 고려하지 않은 채 칼리아스와 목상(木像)을 '사람'이라고 부르는 것과 사정이 같을 것이다.

(v) 도대체 형상들이 감각물들에 대해서 — 이것들이 영원한 것이건 생성하고 소멸하는 것이건 — 무슨 도움이 되는가? (α) 형상은 감각물들이 겪는 어떤 종류의 운동과 변화에 대해서도 원인이 되지 못한다. (β) 형상들은 다른 것들에 대한 학문적 인식에도 아무 도움을 주지 못하며, (γ) 그것들의 있음에도 도움을 주지 못한다. 왜냐하면 그것들에 관여하는 것들 안에 있지(*enhyparchonta*) 않기 때문이다.

(vi) 일상어법의 어떤 용법에 비추어 보아도 다른 것들이 형상들'로부터'(*ek tōn eidōn*) 유래한다는 말은 이해하기 어렵다. 그것들이 '본보기'(*paradeigmata*)이며 다른 것들은 그것들에 '관여한다'(*metechein*)는 것은 공허한 말(*kenolegein*)이고 시적 비유(*metaphoras poiētikas legein*)에 불과하다. (α) 만일 이데아들이 본보기라면 이데아들을 바라보면서 작용하는 것은 무엇인가? (β) 어떤 것이든 다른 것을 모방하지 않고서도 그것과 닮거나 닮게 될 수 있다. 예컨대 소크라테스가 있건 없건 소크라테스와 같은 사람이 생겨날 수 있다. (γ) 동일한 것에 대해 여러 개의 본보기가 있어서, 예컨대 사람에 대해서는 '동물'과 '두 발 가짐'이 있을 것이고 그와 동시에 '사람 자체'도 있을 것이다. (δ) 형상들은 감각물들뿐만 아니라 형상들 자체의 본보기일 것인데, 예컨대 유는 그 유에 속하는 종들의 본보기일 것이다. 따라서 동일한 것이 '본보기이면서 모방물'(*parageigma kai eikōn*)일 것이다.

(vii) 또한 실체와 그 실체가 속하는 것은 분리(*chōris*) 가능하지 않을 텐데, 어떻게 이데아들이 사물들의 실체들이면서 그것들과 분리되어 있을 수 있을까? 《파이돈》에서는 이런 방식으로 형상들이 존재와 생

성의 원인이 된다고 말한다. (α) 하지만 형상들이 있다고 하더라도,
운동을 낳는 것이 없는 한, 그것들에 관여하는 것들은 생겨나지 않으
며, (β) 우리가 그것들에 대해서는 형상들을 인정하지 않는 다른 많은
사물, 예컨대 집이나 반지도 생겨나는데, 그렇다면 우리가 이데아들을
인정하는 다른 것들 역시, 방금 말한 것들을 낳는 원인들과 같은 종류
의 원인들에 의해서 있거나 생겨날 수 있음이 분명하다.

　이상의 논변을 포함한 I 9, 990b2-991a8과 991a8-b9는 각각 XIII
4, 1078b34-1079b3와 XIII 5, 1079b12-1080a8과 내용이 동일하다. I
권에서는 이데아론을 내세우는 사람들이 '우리'라고 일컬어지는 반면,
XIII권에서는 '그들'이라고 불리는 데 차이가 있을 뿐이다. 널리 알려
져 있듯이, 예거는 이런 차이를 자신의 발전론적 해석의 중요한 실마
리로 삼았다. 그는 I권과 XIII권을 각각 '우리-문체'(Wir-Stil)와 '그들-
문체'(Sie-Stil)로 구분하면서, 이 가운데 XIII권은 아리스토텔레스가 플
라톤철학의 영향권에서 벗어난 뒤에 쓰여진 것이라고 추론한다. [83]

　I권 9장의 나머지 논변 16개는 거의 모두, 이데아들은 수학적인 수
들과 다른 종류의 수들이며, 이런 수들은 '하나'와 '큼과 작음'을 원리
로 해서 이루어진다는 견해를 겨냥한 비판이다. 그리고 이 비판은 XIII
권과 XIV권의 나머지 부분에서 플라톤과 아카데미아의 다른 철학자
들, 예컨대 스페우시포스나 크세노크라테스 등의 견해들에 대한 비판
으로 발전한다. 16개의 반박논변 가운데 다음의 몇 가지 논변은 아리
스토텔레스의 기본의도를 잘 보여준다.

　(viii) 형상들이 수라면, 그것들은 어떻게 원인일 수 있는가(991b9
아래)? (α) 만일 있는 것들이 수들이기 때문이라면, 예컨대 어떤 수는

---

83) 앞의 287쪽의 논의를 참고.

사람이고, 어떤 수는 소크라테스이며 또 어떤 수는 칼리아스라면, 어떤 이유에서 그런 수들은 이런 수들의 원인이라는 말인가? 앞의 것들은 영원하고 뒤의 것들은 그렇지 않다고 하더라도 그것만으로는 충분한 대답이 되지 못한다. (β) 만일 우리 주변에 있는 것들, 예컨대 협화음이 수적인 비율인 것과 같은 뜻에서 그렇다면, 분명 그런 비율들이 속하는 다른 어떤 부류의 것들이 있을 것이며, 그 수들 자체 역시 서로 다른 것들 사이의 비율일 것이다. 예컨대 만일 칼리아스가 불과 흙과 물과 공기의 수적인 비율이라면, 사람 자체 역시 다른 어떤 종류의 기체들의 수, 즉 수적인 비율이지 엄밀한 뜻에서의 수는 아니다.

(x) 산수의 대상이 되는 또 다른 부류의 수와 일부 사람들이 말하는 모든 중간자를 꾸며내야 하는데, (α) 이것들은 어떻게 존재하며 또 어떤 원리들로부터 존재하는가(991b27 아래)? 또 (β) 무엇 때문에 그것들은 여기에 있는 것들과 그 자체로서 있는 것들 사이의 중간에 있어야 하는가?

(xv) 일반적으로 지혜는 감각적 현상들의 원인을 탐구하지만, '우리는' 이를 제쳐두었다(992a24 아래). '우리'는 변화가 시작되는 출처에 대해서 아무것도 말하지 않기 때문이다. 반면 감각적인 것들의 실체에 대해 말한다고 생각하면서 '우리'는 또 다른 종류의 실체들이 있다고 말하지만, 어떻게 이것들이 감각물들의 실체들이 되는지에 대한 우리의 설명은 공허한 말에 불과하다. 왜냐하면 '관여한다'는 말은 아무 뜻도 없기 때문이다.

(xvii) 어떤 사람은 질료라는 뜻에서 밑에 놓여 있는 실체(큼과 작음)가 수학적 인식의 대상이라고 생각하는데, (α) 그것은 질료가 아니라 질료에 대한 술어이다(992b1 아래). 그것들은 일종의 초과와 부족(*hyperochē kai elleipsis*)이기 때문이다. (β) 만일 큼과 작음이 운동이라

면, 분명 형상들도 운동할 것이다. 하지만 만일 그렇지 않다면, 운동은 어디서 왔는가? 그래서 자연에 대한 고찰 전체가 부정된다.

(xix) 수들 다음에 오는 선과 평면과 입체에 대해 그것들이 어떻게 존재하고 존재할 수 있을지, 그리고 그것들이 어떤 능력을 갖는지에 대해 아무 설명도 없다(992b13 아래). 왜냐하면 그것들은 수적인 형상들일 수도 없고 중간자들일 수도 없으며 가멸적인 것들일 수도 없고, 네 번째의 또 다른 부류이어야 하기 때문이다.

아리스토텔레스의 이데아론 비판을 두 줄로 줄여보자. 이데아론은 그 자체로서 일관성이 없고 감각세계를 설명하는 데 무용한 시적 허구에 지나지 않는다. 아리스토텔레스의 이런 비판이 플라톤의 이데아론에 실제로 얼마만큼 타격을 줄 수 있는지에 대해서는 다양한 평가가 있을 수 있다. 하지만 한 가지 논점만은 분명히 할 필요가 있을 것 같다. 다음의 인용문을 읽어보자(XIII 9, 1086a31-7):

우리는 이데아를 주장하는 사람들의 설명방식과 그들을 둘러싼 의문점을 동시에 개관할 수 있을 것이다. 왜냐하면 그들은 이데아들이 보편자라고 주장하면서 다시 그것들이 분리가능한 것이요 개별자들이라고 말하기 때문이다. 이런 일이 있을 수 없다는 데 대해서는 앞에서 이미 의문을 제기했다. 실체들이 보편자라고 주장하는 사람들이 그 두 가지 특징을 하나로 결부시킨 이유는 실체들을 감각물들과 동일한 것으로 여기지 않은 데 있다.

이데아론에 대한 아리스토텔레스의 비판의 핵심은 이데아론이 서로 양립하기 어려운 두 가지 특성을 이데아에 부여한다는 사실을 들춰내는 데 있다. 보편성과 분리가능성이 그것이다. 플라톤의 이데아는 하나의 정의를 갖는 다수의 개별자들에 공통적으로 적용된다는 뜻에서

보편자(katholou)이지만 술어적 보편자는 아니다. 만일 그렇다면 그것
은 그것을 술어로 갖는 개별적인 대상들을 떠나서는 존재할 수 없을
것이기 때문이다. 그래서 플라톤은 이데아를 개별적인 감각대상들과
분리가능한(chōristos) 보편자로 만든다. 하지만 이 '분리'(chōrismos)는
판도라의 항아리를 여는 주문과 같다. 분리된 이데아는 감각물들과 어
떤 관계에 있는가? 사람들은 흔히 아리스토텔레스가 '분리'를 공간적인
뜻으로 왜곡해서 이해했다고 비난한다. 하지만 이런 비난 자체가 왜곡
이다. 아리스토텔레스 역시 이데아의 분리성을 공간적 격리가 이데아
의 자립성을 뜻하는 것으로 이해했기 때문이다. 그의 물음은 "자립적
인 이데아는 감각물들과 어떤 관계를 가지며 어떤 뜻에서 그것들의 원
인이 될 수 있는가?"라는 데 있다. 물론 플라톤은 감각물들이 이데아
에 관여하며 감각물들은 이데아에 따라 이름을 얻는다고 말한다. 하지
만 아리스토텔레스가 보기에 이것은 아무 대답도 제공하지 못한다. 예
컨대 아름다움 자체가 있고 그것에 관여함으로써 아름답다고 불리는
감각물들이 있다고 하자. 이때 아름다움 자체를 일컫는 '아름다움'과
아름다운 것들을 일컫는 '아름다움' 사이에는 어떤 공통성이 있을 수
있을까? 또한 사람 자체가 있고 그것에 관여함으로써 존재하는 개별적
인 사람들이 있다고 하자. 그 둘 모두에 적용될 수 있는 '사람'에 대한
정의가 있는가? 예컨대 이데아의 사람도 숨을 쉬고 두 발을 가지고 이
성적으로 사유하고 말하는가? 만일 사람의 이데아와 개별적인 사람에
게 함께 적용될 수 있는 공통적인 정의가 없다면, 아리스토텔레스의
말대로 "그것들은 이름만 같은 것들일 것이어서, 마치 어떤 사람이 그
둘 사이의 어떤 공통성도 고려하지 않은 채 칼리아스와 목상(木像)을
'사람'이라고 부르는 것과 사정이 같을 것이다"(XIII 4, 1079b1-3). 그
리고 이렇게 되면 이데아와 그것에 따라 이름을 얻는 감각물은 전혀

다른 뜻에서 있는 것이다. 이처럼 감각물과 전혀 다른 방식으로 존재
하는 이데아가 어떻게 감각물들의 있음의 원인이 될 수 있을까? 또한
그 둘이 전혀 다르다면, 이데아에 대해 아는 것은 감각물에 대한 앎에
무슨 도움이 되는가? 물론 이데아는 감각물들의 세계에서 일어나는 운
동과 변화의 원인도 될 수 없다. 어떻게 — 정의상 — 비물질적인 이데
아들이 감각물들의 물질적 운동을 낳을 수 있는가? 이데아들이 본보기
라고 해도 아무 소용이 없다. "그것들은 본보기이며 다른 것들은 그것
들에 관여한다는 말은 공허한 말이고 시적 비유에 지나지 않는다. (만
일 이데아들이 본보기라면) 이데아들을 바라보면서 작용하는 것은 무엇
인가"(XIII 5, 1079b24-6)? 이데아론에 대한 아리스토텔레스의 이런 비
판은 수들을 분리가능하면서 자연물들의 원리로 여기는 아카데미아의
수 이론들에도 똑같이 적용된다. 왜냐하면 수들도 일종의 보편자이기
때문이다. 철학사적으로 평가한다면, 아리스토텔레스의 이데아론 비
판은 감각적 현상세계의 원인을 초월적 영역에서 찾으려는 모든 형태
의 시도에 대한 비판의 원형적 형태를 보여준다.

7. 《형이상학》의 영향과 수용사[84]

기원전 322년 아리스토텔레스가 세상을 떠난 뒤 그의 '첫째 철학'은
페리파토스학파 내부에서도 지지를 얻지 못했다. 아리스토텔레스의
제자이자 동료인 테오프라스토스(Theophrastos, 기원전 372~287)의 이
른바 《형이상학적 단편》(*Ta meta ta physika*)부터 벌써 형이상학적 문

---

84) 이에 대한 최근의 신뢰할 만한 서술은 Flashar(Hrsg.), 앞의 책, 402~6에
  담겨 있다. 이 절은 이 부분을 풀어서 옮긴 것이다.

제들에 대한 근본적인 문제제기와 회의를 기본논조로 삼았던 것으로 보인다. 부동의 원동자에 대한 그의 비판은 그 뒤 디카이아르코스 (Dikaiarchos)와 '자연학자'(*ho physikos*)라는 별명을 가졌던 람사코스 (Lampsakos) 출신의 스트라톤(Straton)을 거치면서 모든 형태의 초월 성을 포기하는 결과를 낳았다. 이들에게는 자연학을 넘어서는 하나의 '첫째 철학'은 더 이상 존재하지 않았다. 테오프라스토스 이후 아리스 토텔레스학파는 형이상학적 질문들에 관심을 기울이지 않았다.

그 뒤 아리스토텔레스 형이상학의 역사적 수용과 평가과정에서 결정 적 역할을 한 것은 형이상학의 대상, 형이상학의 지위, 나머지 학문들 과 형이상학의 관계에 대한 물음이었다.

로마 제정기 페리파토스학파의 일원으로서 200년 무렵 형이상학에 대한 주석을 통해 아리스토텔레스 형이상학의 본래 정신을 되살리려 했던 알렉산더 아프로디시아스(Alexander Aphrodisiensis, 2세기 말~3 세기 초 활동)는 형이상학을 있는 것 자체에 대한 학문이자, 동시에 첫 째 원리들과 원인들에 대한 학문으로서의 신학으로 이해했다. 그의 활 동은 분명 플라톤주의 및 스토아학파와의 대결상황이나 앞 세대 페리 파토스학파의 자연철학 연구를 배경에 두고 있었다. 이런 상황에서 알 렉산더는 이제 형이상학의 고유한 대상이 현실적으로 있는 것, 즉 자 연물(*ta physei onta*)이라고 천명한다. 바로 이 점에서 형이상학에 대한 그의 이해방식은, 3세기 이래 아리스토텔레스의 저술들을 수용한 플라 톤주의의 신학적 전통과 차이를 보인다. 신플라톤주의자들에 따르면 철학의 한 분야로서 형이상학이 다루는 주제는 자연을 넘어서 있는 것 의 비물질적 원리들과 원인들(암모니오스, Ammonios Sakkas, † 242 혹 은 243), 이데아(심플리키오스, Simplikios, 대략 490~560) 내지는 지성 적인 것(보에티우스, Boethius, 대략 480~524 혹은 525)이다. 이들에게

형이상학은 철학적 신학으로서 자연세계의 초월적 근거들에 대한 학문
이 된다. 아리스토텔레스주의와 신플라톤주의의 형이상학 이해는 많
은 부분 아랍의 전통을 거쳐 중세 전성기의 스콜라철학에 전승되며,
이 과정에서 선구자 역할을 한 인물은 특히 아비켄나(Avicenna, 아랍
명: Ibn Sīnā, 980~1037)와 아베로에스(Averroes, 아랍명: Ibn Rušd,
1126~1198)다. 아비켄나에게 형이상학은 신적 학문으로서 절대적 존
재를 다루는 반면, 아베로에스에 따르면 형이상학에 주어진 과제는 자
연세계 안에 실재하는 것의 원리들을 탐구하는 것이다.

　형이상학의 지위와 학문적 경계설정 문제는 당연히 형이상학의 대상
에 대한 물음과 직접적인 관련이 있다. 형이상학을 있는 것에 대한 일
반적 학문으로서 이해하는 입장과 그것을 특정한 최고 존재자에 대한
이론으로 이해하는 입장은 형이상학에 대한 존재론적 이해방식과 신학
적 이해방식을 특징짓는다. 그리고 형이상학의 대상 및 대상영역에 대
한 이해방식의 차이에 따라, 다시 말해서 형이상학의 대상을 있는 것
전체, 즉 자연물들의 있음의 원리들로 보는가 아니면 오직 지성을 통
해 파악되는 것의 원리들로 보는가에 따라 형이상학은 신학이나 논리
학과 다른 영역에 놓인 보편적인 근본학문으로 인정된다. 논리학과의
경계설정 문제는 예컨대 스토아나 그 뒤 얌블리쿠스(Jamblicus, 대략
245~325)나 보에티우스에게서 분명하게 나타나고, 자연학과의 경계설
정의 문제는 페리파토스학파, 암모니오스, 아비켄나, 아베로에스에게
서 뚜렷하게 나타난다.

　형이상학의 대상에 대한 갖가지 규정을 둘러싸고 기울인 온갖 노력
과 그와 결부되어 이루어진 경계설정과 학문적 분류의 시도는 특히 형
이상학에 대한 스콜라철학과 근대 초기의 논의가 가진 두드러진 특징일 것
이다.

《형이상학》의 그리스어 판본이 알려지고 12세기부터 라틴어 (부분) 번역이 이루어지면서 본격적 논의를 위한 기본토대들이 마련되었다. 특히 빌헬름 뫼르베케(Wilhelm van Moerbeke, 1215~1286)가 완성한 《신역 형이상학》(Metaphysica novae translationis)이 이정표 구실을 했다. 아무리 늦추어 잡아도 1271년에는 완료된 이 번역은 아리스토텔레스 수용에 한층 높은 정확성을 부여했으며, 그와 더불어 플라톤주의, 아우구스티누스주의, 아랍 철학과의 이론적 대결이 가능하게 되었다. 이런 맥락에서 전성기 스콜라철학과 후기 스콜라철학에서는 특히 두 가지 문제가 형이상학적 논쟁의 구심점을 이루었다. 하나는 철학적 신학 및 (아우구스티누스 전통의) 계시신학의 경계를 정하려는 시도들이고, 다른 하나는 보편자 개념의 실재성 문제였다. 본래적인 뜻에서 있는 것과 그에 대한 가장 보편적인 규정들에 대한 근본 물음을 놓고 실재론(Realismus), 개념론(Konzeptualismus), 유명론(Nominalismus)이 갈라졌다. 그리고 이런 입장의 차이는, 논리학이나 자연학과의 관계 속에서 형이상학의 대상영역과 과제를 설정하는 일이나 철학에 속한 개별 분과 사이의 관계를 더 포괄적인 학문체계 속에서 규정하려는 시도에도 반영되었다. 토마스 아퀴나스(Thomas Aquinas, 1225~1274)와 윌리엄 오캄(William Ockham, 1285~1347)의 상이한 관념들이 확대된 논의를 대표한다. 토마스가 자신의 온건한 실재론의 입장에서 첫째 철학을 근본학문, 즉 여타 학문들의 원리들과 추론들에 대한 학문으로 이해하는 것들을 자연적인 것(ens naturae), 관념적인 것(ens in anima, rationis, in mente), 도덕적인 것(moralia)으로 나누면서 그 각각의 있음의 방식에 따라 철학적 학문들을 자연철학, 정신철학, 도덕철학, 제작적인 기술들로 나눈 데 반해, 오캄은 형이상학의 통일성과 타당성에 의문을 제기하면서 그것의 대상영역을 본질적으로 논리학에 배당한다.

그 뒤 형이상학의 전개과정에서 특히 흥미를 끄는 것은 요크의 토마스(Thomas von York, 13세기에 활동)의 《형이상학》(*Metaphysica*)(= 《지혜서》, *Liber sapientialis*, 대략 1260)과 로버트 그로스테스트(Robert Grosseteste, 1175~1253)의 저술로 알려진 《철학대전》(*Summa philosophiae*, 대략 1270)이다. 이 두 저술에서는 후기 스콜라철학 시기에 스코틀랜드의 철학자들이나 유명론자들에 의해 지속적으로 추진된, 신학으로부터 철학적 학문을 분리시키려는 노력이 두드러진다. 특히 요크의 토마스에 의해 13세기에 기초가 놓인 다음 여러 세대를 거치면서 실현된, 일반 형이상학과 특수 형이상학의 구분이 돋보인다. 이는 무엇보다도 형이상학의 대상들을 엄밀한 체계 속에서 다루려는 치열한 노력 덕분인데, 이 점에서 위의 두 저술은 다른 주석서나 문제집들과 다르다.

근대 초기의 두드러진 특징은 상이한 사유방향들이 다채롭게 형성된 데 있다. 후기 스콜라철학의 유명론이 남긴 사상적 유산의 발전적 계승과 비판, 플라톤주의, 스토아주의, 에피쿠로스주의, 회의주의의 새로운 수용, 논리학에 대한 관심, 변증론, 수사학, 문법학에 대한 관심, 자연철학과 자연과학에 대한 관심, 종교와 신비주의에 대한 관심 등이 다채롭게 펼쳐진다. 아리스토텔레스 연구에서는 이제 역사적, 문체적, 문헌학적 물음들이 전면에 등장한다. 이런 경향은 특히 이탈리아와 스페인의 르네상스에 이어 몇몇 독일의 대학들에서 두드러진 현상이었다. 그런 물음들을 다루는 과정은 — 체계지향적 수용과 반대로 — 훗날 원전 위주의 정치(精緻)한 아리스토텔레스 연구를 가능하게 했다. 이 시대의 가장 의미심장한 결실은 예수회 소속의 프란치스코 수아레즈(Francisco Suarez, 1548~1617)가 저술한 《형이상학 연구》(*Disputationes metaphysicae*, 1597)이다. 이 저술에는 인문주의적 전통과 아리스토텔레스-스콜라철학의 전통이 함께 보존되어 있다. 수아레

즈의 《형이상학 연구》가 17세기 독일 루터파의 강단철학 내부에서 형
이상학적 체계들이 형성되는 데 지대한 영향을 미칠 수 있었던 것은
전례가 없는 역사적 안목과 상세함, 작품의 체계적 일관성과 목차, 아
리스토텔레스의 형이상학 텍스트에 기반을 둔 세심한 접근, 그리고 일
부 수정된 토마스 아퀴나스의 실재론을 실마리로 수용한 점 덕분일 것
이다.

하지만 전체적으로 볼 때 수아레즈의 활동기나 그 이후는 첫째 철학
과 형이상학의 학문적 위상이 크게 흔들리기 시작한 시기다. 이런 흐
름을 주도한 것은 물론 프란시스 베이컨(F. Bacon, 1561~1626)과 데
카르트(R. Descartes, 1596~1650)다. 베이컨 이후의 경험론 진영은
수학적 자연과학에 경도된 방법론, 새로운 자연 개념, 인간의 모든 인
식을 인식론적 비판 위에 정초하려는 시도들을 통해 첫째 철학과 형이
상학에 대한 비판적 태도를 취했다. 인식의 통일성을 이성에 정초하고
첫째 철학을 모든 (철학적) 학문들의 근본학문으로 재정립해서 이 학
문들이 새로운 방법론적 요구를 충족시킬 수 있게 하려는 이성론자들
의 노력도 같은 배경에서 이루어졌다. 형이상학적 근본학문을 가리키
는 이름으로 '존재론'(Ontologia)이 일반화된 것도 이 무렵이다. 이제
형이상학은 있는 것 자체를 다루는 근본학문으로서 그 영역이 명확해
진다. 85)

한편, 전체 형이상학을 강단철학에 부합하는 가장 포괄적인 형태로

---

85) 'Ontologia'라는 용어는 독일의 데카르트주의자 요하네스 클라우베르크
(Johannes Clauberg)의 《철학원리 혹은 존재학》(Elementa philosophiae sive
Ontosophia, 1647)과 데카르트와 가까운 입장에 서 있던 하멜(Jean-Baptiste
Du Hamel)의 《신구(新舊) 철학》(Philosophia vetus et nova, 1678)에 이르
러 일반화되었다.

체계화한 것은 18세기 크리스티안 볼프(Christian Wolff, 1679~1754)의 공적이다. 그는 한편으로는 스콜라철학의 형이상학, 그 대상들, 그리고 존재에 대한 규정들에 맞추어 착안되고 수아레즈와 독일 강단 형이상학을 거치면서 자리 잡은 목차를 채택하면서도, 다른 한편으로는 무엇보다도 라이프니츠의 이성주의적 정신 속에 담긴 인식비판적 단초와 과학주의적 방법을 지향하면서 기존의 전통을 갱신했다. 이런 작업은 1720년의 《독일 형이상학》(*Deutsche Metaphysik*) (=《신과 세계와 인간의 영혼, 그리고 다른 모든 것들에 대한 이성적 사유들》), 일반 형이상학으로서 기획되어 1730년 출간된 《첫째 철학 혹은 존재론》(*Philosophia prima sive Ontologia*), 1731년에서 1737년 사이 특수 형이상학의 분과들로서 출간된 《일반 우주론》(*Cosmologia generalis*), 《경험적 영혼론》(*Psychologia empirica*), 《이성적 영혼론》(*Psychologia rationalis*), 《자연신학》(*Theologia naturalis*)을 통해 체계적으로 수행된다. 이런 작업과 나란히 18세기는 물론 오늘날에도 스콜라철학의 영역에서는 아리스토텔레스의 형이상학과 근대적 자연관을 매개하려는 노력이 지속적으로 이루어져왔다. 하지만 이런 작업을 제외한다면, 볼프 이래 현대에 이르기까지 아리스토텔레스 고유의 형이상학을 체계적으로 계승·전개하려는 노력은 더 이상 찾아보기 힘들다. 경험주의, 이성주의, 실증주의, 회의주의, 유물론은 그 경향이나 명시적 입장에 비추어 볼 때 형이상학에 대해 적대적이다. 반면 독일 관념론의 틀 안에 있는 칸트(I. Kant, 1724~1804)의 선험철학, 피히테(J. G. Fichte, 1762~1872)의 학문론, 쉘링(F. W. J. Schelling, 1775~1854)과 헤겔(G. W. F. Hegel, 1770~1831)의 사변적 체계들은 존재와 존재의 원리들에 대한 보편적 근본학이 아리스토텔레스 이후 최고의 전성기를 누린 경우이다.

19세기 말 이후 시기는 실증과학의 시대이다. 이에 따라 철학에서도 인식론을 중심에 두는 경향이나 실증주의나 경험주의적 흐름이 대세를 이루었다. 하지만 이런 비(非)형이상학적, 반(反)형이상학적 경향에 맞서 존재론적 물음을 갱신하려는 노력도 20세기 전반기 이래 다양한 방향에서 이루어졌다. 예컨대 화이트헤드(A. N. Whitehead, 1861~1947)의 철학, 신토마스주의, 하르트만(N. Hartmann, 1882~1950)의 비판적 존재론(kritische Ontologie) 등이 그 사례다. 하지만 20세기에 전통 형이상학을 둘러싸고 이루어진 철학적 논의들 가운데 가장 극적인 대비를 보여주는 것은 하이데거(M. Heidegger, 1889~1976)의 철학과 논리실증주의(Logischer Positivismus)일 것이다.

하이데거는 존재물음(Seinsfrage)을 새롭게 가다듬는 일을 기초존재론(Fundamentalontologie)의 과제로 삼고[《존재와 시간》(Sein und Zeit), 1927] 형이상학을 존재자의 존재(Sein des Seienden)에 대한 물음으로 규정함으로써[《칸트와 형이상학의 문제》(Kant und das Problem der Metaphysik), 1929] 존재론과 형이상학의 근본적 쇄신을 시도한다. 더불어 하이데거는 존재자의 존재에 대한 물음에서 존재 자체를 은폐된 상태로 남겨둔 전통 형이상학의 존재-신학적 구성[《동일성과 차이》(Identität und Differenz), 1957]을 폭로하는데, 이는 그의 후기 철학에서 형이상학을 극복하려는 노력으로 이어진다.

거의 같은 시기에 카르납[R. Carnap, 1891~1979, 《언어에 대한 논리적 분석을 통한 형이상학의 극복》(Überwindung der Metaphysik durch logische Analyse der Sprache), 1931]과 비엔나 학단(Wiener Kreis)은 하이데거와 형이상학 일반에 대한 혹독한 비판을 펼친다. 논리실증주의는 하이데거와 전통적 형이상학에 대해 별다른 차이를 두지 않는다. 이런 이해방식에 따라 논리실증주의는 모든 형이상학적 명제들을 무의미한 것으로 천명한다. 형이상학적 명제들은 수학이나 논리학의 명제처럼 형식적인 참과 거짓을 갖는 것도 아니고, 자연과학적 명제들처럼 경험적으로 검증가능하지도 않다는 것이 그 이유다. 카르납의 관점에서 보면 형이상학적 명제들의 무의미성을 드러내는 작업을 통해 형이상학의 철저한 극복이 성취되고 사이비명제들로 이루어진 형이상학에 맞서 논리적 분석이 토대연구로서 학문적 철학을 형성하는 과제를 떠맡는다.

　형이상학적 물음들을 복권하는 일은 오늘날 분석철학과 몇몇 메타과학적 분과영역들 내부에서, 예컨대 보편자 문제에 대한 논의 가운데서 이루어지고 있다. 반면에 아리스토텔레스의 형이상학의 새로운 비판적 수용은 새로운 형태의 선험철학이나 해석학과 같이 철학사에 대한 의식을 중시하는 철학적 흐름들 속에서 만날 수 있다.

• 참고문헌

I. 아리스토텔레스 철학에 대한 일반적인 문헌

Ackrill, J. L. , *Aristotle the Philosopher*, London 1981 (= 한석환 옮김, 《철학자 아리스토텔레스》, 서광사, 1992).

Allan, D. J. , *The Philosophy of Aristotle*, London 1952 (= 장영란 옮김, 《아리스토텔레스 철학의 이해》, 고려원, 1993).

Barnes, J. , *Aristotle*, Oxford 1982 (= 문계석 옮김, 《아리스토텔레스의 철학》, 서광사, 1989).

_____ (ed.) , *The Cambridge Companion to Aristotle*, Cambridge 1995.

Bonitz, H. , *Index Aristotelicus*, Berlin 1870.

Brentano, F. , *Aristoteles und seine Weltanschauung*, Hamburg 1977.

Buchheim, Th. , *Aristoteles*, Freiburg 1999.

Düring, I. , *Aristoteles. Darstellung und Interpretation seines Denkens*, Heidelberg 1966.

Flashar, H. (Hrsg.) , *Die Philosophie der Antike, Bd. 3. Ältere Akademie, Aristoteles-Peripatos*, Basel-Stuttgart 2004.

Höffe, O. (Hrsg.) , *Aristoteles-Lexikon*, Stuttgart 2005.

Kullmann, W. , *Aristoteles und die moderne Wissenschaft*, Stuttgart 1998.

Rapp, C. , *Aristoteles zur Einführung*, Hamburg 2007.

Ross, W. D. , *Aristotle*, London 1949 (초판 1923).

Zeller, E. , *Die Philosophie der Griechen*, II 2, Leipzig ^{3}1879.

조요한, 《아리스토텔레스의 哲學》, 경문사, 1991.

한석환, 《존재와 언어》, 길, 2005.

II. 《형이상학》 텍스트, 번역, 주석서

Alexander von Aphrodisias, *In Aristotelis Metaphysica commentarii*, ed. M. Hayduck, CAG I, Berlin 1891.

Annas J., *Aristotle's Metaphysics. Books M and N*, Oxford 1976.

Bassenge, F., *Aristoteles. Metaphysik*, Berlin 1960.

Bonitz, H., *Aristotelis Metaphysica*, 2 vol., Bonn 1848~9.

_____, *Aristoteles. Metaphysik*, hrsg. v. E. Wellmann, Berlin; neu hrsg. von U. Wolf, Hamburg 1994(초판 1890).

Bostock, D., *Aristotle, Metaphysics Books Z and H. Translated with a Commentary*, Oxford 1994.

Burnyeat, M. (ed.), *Notes on Book Z of Aristotle's Metaphysics*, Oxford 1979.

Christ, W. (ed.), *Aristotelis Metaphysica*, Lipsae 1895.

Frede, M. und Patzig, G., *Aristoteles 'Metaphysik Z'. Text und Übersetzung und Kommentar, Bd.1. Einleitung, Text und Übersetzung, Bd. 2. Kommentar*, München 1988.

Jaeger, W., *Aristotelis Metaphysica* (OCT), Oxford 1957.

Kirchmann, J. H. von, *Aristoteles. Die Metaphysik*, 2 Bde., Leipzig 1871.

Kirwan Ch., *Aristotle's Metaphysics. Books Γ, Δ, E*, Oxford 1984(초판 1971).

Lasson, A., *Aristoteles. Metaphysik*, Jena 1907.

Rolfes, E., *Aristoteles. Metaphysik*, 2 Bde., Leipzig 1904.

Ross, W. D., *Aristotle's Metaphysics, a revised text with introd. and comm. I. II*, Oxford 1953(초판 1924).

_____, *Metaphysics*, in: *The works of Aristotle translated into English*, vol. I, Oxford 1928(초판 1908).

Schmitz, H., *Aristoteles: Kommentar zum 7. Buch der Metaphysik*, Bonn 1985.

Schwegler, A., *Die Metaphysik des Aristoteles, Grundtext, Übersetzung und Commentar nebst erläuternden Abhandlungen*, 4 Bde., Tübingen 1847~8.

Seidl, H., *Aristoteles, Metaphysik, griech.-dt., in der Übersetzung von H. Bonitz neubearbeitet, mit Einleitung und Kommentar*, 2 Bde.,

Hamburg 1991.

Szlezak, T., *Aristoteles, Metaphysik*, Berlin 2003.

S. Thomas Aquinas, *In duodecim libros Metaphysicorum Aristotelis expositio*, ed. Cathara, M. R., O. P exarata retractatur cura et studio P. Fr. Raymundi M. Spiazzi. O. P, Turin 1950.

김진성(옮김), 《형이상학》, 이제이북스, 2007.

조대호(역해), 《아리스토텔레스의 형이상학》, 문예출판사, 2004.

III. 《형이상학》에 대한 이차문헌

강상진, "아리스토텔레스의 《형이상학》에 나타난 수학적 대상에 대한 연구", 〈철학논구〉 18집, 1990, 121~41.

_____, "아리스토텔레스에 있어서 사물의 본질 — 동일성과 동음이의 사이", 〈철학연구〉 69집, 2003, 45~62.

권혁성, "아리스토텔레스에서 실체가 갖는 세 가지 주요 표징들", 〈철학사상〉 32집, 2009, 45~80.

_____, "아리스토텔레스의 실체 연구에 나타난 본질: 개별자와 종 양자에 있어 로고스와 존재방식의 양 국면에 따라 파악되는 본질", 〈서양고전학연구〉 41권, 2010, 49~87.

김완수, "아리스토텔레스의 '형이상학'에 나타난 실체 개념을 중심으로 본 형이상학의 제 문제", 조요한 외 지음, 《희랍철학연구》, 종로서적, 1988, 209~82.

김율, "자기운동의 불가능성에 대한 아리스토텔레스의 논변", 〈철학〉 83집, 2005, 61~88.

박종현, "아리스토텔레스의 플라톤 비판", 조요한 외 지음, 《희랍철학연구》, 종로서적, 1988, 163~207.

박희영, "그리스철학에서의 Einai, To on, Ousia의 의미", 한국서양고전철학회(편), 《서양고대철학의 세계》, 서광사, 1995, 11~38.

손병석, "부동의 원동자로서의 신은 목적인이자 작용인이 될 수 있는가? —

아리스토텔레스의 《형이상학》 12책 (Λ) 을 중심으로", 〈철학연구〉 61 집, 2003, 63~84.

손윤락, "아리스토텔레스의 '벗기기' 혹은 추상 논증 — 《형이상학》 제 7권을 중심으로", 〈동서철학연구〉 54권, 295~317.

송대현, "아리스토텔레스의 《형이상학》 14권 2장 1088b35-1089a31에서 플라톤의 비존재에 대한 비판", 〈동서철학연구〉 43권, 2007, 27~51.

양문흠, "실재하는 것에 관한 아리스토텔레스의 물음", 소광희 외 지음, 《고전형이상학의 전개》, 철학과 현실사, 1995, 73~99.

유원기, "아리스토텔레스 자연철학에 있어서의 자동운동의 문제", 〈철학〉 73집, 2002, 53~74.

이상인, "플라톤의 이데아론의 철학적 기원: 아리스토텔레스의 설명에 대한 비판적 고찰", 〈철학연구〉 88집, 2010, 89~125.

이영환, "아리스토텔레스에 있어서의 필연성과 소위 아리스토텔레스적 본질주의 — 콰인의 반 (反) 본질주의와 관련하여", 〈서양고전학연구〉 39 권, 35~58.

이창우, "아리스토텔레스 형이상학 Γ편 연구 — 제 4장을 중심으로", 〈철학논구〉 16집, 1988, 249~59.

_____. "설계논증의 기원", 〈철학연구〉 73집, 2006, 1~21.

조대호, "아리스토텔레스의 논리학과 생물학에서 게노스와 에이도스의 쓰임", 〈논리연구〉 5집, 제 1호, 2001, 119~45.

_____, "아리스토텔레스 본질론의 생물학적 측면: Metaphysica VII권을 중심으로", 〈철학연구〉 56집, 2002, 195~218.

_____, "《동물의 생성에 대하여》를 통해 본 아리스토텔레스의 생성이론", 〈서양고전학연구〉 18권, 2002, 95~122.

_____, "형상의 개별성과 보편성", 〈철학연구〉 78집, 2007, 2~29.

_____, "아리스토텔레스 실체론의 지형도", 〈화이트헤드연구〉 14권, 2007, 54~104.

_____, "아리스토텔레스의 보편자 이론", 〈헤겔연구〉 28권, 2010, 441~69.

Ackrill, J. L., "Aristotle's distinction between 'energeia' and 'kinesis'", in: R. Bambrough (ed.), *New Essays on Plato and Aristotle*, London 1965, 121~41.

_____, "Change and Aristotle's theological argument", *Oxford Studies in*

Ancient Philosophy, supp., 1991, 57~66.

Albritton, R., "Forms of particular substances in Aristotle's Metaphysics", *Journal of Philosophy* 54, 1957, 699~708.

Apostle, H. G., *Aristotle's Philosophy of mathematics*, Chicago 1952.

Arnim, H. von, *Die Entwicklung der aristotelischen Gotteslehre*, Wien 1931(Hager 1969, 1~74에 재수록).

Arpe, C., *Das "ti ên einai" bei Aristoteles*, Hamburg-New York 1938.

_____, "Substantia", *Philologus* 94, 1940/41, 65~78.

Aubenque, P., "Aristoteles und das Problem der Metaphysik", *Zeitschrift für Philosophische Forschung* 9, 1961, 77~99.

Balme, D. M., "GENOS and EIDOS in Aristotle's Biology", *Classical Quarterly* NS 12, 1962, 81~98.

_____, "The place of biology in Aristotle's philosophy", in: A. Gotthelf and J. G. Lennox(eds.), 1987, 9~29.

_____, "Aristotele's use of division and differentiae", in: A. Gotthelf and J. G. Lennox(eds.), 1987, 69~89.

_____, "Aristotle's biology was not essentialist", in: A. Gotthelf and J. G. Lennox(eds.), 1987, 291~312.

Bambrough R. (ed.), *New Essays on Plato and Aristotle*, London 1979.

Barnes, J., Schofield, M. and Sorabji, R. (eds.), *Articles on Aristotle 1. Science*, London 1975.

_____, *Articles on Aristotle 3. Metaphysics*, London 1979.

_____, "Aristotle's arithmetic", *Revue de la philosophie ancienne* 3, 1985, 97~133.

Barnes, K. T., "Aristotle on identity and its problems", *Phronesis* 22, 1977, 48~62.

Bartels, K., "Der Begriff Techne bei Aristoteles", in: *Synusia. Festgabe für W. Schadewaldt*, Pfullingen, 1965, 275~90.

Bärthlein, K., "Über das Verhältnis des Aristoteles zur Dynamislehre der griechischen Mathenatiker", *Rheinisches Museum* 108, 1965, 35~61.

_____, "Zur Entstehung der aristotelischen Substanz-Akzidenz-Lehre",

Archiv für Geschichte der Philosophie 50, 1968, 196~253.

Berti, E., "Logical and Ontological Priority among the Genera of Substance in Aristotle", in: *Kephalaion. Festschrift für C. de Vogel*, Assen 1975, 55~69.

_____, "Der Begriff der Wirklichkeit in der Metaphysik (Θ 6-9 u. a.)", in Ch. Rapp (Hrsg.), 1996, 289~311.

Bessenge, F., "Das 'to heni einai', 'to agathôi einai' etc. etc. und das 'to ti en einai' bei Aristoteles", *Philologus* 104, 1960, 14~47, 201~22.

_____, "Der Fall to ti ēn einai", *Helikon* 3, 1963, 505~18.

Bolton, R., "Science and the science of substance in Aristotle's Metaphysics Z", in: F. A. Lewis and R. Bolton (eds.), *Form, Matter, and Mixture in Aristotle*, 1996, 231~80.

_____, "The Material Cause: Matter and Explanation in Aristotle's Natural Science", in: W. Kullmann und S. Föllinger (Hgg.), 1997, 97~124.

Bonitz, H., *Über die Kategorien des Aristoteles*, Vienna 1853.

_____, *Index Aristotelicus*, Berlin 1870.

Brentano, F., *Von der mannigfachen Bedeutung des Seienden nach Aristoteles*, Freiburg i. Br. 1970 (초판 1862).

_____, *The True and the Evident*, trans. by Chisholm, R. M., London 1966.

_____, *Aristoteles Lehre vom Ursprung des menschlichen Geistes*, Hamburg 1980.

Brinkmann, K., *Aristoteles' Allgemeine und Spezielle Metaphysik*, Berlin-New York 1979.

_____, "The Consistency of Aristotle's Thought on Substance", in: W. Wians (ed.), *Aristotle's Philosophical Development. Problems and Prospects*, New York 1996, 289~302.

Buchheim, Th., "Genesis und substantielles Sein. Die Analytik des Werdens im Buch Z der Metaphysik (Z 7-9)", in: Ch. Rapp (Hrsg.), 105~34.

_____, "The Functions of the Concept of physis in Aristotle's Metaphysics," in: *Oxford Studies in Ancient Philosophy* 20, 2001, 201~234.

Charles, D., "Aristotle and the Unity and Essence of Biological Kinds", in: W. Kullmann und S. Föllinger (Hrsg.), 1997, 27~42.

_____, "Matter and Form-Unity, Persistence, and Identity", in: T. Scaltas, D. Charles and M. L. Gill (eds.), 1994, 75~105.

Charlton, W., "Aristotle and the Principle of Individuation", *Phronesis* 17, 1972, 239~49.

Chen, Ch. -H., "Aristotle's concept of primary substance in books Z and H of the Metaphysics", *Phronesis* 2, 1957, 46~59.

_____, "The relation between the terms 'energeia' and 'entelecheia' in the philosophy of Aristotle", *Classical Quaterly* 52/NS 8, 1958, 12~7.

Cherniss, H., *Aristotle's Criticism of Presocratic Philosophy*, Baltimore 1935.

_____, *Aristotle's Criticism of Platon and the Academy*, New York 1962.

Cho, D. -H., *Ousia und Eidos in der Metaphysik und Biologie des Aristoteles*, Stuttgart 2003.

_____, "Drei Aspekte des aristotelischen Begriffs der Essenz", *Elenchos* XXVI fasc. 2, 2005, 357~77.

_____, "Beständigkeit und Veränderlichkeit der Spezies in der Biologie des Aristoteles", in: Sabine Föllinger (Hrsg.): Was ist, 'Leben'? Aristoteles' Anschauungen über Entstehung und Funktionsweise von, 'Leben', Stuttgart 2010, 299~313.

Code, A., "No universal is a substance: an interpretation of Metaphysics Z 13, 1038b8-15", *Paideia* 7, 1978, 65~74.

_____, "The persistence of Aristotelian matter", *Philosophical Studies* 29, 1976, 357~67.

Cohen, S. M., "Essentialism in Aristotle", *Review of Metaphysics* 31, 1977, 387~405.

Cooper, J. M., "Metaphysics in Aristotle's embryology", in: D. Devereux et P. Pellegrin (eds.), 1990, 55~84.

Copi, I. M., "Essence and Accident", *Journal of Philisophy* 51, 1954, 706-19 [J. M. E. Moravcsik (ed.), 1967, 149~66에 재수록].

Devereux, D. et Pellegrin, P. (eds.), *Biologie, Logique et Métaphysique chez Aristote*, Paris 1990.

Düring, I., "Von Aristoteles bis Leibniz. Einige Hauptlinien in der Geschichte des Aristotelismus", *Antike und Abendland*, Bd. IV, Hamburg 1954, 118~54.

_____, *Aristoteles. Darstellung und Interpreatation seines Denkens*, Heidelberg 1966.

Easterling, H. J., "The unmoved mover in early Aristotle", *Phronesis* 16, 1970, 252~65.

Elders, L, "Aristote et l´ objet de la métaphysique", *Revue de philosophique de Lauvain* 60, 1962, 165~83.

Elm, R., "Dynamis und Energeia. Zum Problem des Vollzugs des Seienden bei Aristoteles", in: J. Speck (Hrsg.), *Grundprobleme der grossen Philosophen. Philophie des Altertums und des Mittelaters*, Göttingen, 1997, 78~121.

Ferejohn, M. T., "Aristotle on focal meaning and the unity of science", *Phronesis* 25, 1980, 117~28.

Fonfara, D., *Die Ousia-Lehren des Aristoteles: Untersuchungen zur Kategorienschrift und zur Metaphysik*, Berlin-New York 2003.

Frede, M., "Individuen bei Aristoteles", *Antike und Abendland* 24, Berlin-New York 1978.

_____, "Substance in Aristotle's Metaphysics", in: A. Gotthelf (ed.), 1985, 17~26.

_____, "The definition of sensible substances in Metyphysics Z", in: D. Devereux et P. Pellegrin (eds.), 1990, 113~29.

_____, "Aristotle's notion of potentiality in Metaphysics Theta", in: T. Scaltsas, D. Charles and M. L. Gill (eds.), 1994, 173~93.

Frede M. and Charles D. (eds.), *Aristotle's Metaphysics. Lamda. Symposium Aristotelicum*, Oxford 2000.

Furth, M., "Transtemporal stability in Aristotelian substances", *Journal of Philosophy* 75, 1978, 624~46.

_____, "Aristotle on the unity of form", *Boston Area Colloquium in Ancient Philosophy* 2, 1987, 209~36.

_____, *Substance, form and psyche: an Aristotelean metaphysics*, Cambridge 1988.

_____, "Specific and individual form in Aristotle", in: D. Devereux et P. Pellegrin(eds.), 1990, 85~111.

Gaiser, K., *Platons ungeschriebene Lehre*, Stuttgart 1963.

Gill, M. L., *Aristotle on substance. The paradox of unity*, Princeton 1989.

_____, "Individuals and individuation in Aristotle", in: T. Scaltsas, D. Charles and M. L. Gill(eds.), 1994, 55~71.

_____, "Material Necessity and Meteorology IV 12", in: W. Kullmann und S. Föllinger(Hgg.), 1997, 145~61.

Gillespie, C. M., "The Aristotelian Categories", *Classical Quarterly* 19, 1925, 75~84.

Gigon, O., "Die Geschichtlichkeit der Philosophie in Aristoteles", *Archivio di Filosofia*, 1954, 129~50.

Gilson, E., *Being and some philosophers*, Toronto 1952.

Gotthelf, A. (ed.), *Aristotle on Nature and Living Things*, Bristol 1985.

_____, "Notes toward a Study of Substance and Essence in Aristotle's Parts of Animals ii-iv", in: A. Gotthelf(ed.), 1985, 27~54.

_____, "First principles in Aristotle's Parts of Animals", in: A. Gotthelf and J. G. Lennox(eds.), 1987, 167~97.

Gotthelf, A. and Lennox, J. G. (eds.), *Philosophical issues in Aristotle's biology*, Cambridge 1987.

Graeser, A., "Aristoteles und das Problem von Substanzialität und Sein", *Freiburger Zeitschrift für Philosophie und Theologie* 25, 1978, 120~41.

_____(ed.), *Mathematics and Metaphysics in Aristotle*, Bern-Stuttgart 1987.

Graham, D. W., "Aristotle's discovery of matter", *Archiv für Geschichte der Philosophie* 66, 1984, 37~51.

Granger, H., "Aristotle on the subjecthood of form", *Oxford Studies in Ancient Philosophy* 13, 135~59, 1995.

Grene, M., "Is genus to speceis as matter to form?" *Synthèse* 28, 1974, 51~69.

Günther, H. -Ch. und Rengakos, A. (Hgg.), *Beiträge zur antiken*

Philosophie (Festschrift für Wolfgang Kullmann), Stuttgart 1997.

Guthrie, W. K. C., "The development of Aristotle's theology-I", *Classical Quarterly* 27, 1933, 162~71.

_____, "The development of Aristotle's theology-Ⅱ", *Classical Quarterly* 28, 1934, 90~8.

_____, "Aristotle as a historian of philosophy", *Journal of Hellenic Studies* 77, 1957, 35~41.

Hager, F. P. (Hrsg.), *Metaphysik und Theologie des Aristoteles*, Darmstadt 1969.

Halfwassen, J., "Substanz: Substanz/Akzidenz", *Historisches Wörterbuch der Philosophie* Bd. 10, Basel-Darmstadt, 1998, 495~509.

Halper, E., "The origin of the aporiai in Aristotle's Metaphysics B", *Apeiron* 21, 1988, 1~27.

Happ, H., *Hyle. Studien zum aristotelischen Materie-Begriff*, Berlin-New York 1971.

_____, "Kosmologie und Metaphysik bei Aristoteles. Ein Beitrag zum Tranzendenzproblem", in: K. Flash (ed.), *Parusia. Studien zur Philosophie Platons und zur Problemgeschichte des Platonismus. Festgabe für J. Hirschberger*, Frankfurt a. M. 1965, 155~87.

Haring, E., "Substantial form in Aristotle's Met. Z", *Review of Metaphysics* 10, 1956~7, 308~22, 482~501, 698~713.

Hartmann, E., "Aristotle on the identity of substance and essence", *The Philosophical Review* 85, 4, 1976, 545~61.

Hartmann, N., "Zur Lehre vom Eidos bei Platon und Aristoteles," in: N. Hartmann, *Kleinere Schriften* II, Berlin 1957.

Heath, T. L., *Mathematics in Aristotle*, Oxford 1949.

Heidegger, M., *Aristoteles, Metaphysik Θ 1-3. Von Wesen und Wirktlichkeit der Kraft*, in: Gesamtausgabe Ⅱ 33, Frankfurt a. M. 1981.

Heinaman, R., "Aristotle's tenth aporia", *Archiv für Geschichte der Philosophie* 61, 1979, 249~70.

_____, "An argument in Aristotle's Metaphysics Z 13", *Classical Quarterly* NS 30, 1980, 72~85.

Hintikka, K. J. J., "The varieties of being in Aristotle", in: Simo knuuttila and Jaakko Hintikka (eds.), *The Logic of Being*, Dordrecht 1986, 81~114.

Hirschberger, J., "Paronymie und Analogie bei Aristoteles", *Philosophisches Jahrbuch* 68, 1960, 191~203.

Hirzel, R., "Ousia", *Phililogus* 72, 1913, 42~64.

Husik, I., "Aristotle on the law of contradiction and basis of the syllogism", *Mind* 58, 1906, 215~22.

Inciarte, F., "Die Einheit der Aristotelischen Metaphysik", *Philosophisches Jahrbuch* 101, 1994, 1~21.

Irwin, H., "Aristotle's discovery of metaphysics", *Review of Metaphysics* 31, 1977, 210~29.

Jaeger W., *Studien zur Entstehungsgeschichte der Metaphysik des Aristoteles*, Berlin 1912.

_____, *Aristoteles. Grundlegung einer Geschichte seiner Entwicklung*, Berlin 1955 (초판 1923).

Kahn, C. H., *The Verb 'Be' in Ancient Greek*, Dordrecht/Boston 1966.

_____, *The Verb Be in Ancient Greek*, Dordrecht 1973.

Kamlah, W., "Aristoteles's Wissenschaft vom Seienden als Seienden und die gegenwärtige Ontologie", *Archiv für Geschichte der Philosophie* 49, 1967, 269~97.

Kapp, E., "Sokrates der Jüngere", in: E. Kapp, *Ausgewählte Schriften*, Berlin, 1968, 180~87.

King, R., "Making things better: the art of changing things: Aristotle, Metaphysics Θ 2", *Phronesis* 43/1, 1998, 63~83.

Kirwan, J., "Aristotle on essence and explanation", *Philosophical Studies* 31, 1977, 361~83.

Kosman, L. A., "Substance, Being, and 'Energeia'", *Oxford Studies in Ancient Philosophy* 2, 1984, 121~49.

_____, "Divine being and divine thinking in Metaphysics Lamda", *Boston Area Colloquium in Ancient Philosophy* 3, 1987, 165~88.

König, E., "Aristoteles' erste Philosophie als universale Wissenschaft von den archai", *Archiv für Geschichte der Philosophie* 52, 1970,

225~46.

Krämer, H. J., *Arete bei Platon und Aristoteles: Zum Wesen und zur Geschichte der platonischen Ontologie*, Heidelberg 1959.

_____, "Zur geschichtlichen Stellung der Aristotelischen Metaphysik", *Kant-Studien* 58, 1967, 313~54.

_____, *Der Ursprung der Geistemetaphysik, Untersuchungen zur Geschichte des Platonismus zwischen Platon und Plotin*, Amsterdam 1967(초판 1964).

_____, "Grundfragen der aristotelischen Theologie", *Theologie und Philosophie* 44, 1969, 363~82, 481~505.

_____, "Das Verhältnis von Platon and Aristoteles in neuer Sicht", *Zeitschrift für philosophische Forschung* 26, 1972, 329~53.

_____, "Aristoteles und die akademische Eidoslehre", *Archiv für Geschichte der Philosophie* 55, 1973, 119~90.

Kullmann, W., *Wissenschaft und Methode. Interpretationen zur aristotelischen Theorie der Naturwissenschaft*, Berlin-New York 1974.

_____, *Die Teleologie in der aristotelischen Biologie. Aristoteles als Zoologe, Embryologe und Genetiker*, Heidelberg 1979.

Kullmann, W. und Föllinger, S. (Hgg.), *Aristotelische Biologie. Intentionen, Methoden, Ergebnisse*(Philosophie der Antike, Bd. 6), Stuttgart 1997.

Kung, J., "Aristotle on 'being is said in many ways'", *History of Philosophy Quarterly* 3, 1986, 3~18.

_____, "Aristotle on essence and explanation", *Philosophical Studies* 31, 1977, 361~83.

Lacey, A. R., "Ousia and Form in Aristotle", in: *Phronesis* 10, 1965, 54~9.

Lang, H. S., "God or soul-the problem of the first mover in Physics Ⅶ", *Paideia* 7, 1978, 86~104.

Lear, J., "Aristotle's philosophy of mathematics", *Philosophical Review* 91, 1982, 161~92.

LeBlond, J. M., "Aristotle on definition", in: J. Barnes, M. Schofield and R. Sorabji(eds.), *Articles on Aristotle 3. Metaphysics*, 1979,

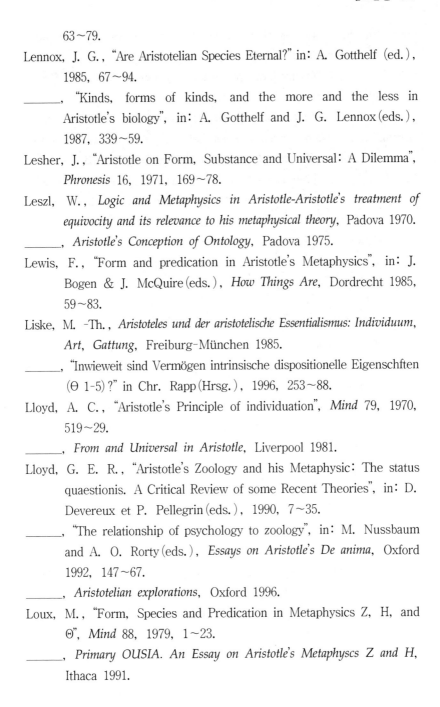

63~79.

Lennox, J. G., "Are Aristotelian Species Eternal?" in: A. Gotthelf (ed.), 1985, 67~94.

_____, "Kinds, forms of kinds, and the more and the less in Aristotle's biology", in: A. Gotthelf and J. G. Lennox(eds.), 1987, 339~59.

Lesher, J., "Aristotle on Form, Substance and Universal: A Dilemma", *Phronesis* 16, 1971, 169~78.

Leszl, W., *Logic and Metaphysics in Aristotle-Aristotle's treatment of equivocity and its relevance to his metaphysical theory*, Padova 1970.

_____, *Aristotle's Conception of Ontology*, Padova 1975.

Lewis, F., "Form and predication in Aristotle's Metaphysics", in: J. Bogen & J. McQuire(eds.), *How Things Are*, Dordrecht 1985, 59~83.

Liske, M. -Th., *Aristoteles und der aristotelische Essentialismus: Individuum, Art, Gattung*, Freiburg-München 1985.

_____, "Inwieweit sind Vermögen intrinsische dispositionelle Eigenschften (Θ 1-5)?" in Chr. Rapp(Hrsg.), 1996, 253~88.

Lloyd, A. C., "Aristotle's Principle of individuation", *Mind* 79, 1970, 519~29.

_____, *From and Universal in Aristotle*, Liverpool 1981.

Lloyd, G. E. R., "Aristotle's Zoology and his Metaphysic: The status quaestionis. A Critical Review of some Recent Theories", in: D. Devereux et P. Pellegrin(eds.), 1990, 7~35.

_____, "The relationship of psychology to zoology", in: M. Nussbaum and A. O. Rorty(eds.), *Essays on Aristotle's De anima*, Oxford 1992, 147~67.

_____, *Aristotelian explorations*, Oxford 1996.

Loux, M., "Form, Species and Predication in Metaphysics Z, H, and Θ", *Mind* 88, 1979, 1~23.

_____, *Primary OUSIA. An Essay on Aristotle's Metaphyscs Z and H*, Ithaca 1991.

Lowe, M. F., "Aristotle on being and the one", *Archiv für Geschichte der Philosophie* 59, 1977, 44~55.

Lukasiewicz, J., "On the principle of contradiction in Aristotle", *Review of Metaphysics* 95, 1971, 485~509.

Marten, R., *OUSIA im Denken Platons*, Meisenheim am Glan 1962.

Martin, G., "Platons Lehre von der Zahl und ihre Darstellung durch Aristoteles", *Zeitschrift für philosophische Forschung* 7, 1953, 191~203.

Mansion, S., "La prèmiere doctrine de la substance: la substance selon Aristote", *Revue de philosophique de Lauvain* 44, 1946, 349~69.

_____, "Die erste Theorie der Substanz: die Substanz nach Aristoteles", in: F. P. Hager(Hrsg.), 1969, 114~38.

_____, "'To simon' et la définition physicue", in I. Düring(Hrsg.), *Naturphilosophie bei Aristotles und Theophrast*, Heidelberg, 1969, 124~32.

_____, "The Ontological Constitution of Sensible Substances in Aristotle (Metaphysics VII 7-9)"(trans. into English by J. Barnes), in: J. Barnes, M. Schofield and R. Sorabji(eds.), *Articles on Aristotle 3. Metaphysics*, 1979, 80~7.

_____, "La notion de matière en Métaphysique Z 10 et 11", in: P. Aubenque(ed.), *Études sur la Métaphysique d'Aristote*, Paris 1979, 185~205.

Matthews, G. B., "Aristotelian essentialism", *Philosophy and Phenomenological Research* 51, 1990, 251~62.

Merlan, Ph., "Aristotle's unmoved movers", *Traditio* 4, 1946, 1~30.

_____, "Zwei Bemerkungen zum aristotelischen Plato", *Rheinisches Museum* 111, 1968, 1~15.

_____, "Metaphysik: Name und Gegenstand", *Journal of Hellenic Studies* 77, 1957, 87~92.

_____, "On hei on and prote ousia: Postskript zu einer Besprechung", *Philosopische Rundschau* 7, 1959, 148~53.

Mesch, W., "Die Teile der Definition(Z 10-11)", in: Ch. Rapp(Hrsg.), 1996, 135~56.

Moravcsik, J. M. E. (ed.), *Aristotle. A Collection of critical essays*, London 1968.

Morrison, D., "Some remarks on definition in Metaphysics Z", in: D. Devereux et P. Pellegrin (eds.), 1990, 131~44.

_____, "The place of unity in Aristotle's metaphysical project", *Proceedings of the Boston Area Colloquium in Ancient Philosophy 9*, 1993, 131~56.

Mueller, I., "Aristotle's approach to the problem of principles in Met. M and N", in: A. Graeser (ed.), 1987, 241~59.

Natorp, P., "Thema und Disposition der aristotelischen Metaphysik", *Philosophische Monatschefte* 24, 1887, 36~65.

Nussbaum, M. and Rorty A. O. (eds.), *Essays on Aristotle's De anima*, Oxford 1992.

Oehler K., "Die Beweis für den Unbewegten Beweger bei Aristoteles", *Philologus* 99, 1955, 70~92.

_____, "Die systematische Integration der aristotelischen Metaphysik-Physik und Ertste Philosophie im Buch Lambda", in: I. Düring (Hrsg.), 1969, 168~92.

_____, *Antike Philosophie und Byzantinisches Mittelalter. Aufsätze zur Geschichte des griechischen Denkens*, München 1969.

Owen, G. E. L., "The Platonism of Aristotle", *Proceedings of the British Academy* 51, 1965, 125~50.

_____, "Logic and Metaphysics in some earlier works of Aristotle", in: J. Barnes, M. Schofield and R. Sorabji (eds.), *Articles on Aristotle 3. Metaphysics*, 1979.

_____, "Aristotle in the snares of ontology", in: R. Bambrough (ed.), 1979, 69~96.

_____, "Particular and General", *Proceedings of the Aristotelian Society* 79, 1978~9, 1~21.

Owens, J., *The Doctrine of Being in the Arisottelian Metaphysics*, Toronto 1978 (초판 1951).

_____, "Matter and predication in Aristotle", in: E. McMullin (ed.), *The*

Concept of Matter in Greek and Medieval Philosophy, Notre Dame Ind. 1968, 79~95.

Patzig, G. , "Bemerkung über den Begriff der Form", *Archiv für Philosophie* 9, 1959, 93~111.

_____, "Theologie und Ontologie in der Metaphysik des Aristoteles", *Kantstudien* 52, 1960/61, 185~205.

Rapp, Ch. , Identität, Persistenz und Substantialität: Untersuchung zum Verständnis von sortalen Termen und aristotelischer Substanz, Freiburg 1995.

_____(Hrsg.), *Aristoteles. Metaphysik Die Substanzbücher* (Z, H, Θ), Berlin 1996.

_____, " 'Kein Allgemeines ist Substanz' (Z 13, 14-16)", in: Ch. Rapp (Hrsg.), 1996, 157~92.

_____, "Substanz als vorrangig Seiendes (Z 1)", in: Ch. Rapp (Hrsg.), 1996, 27~40.

Reale, G. , *The Concept of First Philosophy and the Unity of the Metaphysics of Aristotle*, ed. and trans. by J. R. Catan, New York 1980.

Reiner, H, "Die Entstehung und ursprüngliche Bedeutung des Namens Metaphysik", *Zeitschrift für Philosophische Forschung* 8, 1954, 210~37.

_____, "Die Entstehung der Lehre vom bibliothekarischen Ursprung des Namens Metaphysik. Geschichte einer Wissenschaftslegende", *Zeitschrift für Philosophische Forschung* 9, 1955, 77~99.

Robin, L. , *La théorie platonicienne des Idées et des Nombres, d'après Aristote*, Paris 1908.

Scaltsas, T. , "Substratum, Subject and Substance", *Ancient Philosophy* 5, 1985, 215~40.

Scaltsas, T. , Charles, D. and Gill, M. L. (eds.), *Unity, Identity and Explanation in Aristotle's Metaphysics*, Oxford, 1994.

Schmitt, A. , "Rezension: H. Schmitz, Die Ideenlehre des Aristoteles, Bonn 1985", *Gnomon* 60, 1988, 107~16.

Schramm, M. , *Die Bedeutung der Bewegungslehre des Aristoteles für seine beiden Lösungen der zenonischen Paradoxie*, Frankfurt 1962.

Seel, G., "Die Bedeutung des Begriffspaares 'Dynamis-Energeia' für die Aristotelischen Güterlehre. Zu Met. Θ 9. 1051a 4-15", *Archiv für Geschichte der Philosophie* 60, 1978, 27~58.

Seidl, H., *Beiträge zu Aristoteles' Erkenntnislehre und Metaphysik*, Amsterdam-Würzburg 1984.

Sellars, W., "Substance and form in Aristotle", *Journal of Philosophy* 54, 1957, 688~99.

Sharples R. W., "Species, Form, and Inheritance: Aristotle and After", in: A. Gotthelf(ed.), 1985, 117~28.

Shields, C., "Soul as subject in Aristotle", *Classical Quarterly* 38, 1988, 140~53.

Sorabji, R., *Necessity, Cause and Blame*, London 1980.

Stallmach, J., *Dynamis und Energeia Untersuchung am Werk des Aristoteles zur Problemgeschichte von Möglichkeit und Wirklichkeit*, Meisenheim 1959.

Steinfath, H., *Selbständigkeit und Einfachheit. Zur Substanztheorie des Aristoteles*, Frankfurt a. M. 1991.

_____, "Die Einheit der Definition und die Einheit der Substanz. Zum Verhältnis von Z 12 und H 6", in: Ch. Rapp(Hrsg.), 1996, 229~52.

Teichmüller, G., *Aristotelische Forschungen, Bd. 3. Geschichte des Begriffs der Parusie*, Halle 1873.

Theiler, W., "Die Entstehung der Metaphysik des Aristoteles, mit einem Anhang über Theophrasts Metaphysik", *Museum Helveticum* 15, 1958, 85~105.

Trendelenburg, A., "Das to ēni einai, to agathōi einai etc. etc. und das to ti ēn einai bei Aristoteles. Ein Beitrag zur Aristotelischen Begriffsbestimmung und zur Griechischen Syntax", *Rheinisches Museum* II, 1828, 457~83.

_____, *Geschichte der Kategorienlehre*, Berlin 1846.

Tugendhat, E., *TI KATA TINOS. Eine Untersuchung zu Struktur und Ursprung aristotelischer Grundbegriffe*, Freiburg/München 1958.

_____, "Rezension: Aristoteles Metaphysik. Übersetzt von Friedrich Bassenge. Berlin 1960", *Gnomon* 33, 1961, 703~6.

Viertel, W., *Der Begriff der Substanz bei Aristoteles*, Königstein/Ts. 1982.

Vogel, C. J. de, "Did Aristotle ever accept Plato's theory of transcendent ideas? Problems around a new edition of the Protrepticus", *Archiv für Geschichte der Philosophie* 47, 1965, 261~98.

Vollrath, E., "Aristoteles, das Problem der Substanz", in: J. Speck (Hrsg.), *Grundprobleme der großen Philosophen, Philosophie der Antike*, Göttingen 1972, 84~128.

_____, "Essenz", in: *Historisches Wörterbuch der Philosophie*, Bd. 2, Basel-Darmstadt 1972, 753~5.

Wagner, H., "Zum Problem des aristotelischen Metaphysikbegriff", *Philosophische Rundshau* 7, 1959, 129~48.

_____, "Über das aristotelische 'pollachos legetai to on'", *Kant-Studien* 53, 1961/62, 75~91.

Wedin, M. V., "Subjects and Substance in Metaphysics Z 3", in: Ch. Rapp(Hrsg.), 1996, 41~74.

_____, *Aristotle's Theory of Substance. The Categories and Metaphysics Zeta*, Oxford 2000.

Weidemann, H., " 'Tode ti' und 'ti ên einai', Überlegungen zu Aristoteles, Metaphysik Z 4. 1030a3", *Hermes* 110, 1982, 175~84.

_____, "Zum Begriff des ti ên einai und zum Verständnis von Met. Z 4, 1029b22-1030a6", in: Ch. Rapp(Hrsg.), 1996, 75~103.

White, N., "Aristotle on sameness and oneness", *Philosophical Review* 80, 1971, 177~97.

White, M. J., "The metaphysical location of Aristotle's mathematika", *Phronesis* 38, 1993, 12~33.

Whiting, J., "Aristotle on Form and Generation", in: John J. Cleary and Daniel C. Shartin(eds.), *Proceedings of the Boston Area Colloquium in Ancient Philosophy* Vol. VI, Lanham-New York-London 1990, 35~63.

Wieland, W., *Die aristotelische Physik*, Göttingen 1970(초판 1962).

Wiggins, C. J. F., *Sameness and substance*, Oxford 1985.

Wilpert, P., "Zur Interpretation von Metaphysik Z 15", in: F. P. Hager

(Hrsg.), 367~98.

_____, "Zum aristotelischen Wahrheitsbegriff", *Philosophisches Jarbuch* 53, 1940, 3~16.

Witt, Ch., "Aristotelian essentialism revisited", *Journal of the History of Philosophy* 27, 1989, 285~98.

Woods, M., "Problems in Met. Z, Chapter 13", in: J. M. E. Moravcsik (ed.), *Aristotle. A Collection of critical essays*, London 1968.

Zeller, E., *Die Philosophie der Griechen*, II 2, Leipzig ³1879.

■ ■ ■
찾아보기

1. 이 찾아보기는 W. D. Ross, *Aristotle's Metaphysics, a revised text with introd. and comm.* I-II, Oxford 1953(초판 1924)의 'Index verborum'을 토대로 삼았다.
2. 예컨대 '981a1'은 Bekker판의 쪽과 행수를 가리킨다. Bekker판의 1000a-1093b는 0a-93b로 줄인다.
3. 다음과 같은 줄임말을 사용한다:
   (대) 대비되는 말
   (비) 비슷한 말
   (반) 반대되는 말
   (연) 연관되는 말
   (정의) 해당 낱말에 대한 정의
4. 예컨대 '(플라톤)'이나 '(아카데미아)'는 해당 낱말이 각각 '플라톤'과 '아카데미아'에서 사용되었음을 가리킨다. 또한 '(수학)', '(기하학)' 역시 해당 낱말이 수학, 기하학에서 쓰인다는 것을 가리킨다.

ㄱ ~ ㄴ

가능성, 가능태, 능력, 뒤나미스, 제곱수 dynamis V 12, IX 1-9
- 요소들은 가능적으로 있는가 poteron dynamei ta stoicheia 2b33
- 불확정적인 것은 가능적으로 있다 to dynamei on ahoriston 7b28
- (대) 현실적인 것, 현실적인 활동, 현실태 energeia 7b28, IX 3, 48a32
69b15, 71a7
- 기하학에서의 '뒤나미스' hē en tēi geometriai 19b34, 46a6
- (대) 지성 nous, 기술 technē, 본성 physis 25b23, 27a6, 32a28, 33b8, 64a13, 49b9
- (연) 질료 hylē 42a28, b10, 49a23, 50a15, b27, 60a20, 69b14, 70b12, 71a10, 75b22, 88b1, 92a3
- 가능태와 현실태는 어떤 뜻에서는

감각기관 aisthētērion 63a2

감각내용 aisthēma 10b32, 63b4

감각적인, 감각가능한, 감각물
aisthētos 987b8, 14, 997b12, 10b32,
78b16
- 흘러가는 상태의 감각물들 tōn ai.
aei rheontōn 987a33, 참고. 999b4,
10a3, 36b28, 69b3
- 감각물들에 대한 학문은 존재하지
않는다 epistēmēs peri tōn ai. ouk
ousēs 987a34, VII 15
- (반) 수학적인 mathēmatikos
989b31, 990a15
- (반) 지성적인 noētos 990a31,
999b2, 25b34, 36a3, 9, 43b29,
45a34
- (연) 운동 kinēsis 989b31, 36b28
- (반) 형상적인 eidetikos 90b36
- 감각적 실체들만 있다고 말해야 하
는가 poteron tas ai. ousias monas
einai phateon 997a34, 2b12, 59a39
- 모든 감각적 실체는 질료를 가진다
ai. ousiai hylēn echousi 42a25
- 감각적인 반대상태들 ai. enantiōseis
61a32
- 감각적인 실체들 ousiai ai. 69a30

감독자 architektōn 981a30
- (반) 일꾼 cheirotechnēs 981a31,
b4

감소 phthisis 69b11

강제 bia
- (반) 설득 peithō 9a18, 11a15

- 강제하는 것과 강제 to biaion kai
hē b., (연) 필연적인 것 anankaion
15a26, 30

강제하는 biaion 15a26, 28, 36
- (비) 본성에 어긋난 para physin b15

같은 부류의 syngenes 995b12, 53a24,
76a18
☞ 타고난

같은 이름의 homōnymos
☞ 이름이 같은

개념 noēma ☞ 지각내용

개별~ meros ☞ 부분

개별자, 개별적인 것 kath' hekaston
- 모든 생성은 개별적인 것과 관계
hai geneseis peri to kath' he. eisin
981a17
- 만일 개별자들과 떨어져서 아무것도
없다면 eite mē esti ti para ta k.
he. 999a26, 참고. 60a3
- 원리들은 보편자인가 개별자인가
poteron hai archai hōs ta kath'
hekasta 3a7, 71a20, 86b21
- (비) 현실적인 것들 energounta
14a21, 참고. 13b36
- 감각의 측면에서는 개별자들이 앞
선다 kata tēn aisthēsin protera
18b33
- 더 높은 수준의 실체들 mallon
ousiai 69a29

개별적인 tode ti ☞ '이것'

거짓 pseudos V 29
- (정의) 11b25

- (반) 부정하다 apophanai 8a4-b1
-접촉과 발언 thigein kai ph. 51b24
긍정, 발언 phasis
  - (비) 긍정 kataphasis 8a9, 62a24
  - (대) 긍정 kataphasis 51b25
-대립하는 발언들 antikeimenai ph.
  11b14, 62a6-34, b17, 63b16
기능, 작용 ergon
  - (반) 도구 organon 13b3
  - (대) '에네르게이아' energeia 50a23
기름진 liparon 44a22, 46a24
기술 technē 980b28-981b27
  -기술은 경험을 통해 생겨난다
   apobainei dia tēs empeirias 981a3
  - (반) 경험 empeiria 981a25, b8
  - (대) 학문적 인식 epistēmē 981b26,
   참고. 46b3
  =학문 epistēmē 997a5
  - (대) 지성 nous, 능력 dynamis, 사
   고 dianoia 25b22, 32a28, 33b8
  -본성적인 생성 gignesthai physei, 기
   술적인 생성 technēi, 자생적인 생성
   apo tautomaton VII 7-9, 참고. 25b22
  - (대) 본성 physis 33b8, 70a7, 17
  -기술은 형상이다 hē t. to eidos
   34a24, 70a15
  -배움을 통해 생겨난다 gignetai
   mathēsei 47b33, 참고. 46b37
  -기술의 영역에 속하는 것들 ta kata
   technēn 70a17
  -감독술 t. architektonikai 13a13
기술자 technitēs

- (대) 유경험자 empeiros 981b31
기억 mnēmē 980a29, b25, 26, 28,
 29
기억하다 mnēmoneuein 980b22
기체 hypokeimenon
  =질료 hylē, 형태 morphē, 그것들의
   복합체 to ek toutōn 28b36-29a3, 참
   고. 38b5, 42a26, 49a28
  =질료 hylē 983a30, 984a22, 22a19,
   24b9, 42a13, 70a11, 88a18, 참고.
   985b10, 992b1, 42b9
  -첫째 기체 prōton, 마지막에 오는 기
   체 teleutaion, 최종적인 기체
   eschaton 16a19, 22a19, 24b10,
   16a23, 17b24
  -기체로서의 유 genos hy. 997a6,
   24b3
  =(질료와 형상의) 복합체 to ek
   toutōn (res concreta) 996a2, 19a5,
   31b16, 44b9, 참고. 1a8
  - (반) 양태, 속성 pathos, 부수적인
   것 symbebēkos 1b31, 10b34, 7a35,
   참고. 37b16
  -기체에 대한 술어 kath' hypokeimenou
   990b31, 1b31, 7a35, 17b13, 16,
   29a8, 66b14, 79a28, 87a35, b1
  -밑에 놓여 있는 것들, 대상들 ta
   hy. = 유에 포섭되는 것들 ta hypo
   to genos onta 982a23, b4, 53b3,
   63b21
  ☞ 밑에 남다, 밑에 놓이다
   hypokeisthai

기하학 geōmetria 996b34, 997b27,
  19b33, 46a8
 -기하학과 측량술의 차이 ti diapherei
  geōdasias 997b27
 -기하학적인 교설 geōmetrikon dogma
  992a21
기하학 명제들 diagramma 998a25,
  14a36, 51a22
기하학자 geōmetrēs 998a1, 4, 5a11,
  31, 78a25, 89a22
길다 makros
 -긺과 짧음 makron kai brachy
  992a11, 85a10
 -장광설(= 긴 말) logos makros
  43b26, 91a7
길이 mēkos 20a12
깊음과 얕음 bathy kai tapeinon
  992a13, 15, 20a21, 85a11, 89b13
끝 telos ☞ 목적
나누다 dihairein ☞ 분할하다
나뉠 수 없는 adihaireton ☞ 분할 불
  가능한
나쁜 kakos
 -나쁨은 성질을 가리킨다 to k.
  semainei to poion 20b23 참고. ib. 13
 -나쁜 것들 ta kaka, 나쁨 to kakon
  51a15-21, 75b7
 -나쁜 것들이 좋은 것들보다 더 많다
  plei ta k. tōn agathōn 985a2
 -(피타고라스) 나쁨 986a26
 -(아카데미아) 나쁨 자체는 두 요소
  가운데 하나 to k. thateron tōn

  stoicheiōn 75a35, 참고. ib. 37,
  84a35, 91b34
내재하다, 내재적이다 enhyparchein
  986b7, 13a4, 7, 24, 14a26, b15,
  18, 70b22, 92a30
 -내재적인 부분들을 제시하는 정식
  ho ek tōn enhyparchontōn logos
  43a20
넓음과 좁음 platy kai stenon
 -(플라톤) 992a12, 88b8
네메아 경기 Nemea 18b18
노새 hēmionos 33b33, 34a2, b3
논변, 말, 설명, 수적인 비율, 어구,
  이론, 이성 능력, 이치, 정식, 정
  의, 주장 logos
 -논변 (반) 생각 dianoia 9a20 참고.
  11a4
 -논변을 내세우기 위해서 logou
  charin 11b2, 참고. 12a6
 -말소리에 담긴 논변 ho en tēi
  phōnēi logos 9a22
 -(경험 없이) 이론을 가지다 l.
  echein 981a15, 근거가 있다 996b9,
  6a13, 10a17
 -정의들을 통해 이루어지는 고찰 hē
  en tois logois skepsis 987b31
 -변증론자들 hoi en tois logois
  50b35, 참고. 84b25
 -(반) 현상적으로 나타남 phainesthai
  87b2
 -이치에 맞는 kata logon 989a31,
  88a4

-정식에서 하나 logōi, 수에서 하나 arithmōi hen 87b12, 참고. 84b15
-수적인 비율 (산수) 985b32, 991b13, 17, 19, 993a17, 1b30, 53a16, 61b1, 92b14, 31
-비율에 따라서 kata ton l. 18b27 ☞ 유비적 대응자, 유비적 대응관계 analogon
논리적인 logikos 5b22, 80a10, 87b20, 21
-logikōs 논리적인 관점에서 29b13, 언어적으로 30a25, 정식의 관점에서 41a28, 정의에 의거한 69a28
논쟁적인 논변들 eristikoi logoi 12a19
논증 apodeixis 992b31, 14a36, 77b22
-모든 것에 대해서 논증이 있을 수는 없다 peri pantōn adynaton a. einai 997a8
-실체에 대한 논증은 존재하지 않는다 ouk estin apodeixis ousias 25b14, 64a9, 참고 11a13
-개별적인 감각적 실체들에 대해서는 논증이 없다 tōn ousiōn tōn aisthēton tōn kath' hekasta outh' horismos out' a. estin 39b28
-논증은 필연적인 것들과 관계 hē a. tōn anankeiōn 39b31
논증적 apodeiktikē
-논증적 학문 apodeiktikē epistēmē 997a5-30
-논증의 원리들 apod. archai 996b26
놀라다 thaumazein 982b12

놀라운 thaumaston 63a36, 82b21
뇌 enkephalos 13a6, 35b26
느슨함과 조밀함 manon kai pyknon 985b11
능가(하는 것) hyperbolē 21b15
능동, 능동적인 작용 poiein ☞ 제작하다
능력 dynamis ☞ 가능성

ㄷ ~ ㄹ

다른 heteron
-여러 가지 뜻 posachōs 18a9, 54b14-23
-종이 다르다 tōi eidei 18a38-b7, X 8, 9
-게노스가 다르다 tōi genei 24b9-16
다름 heterotēs 18a15, 54b23, 58a7
-(대) 차이 diaphora 4a21
다수 plēthos
-ti 20a8, 10, 54a22, 57a3
-다수 (반) 소수 oligotēs, 하나(1) hen 984a10, 986a24, 4a10, 17, 85a33, b5-32, 87b6, 8, 27-32, 91b31, 34, 92a28, 35
-첫째가는 다수 p. prōton 85b9
단순한 haplous
-(대) 하나 hen 72a32
-(비) 뒤섞여 있지 않은 amigēs 989b17, 분할 불가능한 adihairetos 14b5
-단순한 물체들 ha. sōmata 984a6, 988b30, 17b10, 42a8, 67a1

모든 것은 혼재해 있다 homou panta
 -(아낙시메네스) 7b26, 69b21, 23,
 29, 71b28, 72a20
모방 mimēsis
 -(피타고라스) 987b11, 13
모방물 eikōn 991b1, 79b35
모순, 모순관계, 모순적인 것, 모순적
 인 진술, 모순항 antiphasis IV 3-6,
 XI 5-6
 -모순의 중간에는 아무것도 없다
 metaxy antiphaseōs outhen IV 7,
 56a34, 63b19, 69a3
 -(대) 결여, 반대 sterēsis, enantiotēs
 55b1
 -모순적인 것 to kata tēn a. 63a21, 24
 -모순적인 진술의 배분 merismos
 antiphaseōs 27b20, 22
모양, 겉모양, 도형, 형태 schēma
 =리듬 rythmos (원자론) 985b14,
 42b14
 -(수학) 도형 999a9, 모양 2a21,
 70a23
 -평면도형 epipedon, 직선으로 이루
 어진 도형 euthygrammon, 삼각형
 trigonon 24b1, 54a3, 92b12
 -철학자와 겉모양이 똑같은 tauton s.
 tōi philosophōi 4b18
 -범주의 형태 s. katēgorias 16b34,
 17a23, 24b13, 26a36, 51a35, 54b29
 -겉보기의 모양 s. tēs ideas 29a4
 -신화의 형태를 빌어 en mythou
 schēmati 74b2

모양이 없는 arythmistos 14b27
목적, 끝 telos 21b23-29
 -목적 (연) hou heneka 994b9, 13a33,
 59a38, 참고. 994b16, 74a30
 -끝 (연) 형태 morphē 23a34
 -끝 (연) 현실태 energeia 51a16
 -끝을 맺다 t. epitheinai 42a4
무경험 apeiria
 -(반) 경험 empeiria 981a5
 -(반) peras 988a28
무능력 adynamia 46a29
 -(정의) 46a29
 -여러 가지 뜻 posachōs 19b15
 -이미 규정되어 있거나 수용자와 결
 합된 무능력 a. dioristheisa ē
 syneilemmene tōi dektikōi 55b8,
 58b27
무능력한, 능력이 없는, 불가능한
 adynaton
 -여러 가지 뜻 a. posachōs 19b15
 -(대) 거짓 pseudos 47b13
무엇 tis
 -'무엇' to ti 26a36, 45b33, 69b9, 89b8
 -'무엇' to ti esti 25b31, 27b32, 28a11,
 17, 30a17 등
 -ta ti estin 25b31, 27b28
 -he ti esti 54a15
 -'무엇'에 속하는 것들 en tōi ti estin
 hyparchein 22a27, 참고. 20a18, 24b5
 -여러 가지 뜻 to ti esti pleonachōs
 30a17, 참고. 25b31
 -추론들의 시작 ek tou ti estin hōi

-위치의 측면에서 반대되는 것 e. kata
topon 68b30
-반대자들 가운데 한 축은 결여 tōn
enantiōn hē hetera systoichia sterēsis
4b27, 11b18, 63b17
-반대되는 것들은 질료를 갖는다 hylēn
echei 75b22, 87b1
-모든 반대자들은 동일한 원리로 환
원된다 panta ta en. anagetai eis
mian archēn 4a1, b27
-모든 반대자들이 상대방으로부터
생겨날 수 있는 것은 아니다 ou
panta tanantia gignesthai ex allēlōn
44b25, 참고. 69b7
-반대자들은 합성체가 아니다
asyntheta ex allēlōn 57b22
-반대자들은 상대방의 작용에 의해
아무 수동적인 변화도 겪지 않는다
pathē hyp' allēlōn 75a30
-반대자들은 있는 것들의 원리 pōs
archai tōn ontōn 986b2, 4b30,
75a28-32, b12, 87a30
-반대되는 것들에는 동일한 형상이
속한다 tōn e. to auto eidos 32b2
-반대자들에 대해서는 동일한 학문이
있다 ta. e. tēs autēs espistēmēs
61a19, 참고. 996a20, 78b26
-반대되는 것들이 동일한 것에 속하
기는 불가능 ta en. hama hyparchein
tōi autōi adynaton 11b17, 참고.
63b26
-반대자들은 동일한 원리로 환원된

다 anagetai tan. eis tēn archēn
tautēn 4a1, 참고. b27
-반대되면서 차이가 있는 것들 ta
enantiōs diapheronta 57b11
반대, 반대상태 enantiotēs 995b22,
55a16-b15, 58a11, 63b17
-(대) 차이 diaphora, 다름 heterotēs,
부정 antiphasis, 결여 sterēsis, 관
계 pros ti 4a20, 55b1
-어떤 반대는 종이 서로 다른 것들을
만들어내는 데 반해, 어떤 반대는
그렇지 않은 것은 무슨 이유일까?
dia ti hē men poiei tōi eidei hetera
enantiōsis hē d' ou X 9
반대상태, 반론들 enantiōseis
-실체 안에서 반대상태에 있는 것들
en tēi ousiai e. echein 18b3
=반대 enantiotēs X 3, 4, 58a8
-있는 것에 속하는 첫째 반대상태들
prōtai e. tou ontos 61a12, b13, 참
고. b5
-감각적인 반대상태들 aisthētai e.
61a32
-많은 반론들을 예상하다 pollas
hypomenein e. 90a2
반박 elenchos
-(반) 논증 apodeixis 6a18, 9a21
-소피스트식 반박 sophistikos 32a7,
49b33
반선 hēmiseia
-전체 선에 있는 절반의 선 hēmiseia
en tēi holēi 48a33, 참고. 17b7

410

반원 hēmikyklion 35b9, 10
 -반원 안에 있는 각 hē en hēmikykliō
 orthē 51a27
밤 nyx 71b27, 72a8, 19, 91b5
방식 tropos
 -모든 방식의 원인들 tropoi aition
 996b5, 13b17, 29
배(胚) embrya 14b22
배우다 manthanein 980b23, 24
배움 mathēsis
 -배움은 어떻게 이루어지는지 mathēsis
 pōs gignetai 992b30, 29b4
배치상태 diathesis
 -여러 가지 뜻 posachōs V 19
벌 melitta 980b23
범주, 술어 katēgoria 4a29, 18a38,
 29a22, b23, 32a15, 34b10, 47a34,
 65b8, 68a8, 88a23, 89a27, b24
 -범주의 형태 schēma, schēmata tēs
 k 16b34, 17a23, 24b13, 51a35,
 54b29
 -술어의 축 systoichia tēs k. 54b35,
 58a14
변이(變異) alloiōsis 989a27, 42a36,
 69b12, 88a32
변증가들 dialektikoi, 변증술 dialektikē
 995b23, 4b17, 61b8, 78b25
 -시험을 일삼는 변증술 dial. peirastikē
 4b25
 -앞 세대 사람들은 변증술에 관여하
 지 않았다 tēs dialektikēs hoi poteroi
 ou meteichon 987b32

변화 metabolē XI, 11, 12
 -변화는 대립자들이나 중간 쪽으로
 진행 eis ta antikeimena kai metaxy
 11b34
 -변화는 대립자들이나 중간자들에서
 시작한다 ek tōn antikeimenōn ē tōn
 metaxy 69b3-14, 참고. 57a33
 -(연) 기체 hypokeimenon 42a33
 -수동적인 변화 m. pathētikē 46a12
 -네 가지의 변화 m. tessares 69b9,
 참고. 42a33, 72b9
 ☞ 가변적인 metablētos
(수동적인) 변화를 겪지 않는, (변화
 에서 유래하는) 속성이 없는 apathēs
 991b26, 19a31
 -(비) 변화를 겪지 않는 ametablētos,
 변이를 겪지 않는 analloiōtos 19a27,
 73a11
 -(수동적인) 변화를 겪지 않는 상태
 apatheia 46a13
변화하다 metaballein
 -양태들의 변화 tois pathesi 983b10
 -질적인 측면에서의 변화와 양적인
 측면에서의 변화 kata to poson,
 poion 10a23
 -변화하는 것이 변화의 과정에서 반
 드시 먼저 거쳐야 하는 것들을 일컬
 어 중간자라고 한다 metaxy tauta eis
 hosa m. anankē proteron to
 metaballon 57a21
 -대립자들로부터의 변화 ex
 antikeimenōn 57a26-31

-반대자들은 변화하지 않는다 ou ta enantia m. 69b7

-(연) 질료 hylē, 가능성, 능력 dynamis 69b14, 24, 참고. 10a15-22

-어떤 것이 어떤 것의 작용에 의해 어떤 것으로 변화 ti, hypo tinos, eis ti 69b36, 참고. 984a22

변화를 낳을 수 있는 metablētikon 13a32

-변화의 원리 archē m. 20a5, 49b6, 51a3

별들 astra XII 8

-별들의 본성 hē tōn a. physis 73a34

병 nosos 27b10, 68a22, 26

보조원인 synaition 15a21, b 3

보편자, 보편적 katholou 23b29, 38b11

-(대) 유 genos 992b12, 15b28, 28b34

-(연) 모든 것들에 대해 술어가 되는 것 kata pantōn, 공통적인 것 koinon, 전체적으로 술어가 되는 것 holōs 999a20, 3a8, 23b29

-(반) 개별적인, 최종적인, 부분적인 kath' hekaston, eschaton, kata meros, epi merous, stoicheion 18b33, 71a28, 59b26, 60b32, 84b14

-원리들은 보편자인지 poteron hai archai katholou 3a7, 60b19-23, 69a27, XIII 10, 참고. 71a20

-보편자들은 실체가 아니다 ta k. ouk ousiai 3a8, VII 13, 53b16, 60b21, 87a2, 참고. 69a26, 27, 71a20

-보편적인 것들은 (어떤 것에) 그 자체로서 속한다 kath' hauta hyparchein 17b35

-이데아들은 보편자와 일치한다 tōi k. hai ideai synatousin 42a15, 참고. 86a32

-보편자들에 대한 학문 epistēmē tōn k. 59b26, 60b20, 87a17, 참고. 999a28, 3a13, 36a28, 86b5

보폭, 한 걸음의 너비 podiaia 52b33, 78a20, 89a23

복합~, 복합체 synolos 35a6, b19, 20

-복합 실체 s. ousia 33b17, 37a26, 30, 32

-복합체 to s. 995b35, 999a32, 29a5, 35a21, b22, 36a2, 39b20, 60b24, 77b8

본보기 paradeigma 13a27

-(플라톤) 991a21, 27, 29, 31, 79b25, 31, 33, 35

-본보기를 들어 paradeigmatikōs 995a7

본성, 자연, 자연물, 자연적 원리, 퓌지스 physis

-여러 가지 뜻 posachōs V 4, 32a22-24

=hothen hē kinēsis hē protē en autōi hēi auto hyparchei 운동의 원리를 그 자체의 본성에 따라 자기 안에 가지고 있는 것들의 운동의 출처 혹은 원리 14b18, 15a14, 49b8, 70a7

-아르케(=원리)로서의 본성 hē physis

archē 13a20

-본성에 의해서, 본성에 따라서, 본성적으로 physei (반) 습관에 의해서 di' ethos, 기술에 의해서 technēi, 자생성에 의해서 tōi automatōi, 사고에서 시작해서 apo dianoias 981b4, 32a12, 65a27, 70a6, 17

-(대) 능력 dynamis 33b8, 49b8

-(대) 기술 technē 33b8, 70a7

-(반) 강제력 bia 52a23, 71b35, 참고. 15b15, 33b33

-자연적으로 있는 것들 ta physei onta 14b19, 27, 32, 참고. 34a23, 70a5, 17

=질료 hylē 14b33, 참고. 983b13, 24a4

=형상 eidos, 완전한 상태 entelecheia, 상태 hexis 15a5, 32a24, 44a9, 70a11

-자연과의 일치성 to kata tēn physin 986b12

-생성에서 뒤서는 것이 본성적으로 앞서고 to tēi genesei hysteron tēi ph. proteron 989a15

-본성적으로 physei (반) 우리에게(= 우리와의 관계에서) pros hemas 29b4

-퓌지스, 본성을 가지다 physin echein 15a5, 32a23

=실체 ousia 993b2, 997b6, 1a11, 3a27, 14b36, 15a12, 19a2, 31a30, 53b9, 21, 64b11, 88a23

-본성만이 소멸하는 것들 안에 있는 실체 hē physis monē tōn en tois

phthartois ousia 43b23

-본성상 습기를 포함하는 ph. hygra 983b26

-본성상 운동을 가진 ph. kinētikē 984b7

-좋음의 본성 hē tou agathou, 불확정적인 것의 본성 tou aoristou, 나쁨의 본성 tou kakou ph. 994b13, 996a23, 10a4, 75b7

-성질은 확정된 본성을 가진다 to poion tēs hosrismenēs ph. 63a28

-단일한 자연물처럼 다루다 chrētai hōs mia ph. 등 985b1, 988b22, 998a6, 3b23, 69a35, 89b7

-자연 전체 holē, pasa, 있는 것들의 본성 hē tōn ontōn, 세계 전체의 본성 tou holou ph. 5a32, 10a7, 984b9, 75a11, 참고. 993b2

-자연에 대한 저술 ta peri ph. 983a33, 985a12, 988a22, 989a24, 86a24

-자연에 대한 이론들 hoi peri ph. logoi 990a7

-자연학자들 hoi peri ph. = 자연연구자들 hoi physiologoi 1a12, 6a3, 50b24, 62b26

-자연은 있는 것들의 한 가지 유이다 hē ph. hen ti genos tōn ontōn 5a34

-(엠페도클레스) 15a1

자연~, 본성~ physikos

-자연학에 맞는 방식 tropos 995a16

-자연학자(= 자연연구자 physiologos) 5a31, 34, 26a5, 37a16, 67a6, 71b27,

뜻에서 kata s. 988b15, 7a31, 14a8, 15b16, 17a7, 19-22, VI 2, 3, 31a19-27, 52a19, 59a2, XI 8

-부수적인 술어의 두 가지 뜻 to kata s. ditton 31b22

-우연적인 뜻에서 있는 것에 대해서는 어떤 이론적인 고찰도 존재하지 않는다 oudemia esti peri auto theōria 26b3, 참고. 64b31, 65a4

-부수적인 뜻에서 동일 tauta kata s. 37b7

-부수적인 뜻에서 소멸하는 것은 없다 outhen phtharton kata s. 59a2

☞ 결과, 결론으로 따라 나오다 symbainein

부정 apophasis

-(플라톤) 부정적인 것들의 형상들 eidē tōn apophaseōn 990b13, 79a10

-(대) 결여 sterēsis 4a12

-반대자를 동반하는 부정 to enantion epipherei 12a9, 참고. 46b13

-결여적 부정 a. sterētikē 56a17, 29

부정의 접두어 a a privativum 22b32

부정하다, 배제하다 exairein 994b12, 43b12, 47a14

부정하다, 무너뜨리다, 파괴하다 anairein

-인식활동을 부정하다 994b20

-실체를 부정하다 7a20, 86b18

-항상 부정될 수 있다 aei anairein estin 40a7

부족 elleipsis

-(반) 초과 hyperochē 992b7, 42b25, 35

부패 phthora ☞ 소멸

분리 chōrismos 989b4

분리 diakrisis 984a15, 98b33

☞ 결합 synkrisis

분리가능한 chōriston 5a10, 17b25, 25b28, 26a9, 14, 28a34, 40a9, 59b13, 60a8, 78b30, 86a33

-정식에서 분리가능한 logōi, 무제한적인 뜻에서 분리가능한 haplōs 42a29, 30

-현실적으로, 지식의 대상으로서 분리가능한 energeiai, gnosei 48b15

분리되어 chōris 998a18, 68b26

-분리되어 있다 einai, hyparchein ch. 991b1, 3, 79b36, 40b27

-분리해서 생각하다 ch. noein 27b23, 24

분리하다, 분리시키다 (본래 공간적인 뜻에서) chōrizein 989b3, 16b2, 40b6, 28, 78b31, 86b4

분리하다('떼어놓다', '구별하다'는 뜻에서) diakrinein 984a11, 985a24, 28, 75a23

분석론 analytika 5b4

분할, 분할체 dihairesis 2a19, b10, 27b19, 37b28, 48b16, 60b14, 19, 72b2

-분할의 방법에 의한 정의 ho kata tas dihaireseis horismos 37b28

-세 차원에서 분할가능한 dihaireton

trichei 16b27

분할(하다), 나누다 dihairein 27b33,
51b3, 69a34
-수학에서 2b3
-논리적으로 8a19, 21, 27, 62b3
-나누다 dihaireisthai 4a28, 28a10, 29b1
분할 불가능한, 나뉠 수 없는
adihairetos I 1, 84b14, 85b16-22
-양의 측면에서 kata to poson, 종의
측면에서 kata to eidos, tōi eidei,
999a2, 14a27, 16a19, 21, b23,
89b35, 참고. 88a2
-종들로 분할가능한 eis eidē 999a4
-시간적으로 분할 불가능한 kata
chronon 16a6
-하나 자체는 분할 불가능 a. auto to
hen 1b7
-분할 불가능한 점 a. stigmē 2b4
-(비) 단순하고 분할 불가능한
haplous 14b5
-비교해서 분할 불가능한 ha. pros
16a33
불 pyr 984a7, 989a2, 1a15, 67a5,
70a19
불가능한 adynaton ☞ 무능력한
불가분적인 atomon
-불가분적인 선들 atomoi grammai
992a22, 참고. 84b1
-불가분적인 연장물 a. megethē 83b13
-불가분적인 것 ta a. = 최고류 maxime
universalia 994b21
-불가분적인 것 = 개별자(종, 감각적

실체) ta kath' hekaston 995b29,
998b16, 29, 999a12, 34a8, 58a18
=불가분적인 종들 a. eidē 998b29,
34a8, 58a18, b10(?), 59b36
-유에서 불가분적 tōi genei 18b5
불구 kolobon V 27
불멸하는 aphthartos
-불멸하는 실체들 aphthartoi ousiai
40b31
-가멸적인 것과 불멸하는 것은 유가
서로 다르다 heteron tōi genei to
phtharton kai to a. X 10
불완전한 동물 pērōma 34b3
불의 adikia
-(피타고라스학파) 990a24
불의한 adikos 61a22, 25
불합리한 alogos ☞ 이치에 맞지 않는
불확정적, 불확정적인 것 ahoristos
989b18, 10a3, 63a28, 92a13
-불확정적인 것은 가능적으로 존재
a. to dynamei on, 질료 hē hylē,
우연적인 것 to symbebēkos 7b29,
37a27, 65a25
(양적인) 비동일성, 같지 않은 anison
22b33
-(양적인) 비동일성 to a. (아카데미
아) 75a33, 87b5, 9, 88a15, b29,
32, 89b6-15, 91b35, 참고. 81a25
비방 loidoria 13a10, 23a30
비례 analogia ☞ 유비
비율 logos ☞ 논변
빈, 공허한 kenon,

-빈 것 to k. 48b10

-(데모크리토스) 985b5, 9a28

-(아카데미아) 84a33

-공허한 말을 하다 dia kenes legein 992a28

빛 phōs 986a25, 53b31

빼기 aphairesis 66b1

-추상물들, 생략을 통해 생긴 것들 ta ex aphaireseōs 61a29, 77b10

빼다, 생략하다, 떼어내다 aphairein

-(반) prostithenai 1b8, 30a33

-사유 안에서 떼어내다 tēi dianoiai 36b3

ㅅ ~ ㅇ

사고, 생각 dianoia 12a2, 13a20, 21a31, 32, 25b6, 17, 27b27, 28, 32a28

=의견 doxa 984a5, 986b10, 9a16

-(반) 말하다 legein 985a4

-(정의들에) 생각의 방향을 맞추다 ephistanai tēn d. 987b4

-사고를 통해 확정하다 tēi d. horisai, 떼어내다 aphelein, 파악하다 hypolabein, 9a4, 36b3, 73b12

-연합이나 분할을 통한 사고 synaptēi ē dihairēi hē d. 27b33

-사고를 통한 연합 synplokē tēs d. 65a22

-사고에서 시작되는 생성 apo d. gignesthai 49a5, 참고, 32a28, 70b31

사람, 인간 anthrōpos

-사람임(=사람의 본질) to anthrōpōi einai 6a33-7a1

-거짓된 사람 a. pseudes 25a2-13

-사람이 사람을 낳는다 a. anthrōpon gennai 32a25, 33b32, 70a8, 27, b34, 92a16

-제3의 인간 tritos anthrōpos 990b17, 39a2, 59b8, 79a13

사람의 모습을 한 신들 anthrōpoeideis theoi 997b10, 74b5

사랑 philia

-(엠페도클레스) 985a3, 24, 988a33, 996a8, 4b33, 72a6, 75b2, 6

사랑 philotēs

-(엠페도클레스) 0b11

사려 phronēsis 9b13, 32

-사려가 있는 phronimos 980b21, 22

☞ 지혜 phronēsis

사례 제시 ekthesis ☞ 표본 제시법

4분음(分音) diesis 16b21, 53a12, b35, 87b35

-(비율에 따르면) 둘 hai d. dyo 53a15

사실 hoti

-(반) 이유 dioti 981a29, b13

-사실과 있음 to hoti kai to einai 41a15

사유, 사유활동 noēsis 16b1

-(반) 제작 poiēsis 32b15

-(대) 감각 aisthēsis 36a6

-(연) 정식 logos 52a30, b1, 75a3, 참고, 991b27

-(대) 지성 nous XII 7, 9, 참고.
  51a30
-사유에 대한 사유 noēseōs noēsis
  74b34
사유능력('사유할 수 있는') noētikon
  52a3
사유하다, 생각하다 noein 990b14,
  994b23, 24, 26, 6b10, 32b6, 8
산수~, arithmētikos
  -산수학자 5a31
  -산수의 정리들 90a14
  -산수의 수 a. arithmos 83b16
  -산수가 기하학보다 더 엄밀하다
    arithmetikē akribestera geōmetrias
    982a28
  -산수 hē arithmetikē 991b28
살 sarx 993a19, 20, 70a19
살다 zēn
  -영혼과 육체의 '합성' 또는 '결속'
    45b12
  -상상에 의존하는 삶 tais
    phantasiais, (반) 기술에 의존하는
    삶 technē 980b26
  -열기는 습기에 의해 산다 to thermon
    tōi hygrōi 983b24
삶 zōē
  -신에게 속하는 삶 zōē tou theou
    72b26-30
삼각형 trigonon 92b12
  -두 직각을 (내각의 합으로) 갖는 t.
    to dyo orthas echon 25a32, 참고.
    51a24, 86b35

삼단논법 syllogismos ☞ 추론
삽화적인 epeisodiodes 76a1, 90b19
상상 phantasia 980b26, 10b3
  -상상을 만들어내다 empoiein phatasian
    24b24, 25a6
  -어떤 것으로부터 생겨난 상상 hē apo
    tinos ph. 24b26
  =의견 doxa 62b34
상상의 내용 phatasma 990b14, 79a11
상호접촉 diathigē
  -(데모크리토스) 985b14, 42b14
색깔 chrōma
  -투과하는 색깔과 압박하는 색깔
    diakritikon, synkritikon 57b9
생각 dianoia ☞ 사고
생각하다, 믿다, 판단하다
  hypolambanein 998a22, 5b26, 6a1,
    8b10, 26
  ☞ 관념 hypolēpsis
생명이 없는 apsychos 981b4, 46a36,
  47a4
생명이 있는 empsychos 46a37, 48a4
생성 genesis, 생겨나다 gignesthai
  -생겨나는 것은 어떤 것의 작용에 의
    해 어떤 것으로부터 어떤 것이 된다
    gignetai ek tinos, hypo tinos, ti
    32a13, 33a24, 44b24, 49b28
  -어떤 것으로부터, 즉 질료와 결여에
    서 시작되는 생성 ek tinos i. e. hylē
    et sterēsis 32a20, 33a9, 55b11,
    69b18, 88b17
  -이름이 같은 것에서 시작되는 생성

gign. ex homonymou, synonymou
34a21, 49b29, 70a5
-어떤 것이 다른 어떤 것으로부터 생
긴다고 할 때 거기에는 두 가지 뜻
이 있다 dichōs gignetai tode ek
toude 994a22
-본성적인, 기술적인, 자생적인 생
성 g. physei, technēi, apo
tautomatou VII 7-9
-복합 실체는 생겨난다 g. to synholon
VIII 8, 42a30, 69b35, 70a15
-생성은 개별적인 것과 관계한다 hai
g. peri to kath' hekaston 981a17,
참고. 42a30, 70a15
-생성에서 뒤서는 것이 본성적으로
앞선다 genesei hysteron, physei
proteron 989a15, 50a4, 77a26
-있음과 있지 않음의 중간에 생성이
있다 metaxy tou einai kai mē einai
994a27, 참고. 55b11, 91b34
-생성과정들 가운데 하나는 사유이고
다른 하나는 제작이다 tōn g. hē
mēn noēsis hē de poiēsis 32b15
-어떤 것으로부터 어떤 것의 생성
genesis ek tinos ti estai 33b11
-생성과 소멸의 과정을 거치지 않은
채 있고 있지 않음 einai aneu g.
esti kai ouk estin 44b21
-(정의) 67b22, 69b10, 88a33
-무제한적인 뜻의 생성 g. haple
67b23, 68a35, 69b10, 88a33
-(대) 운동 kinēsis 67b31, 68a2

-생성의 생성은 없다 ouk esti
geneseos genesis 68a15
서사시 epos
-육음보 hexam. 93a30
선 grammē 2a5, 76b6-35, 78a15
-불가분적인 선들 gr. atomos 992a22,
참고. 84b1
-감각적인 선들 gr. aisthetai et
geōmetrikai 998a1
-선은 점들로부터 유래하지 않는다
ouk ek stigmōn 1b18
-(정의) 16b26
-선에 대한 정식 grammēs ho logos
36b13, 43a33
선택 prohairesis 15a27, 20b25
-선택은 아르케(=시작) hē p. archē,
주도적인 것 kyrion 13a21, 18b25,
48a11
-(대) 욕망 orexis 48a11
설득 peithō 9a17, 74b4
성질, 질 poion 14b26, 28a12, 15,
83a11, 89b26
-여러 가지 뜻 posachōs V 14, 68b18
-성질을 갖는 것들로서의 수들 hoi
arithmoi poioi tines 20b3
-확정된 본성을 갖는 성질 to p. tēs
horismenēs physeōs 63a27
-성질의 변화, 질적인 측면의 변화
metabolē kata to p. 69b10, 참고.
10a23
-수들에는 성질이 양보다 나중에 속
한다 hysteron to p. tou posou 83a11

성질 poiotēs 22b15

세계 전체 holon ☞ 전체

소멸, 부패 phthora 994b6, 0a27,
  67b24, 69b11

-(질료와 형상의) 복합체만이 소멸을
  겪는다 tou ek toutōn monou ph.
  esti 42a30, 참고. 70a15

-결여와 부패에 의해서 kata sterēsin
  kai phthoran 44b33, 참고. 45a1

☞ 가멸적 phthartos

소멸하다 phtheiresthai 0a22, 27a30,
  43b15

-모든 것은 소멸하여 자신이 유래한
  것들로 되돌아간다 hatanta ph. eis
  tauta ex hōn 0b25

소유상태, 상태 hexis

-(반) 기체 hypokeimenon 983b15

-(연) 속성 pathos 986a17, 15b34

=신체의 상태 somatos diathesis 9b18

-(반) 결여 sterēsis 18a34, 19b7, 8,
  55a33, b13

-여러 가지 뜻 posachōs V 20

-(연) 형상 eidos, 본성 physis 44b32,
  70a12

-형상을 가진 상태 hē tou eidous he.
  55b12

-수동적인 변화를 겪지 않음의 상태
  he. apatheias 46a13

소크라테스 Sokratēs 987b1, 2, 78b17,
  28, 30, 86b3

-연하의 소크라테스 S. ho neōteros
  36b25

-사례로서 '소크라테스' S. ut exemplum
  981a19, 983b13, 18a2-4, 32a8, 37a7,
  74a35, etc.

소포클레스 Sophoklēs 15a30

소피스테스 sophistēs 996a32, 4b17,
  26b15

소피스테스의 기술 sophistikē 4b18,
  23, 26

-(플라톤) 있지 않은 것을 다루는 기
  술 peri to mē on 26b14

-소피스테스식 반박 s. elenchos 32a6,
  49b33

속담 paroimia 983a3, 18

-paroimiazesthai 속담을 말하다 993b4

속성 pathos ☞ 양태

(어떤 것에) 속하다 hyparchein 37b16,
  40a15

-어떤 것에 그 자체로서(= 어떤 것
  자체에, 어떤 것의 본성에) 속하다
  hyparchein kath' hauto 3a22, 25a31,
  b12, 30b23

-(어떤 것에) 속하는 것들 ta
  hyparchonta (반) '무엇' ti esti 26a32

'수'와 '수(컷)'

수 arithmos

-완전수로서 10 hē dekas dokei pasan
  perieilēphenai tēn tōn a. physin
  986a9, 73a20, 84a12, 32

-원리로서의 수 ton a. nomizontes
  archēn einai 986a16, 76a31

-수의 요소들, 생성, 속성들, 양태들
  arithmou stoicheia, genesis, pathē

986a17, 87b15, 84a3, 91a29, 990a19, 4b10, 90a21, 참고. 986a20, 84b28, 89b12

-있는 것들의 실체로서의 수 ton a. tēn ousian hapantōn 987a19, 1b26, 76a31, 80a13, 92b16, 참고. 987b24, 1a25, 90a23

-소수(素數)들 prōtoi a. 987b34, 52a8

-지성적인 수, 감각적인 수 a. noētoi, aisthētoi 990a30, 90b36

-(연) 형상들 eidē 991b9, 80b22, 86a6, 91b26

-(연) 이데아들 ideai 76a20, 80b12, 81a7, 90b37

-수적인 비율 logoi arithmōn 991b13, 17, 19, 92b14, 31, 참고. 985b33

-무엇 때문에 수는 하나인가 dia ti hen ho a. 992a1, 44a3, 45a8

-수가 하나, 수의 측면에서 하나 arithmoi, kat' arithmon hen 999b26, 33, 2b24, 16b31, 18a13, 33b31, 39a28, 54a34, 60b29, 87b12

-하나의 본질은 수의 시작이라는 데 있다 to heni einai archēi tini estin arithmou einai 16b18, 21a13, 52b24, 참고. 88a6

-(정의) 20a13, 39a12, 53a30, 57a3, 85b22

-수들은 성질을 갖는 것들이다 hoi a. poioi tines 20b3

-수들로의 환원 anagein eis tous a. 36b12

-(연) 정의 horismos 43b34, 45a8

-수적으로 동일한 현실적 활동 hē energeia hē kat' arithmon 51a33

-수학적인 수 a. mathēmatikoi 76a20, 80a21, 30, b13, 81a6, 83b3, 86a5, 90b33, 35, 91b24

-수들 hoi a. (아카데미아) XIII 6-9, IX

-두 가지 수 사이의 선후관계 ho a. ho echon to proteron kai hysteron 80b12

-모나스의 수 a. monadikoi 80b19, 30, 82b6, 83b17, 92b20

-첫째가는 수 a. prōtos 80b22

-형상들의 수 ho tōn eidōn a. 81a21, 83b3, 90b33

-수의 차이 tis arithmou diaphora 83a1

-(플라톤) 수들의 합산 불가능성 ou symblētous einai tous a. 83a34

-산수의 수 a. arithmētikos 83b16

-무한한 수와 유한한 수 apeiros, peperasmenos 83b36

-1로부터 배가된 수 ho aph' henos diaplasiazomenos 84a6

-수들 사이에 접촉은 없지만 계열은 있다 haphē ouk estin en tois a., to d, ephexes 85a4

-형상적인 수 a. eidētikos 86a5, 88b34, 90b35

-(반) 정식 logos 87b12

-불의 수, 흙의 수 a. pyrinos, gēinos 92b20

-신화를 사랑하는 philomythos
982b18
신화적으로 mythikōs 0a18, 74b4
실천적인, 행동능력이 있는 praktikos
981b5
-실천적인 학문 p. epistēmē 993b21,
25b21, 25, 26b5
실체 ousia
-여러 가지 뜻 posachōs V 8, 28b33,
XII 1
-(반) 양태, 속성 pathos, 부수적인
것 symbebēkos etc. 983b10, 985b10,
989b3, 2a2, 38b28, 71a1, 7a31,
992b22
-기체, 다른 기체에 대해 술어가 되
지 않는 것 hypokeimenon, ou kath'
hypokeimenou 19a6, 42a26, 17b12,
29a8, 38b15, 참고. 985b10
-원리, 원인 hē ou. archē, aitia
13a21, 41a9, b30, 43a2
-첫째로 있는 것 prōton on 28a15,
32, 45b29, 참고. 38b28, 69a19-26,
71b5, 88b3
-분리가능한 것 chōriston 28a34
-질료와 형상과 그것들의 복합체가
실체 ou. hē te hylē kai to eidos kai
to ek toutōn 35a2, 70b13
-질료라는 뜻의 실체 hōs hylē, 질료
적 실체 hylikē 992b2, VII 3, 42a27,
b9, 44a15, 49a36, 77a35
-(비) 형상 eidos 987b21, 15a11,
22a15, 33b17, 35b15, 37a29, 41b9,

50a2, 참고. 996b14, 13a21
-(비) 본질 to ti ēn einai 983a27,
988a35, 993a18, 7a21, 22a8, 31a18,
32b2, 14, 35b15, 38b14, 75a2
-(비) '무엇' ti esti 988b28, 25b14,
64a22
-정식에 따르는 실체 hē kata ton
logon 25b27, 35b13, 15, 37a17
-(비) 현실적인 것, 현실태 energeia,
완전한 상태 entelecheia 42b11,
43a24, 35, 50b2, 72a25, 44a7
-(대) 복합체 to synholon 35b22,
37a29
-(비) '이것' tode ti 30a19
-복합적 synolos 33b17, 37a21, 30,
32
-합성 실체 synthetos 43a30
-합성되지 않은 실체 mē syntehtai
51b27
-결합된 실체 synkeimenē 54b4
-감각적 실체 ou. aisthētai 997a34,
42a25, 59a39, 69a30, b3
-일반적으로 인정되는 homologoumenai
42a6, 참고. 28b8, 69b31
-자연적인 실체들 physikai 42a8 참
고. 70a5
-(피타고라스) 수가 모든 것의 실체
arithmon tēn ou. hapantōn 987a19,
참고. 1b27, 76a30
-(아카데미아) 수학적인 것들의 실체
들 ousiai ta mathēmatika 42a11, 참
고. 69a35, XIII 1-3

☞ 우리 주변에 있는 것들 ta enthauta
여럿 polys ☞ 많음
여유 있는 삶 diagōgē 981b18, 982b23,
   72b14
여자 gynē 34b3, 58a29
역학 mēchanikē 78a16
연구 pragmateia 987a30, 59b18
연구하다 pragmateuesthai 987b2,
   989b33, 995b32, 25b17, 64a3
연속성 synecheia 16b9, 15, 50b26
   (연속적인 운동)
연속적 synechēs 14b25, 16a1, 5,
   69a5-11
 -본성에 따라서 physei, 강제에 의해
   서 biai, 무제한적인 뜻에서 haplōs
   등. 16a4, 23b32, 40b15, 52a19
 -한 차원에서 연속적인 eph' hen, 두
   차원에서 연속적인 epi dyo 20a11,
   61a33, b24
 -연속적인 사유 to s. tēs noēseōs
   74b29
연장물 megethos ☞ 크기
연접적, 이어지는 echomenos 4a4,
   28b26, 37b32, 60b12, 69a1, 5
   ☞ 가지다 echein
연합 symplokē 27b29, 65a22
열기(← 뜨거운) thermos
 -(파르메니데스) 열기 to th. 987a1
 -형상에 해당하는 열기 hōs eidos to
   th. 70b12
열기 thermotēs 32b8, 34a26, 27
영원한 aidios

-영원히 머물러 있다 diamenein aidia
   984a16
-영원하고 운동하지 않는 것들 a. kai
   akinēta 987b16, 15b14
-영원한 것들 ta aidia 990b8, 참고.
   991a10
-영원한 것은 가능적으로 있지 않다
   outhen dynamei a. 50b7
-영원한 것들 가운데는 나쁜 것도 없
   다 en tois a. outhen kakon 51a20
-감각적이고 영원한 실체 ousia
   aisthētikē a. 69a31, b25
-영원한 실체가 있어야 하는 필연성
   anankē einai a. ousian XII 6
-영원한 것들이 요소들로 구성되는지
   ara ta a. ek stoicheiōn 88b14
-영원한 것들의 생성을 주장하는 것
   은 불합리하다 atopon genesin poiein
   aidion 91a12
영혼 psychē
-생명체의 있음의 원인 aition tou einai
   tōi zōiōi 17b16, 참고. 35b14, 43a35,
   77a21, 22
-영혼에 대한 이론적 고찰도 그 일부
   는 자연학자의 일 peri ps. enias
   theōresai tou physikou 26a5
-영혼의 본질은 영혼과 동일 psychēi
   einai kai psychē tauto 36a1, 43b2
-영혼의 이성적인 부분 tēs ps. to
   logon echon 46b1
-(대) 지성 nous 70a26
-영혼 전체가 (죽은 뒤에도) 존속하

430

-형상들의 운동 kinēsetai ta eidē 992b8
-운동하다 kineisthai (반) 정지하다
eremein 10a36, 12b24, 67b30
-운동을 낳는 것은 운동하는 것보다
앞선다 to kinoun tou kinoumenou
proteron 10b37, 참고. 70a21
-첫째 원동자 자체는 운동하지 않는
다 to prōton kinoun akinēton auto
12b31, XII 7
-첫째 원동자 to kinoun prōton 67b8,
참고. 70a1
-(연) 행동하다 prattein 23a18
-운동하는 것의 어떤 부분은 이미 운
동을 마친 상태에 있다 dia to tou
kinoumenou kekinesthai ti 49b36
-원동자 to kinoun XII 3, 4
-(피타고라스) 운동 kinoumenon
986a25
-(플라톤) 스스로 운동하는 것 to auto
heauto kinoun 72a1
운동축 poloi 73b28, 31
운동하지 않는, 부동(不動)적인
akinētos
-운동하지 않는 하나 to hen a. 984a31
-운동하지 않는 어떤 자연적 원리가
있다 estin a. tis physis 10a34, 참
고. 69a33, XII 6, 73a24, 33
-부동적인 것의 여러 가지 뜻 posachōs
68b20
☞ 부동(不動)의 상태 akinēsia
운보(韻步) basis
-(운율) 87b36

원 kyklos 16b16, 36a1-18
-원환운동 hē kyklōi phora 72b9, 참
고. 71b11, 72a22
원리, 시작 archē
-(비) 원인 aitia, aition 982b9, 983a29,
b4, 986b33, 989b23, 990a2, 3b24,
13a17, 25b5, 42a5, 69a26, b33,
86a21
-시작이 되는 원인들 ta ex a. aitia
983a24
-신은 일종의 원리 ho theos a. tis
983a9
-(비) 요소 stoicheion 983b11, 989b30,
995b27, 998a22, 25b5, 42a5, 69a26,
80b32, 86a21
-(대) 요소 stoichein 41b31, 70b23,
91b3, 10
-질료의 형태를 갖는 원리 a. en hylēs
eidei, 생성의 출처 to ex hou, 질료
적 원리 hōs hylē 983b7, 24, 986a17,
987a4, 46a23, 참고. 984a6
-운동의 출처 tēs kinēseōs, 변화의
원리 metablētikē, 운동과 정지의 원
리 kinētikē ē statikē, hōs kinoun ē
histan 984a27, 46a14, b4, 49b6-9,
70b25, 참고. a17
-다른 것 안에 en allōi, 자신 안에 있
는 원리 en autōi 70a7
-지향대상은 원리 a. to hou henaka
50a8
-무한히 많은 원리들 apeiroi a. (아
낙사고라스) 984a13

-(피타고라스) 열 개의 원리 tas a.
deka tas kata systoichian legomenas
986a22
-반대자들이 있는 것들의 원리
tanantia archai 986b3, 4b31, 87a30
-어떤 원리가 있다 estin a. tis 994a1
-정식 안에 있는 원리들과 기체 안에
있는 원리들 en tois logois, en tōi
hypokeimenōi 996a1
-논증의 원리들 apodeiktikai a. 996b26,
참고. 993b28
-가장 확고한 원리 bebaiōtatai a. 5b9,
11, 18, 22, 6a5
-가장 잘 알려진 원리 gnōrimōtatē a.
5b13
-무전제적인 원리 anhypothetos 5b14
-더 믿을 만한 원리 pistōtera 62a3
-유들은 원리들인가 poteron ta genē
archai 998a22
-종이 하나 eidei, 수가 하나 arithmōi
hen, 999b25, 2b31, 60b29, XII 4, 5
-가멸적인 것들과 불멸적인 것들의
원리들 tōn phthartōn kai tōn
aphthartōn 0a6
-원리들은 보편자인가 개별자들인가
poteron katholou ē kath' hekasta
3a7, 71a20, XIII 10, 참고. 60b22,
69a28
-여러 가지 뜻 a. posachōs V 1
-있는 것인 한에서 있는 것들의 원리
들과 원인들 hai a. tōn ontōn hēi
onta VI 1, 참고. IV 1

-(연) 실체 ousia 41a9, 60b23, 69a28,
70b25, 76a24, 80b6
-더 단순한 것이 덜 단순한 것보다
더 높은 수준의 원리 mallon a. to
haplousteron 59b35
-(자신이 사라지면서) 다른 것들을
함께 없애는 것이 원리 a. to
synanairoun 60a1
-서로 다른 것들의 원리들은 어떤 의
미에서는 다르고, 어떤 의미에서는
동일하다 a. pōs hai autai, pōs
heterai XII 2-5
-좋음은 최고의 원리 pōs to agathon
a. 75a38, 참고. 12
-1은 원리 pōs to hen a. 84b19
-원리들은 좋음 및 아름다움과 어떤
관계에 있는지 pōs echei pros to
agathon 91a31
-출발점에 놓인 것에 대한 되물음
aiteisthai to en a. 6a17, 참고. 20,
8b2
원인 aitia
-(비) 원리, 아르케 archē 982b9,
983b4, 986b33, 989b23, 13a17
-첫째 원인 prōtē ai. 983a25, 참고.
3a31
-우연적인 뜻에서 있는 것의 원인
tou kata symbebēkos ai. 65a7
-네 원인 ai. tessares 70b26
-원인들을 이론적으로 고찰하는 일은
하나의 학문에 속하는가 여러 학문
에 속하는가 poteron mias ē pollōn

epistēmōn theōresai tas ai. 995b6

원인 aition

-지혜라고 불리는 것은 첫째 원인들
과 원리들에 관한 것이라고 누구나
생각한다 sophian peri ta prota ai.
hypolambanousi pantes 981b28, 참
고. 982a13

-시작이 되는 원인들 ta ex archēs ai.
983a24

-(비) 원리 archē 983a29, 990a2,
3b24, 13a16, 69b33

-(비) 요소 stoicheion 25b5, 42a5,
69a26, 71a25, 86a22

-네 종류의 원인 legetai tetrachōs
983a26, 996b5, 44a33, XII 4

-원인들은 무한하지 않다 ouk apeira
ta ai. II 2,

-모든 부류의 원인을 이론적으로 고
찰하는 일이 하나의 학문에 속하는
지 아니면 더 많은 학문에 속하는지
poteron mias ē pleionōn epistēmōn
theōresai panta ta genē tōn ai.
996a20

-여러 가지 뜻 posachōs 13a16, V 2

-모든 원인은 영원하다 panta ta ai.
aidia 26a17

-원인들의 생성과 소멸 ai. geneta kai
phtharta VI 3

-우연적인 것들의 원인은 우연적 tōn
kata symbebēkos ta ai. kata
symbebēkos 27a8, 참고. 65a6

-가장 가까운 원인들 ta engytata ai.

44b1

-운동을 낳는 원인들 ta kinounta ai,
ta hōs ho logos 정식이라는 뜻의 원
인들 70a21

원하다, ~하려고 하다, 의도하다, 염
두에 두다 boulesthai 989b19, 2b28,
86b19, 89a20, 91a32

원환운동 kyklophoria 52a28

유용성, 활용 chrēsis

-(반) 앎 eidenai 982b21

-(반) 기능 ergon 50a24

위치 thesis

-(수학) 985b15, 16b26, 22a23, b2,
42b19, 77b30, 82a21, 85b12

위치변화 metathesis 24a4

위해서 heneka

-지향대상 hou heneka 44a36, 65a26

=좋음, 좋은 것 tagathon 982b10,
983a31, 996a24, b12, 13a21, b25,
44b12, 59a36

-(연) 목적 telos, 원리 archē 994b9,
13a33, b26, a21, 50a8

-두 종류의 지향대상 to hou heneka
ditton 72b2

유, 부류 genos

-종(種)들의 유 eidōn 991a31

-유에 속하는 종들 eidē hōs genous
57b7, 58a22, 79b34 참고. 998b24,
30a12, 38a5, 85a24

-(대) 보편자 katholou 992b12, 15b28,
28b35

-최종(最終)의, 최종적인 teleutaia,

eschata 유, 첫째 prōta, 최상(最上)
의 anōtatō, 최근(最近)류 engytata
995b29, 998b15, 18, 999a1, 23a27,
34a1, 37b30, 59b27
-유들은 요소들인가 poteron ta g.
stoicheia 998a21, 14b11, 참고. 42a14,
59b21-27, 69a27
-유들은 정의의 원리들 archai ta g.
tōn horismōn 998b5
-‘하나’도 ‘있는 것’도 있는 것들의 하
나의 유일 수 없다 ouch hoion te
oute to hen oute to on einai g.
998b22, 45b6
-(연) 정의 horismos, 종 eidos
998b13-999a23, 16b32, 23b28, 24,
25, VII 12, 39a26, 57b7, 59b36-60a5
-(연) 차이, 종차(種差) diaphora
998b31, 14b11, 16a24, 37b19, 21,
39a26, 42b32, 59b33
-여러 가지 뜻 posachōs V 28
-질료라는 뜻의 유 g. hōs hylē 24b8,
38a5, 58a23
-유는 실체가 아니다 to g. ouk ousia
42a21, 53b21, 참고. VII 13
-차이가 나는 것은 유나 종에서 차이
가 난다 to diapheron diapherei ē
genei ē eidei 54b28, 참고. 24b9,
58a7
-(정의) 54b30, 57b38
-한 유로부터 다른 유의 변화는 불가
능하다 metaballein eis allo genos
ouk estin 57a27

=종 eidos 58b28
-첫째 유들 ta prōta g. 59b27
-차이들의 부류들 genē tōn d. 42b32
유기적 통일성 symphysis 14b22, 40b15,
69a12, 70a11
유기적 통일성을 가지다(‘함께 자라
다’) symphyein, sympephykenai
14b21-25, 46a28
유비, 비례 analogia
-비례 84a33
-유비의 측면에서, 유비적으로 kat’ a.
16b32, 34, 17a2, 18a13, 70a32, b26
유비적 대응자, 유비적 대응관계
analogon 43a5, 48b7, 93b19
-유비적 대응관계에 의해서 전체를
개관 to a. synran 48a37
-유비적으로 동일한, 유비적으로 하
나 tōi a. tauta 70b17, 71a4, 26,
93b18
-동일한 것이나 그것의 유비적 대응
자 to auto kai to a. 89b4
유한한 peperasmenon 994a16 ☞ 한계
-(피타고라스) 유한한 986a18, 유한
자 987a15
-(파르메니데스) 유한한 986b20
육체 sōma ☞ 물체
윤리적인 ēthika 981b25, 987b1
-윤리적인 탁월성들 ē. aretai 78b18
음계 harmonia ☞ 화성
음악적인 mousikos
-우연적인 것 혹은 부수적인 것의 사
례 exemplum tou symbebēkotos

434

oudemian estin horisasthai 40a8
-분리가능한 이데아 chōristē 40a9,
86a33
-모든 이데아는 (다른 것들이) 관여
할 수 있는 것 pasa methektē 40a27
-보편자 katholou 42a15, 86a33
-(연) 수들 arithmoi 76a20, 80b12,
87a7, 90b37
-이데아들 뒤에 오는 것들 ta meta
tas 80b25
-겉보기의 모양 ta schēma tēs i. 29a4
이동(장소운동) phora 69b12, 72b5
-이동을 통해 운동하는 것들 kinētai
phorai 69b26
-이동은 변화들 가운데 첫째가는 것
prōtē tōn metabolōn 72b8
-행성들의 이동 phorai tōn planētōn
XII 8
-단순한 이동 haplē ph. 73a29
이등변삼각형 isoskles 16a31
이론 doxa ☞ 의견
이론, 이론적인 고찰, 이론적 활동
theōria 989b25, 993a30, 5a29, 61a29
-가장 즐겁고 가장 좋은 것 to hēdiston
kai ariston 72b24
이론적, 이론적인 학문 theōretikē
993b20, VI 1, 75a2
-어떤 것에 대한 tinos 982a29, b 9,
5a16
-어떤 것에 대해 (이론적으로) 고찰
하는 사람 peri ti theōretikos 5a35,
25b26, 61b11

(이론적으로) 고찰하다, 살펴보다, 이
론적인 활동을 하다 theōrein
-peri tinos 3b35, 4b1 등
-이미 충분히 고찰했다 tetheōrētai
hikanos, tetheōrēsthō 983a33, 4a1
-어려움을 고찰하다 th. tas
dyscheirias, 정식을 tōn logōn 등,
995a33, 64a26, 997a15, 998a10,
999a25, 4a1, 10, 76a13, 78a21
-그 자체로서 부수적인 것들을 이론
적으로 고찰하다 ta kath' hauta
symbebēkota 997a20-33, 3a25, 참
고. 80a13
-서툴게 고찰하다 phortikōs 1b14
-(비) 탐색하다 episkopein 3a23
-있는 것을 있는 것인 한에서 to on
hēi on 3a21, 5a3, 참고. 3b15
-어떤 것에 대해서 peri ti 27b28
-~을 통해 ek tinos 38b34
-(반) 학문을 알고 있는 사람
epistēmōn 48a34, 참고. 50a12, 14
-원리들을 tas archas 61b19, 참고.
996b25, 59a24
-이론적인 고찰을 위해서 tou th.
heneka 91a28
이름 onoma
-(연) 정식 logos 6b2, 30a9
-(반) 사물 pragma 6b22
이름이 같은, 이름만 같은, 동음이의
의 homōnymos 990b6, 34a22 991a6,
35b25, 59a14, 86b27
-(어떤 낱말이) 동음이의적으로 쓰이

42b25, 51a34, 60b32, 64b15, 89a7
- 있는 것인 한에서 있는 것 to on hēi on, (비) 무제한적인 뜻에서 있는 것, 보편적인 뜻에서 있는 것 on haplōs, katholou, (반) 부분적인 뜻에서 있는 것 on ti, kata meros IV 1, 2, 25b3, 9, 26a31, 32, 60b32, 64b15
- 부수적인 혹은 우연적인 뜻에서 있는 것 to on to kata symbebēkos 17a7, VI 2, 3
- 참이라는 뜻에서 있는 것 to hōs alēthes 17a31, VI 4, IX 10, 65a21
- 가능적으로 있는 것 to on dynamei, 질료상태에 있는 것 hylikōs, (반) 완전한 상태에 있는 것 entelecheiai 17a35, 78a30
- 주도적인 뜻에서 있는 것 kyriōs on 27b31
- 첫째로 있는 것 prōton on to ti esti 28a14, 참고. 30
- 실체 혹은 '무엇'이라는 뜻에서 있는 것 to on to kata tas ousias 89a32, 참고. 89a34
- 있지 않은 것(~이 아닌 것) mē on 69b19, 72a20
- 있지 않은 것은 있지 않다 to mē on einai mē on 3b10
- 거짓이라는 뜻에서 있지 않은 것(~이 아닌 것) to mē on hōs to pseudos 26a35, VI 4, IX 10, 89a28
- 있지 않은 것(~이 아닌 것)의 여러

가지 뜻 to mē on legetai pleonachōs 67b25, 참고. 51a34, 69b27, 89a26
- 있지 않은 것은 운동할 수 없다 adynaton to mē on kineisthai 67b30
- (플라톤) 있지 않은 것 to mē on 26b14, 89a5-28

ㅈ ~ ㅊ

자기보존 sōteria 91b18
자생~, 자동~ automaton
-984b14, 32a13, 29, b23, 34a10, b4, 65b3, 70a7
- 자동인형 tōn thamatōn tau. 983a14
자연 physis ☞ 본성
자연연구자들 physiologoi 986b14, 989b30, 990a3, 992b4, 23a21, 62b21
(모든 것에 대해서) 자연학적인 연구를 하다 physiologein peri pantōn 988b27
자유로운, 자유민 eleutheros 982b26, 75a19
자유인답지 않은 aneleutheros 995a12
자족성, 자족적인 autarkes 91b16, 18, 19
자체 autos
- 감각물들에 '자체'라는 말을 덧붙인 뒤 prostithentes tois aisthētois to rhēma to auto 40b34, 참고. 991a5
- 두 배 자체 autodiplasion 990b32
- 사람 자체 autoanthrōpos 991a29, b19, 997b8, 40b33, 79b33, 81a8,

11, 84a14, 18, 21
-좋음 자체 autoagathon 996a28
-하나 자체, 있는 것 자체 auto hen,
　on 1a22, 27, 30
-선 자체 autogrammē 36b14
-동물 자체 auto to zōion 39b9-16
-말 자체 autohippos 40b33, 84a14
-학문 자체 auto epistēmē 50b36
-어떤 것 자체 auto ti 79b9, 85a31
-각 대상의 무엇을 이루는 것 자체
　auto ho estin 86b27
-a 자체와 b 자체 auto alpha, bēta
　87a9
작용 ergon ☞ 기능
잘못 hamartia 83b4, 84b24
잘못 hamartmēma 51a20
장소 topos 67a8-31, 68b26, 92a17-21
-장소의 변화 metabolē kata topon
　42a34, 69b13
장소적 질료 topikē hylē 42b6
(수량이) 적은, 적은 것 oligon X 6
(수량의) 적음, 소수 oligotēs 984a10,
　56b30
전부, 온 세계('모든 것') pan
-전부 (대) 전체 holon, panta 24a1-10
-온 세계 to pan 69a19, 73a29, 76a1
전제 thesis
-(논리) 32a7, 63b32, 84a9
전제 protasis 996b31, 5b28, 78a20,
　89a25
(가설적) 전제 hypothesis
-출발점으로서 전제들 ex hy. 5a13,

　55b34
-어떤 것이든 그것을 아는 사람이 필
　연적으로 소유해야 하는 원리는 전
　제가 아니다 hēn anankaion echein
　ton hotioun xynienta ouch hy. 5b16
-논증의 전제 = protasis 13a16, b20
-전제에 맞는 pros tēn hy. 82b32
-고유하지만 수학적이 아닌 전제들
　idiai kai ou mathēmatikai hy. 86a10,
　참고. 83b6
-(연) 원리들 archai 86a15
-전제들에 따르면 kata tas hy. 90a27
전제하다 hypotithenai 986b14, 988a25,
　47b10, 89a22
-전제가 옳다 kalos 54b33
-'무엇'을 전제된 것으로 취하다
　lambanousi to ti estin hypotithemenai
　64a8
전체, 세계 전체 holon 993b6, 13b22,
　24a12, 52a22, 69a19
-여러 가지 뜻 posachōs V 26
-(대) 전부 pan 24a3
=코스모스('질서 있는 우주') kosmos
　75a11
-(비) 복합체 synholon 84b11
-일반적으로 holōs 990b17, 13a29, 31,
　14a2, 11, 12, 18a11
-(비) 보편자 katholou 982b6, 23b29,
　29b6, 33b26, 71a23
전체성 holotēs 23b36
절단부, 갈래 tomē
-절단부 (수학) 994b25, 60b14

horon 40a6

-(반) 귀납 epagōgē, 유비적 대응관
계에 의해서 전체를 개관 to analogon
synoran 48a36

정의 logos ☞ 논변

정지 stasis

-(반) 운동 kinēsis, 변화 metabolē
4b29, 25b21, 13b25, 84a35

정지를 낳을 수 있는 statikos

-정지를 낳을 수 있는 것 to s. 19a35

-정지의 원리 archē s. 49b8

정지해 있다 ēremein 10a36, 12b23

-정지 ēremoun 986a25

제곱수 dynamis ☞ 가능성

제관들 Magoi 91b10

제논 Zēnōn 1b7

제3의 인간 tritos anthrōpos 990b17,
39a2, 59b8, 79a13

제우스 Zeus 73b34, 91b6

제작 poiēsis

-(대) 생성 genesis 32a27

-(대) 사유 noēsis b10, 15

제작적인 학문 poiētikē epistēmē
982a1, b11, 25b21, 25, 26b5, 46b3,
64a1, 75a1

-능동적으로 행할 수 있는 것, 작용
할 수 있는 것 to poiētikon 21a15,
48a6

제작하다, 능동적으로 작용하다, 능동
poiein

-제작하다 (대) 행동하다 prattein
25b22

-생겨나다('생성을 만들어내다')
genesin poiēsthai = gignesthai 988b31

-이미 행해진 것 poiēsomenon 21a23

-능동과 수동 poiein ē paschein 68a9,
b16 참고. 68a14

조각상 andrias 13b35-14a11

종 eidos ☞ 형상

-유에 속하는 종들 genos eidōn 991a31

-유에 속하는 종들 eidē hōs genous
57b7, 58a22, 79b34, 85a24, 참고.
998b24, 30a12

-(연) 유 genos 999a4, 23b18, 24, 25,
38a7, 57b7, 59b37-39

=유 genos 58b27

-있는 것들에 대한 인식을 갖는다는
것은 곧 종들에 대한 인식을 갖는다
는 뜻이다 tōn ontōn labein epistēmēn
to tōn ei. labein 998b7

-종의 측면에서, 종이 분할 불가능한
adihaireton kata to ei. 999a3, 참고.
2b24, 16b32, 18a13, b8, 49b18, 29,
58a18

-종이 다르다 hetera tōi eidei 18a38,
X 8, 9, 참고. 54b28

-마지막 종 teleutaion ei. 18b5, 61a24

-불가분적인 종 atomon 34a8

-종들은 유와 차이들로 이루어진다 to
eidos ek tou genous kai tōn
diaphorōn 57b7

좋게, 잘 eu

-좋음, 잘함 to 988a14, 21b14, 31,
92b26, 93b12

좋음, 좋은 것(善) agathon
=지향대상 혹은 목적 982b10, 983a32,
996a24, b12, 13b25, 59a36
-(비) 아름다운 것, 아름다움 kalon
13a22, 91a30
-(대) 아름다운 것 kalon 78a31
-(대) 겉보기에 좋은 것 phainomenon
a. 13b27; 좋음은 성질을 가리킨다
semainei to poion 20b23, 20b13; 원
리 pōs archē 75a38, 참고. 75a12,
75b8, 11; 좋음과 원리들 사이의 관
계 pōs echousi 91a30, 참고. 92a9;
수학은 좋음에 대해서 아무것도 말
하지 않는다 outhen legein 78a31;
좋은(=능력이 뛰어난) 도둑 kleptēn
21b19; 더 좋은 것 to ameinon 8b27,
983a18; (피타고라스) 986a26; (플
라톤) 31a31-b12, 84a35
주도적인, 중추적 kyrios 981b11, 10b13,
20a4, b14, 55b22, 74b19
-실체의 중추적인 부분 ta k. tēs
ousias 24a24, 참고. 35b25
-주도적인 뜻에서, 주로 kyriōs 3b16,
15b12, 45b36
-주도적인 것 to kyrion 48a12
-보다 주도적인 뜻에서 kyriōteros 50b6
중간 meson ti 994a11-19
-중간에 오는 ana meson 61a21, 63b19
-비례중항의 발견 mesēs heuresis
996b21
-(키타라의) 중간 현들 hai mesai
93a29

auxēsis 증가 42a35
-(반) 감소 phthisis 69b11, 88a31
중간~ metaxy
-(플라톤) 중간자 987b16, 991b29,
992b16, 997b2, 13, 998a7, 2b13,
21, 59b6, 77a11
-(정의) 68b27, 참고. 56a32, 57a21,
69a5, 14
-모순의 중간에는 아무것도 없다 m.
antiphaseōs outhen IV 7, 55b2
-(연) 대립자들 antikeimena 11b35,
69b4, 참고. 23a7
-중간자들은 반대자들로 이루어진다
ek tōn enantiōn ta m. X 7
중추적 kyrios ☞ 주도적인
즐거움 hēdonē
-현실적인 활동은 즐거움 hēdonē hē
energeia 72b16
증가 auxēsis 42a35
-(반) 감소 phthisis 69b11, 88a31
지각 nous
-(파르메니데스) 9b23
지각내용, 개념 noēma 990b25, 79a21
-(파르메니데스) 지각내용 9b25
지금 nyn
-지금 to nyn 2b6
-지금 있는 것에 이르기까지 mechri
tou nyn 994a18
-지금의 사람들 hoi nyn 992a33, 69a26
지성 nous 70a26, XII 7, 9
-지성과 자연 n. kai physis 992a30
-우리의 영혼 안에 있는 지성 tēs

hēmeteras psychēs ho. n. 993b11

-인간의 지성 anthrōpinos n. 75a7

-지성을 가지다 n. echein 994b15, 9b5

-지성 n., 기술 technē, 능력 dynamis 25b22

-지성과 사유대상은 동일 tauton n. kai noēton 72b21

-(아낙사고라스) 984b15, 985a21, 989b15, 69b31, 75b8, 11

-(피타고라스) 985b30

-(파르메니데스) 9b23

지성적인 noētos

-(반) 감각적인 aisthētos 990a31, 999b2, 36a3, 43b30, 45a34, 70b7

-(직관적인) 사유의 대상 noēton (대) (추론적) 사고의 대상 dianoēton 12a2

-사유의 대상 (대) 욕망의 대상 orekton 72a26

-사유의 첫째 대상 to prōton n. 72a27

-사유대상의 포착 metalēpsis tou n. 72b20

☞ 사유 noēsis

지식 gnōsis 981b11, 18b30, 28a33, 48b15, 49b17 지식은 같은 것에 의해 같은 것을 아는 것 tou homoiou tōi homoiōi 0b6

지지자 (← 판정자) kritēs 989a7

지향대상 to hou heneka ☞ 위해서

지혜 mētis

-(엠페도클레스) 9b16

지혜 phronēsis 982b24, 78b15 ☞ 사려

지혜 sophia I 1, 2, 996b9, 5b1, 59a18-34, 60a10, 61b33, 75b20

-지혜들 sophiai 995b12

지혜를 사랑하는 사람 philosophos ☞ 철학자

지혜로운 sophos 981b5, 982a6-21

직각 orthē (gonia) 36a18-21

직선 자 kanōn 998a3

직선적인 계열 euthyōria 994a2

진리 alētheia 983b3, 988a20, 993a30, b17, 20, 5b3, 9b1, 78b13 ☞ 참

질료, 목재 hylē 983b7-984a18, VIII 3, 4

-(비) 기체 hypokeimenon 983a29, 22a18, 24b9, 42a32, 61b22, 70a11, 참고. 985b10, 988a11, 992b2, 42b9

-(대) 기체 hypokeimenon 29a2, 42a27, 44b9

=생성의 출처 ex hou gignetai 32a17, 참고. 42a32, 69b9

-(반) 정식 logos, 정식에 따른 실체 hē ousia hē kata ton logon, 완전한 상태 entelecheia, 현실적인 것, 현실태 energeia 986b20, 74a34, 84b9, 38b6, 43a6, 45a35, 71b21, 76a9

-(반) 형상 eidos, 형태 morphē 988a3, 29a4, 6, 41b8, 50a15, 70a2

-(연) 암컷, 여성 thēly 988a2-7, 24a35, 참고. 44a35

-목재 자체가 자기 자신을 운동하게 하지는 못할 것이다 ou gar h.

-(플라톤) 84a3-7, 91a24

차이, 종차(種差) diaphora 98b23,
b25, 30, 4a14, 20a33-b2, b15,
42b15, 57b4-19, 58a30, 59b33

-많은 차이점들을 밝혀주다 pollas
dēloi d. 980a27

-세 가지 종류의 차이 d. treis (데모
크리토스) 985b13, 42b12

-(대) 반대, 다름 enantiotēs, heterotēs
4a21, 54b23-55a33, 58a11

-대립적인 차이들 antikeimenai d.
16a25, 참고. 57b5

-차이들의 부류들 genē tōn d. 42b32

-차이들을 제시하는 정식 ho dia tōn
d. logos 43a19

-(반) 단일성을 만들어내는 정식 logos
henopoios 45b17

-(정의) 58a7

-유에 속하는 차이 genous d. 58a8

-질료는 차이를 만들어내지 않는다
ou poiei d. hē hylē 58b6

-첫째 차이들 prōtai d. 61b14

-수의 차이가 무엇이고, 모나스의 차
이가 무엇인지 tis arithmou diaphora,
kai monados, ei estin 83a1

차이가 있다 diaphoros

-여러 가지 뜻 posachōs 18a12

-모나스들의 차이 monades d. 81b33,
35

차이가 없다 adiaphoros 16a18, 38a16,
54b4

-차이가 없는 모나스들 a. manades

81b13, 36, 82b27

착오 apatē

-(대) 무지 agnoia 52a2

참 alēthes

-참인 진술, 말 eipein 989b7, 6b29,
7b32, 12a28, 17b34, 21b1, 25a14,
77b31, 33

-더 많이 참인 것에 가까이 있는 참
인 어떤 것 ti a. hou engyteron to
mallon a. 9a1

-어떤 사람에게 참 toutōi a. 11b3

-참 ti to 11b25, 12a9, IX 10

-참이라는 뜻에서 있는 것 to hōs a.
on VI 4, 17a31, IX 10, 65a21

참이다 alētheuein

-어떤 것에 대해서 peri ti, peri tinos
10a9, 10b24

-어떤 것에 대해서 참이다 alētheuesthai
kata tinos 10a8, 11b16, 62a34

☞ 진리 alētheia

척도 metron

-하나는 척도 to hen 52b18, 72a33,
87b33

-척도는 엄밀하다 akribes 52b36

-(측정되는 것과) 같은 부류 syngenes
53a25

-분할 불가능 adihaireton 88a2

-인식은 사물들의 척도 epistēmē m.
tōn pragmatōn 53a31, 57a9

-사람이 모든 것의 척도다 pantōn m.
anthrōpos (프로타고라스) 53a36,
62b14, 참고. 19, 63a4

천문학 astrologia 989b33, 997b16,
35, 998a5, 53a10, 73b5, 77a2
철자(綴字, 낱글자) stoicheion ☞ 요소
철학('지혜에 대한 사랑') philosophia
983b21, 987a29, 31, 992a32, 993b20,
4a3, 74b11
- (대) 소피스테스의 기술 sophistikē,
변증술 dialektikē 4b21-26
- 철학의 세 분야 treis ph. theōretikai
26a18
- 첫째 철학 prōtē ph. 26a24, 30,
61b19, 신학 theologikē 26a19, 64b3
철학자, 지혜를 사랑하는 사람
philosophos 982b18, 3b19, 4a6, 34,
b1, 16, 18, 5a21, b6, 11, 60b31
=신학자 theologos 61b10
철학을 하다 philosophein 982b13,
983b2, 4b9, 9b37
- 최초로 철학을 했던 사람들 hoi prōtoi
philosophantes 982b11, 983b6
첫째, 첫째가는 prōton
- 첫째가는 것 ti 3b16, 30a10
- 첫째 원인 p. aitia 983a25, 참고.
982b2, 3b16
- 생성의 첫 출처, 첫째 구성부분 ex
hou gignetai prōtou 983b9, 989a1,
998a23, 25, 13a4, 7, 14a26, 52b14
- 첫째 질료 p. hylē 15a7, 44a18,
49a25, 참고. 16a20
- 첫 번째 뜻에서 (비) 주도적인 뜻에
서 kyriōs 15a13, b11, 20a5, b14
- '첫째'의 여러 가지 뜻 p. pollachōs

28a32
- 첫 번째 뜻에서 (비) 그 자체로서
kath' hauta 31b14, 32a5
- 첫째 실체 p. ousia 32b2, 38b10
- 첫째가는 것들 ta p. 34b9, 참고.
998b15
- 첫째 수동적인 주체 p. paschon
44b16
- 첫째 결여 p. sterēsis 46b15
=형상의, 형상적인 eidētikos 60b13,
80a26, b22, 81a4, 참고. 24-b30
- 첫째 원동자 p. kinoun 70a1, 참고.
67b8
- 첫째가는 것에 반대되는 것은 없다
enantion tōi p. outhen 75b22, 24
- 최초로 철학을 했던 사람들 hoi prōtoi
philosophantes 982b11, 983b6
- 소수(素數)들 p. arithmoi 987b34,
52a8
- 첫 번째 뜻에서, 첫째로 prōtōs 16b8,
18b4, 22a3, 17, 28a30, 30a22, 29,
b5, 31a13, 49b13
청강(聽講) akroaseis 994b32
청동 chalkos 14a12, 34b11
청동의 chalkous
- 청동 구 chalkē sphaira 33a30, 34b11
초과 hyperochē
- (연) 부족 elleipsis 992b6, 4b12,
42b25, 35, 52b30
초과하다 hyperechein 84a17
- 초과하는 것 hyperechon, 초과당하
는 것 hyperechomenon 20b28, 21a4,

6, 57a13, 87b18

최종적인 eschatos ☞ 궁극적인

추동력, 충동 hormē 23a18, 23

-충동과 선택 ho. kai proairesis 15a27, 참고. b2

-(연) 본성 physis 23a9

추론 logismos 980b28

추론, 삼단논법 syllogismos 990b10, 79a6

-첫째 삼단논법들 s. prōtoi 14b2

-추론들은 '무엇'으로부터 시작 ek tou ti estin hoi s. 34a32, 78b24

-추론하다, 결론을 끌어내다 syllogizesthai 42a3, pass. 22a21

축 systoichia 986a23, 4b27, 54b35, 58a13

-(대립 쌍들의) 한 축은 사유가능하다 noētē hē hetera s. 72a31, 35

-아름다움이 속하는 축 s. tou kalou 93b12

충동 hormē ☞ 추동력

충만한 것 plēres

-(데모크리토스) 985b5, 9a28

취약한 이론 malakos logos 90b8

-더 취약한 논증을 통해 밝히다 malakōteron apodeiknynai 25b13, 64a6

측량술 geōdaisia 997b26, 32

측정가능한 metrētos 983a20, 21a29, 56b22

측정가능성, 균형 symmetria 4b11, 78b1

측정가능한, 측정될 수 있는 symmetros 12a33, 19b24, 24b20

측정하다 metrein 983a17, 53a33

치료하다 hygiazein 981a18, 26b37

ㅋ ~ ㅌ

카오스 chaos 72a8, 91b6

-(헤시오도스) 984b28

칼리아스 Kallias 981a8, etc.

칼리포스 Kallipos 73b32

코리스코스 Koriskos 15b17-32, 26b18, 37a7

코스모스 kosmos 984b16, 990a22

-코스모스를 이루는 천체들 ta kata ton kosmon 63a15

크기, 연장물 megethos 990a26, 20a9, 11, 53a18, 25, 83b13

크라튈로스 Kratylos 987a32, 10a12

크세노파네스 Xenophanēs 986b21, 10a6

큼과 작음 mega kai mikron 20a23

-(플라톤) 987b20, 988a26, 998b10, 83b24, 32, 87b8-16, 88a16, 90b37, 91a10

-무한자는 큼과 작음으로 이루어진다 to apeiron ek m. kai m. 987b26

-작음과 큼 mikron kai mega 992a12

-큼과 작음의 종(種)들 eidē tou m. kai tou m. 85a9, 12, 참고. 992a12

-양의 동일성은 큼과 작음에 어떻게 대립하는지 pōs antikeitai to ison tōi

m. kai tōi m. X 5

타고난 syngenēs 47b31

☞ 같은 부류의

타르겔리온 제전 Thargelia 23b11

탁월성 aretē

 -일종의 완성 teleiōsis tis 21b20

탈레스 Thalēs 983b20, 984a2

탐구 zētēsis 983a22

탐구과정 methodos 983a23, b4, 984a28, 76a9, 86a24, 91a20

탐색 episkepsis 983b2, 989b27

태양 hēlios 71a15, 73b17, 22, 35, 74a12

토성 Kronos 73b35

티모테오스 Timotheos 993b15, 16

ㅍ ~ ㅎ

파르메니데스 Parmenidēs 984b3, 986b18-987a2, 1a32

 -(인용) 984b25, 9b21, 89a3

파우손 Pausōn 50a20

평면 epipedon 16b27, 28, 76b5-35, 79b10

 -평면도형 schēma e. 24b1, 45a35, 79b5

페레퀴데스 Pherekydēs 91b9

폴로스 Pōlos 981a4

폴뤼클레이토스 Polykeistos 13b35-14a15

표면 epiphaneia 2a4, 19a1, 20a14, 22a30, 29b17-21, 60b15

 -첫째 표면들 e. prōtai 60b14

표본 제시법, 사례 제시 ekthesis 992b10, 31b21, 90a17

퓌지스 physis ☞ 본성

프로타고라스 Prōtagoras 998a3, 7b22, IV 5, 47a6, 53a35, XI 6

프뤼니스 Phrynis 993b16

플라톤 Platōn I 6, 988a26, 990a30, I 9, 996a6, 1a9, 10b12, 19a4, 26b14, 28b19, 53b13, 64b29, 71b32-72a3, 83a32

 -(파이돈 Phaedo) 991b3, 80a2

 -(소 히피아스, Hippias Minor) 25a6

피타고라스 Pythagoras 986a30

피타고라스학파 Pythagoreioi 985b23-986b8, 987a13-27, b11, 23, 31, 989b29-990a32, 996a6, 1a10, 36b18, 53b12, 72b31, 78b21, 80b16, 31, 83b8-19, 90a20-35, 91a13

필연성, 필연적 anankē

 -(정의) 6b32

 -여러 가지 뜻 posachōs 26b28, 64b33

 -필연적으로 ex a. 62a21, 72b10

 -(반) 대다수의 경우에 hōs epi to poly, 우연적 symbebēkos 25a15, 18, 20, 26b28, 27b8, 64b33-65a3

필연적 anankaion 10b28

 -여러 가지 뜻 posachōs V 5, 72b11

 -논증은 필연적인 것들과 관계 hē apodeixis tōn a. 39b31

 -더 필연성이 있는 논증을 통해 밝히다 apodeiknyousin anankaiōteron 25b13

-첫째 하늘 prōtos ou. 72a23

-하늘은 하나다 hoti heis ou 74a31

하양, 하얀 것 leukon 991a15, 62b26-30

-부수적인 것 혹은 우연적인 것의 사
례 exemplum tou symbebēkotos
17a15, 18, b28, 29b17-30a5, VII 6,
37b15, 44b25, 77b5-11, 36

학문, 학문적인 인식, 인식 epistēmē
981a2, 3, b26

-더 지배적인 위치에 있는 archikōtera,
예속된 hyperetousa 등 982a14-17,
b4, 27, 31, 983a5, 996b10

-시작이 되는 원인들에 대한 학문적
인식 tōn ex archēs aitiōn epistēmē
983a25, 참고. 25b6

-학문적 인식에 의거해서 ap' epistēmēs
985a16

-감각물들에 대한 학문적 인식은 존
재하지 않는다 epistēmēs peri tōn
aisthētōn ouk ousēs 987a34

-학문적 인식에 의거한 증명 hoi logoi
hoi apo tōn epistēmōn 990b12

-학문들에 대한 원인 hoper tais
epistēmais aition 992a29

-있는 것들에 대해 인식을 가진다는
것은 종들에 대한 인식을 가진다는
뜻 tōn ontōn labein epistēmēn to
tōn eidōn labein 998b7, 참고. 31b6

-(반) 감각 aisthēsis 999b3

-보편자 katholou 3a15, 59b26, 참고.
60b20, 86b37, 87a11-25, 59b26, 참
고. 60b20, 86b37, 87a11-25

-사고의 학문 dianoētikē 25b6

-실천적 praktikē, 제작적 poiētikē,
이론적 theōretikē 25b18-26, 64a16-
19, 참고. 982b9

-제작적인 학문들 poiētikai epistēmai
46b3, 75a1

-우연적인 것에 대한 학문은 없다 ou
tou symbebēkotos 26b4, 27a20,
64b31, 65a4, 77b34

-(반) 의견 doxa 39b32

-(연) 이성 능력, 정식 logos 46b7,
59b26, 77b28

-사물들의 척도 metron tōn pragmatōn
53a31, 57a9

-하나의 유에 대한 학문은 하나 hē
e. peri hen genos hē mia 55a32,
참고. 3b13

-(연) 인식가능한 것 epistēton 56b36,
57a8-12

-반대자들에 대한 동일한 학문 tanantia
tēs autēs e. 61a19, 78b26, 참고.
996a20, 4a9

-(반) 무지 agnoia 75b21-24

-학문적 인식의 두 가지 뜻 e. ditton
87a15

☞ 인식대상 epistēton

학문을 아는 사람 epistēmōn 48a34

학문적인 epistōmonikos 39b32

한계 peras

-여러 가지 뜻 posachōs V 17

-(피타고라스) 986a23, 990a8, 4b32

-한계에 도달하다 epi p. hēkein

452

mia ē syecheiai ē eidei ē logōi 16b9
- (연) '이것' tode ti 17b26, 49a35
- (정의) 32b1
- (연) 기술 technē 34a24, 70a14
- 형상은 생겨나지 않는다 to mē
gignesthai to ei. 34b8, 참고. 43b17,
44b22, 69b35, 70a15
- 형상의 부분들 ta tou ei. merē VII
10, 11
- 형상 (비) 소유상태 hexis 44b33
- (반) 결여 sterēsis 44b33, 70b11
- 질료의 형태를 가진 en hylēs eidei
983b7, 984a17
- (플라톤) 형상들 eidē I 6, 9, 999a3,
III 6, 28b20, 31b14, 15, 36b15-20,
VII 14, 59a11, 13, XIII 4, 5,
84a13-29, 39a26
- 형상들을 주장하는, 내세우는 사람
들 hoi ta ei. tithentes, legontes
988b1, 997b2, 79a15, 참고. 42a11,
75b19
- 형상들의 요소들 ta tōn ei. stoicheia
987b19
- (이데아론에서) 부정적인 것들에
대한 형상 ei. tōn apophaseōn 990b13,
79a9
- 자연물들의 (종류의) 수만큼 많은
(플라톤의) 형상들 eidē estin hoposa
physei 70a18, 참고. 14, 991b7
- (플라톤의) 형상들은 다른 것들이
관여할 수 있는 것 methēkta ta ei.
990b28

- (연) 수 arithmoi 991b9, 80b22,
81a21, 83b3, 86a4, 90b33, 91b25
- (플라톤의) 형상들은 영원한 감각물
들 ta ei. aisthēta aidia 997b12
- (플라톤의) 형상들로 이루어진 원인
hē tōn ei. aitia 33b26
- (플라톤의 형상들은) 생성이나 실체
와 관련해서 아무 쓸모가 없다 pros
tas geneseis kai tas ousias ou
chrēsima 33b28
☞ 종(種) eidos
형태 morphē
- (연) 형상 eidos 999b16, 15a5, 17b25,
29a3, 33b6, 44b23, 52a22, 60a22,
b26
- (연) 정식 logos 42a29
- (연) 현실태 energeia 43a26, 28, 31
- 형태는 끝이다 hē m. telos esti 23a34
- 최종적인 질료와 형태는 동일한 것
이자 하나 hē eschatē hylē kai hē
m. tauto 45b18
형태 schēma ☞ 모양
호메로스 Homēros 9b28,
- (인용) 76a4
호메로스 해석가들 Homērikoi 93a27
혼돈 migma
- (아낙사고라스) 12a28,
- (엠페도클레스) 69b22, 75b4, 92b7
혼합 krasis 42b16, 85b12,
- (파르메니데스) 9b22
홀수~ perittos
- (반) (피타고라스) 짝수~ artios

찾아보기

(그리스어
- 우리말)

A ~ D

dialektikē 변증술
dianoia 사고, 생각
diaphora 차이, 종차(種差)
diaphoron 차이가 있는
diaporein 의문을 제기하다, 의문을 가
  지다
dia ti, to '왜', '무엇 때문에', 이유
dihairesis 분할, 분할체
dihaireton 나뉠 수 있는, 분할가능한
dikaiosynē 정의
dioti, to 이유
doxa 의견, 이론
dynamis 가능성, 가능태, 능력, '뒤나
  미스', 제곱수

E ~ G

echein 가지다, 소유하다
eidenai 앎
eidos 형상, 종(種)
einai 있다, ~ 이다
elenchos 반박
empeiria 경험
enantiōsis 반대, 반대 상태
enantiotēs 반대, 반대 상태
energeia 현실적인 것, 현실태, 현실
  적인 활동
epagōgē 귀납
epistēmē 학문, 학문적인 인식, 인식
epistēton 인식대상, 인식가능한
ergon 기능, 작용
erōs 에로스('사랑')

eschaton 궁극적인, 극단의, 최종적인
ēthika 윤리적인
ethos 습관
eu 좋음, 잘함
euporia 의문의 해결
genesis 생성
genos 유, 부류
gignesthai 생겨나다, 생성
gnōsis 지식
gnōrizein 알다

H ~ K

hēdonē 즐거움
hēn 하나, 1
heteron 다른
hexis (소유) 상태
holon 전체, 세계 전체
horismos 정의
hoti, to 사실
hou heneka, to 지향대상
hylē 질료, 목재
hypokeimenon 기체
hysteron 뒤서는
idea 이데아, 겉보기
kakon 나쁜
kalo, to 아름다운 것
kataphasis 긍정
katēgoria 범주, 술어
kath' hauto, to 그 자체로서 있는 것
kath' hekaston, to 개별자, 개별적인 것
katholou, to 보편자

kinēsis 운동
kinoun 운동을 낳는 것, 운동인, 원동자
kosmos 코스모스(우주)

L ~ N

logismos 추론
logos 논변, 말, 설명, 수적인 비율, 어구, 이론, 이성 능력, 이치, 정식, 정의, 주장
mathēmatika 수학
mē on, to 있지 않은 것(~이 아닌 것)
meros 부분, 개별~
meson 중간
metaballein 변화하다
metabolē 변화
metaxy, to 중간~, 중간자
metechein 관여하다
methexis 관여
metron 척도
mimēsis 모방
mnēmē 기억
monas 모나스
morphē 형태
neikos 싸움
noein 사유하다, 생각하다
noēsis 사유
nomos 관습법, 절차
nous 지성

O ~ P

on, to 있는 것, ~인 것
onoma 이름
ousia 실체
pan 전부, 온 세계('모든 것')
paradeigma 본보기
paschein 수동, (수동적인 변화를) 겪다, (수동적으로) 받아들이다, 수용하다, 작용하다
pathos 양태, 속성
peras 한계
phainomenon 현상, 겉보기(겉으로 나타나는 것)
phantasia 상상
phantasma 상상의 내용
philia 사랑
philosophia 지혜에 대한 사랑, 철학
phronēsis 사려, 지혜
phtharton 가멸적인, 소멸하는
phthora 소멸, 부패
physis 본성, 자연, 자연물, 자연적 원리, 퓌지스
plēthos 다수
poiein 제작하다, 능동적으로 작용하다, 능동
poiētike 제작적인 학문
poiēsis 제작
poion ti, to 성질, 질
polla, ta 여럿
poson ti, to 양
pragma 사물

praktikē 실천적인 학문
prattein (실천적으로) 행동하다
praxis (실천적) 행동
pros ti, to 관계
proteron, to 앞서는 것
prōton, to 첫째, 첫째가는 것
pseudos 거짓된
psychē 영혼

S ~ T

schēma 모양, 겉모양, 도형, 형태
scholazein 여가를 누리다
sōma 물체, 육체
sophia 지혜
sterēsis 결여
stoicheion 요소, 철자
syllogismos 추론, 삼단논법
symbebēkos 부수적인, 우연적인
syneches 연속적

synholon 복합체
synkrisis 결합
synthesis 합성, 합성구조
tauton to 동일한 것, 똑같은 것
taxis 질서
technē 기술
technitēs 기술자
teleion 완전한, 마지막에 오는, 완벽한
telos 목적, 끝
thaumazein 놀라다
theion 신적인 것, 신적인 존재
theōria 이론, 이론적 고찰, 이론적 활동
theōrētike 이론적 학문
theōrētikos 이론적으로 고찰하는 사람
theos 신
thesis 전제
ti ēn einai, to 본질
ti estin, to '무엇'
tode ti '이것'
tychē 우연

아리스토텔레스 (Aristoteles, B.C. 384~B.C. 322)

아리스토텔레스는 기원전 384년에 태어나 322년에 병사(病死)할 때까지 격동기의 그리스 세계를 살았다. 그리스 북부의 도시 스타기라에서 의사 집안의 아들로 태어난 그는 17세에 아카데미아에 입학해서 20년 동안 플라톤의 문하에서 수학했다. 347년 플라톤이 죽은 뒤 몇 해 동안 소아시아 해안지역에 머물면서 생물학 연구를 수행했고, 그 뒤에는 마케도니아의 궁정에서 알렉산드로스를 가르쳤다. 335년 무렵 아테네로 돌아와 리케이온을 세우고 거기서 후학들을 교육하고 연구했다. 아리스토텔레스는 서양학문의 전(全) 역사를 통틀어 가장 광범위한 연구를 한 인물이다. 논리학, 형이상학, 윤리학, 시학을 비롯해 심리학, 생물학, 물리학, 화학, 기상학 등 서양 인문학과 자연과학의 거의 모든 분야가 그에 의해 기반이 마련되었고, 그 모든 영역을 아우르는 그의 연구와 저술은 지난 2400년 동안 지속적인 영향을 미쳤을 뿐만 아니라 오늘날까지도 그 빛을 발하고 있다.

― 지은이 약력 ―

조 대 호

서울에서 태어나 연세대 철학과에서 공부한 뒤 독일 프라이부르크(Freiburg) 대학에서 서양고전학과 철학을 전공하고 박사학위를 받았다. 2004년부터 연세대 철학과 교수로 재직 중이며, 2010년 2학기부터 한 해 동안 Humboldt Research Fellow로서 독일 마인츠(Mainz) 대학에서 연구했다.
저서와 역서에는 *Ousia und Eidos in der Metaphysik und Biologie des Aristoteles*(2003), 《철학, 죽음을 말하다》(공저, 2004), 《아리스토텔레스의 형이상학》(2004), 《지식의 통섭》(공저, 2007), *Was ist 'Leben'? Aristoteles' Anschauungen über Entstehung und Funktionsweise von 'Leben'*(공저, 2010) 등이 있다. 그 외에도 고대 그리스 시문학과 철학, 특히 아리스토텔레스의 철학과 생물학에 대한 다수의 논문을 국내외에서 발표했다. 지금은 주로 동물의 습관적 행동과 인간의 윤리적 행동 사이의 상관관계에 초점을 맞추어 아리스토텔레스의 생물학과 실천철학을 현대적으로 해석하는 연구를 진행하고 있다.

― 옮긴이 약력 ―

세계적인 문호 앙드레 지드의 젊은 날의 초상!

한 알의 밀알이 죽지 않으면

앙드레 지드(André Gide) 지음 | 권은미(이화여대) 옮김

이 책은 세계적인 작가 앙드레 지드가 젊은 시절 겪었던 격정적인 고뇌와 성숙의 과정을 담고 있다. 지드는 한편으로는 엄격한 청교도적 교육과 사촌누이에 대한 신비주의적 사랑, 그리고 다른 한편으로는 북아프리카의 태양 아래서 발견하게 된 육체와 생명의 환희의 두 축 사이에서 심각한 내적 갈등을 겪는다. 이러한 갈등의 두 축은 끊임없는 왕복운동을 통해 자아의 진정한 모습을 구축하고자 하는 문학적 표현으로 이어졌다. 지드는 항상 자신의 작품은 삶의 이야기와의 변증법적 과정에서 '다시 읽혀짐'으로 이해받게 되리라 말했는데, 그 저변에 바로 이 책이 있다.

신국판 | 양장본 | 480면 | 28,000원

《팡세》의 저자 파스칼의 열정적인 신학논쟁!

시골 친구에게 보내는 편지

블레즈 파스칼(Blaise Pascal) 지음 | 안혜련(고려대 박사) 옮김

볼테르가 인정한 "프랑스 산문에서 만나는 최초의 걸작"!

천재 과학자이자 《팡세》의 저자로 잘 알려진 파스칼이 독실한 신앙인으로서 제주이트의 도덕성을 열정적으로 비판하며 작성한 글이 바로 《시골 친구에게 보내는 편지》이다. '상대를 납득시키는 기술'과 '상대의 마음에 드는 기술'로 이루어지는 설득술, '섬세의 정신'과 '기하학의 정신'이 조화를 이루는 파스칼의 수사학론은 이 책에서 '진리' 혹은 '진실'을 표현하는 강력한 힘으로 나타난다.

신국판 | 양장본 | 440면 | 값 25,000원